国家社科基金
后期资助项目
GUOJIA SHEKE JIJIN HOUQI ZIZHU XIANGMU

山东抗日根据地创立与发展研究

王士花 著

社会科学文献出版社
SOCIAL SCIENCES ACADEMIC PRESS (CHINA)

图书在版编目（CIP）数据

山东抗日根据地创立与发展研究 / 王士花著 . --北京：社会科学文献出版社，2024.11
国家社科基金后期资助项目
ISBN 978-7-5228-3677-5

Ⅰ.①山…　Ⅱ.①王…　Ⅲ.①山东抗日根据地-史料-研究　Ⅳ.①K269.506

中国国家版本馆 CIP 数据核字（2024）第 101450 号

·国家社科基金后期资助项目·
山东抗日根据地创立与发展研究

著　　者 / 王士花

出 版 人 / 冀祥德
责任编辑 / 李丽丽
文稿编辑 / 徐　花
责任印制 / 王京美

出　　版 / 社会科学文献出版社 · 历史学分社（010）59367256
　　　　　　地址：北京市北三环中路甲 29 号院华龙大厦　邮编：100029
　　　　　　网址：www. ssap. com. cn
发　　行 / 社会科学文献出版社（010）59367028
印　　装 / 三河市龙林印务有限公司

规　　格 / 开　本：787mm×1092mm　1/16
　　　　　　印　张：27.5　字　数：437 千字
版　　次 / 2024 年 11 月第 1 版　2024 年 11 月第 1 次印刷
书　　号 / ISBN 978-7-5228-3677-5
定　　价 / 128.00 元

读者服务电话：4008918866

国家社科基金后期资助项目
出版说明

后期资助项目是国家社科基金设立的一类重要项目，旨在鼓励广大社科研究者潜心治学，支持基础研究多出优秀成果。它是经过严格评审，从接近完成的科研成果中遴选立项的。为扩大后期资助项目的影响，更好地推动学术发展，促进成果转化，全国哲学社会科学工作办公室按照"统一设计、统一标识、统一版式、形成系列"的总体要求，组织出版国家社科基金后期资助项目成果。

全国哲学社会科学工作办公室

目　　录

前　言

抗战爆发后,[①] 中共深入日军占领区内防守薄弱的广大农村腹地,开展游击战争并建立了抗日根据地。和苏维埃革命相似,中共抗日根据地多在数省边界地区发展。不过,由于抗战时期的政治变幻比土地革命时期更为复杂,根据地的呈现形态也因此更为多样。比如,山东抗日根据地就是以省名冠之,其发展颇为特殊,区域基本在山东一个省内。

山东抗日根据地包括津浦路以东的山东省大部,冀鲁边、鲁苏豫皖边的小部分地区。东向渤海、黄海,西靠津浦路,与冀鲁豫[②]根据地相连,北与冀南、冀东抗日根据地相接,南与华中新四军苏北区相连。它是抗战时期中国共产党领导的五大战略区之一,是连接华北与华中抗日根据地的纽带,是华中抗日根据地与太行山的八路军总部以至中共中央所在地陕北的联络通道,有着举足轻重的战略枢纽地位。冀鲁边区[③]紧邻日本占领的华北大城市平津,是敌我争夺最激烈的地区之一。山东省人口众多,农产、矿藏丰富,津浦、胶济两条铁路线纵横其间,并与海运相连,是日伪进行资源掠夺、交通统制意欲控制的重点。而山东境内地形复杂,中南部多山,西部和北部处于黄河下游冲积平原,运河贯通南北,山地与平原交错,多变的地形条件为中共开展敌后游击战提供了天然屏障。国民党在处决山东省政府主席韩复榘后,也在敌后组织军政人员游击抗日,后又设立鲁苏战区抗击日军,亦欲争夺山东这一战略要

---

① 本书中的"抗战""抗战时期"均指 1937 年七七事变后的全面抗战时期,以便于叙述。

② 1941 年 7 月,冀鲁豫、鲁西两区合并,划为冀鲁豫边区,原属鲁西区的湖西地委仍归山东分局领导,至 1942 年 10 月,湖西也划归冀鲁豫边区。为研究的便利,鲁西、湖西均纳入本书的讨论范围。

③ 1944 年初,与清河区合并为渤海区。

地。这就决定了山东抗日根据地处在与日伪占领区、国民党控制区拉锯并存的极为复杂的关系之中。在这样的环境中开辟、坚持、巩固并发展根据地，中共面临的挑战之大可想而知。山东抗日根据地的创建与发展，是中共克服无数艰难险阻，既要抗击外敌又要应对国民党及地方社会势力，扎根农村发展的结果。其中的曲折和复杂，战略的调整和策略的运用以及对人文自然地理环境的顺应与利用等，既有研究的呈现还远远不够。

国外学界早在 20 世纪 80 年代就有学者专门研究山东抗日根据地的历史。美国的戴维·保尔森以《华北的战争与革命：1937～1945 年的山东根据地》为题撰写博士学位论文，他从国共对比的视角探究山东抗日根据地的军事与政治经济施策，分析中共在农村的组织发展与扎根的程度、获得民众支持的原因、扩军途径与农民入伍动机以及根据地建设对山东乡村社会变迁的影响等。作者特别关注中共在军事层面上与国民党游击队的统一战线、在根据地与农村精英的"社会统一战线"以及二者之间的关系，认为这是理解共产党的军事政策与社会政策之间联系的关键。他指出，乡民支持中共与其抗日诉求及中共实施的民主民生政策直接相关，也是中共引导、管理和塑造的结果；抗战后期中共在建立了充分的军政基础后，才开始触及更深层次的农村社会结构性问题。[1] 他认为内在凝聚力的缺乏、脱离民众使国民党游击队没能完成抗日反共的任务和目标，国民党在掌握控制权的情况下，没能调动地方的主动性，是其游击战失败的根本原因。[2]

戴维多·艾丽丝的《论抗战爆发前后（1936～1942）山东共产党的重建》一文，叙述了中共山东党组织在抗战爆发前后恢复、抗战爆发初

[1] David Mark Paulson, War and Revolution in North China: The Shandong Base Area, 1937-1945, Ph. D. diss., Stanford University, 1982.
[2] 戴维·保尔森：《中日战争中的国民党游击队：山东的"顽固派"》，王静、刘桂军译，中国社会科学院近代史研究所《国外中国近代史研究》编辑部编《国外中国近代史研究》第 21 辑，中国社会科学出版社，1992，第 164～186 页。

期发展武装计划以及在"敌、伪、投、顽、友"复杂处境中的斗争等简况。① 因为资料等的限制，该研究对一些基本史实的认定有不准确之处。

近些年来，英美学界关于山东抗日根据地的专论有限。加拿大学者赖小刚的《胜利的跳板：山东省与中共军事财政力量的壮大（1937~1945）》一书，探讨抗战时期中共军事财政一体化体制的形成过程，认为中共在山东的壮大是激情、目标、制度、政策与机遇等一系列因素合力的结果，也与日本以及中共、国民党三方对山东的战略定位有关。②

日本学者马场毅于 2021 年出版专著《日中战争与中国的抗战——以山东抗日根据地为中心》，该书是作者历时 40 余年有关山东抗日根据地研究成果的结集。作者重点从军事与财政经济两方面考察山东抗日根据地创建与发展的经过，认为统一战线政策带来的合法地位和同盟者的增加、对农民生命财产和生产生活秩序的保护、减租减息运动的全面展开与深入给贫雇农带来的利益、精兵简政对农民负担的减轻以及反经济封锁的财政经济与货币政策，是中共获得农民支持、抗日武装得以组建与壮大、抗日根据地得以渡过难关并恢复发展的主要原因。③

荒武达朗主要利用中文调查资料探讨鲁南地区莒南、沭水、临沭县减租减息政策给农村经济带来的变化，指出这三县抗日根据地减租减息运动的开展对乡村经济影响很大，突出表现在农家人口与土地所有和经营面积趋向平均进而自耕农化、经营副业农户增加、雇佣劳动减少等三个方面。④ 他关注鲁南地区抗战时期中共在农村社会的影响问题，认为抗战初期和中期，中共县以下的党政群组织中融入了地主等乡村精英，从 1942 年减租减息运动开始到 1943 年夏对地主取妥协态度，而在 1943 年底开始

---

① 戴维多・艾丽丝：《论抗战爆发前后（1936~1942）山东共产党的重建》，南开大学历史系中国近现代史教研室编《中外学者论抗日根据地——南开大学第二届中国抗日根据地史国际学术讨论会论文集》，档案出版社，1993，第 82~92 页。

② Sherman Xiaogang Lai, *A Springboard to Victory: Shandong Province and Chinese Communist Military and Financial Strength, 1937-1945*, Leiden: Brill, 2011.

③ 馬場毅『日中戦争と中国の抗戦—山東抗日根拠地を中心に』集広舎、2021、422 頁。

④ 荒武達朗「1940 年代山東省南部抗日根拠地の土地改革と農村経済」『アジア経済』第 39 編第 11 号、1998 年。

的查减、反黑地、反贪污、反恶霸、锄奸等运动中，地主与农民的关系被改变；① 从 1943 年底开始的针对地主的查减和清算旧账等的斗争，到 1944 年、1945 年时波及富农和中农，事实上已展开了大规模的土地运动；② 因此，中共通过动员农民起来与地主斗争，使农民摆脱长期以来对地主的依附关系，从而控制了地方社会。③

丸田孝志在关于抗战时期至解放战争时期冀鲁豫中共党组织的研究中，呈现了鲁西地区在抗战时期基层党组织的发展和建设状况，认为该地区党员人数增减幅度较大，缘于短时间的迅速发展易把血缘、业缘等社会关系带入党内，这一时期有的入党者缺少对党员作为革命先锋的认识，甚至把党组织视为封建军队组织或迷信团体，入党动机五花八门，寻求保护、图个人便利与政治性动机混在一起。通过审查干部、整顿支部、整风等，党的组织基础和领导能力在长期斗争中不断得到强化。④

改革开放后，山东抗日根据地史进入更多研究者的视野，研究著述大量发表和出版，⑤ 但其中专著出版非常有限。20 世纪八九十年代主要有朱玉湘的《山东革命根据地财政史稿》（山东人民出版社，1989）和申春生的《山东抗日根据地史》（山东大学出版社，1993），前者是山东抗日根据地财政经济方面的专史，后者按时间顺序着重从政策层面阐述山东抗日根据地创立与发展的历史进程。上述研究多注重从宏观上考察中共各项政策的制定及执行情况，对于其在乡村的具体实施过程和相应的变通、调整，以及对乡村社会、经济、文化等的冲击与影响，缺少细致入微的探讨。

进入 21 世纪，随着中共革命史研究不断深化，学界对山东抗日根据地的关注日益增加，有几本研究专著问世。

---

① 荒武達朗「一九四四—一四五年山東省南部抗日根拠地における中国共産党と地主」『德島大学総合科学部人間社会文化研究』第 13 巻、2006 年。
② 荒武達朗「抗日戦争期中国共産党による地域支配の浸透——山東省南部莒南県」『名古屋大学東洋史研究報告』第 25 号、2001 年。
③ 荒武達朗「一八五〇—一九四〇年山東省南部地域社会の地主と農民」『名古屋大学東洋史研究報告』第 30 号、2006 年。
④ 丸田孝志「抗日戦争期・内戦期における冀鲁豫区の中国共産党組織」『史学研究』第 259 号、2008 年。
⑤ 参见魏本权《1980 年代以来山东抗日根据地研究综述》，《临沂大学学报》2016 年第 2 期。

　　李里峰的《革命政党与乡村社会——抗战时期中国共产党的组织形态研究》一书，综合运用历史学、政治学和社会学的理论与方法，着力在基层和实践运作方面，探讨山东抗日根据地中共党组织发展状况。书中关于党员群体和干部群体的社会构成、新党员的吸纳机制、干部类型及其相互关系、基层组织的状况和效能、组织纪律的制定与实施等问题的论述，都颇具新意和深度。① 该书着重考察中共组织史层面的问题，侧重政治学意义上的探讨。

　　陈国庆利用调查资料，聚焦山东抗日根据地的胶东区，考察该区减租减息运动的缘起、经过及对农村土地占有、农民各阶层生产生活的影响，认为中共的减租减息政策不仅改善了根据地中下层农民的经济条件，而且提高了他们的政治地位；中共因此获得了政治上的主动、经济上的保障，实现了抗战时期的社会动员。② 杨焕鹏力图从底层视角探究中共在胶东区建构基层政权的过程，以及通过乡村日常生活、节日、仪式等进行抗战动员整合社会资源的具体情形，提出中共创造了一套逻辑严密的抗日与革命话语，并巧妙运用仪式、象征等，向民众宣传抗日与革命理念。③ 徐畅关于抗战时期鲁西冀南历史的研究，探讨了鲁西的政治和社会生态及中共的应对、百姓生活实态、灾荒瘟疫等情况。④

　　关于山东抗日根据地的研究论文为数不少，涉及军事、政治、经济、文化教育等多方面的论题。引起较多讨论的议题需要在此特别提及。首先是关于刘少奇到山东指导工作及其贡献的研究。吕伟俊探究刘少奇1942年来山东指导工作的主要内容，指出由于刘少奇的到来和具体指导，中共山东分局在思想认识、统一战线及群众工作等方面的错误和分歧得以纠正和统一，山东抗日根据地的整风运动从此普遍开展，统一战线策略方针得到正确执行，减租减息政策开始彻底执行，减租减息运动蓬勃发展。因此，对山东抗日根据地建设贡献巨大。⑤ 申春生认为要正确评价刘少奇山东之行

① 李里峰：《革命政党与乡村社会——抗战时期中国共产党的组织形态研究》，江苏人民出版社，2011，第1~2页。
② 陈国庆：《胶东抗日根据地减租减息研究》，合肥工业大学出版社，2013。
③ 杨焕鹏：《微观视野中的胶东抗日根据地研究》，学习出版社，2017。
④ 徐畅：《战争·灾荒·瘟疫——抗战时期鲁西冀南地区历史管窥》，齐鲁书社，2020。
⑤ 吕伟俊：《刘少奇同志对山东抗日根据地建设的贡献》，《文史哲》1980年第4期。

的历史作用，需要实事求是地看到，在刘少奇来山东检查指导工作之前，山东分局书记朱瑞对工作中的一些问题已有所认识和纠正；刘少奇来山东的主要目的，是解决山东根据地领导人之间的矛盾，加强他们的团结；在刘少奇推动下开展的"双减"和整风，既是山东工作转变的起点和主要标志，又反过来推动了山东工作全面发展的进程，在刘少奇的具体指导下，"抗协"问题得到妥善处理，"肃托"和锄奸中的严重错误也得到彻底纠正。① 张梅玲梳理和探析了刘少奇推动山东根据地开展减租减息运动的具体过程和贡献。②

其次是关于山东整风运动的探讨。申春生的研究提出，山东抗日根据地整风的过程与全党整风运动相一致，从 1942 年春到 1943 年 3 月，是初步发动阶段，整风曾一度出现热潮，党员干部作风开始有所转变，工作也有新的起色，但由于主客观原因，运动发展不深入、不平衡，流于一般化；从 1943 年 4 月到 1945 年上半年，山东抗日根据地的整风运动真正发动起来，进入了向深度和广度发展的新阶段。山东整风运动有突出成绩，也存在缺点、错误和偏差。③ 关于山东抗日根据地的整风进程，周绍华有不同看法：1942 年 5 月至 1943 年 6 月，山东分局响应延安发出的整风决定和指示，但因环境艰险而未得到贯彻落实；1943 年 8 月罗荣桓全面主持山东抗日根据地工作之后，按照中央部署，汲取延安和其他抗日根据地整风的经验，开展了一场有别于延安而符合山东实际的整风运动，使山东抗日根据地成为当时唯一只整风审干而没有开展"抢救"运动的特殊地区。④ 郭宁指出以上观点均失之偏颇，他认为，促进领导层团结是山东整风运动的重要内容之一，整风运动在山东与推进领导一元化同时进行；从 1942 年 4 月到 1943 年上半年，山东整风的主要内容是学习整风文件，进行得较为和缓；整风包括学习与审干两个方面，从学习开始，经过审干，最终又回到学习；在整风运动中持续时间最长、规模最大的

---

① 申春生：《1942 年刘少奇的山东之行》，《抗日战争研究》1998 年第 4 期。
② 张梅玲：《刘少奇对山东抗日根据地减租减息运动的重大贡献》，《东岳论丛》1994 年第 6 期。
③ 申春生：《山东抗日根据地的整风运动》，《东岳论丛》1985 年第 4 期。
④ 周绍华：《罗荣桓与山东抗日根据地的整风运动》，《泰山学院学报》2011 年第 4 期。

仍是审干；山东的整风运动与延安存在时间差，跟延安及其他大部分根据地相比，山东的"抢救"运动时间较短，规模和激烈程度也相对较小。①

再次是有关山东根据地创建进程的讨论。刘大可对山东抗日根据地的初步建立之过程做了简要考察，提出这是中共山东党组织和一一五师成功贯彻中央战略意图的结果；抗战初期山东各地的抗日武装起义，为以后山东抗日根据地的创立奠定了坚实的基础；中共中央对山东工作的一系列指示，对反击国民党顽固派的武装摩擦及加强敌后根据地建设起了重要作用；一一五师入鲁，增强了抗日力量和信心，对山东根据地的巩固和发展意义重大。② 金冲及从总体上论述了山东抗日武装的组建、民主政权的建立、反"扫荡"及反摩擦斗争、一元化领导的确立等有关山东抗日根据地创立与发展的重要议题。③

已有关于山东抗日根据地创建进程的研究，多侧重宏观决策层面的考察，而这些政策和战略是靠着共产党人团结各阶层民众一点一滴的努力和扎扎实实的工作去落实的，是不断克服各种困难和纠正各种问题的历程，这些丰富而曲折的发动与坚持抗战的内容，还需要具体而微、宏观与微观结合的进一步探讨和呈现。

山东抗日根据地究竟是怎样创立并一步步发展起来的？具体而言，抗战爆发后，山东省内中共领导的抗日武装斗争是如何开展起来的；共产党人又是如何进入乡村游击抗日的；一开始选取什么样的村庄作为突破点；中共武装扩大的主要途径是什么；中共是如何进一步动员群众、组织农民、建立起根据地的；中共主力武装的进入在其中起了什么样的作用；农民的具体反应如何；民族主义情感在促使农民响应中共号召、参加抗战方面究竟起了多大作用；抗日军民是如何保证抗日物资供应的；结合山东地域特点，中共在根据地推行各项政策时，采取了哪些策略性调整；在日伪的强力"清剿""扫荡""蚕食"下，山东抗日根据地又是如何坚持下来

① 郭宁：《学习、审干、民主检查：抗战时期中共在山东的整风运动》，《抗日战争研究》2019年第1期。
② 刘大可：《山东敌后抗日根据地的建立》，《近代史研究》1985年第4期。
③ 金冲及：《山东抗日根据地的独特历程》，《抗日战争研究》2017年第1期。

并发展壮大的；在统一战线旗帜下共产党与国民党的实际关系怎样；与华北主要抗日根据地相比，山东抗日根据地的主要特色是什么；等等。这些都是以往研究较少涉及的。

因此，在观照中共开创根据地的总体进程、发展壮大的原因以及根据地建设对乡村社会变迁的影响等重要议题的同时，本书着力于探究中共的具体行动方式、方法和内容，各种政策的具体落实和策略运用的实际情形，以及战略的变化和调整等，重点在实践层面的考察，展现中共的革命机制与行动特点、执行力的来源和政治文化等。根据学界相关研究的进展和笔者收集资料的情形，本书的考察由以往讨论不充分或较少涉及而又对山东抗日根据地的创立与发展有着重要影响的以下专题展开。

组建抗日武装是山东抗日根据地创建的开始。第一章探讨山东各地的抗日武装起义和八路军山东纵队的成立经过。中共山东地方党组织是如何组织发动武装起义并扩大成独立的抗日武装队伍的？学界研究并不充分。[①] 自 1937 年 10 月至 1938 年春，随着日军逐步入侵山东省境，中共在山东各地领导的抗日武装起义与抗日队伍相继发动、组织。本章从山东省委直接领导发动的徂徕山起义切入，考察其组织、发动及起义队伍扩大的过程，探讨中共山东抗日武装兴起的独特环境、具体路径、促成要因等，以求明晰山东抗日根据地创建的原点。

八路军一一五师主力进入山东大大推动了山东抗日根据地的创建进程。第二章考察八路军入鲁经过及与山东抗日根据地发展的关系。关于派遣八路军主力进入山东，既有研究已有涉及，新近的研究认为是中共实施发展华中战略的体现。[②] 这些成果固然可以丰富对八路军入鲁问题

① 刘大可《山东敌后抗日根据地的建立》（《近代史研究》1985 年第 4 期）一文与胡汶本《"三山"起义与山东抗日根据地的创建》（南开大学历史系编《中国抗日根据地史国际学术讨论会论文集》，档案出版社，1985）一文都提到了山东地方党组织领导的武装起义，但未涉及具体过程；申春生《山东抗日根据地史》（山东人民出版社，1993）仅止于对起义计划与过程的简单叙述和分析；黄道炫《抗战初期中共武装在华北的进入和发展——兼谈抗战初期的中共财政》（《近代史研究》2014 年第 3 期）选取河北、山西、河南三省作为考察对象，没有论及山东。

② 参见郭宁《从中原到苏北：中共发展华中战略及其对山东的影响》，《中共党史研究》2020 年第 4 期；李雷波《中共"发展华中"战略中的八路军、新四军及其角色转换》，《中共党史研究》2020 年第 6 期。

的认知，但也容易让人误解山东的战略定位，从而忽略八路军主力入鲁的另一个重要目的，即发展山东的抗日游击战争。因此，本章着重结合中共领导人派兵到山东决策的由来与部署过程、对山东战略地位的认识、山东地方军政负责人的意愿等，考察八路军主力入鲁的经过和初期活动，探讨其目的和任务，以及给山东抗日根据地发展带来的影响，以期有助于对相关问题的全面理解。

统一战线是中共在抗战时期发动并坚持抗战和发展自己的重要凭借，山东抗日根据地也不例外。第三章以对范筑先工作为例探究中共在山东开展统一战线工作的实际状况。已有研究只是简略考察了中共与范筑先形成并巩固统一战线的经过或笼统叙述其特点。① 本章旨在全面、系统梳理中共对范筑先统战工作的推进过程，分析双方达成密切合作关系的要因，还原抗战初期鲁西北国共合作抗战实态。

减租减息政策的贯彻程度直接影响中共与农民的关系，而对群众的动员情形又关乎该政策是否能真正落实。第四章讨论群众运动与山东抗日根据地推行减租减息政策的关系。以往相关研究多关注减租减息政策的提出、性质、实施过程及给抗日战争与根据地社会带来的影响，对减租减息运动的讨论局限于单个战略区，② 对整个山东抗日根据地减租减息政策推行过程中的民众动员缺乏详细探讨。本章从减租减息政策的推行过程出发，着重考察中共动员农民的策略方针、方式、步骤及其中出现的问题等，分析民众动员的程度与各地贯彻减租减息政策成果的相互作用与影响，展现抗战时期中共与农民血肉关系形成的一个重要侧面。

---

① 参见刘如峰、王其彦《范筑先与鲁西北抗战》，《文史哲》1985 年第 6 期；李冬春《抗战初期鲁西北抗日民族统一战线的特点》，《齐鲁学刊》1988 年第 6 期；刘如峰、谢玉琳《抗日战争初期的鲁西北统一战线与我党的独立自主原则》，《聊城师范学院学报》（哲学社会科学版）1990 年第 1 期；王其彦《鲁西北抗日民族统一战线的形成、巩固和发展》，《聊城师范学院学报》（哲学社会科学版）1995 年第 3 期。

② 主要有肖一平、郭德宏《抗日战争时期的减租减息》，《近代史研究》1981 年第 4 期；朱玉湘《山东抗日根据地的减租减息》，《文史哲》1981 年第 3 期；张学强《山东省莒南县的拔地斗争——抗日战争时期减租减息运动中的一个特例分析》，《临沂师范学院学报》2004 年第 5 期；王友明《抗战时期中共的减租减息政策与地权变动——对山东根据地莒南县的个案分析》，《近代史研究》2005 年第 6 期；纪程《"阶级话语"对乡村社会的嵌入——来自山东临沭县的历史回声》，《当代中国研究》2006 年第 4 期；陈国庆《胶东抗日根据地减租减息研究》，合肥工业大学出版社，2013。

　　民以食为天，解决粮食问题是中共在山东生存与发展的基本前提，也是一个难题。第五、第六两章分别考察山东抗日根据地粮食征收以及为获取粮食进行的军事、政治与经济等方面的斗争。既有相关研究只是在论述合理负担政策、根据地财政问题时对中共在山东的粮食工作有所涉及，对救国公粮的征收仅做政策和效果层面的简略考察。① 粮食政策的制定与改进并不等同于实践中百分之百的执行与落实。在抗日游击战争的具体环境中，在斗争形势发展的不同阶段，在日伪不断的"扫荡"、"清剿"、"蚕食"、压迫及经济封锁下，中共在山东不同区域是怎样获得粮食的，实施了怎样的征收政策和方法，是如何具体落实的，各地有哪些不同，都是尚未厘清的问题，第五章将对这些问题做具体探究。中共在山东的粮食获取除直接的征收工作外，囿于战时环境，还辅以军事及政治的反抢粮斗争、经济方面的反封锁以及有效的储藏保管等，而学界对此尚缺乏专门研究，第六章对之进行详细考察，以呈现中共为获取粮食而做的多种努力。

　　设立银行与发行货币是山东抗日根据地建设并赖以发展的重要举措。第七章梳理北海银行的设立经过以及根据地货币政策的变化。学界相关研究多侧重于北海币与法币斗争层面的阐述和分析，或止于简单史实的叙述。② 对于北海银行的曲折发展历程及抗日民族统一战线前提下山东抗日根据地货币政策的变化几乎没有涉及。此外，北海银行发行的北海币引起收藏界的关注，有人发文介绍相关史实，以便识别真假，但关于北海银行的设立时间、发行券别、机构发展等，所言依据不确，基本史实说法不一，因此有必要做进一步的考察认定。本章详细探究北海银行的设立、发展历程，阐述山东抗日根据地的货币政策，分析北海币获得信誉、币值得

① 参见朱玉湘主编《山东革命根据地财政史稿》，山东人民出版社，1989；朱玉湘《山东抗日根据地的"合理负担"政策》，《文史哲》1985 年第 5 期；唐致卿《山东抗日根据地合理负担政策述论》，《齐鲁学刊》2000 年第 5 期。

② 参见申春生《山东抗日根据地的两次货币斗争》，《中国经济史研究》1995 年第 3 期；申春生《山东抗日根据地保持币值和物价稳定的措施》，《山东社会科学》1995 年第 3 期；孙允明《山东抗日根据地的北海银行》，《山东档案》2004 年第 1 期；钟钦武《"排法"：山东抗日根据地货币斗争新探》，《中国社会经济史研究》2021 年第 3 期；等等。

以稳定的原因，客观评价北海银行在解决山东抗日根据地金融问题上所起的作用及对山东抗日根据地巩固和发展做出的贡献。

中共抗日根据地是在敌后开辟出来的，对敌伪及敌占区的工作是中共开创与发展根据地的重要内容。第八、第九章分别研究乡村两面政权与敌后武工队问题。争取基层伪乡村政权从一面转向两面，是中共对伪组织工作的重要组成部分，而学界相关的研究成果非常有限。① 第八章从中共的策略变化和战略调整、对敌伪工作实践等方面切入，考察山东乡村两面政权出现的过程、类型、作用及局限等，分析两面政权出现的原因，以求深入了解中共在敌后得以坚持抗日、开创与发展抗日根据地的多重因素。敌后武工队是中共对敌占区工作的突击队，已有研究着重探讨武工队的由来，② 对其任务和活动方式方法的探究有些简略，甚或笼统提及，而且多以太行、太岳、晋绥、晋察冀、冀中等根据地为考察范围，对山东抗日根据地的敌后武工队涉及较少。第九章专门探究山东敌后武工队的出现及其组织形式、承担的多种工作任务、具体的活动方式、工作展开情形、抗战后期工作区域的扩展与队伍建设的加强以及与日军华北特别警备队展开的秘密较量等，呈现其在山东抗日根据地恢复与发展中的独特贡献。

武装斗争是中共革命成功的三大法宝之一，而部队建设是中共保障军事斗争效力的重要方面。第十章讨论中共实行分散游击战、正规抗日武装化整为零成为小部队后的建设情形。在1941年至1942年山东抗日根据地面临严重困境时，中共不得不实行极端分散游击战，将主力武装分散为小部队，深入地方，融入群众，采取新的组织形式和多种举措进行部队建设。小部队建设及与山东抗日根据地坚持与发展的关系一直未引起学界关注，本章的探讨意欲弥补相关缺失。

中共在山东敌后抗日是与国民党联合进行的，但合作之路并不平坦。

① 仅见朱德新《论冀东抗日游击根据地的两面政权》，《抗日战争研究》1993年第2期；石希峤《创造"灰色地带"：中共与战时鲁南地区的"爱护村"（1938～1945）》，《中共党史研究》2017年第10期。

② 参见祁建民《抗日战争中的敌后武装工作队》，《历史教学》1990年第11期；柳茂坤《抗日战争时期的敌后武工队》，《抗日战争研究》1993年第2期。

关于抗战时期的国共关系，学术界关注较早，21 世纪以来取得了很大进展，①但多注重国共合作总体历程，对国共在地方的具体关系研究成果有限，且尚无对国共关系在山东具体情形的专门考察。第十一章论述的主题即是国共在山东的合作与相争，具体探讨国共关系在山东的实际状况、合作与摩擦的阶段性变化及双方力量对比走向等，呈现中共在山东扎根发展的复杂处境。

中共党人深入山东敌后农村发动和坚持抗日斗争，军政机关相互之间及上下级之间的联系、各战略区之间信息的互通、文件的传递、人员往来与物资传送等是否顺畅，对于根据地的创建与发展至关重要。学界对此关注较少，已有研究主要侧重对抗战后期山东抗日根据地的战时邮政交通政策、组织机构及邮政业务等的初步梳理，整个抗战时期中共的交通工作实况仍不知其详。②第十二章即对此进行考察，旨在探究中共在山东敌后建立交通站、线的路径、方法，以及交通工作状况及特点等，具体展示抗战年代中共党政军民为畅通联络的艰辛付出。

国民教育是根据地建政实践的重要组成部分。山东抗日根据地的国民教育是在游击战争环境下进行的，教育体制如何，教育方针、政策和内容受到战时环境怎样的制约，随抗战形势变化又进行了什么调整，有什么特点及作用等，已有研究并不充分。③第十三章探究国民教育的具体开展情形，在历史的演进中考察其推进过程，探讨其特点、变化、受制因素与作

---

① 近些年的相关研究成果主要有：杨奎松《阎锡山与共产党在山西农村的较力——侧重于抗战爆发前后双方在晋东南关系变动的考察》，《抗日战争研究》2015 年第 1 期；金以林《流产的毛蒋会晤：1942~1943 年国共关系再考察》，《抗日战争研究》2015 年第 2 期；金冲及《抗战期间国共合作中的联合与斗争》（一）（二）（三），《中共党史研究》2015 年第 7、8、9；杨奎松《晋西事变与毛泽东的应对策略》，《史学月刊》2016 年第 1 期；王奇生《阎锡山：在国、共、日之间博弈（1935~1945）》，《南京大学学报》2018 年第 1 期；吴敏超《新四军向苏北发展中的国共较量》，《中共党史研究》2020 年第 1 期。

② 仅见范连生《论抗战时期山东革命根据地的战邮工作》，《抗战史料研究》2014 年第 2 辑；张衍霞《山东战时邮政的党报党刊发行》，《理论学刊》2008 年第 7 期。

③ 关于山东抗日根据地的教育状况，山东解放区教育史编写组编《山东解放区教育史》（明天出版社，1989）与赵承福主编《山东教育通史·近现代卷》（山东人民出版社，2001）都有专门章节述及，但二者没有详细考察抗战时期各阶段教育体制、政策与内容等的变化情况；张玉玲、迟丕贤《山东抗日根据地和解放区妇女的教育及启示》（《妇女研究论丛》2005 年第 4 期）一文仅从女子教育的角度述及社会教育的部分情形。

用等，展现山东抗日根据地教育的实态及对新中国教育的深远影响。

山东抗日根据地的重要战略地位已为学界共知。已有相关研究侧重论述其连接华北与华中的战略枢纽地位及对抗战胜利做出的贡献，对战后中国政治军事格局的影响鲜有专门讨论。① 第十四章在历史发展的脉络中探索山东抗日根据地的强盛及其对战后格局的影响，阐述山东抗日根据地党政军民在抗战后期的不懈奋斗，以及根据地走向强盛的关键之举和山东抗日根据地之于中共革命的地位和意义。

本书专题涉及军事史、政治史、经济史、文化教育史等方面的内容，限于目前研究的进展和本人收集资料状况，对于有些重要的专题没有进行专章讨论，有待今后进一步深化研究。在实证过程中注重引入社会史的视角，结合宏观和中观，侧重微观层面的探究，在中共对日伪斗争以及与国民党互动的历史脉络中，尽力呈现山东抗日根据地形成和发展过程中丰富的历史细节和多个切面。所用档案资料主要是山东省档案馆和地方档案馆馆藏已刊和未刊"山东革命历史"及抗战档案、中国第二历史档案馆馆藏日伪档案、台北"国史馆"及中国国民党党史馆所藏相关档案等。20世纪80年代开始，与全国各地党史及文史资料征集部门编辑资料同步，山东省、地级市和县级的党史和文史资料征集委员会编写出版了大量当地的党史和文史资料，这些尚未被学界充分利用，也是本书利用资料的主体。此外，所用日文未刊史料源自日本国立公文书馆亚洲历史资料中心数据库。

山东抗日根据地是中共党人深入敌后，通过脚踏实地的努力，经过多种形式的抗敌斗争，一步一步开拓出来的。因为日伪时而增强的"扫荡""清剿""蚕食""封锁"等，又由于国民党势力的限制与摩擦龃龉等，根据地区域时常处于变动之中。具体呈现中共抗日根据地在与日伪占领区、国民党控制区的犬牙交错中，坚持发展的曲折历程、艰辛付出的丰富细节与多重面相，是本书努力的主要方向。同时，抗战时期中共在敌后的生存与发展，也是凝聚各方力量和调动乡村民众智慧的结果。在山东抗日根据地创立与发展的波澜历程中，既能循着仁人志士的生命轨迹，亦可见

---

① 参见申春生《试论山东抗日根据地的战略枢纽作用》，《济南大学学报》1995年第4期；刘金江、臧济红《论山东抗日根据地的战略地位和作用》，《东岳论丛》1995年第4期。

同时代普通乡民的生存场域和生活样态的一些侧面。

近年来，山东抗日根据地史进入更多研究者特别是青年学者的视野。2016 年起，山东省地方史志部门组织编写《山东抗日根据地志》，体现出山东省政府对山东抗日根据地史研究工作的重视。继续从广度和深度两方面推进山东抗日根据地史的研究，未来可期。

第一章 中共山东抗日武装的勃兴

由于山东距陕甘宁地区较远，中共主力武装进入较晚，抗战初期中共在山东的发展，主要依靠山东地方党组织，在复杂形势下努力积累起来。其中，尤为引人注目的是，中共山东地方党组织基本在独立运行状况下，组织民众，发动武装起义，组建抗日队伍，这些武装力量在1938年底统一组成八路军山东纵队，又经数度整编，在敌后抗日实践中进一步壮大，发展为数万人的游击兵团，成为中共在山东坚持和发展抗日游击战争，巩固和扩大抗日根据地的重要支撑。

一 抗战爆发前后山东自然、社会、政治生态

自然环境、经济基础与社会人文状况等在很大程度上左右着人们的生产、生活与行动方式。抗战爆发后，中共党组织在山东的创立与发展也是以山东特有的地理、社会经济、人文与政治生态等为基本凭借的。

山东地处中国东部沿海的中北段、黄河下游，由胶东半岛和内陆部分组成。半岛部分西北临渤海，东北和南部临黄海，隔渤海海峡与辽宁省相望，海岸线曲折绵长。内陆部分与河北、河南、安徽、江苏4省接壤。

地形以平原和山地、丘陵为主，地势中部高四周低，即以泰沂山脉为主体，向四周经低山丘陵逐渐过渡到山前平原和黄泛平原，形成以山地、丘陵为骨架，平原、盆地交错环列其周的地形。全省可分为胶东丘陵、鲁中南山区、鲁西北平原、胶莱平原以及近海岛屿等。总面积约15.37万平方公里①，山地、丘陵占全省面积的34%左右，平原占63%左右，河流湖泊约占3%，主要山脉有泰山、蒙山、崂山、鲁山、沂山、大泽山、昆嵛山、徂

---

① 唐致卿：《近代山东农村社会经济研究》，人民出版社，2004，第1~2页。

徕山等。省内河网较为发达，黄河横穿东西，运河纵贯南北，另有小清河、徒骇河、马颊河、沂河、沭河、大汶河、潍河等。主要湖泊有南四湖和东平湖，南四湖由微山湖、昭阳湖、独山湖、南阳湖组成，是中国十大淡水湖之一。

山东自然资源丰富。金属矿产以铁、铜、铝、锌、金为主，黄金储量居全国首位；非金属矿产主要有煤、石油、天然气、金刚石等。盛产盐、鱼、虾、贝类等。[①]

山东气候属暖温带季风气候，夏热多雨，冬寒干燥，四季分明，适合多种农作物生长。优越的地理位置和自然环境为农业、畜牧业、渔业、矿产业、手工业、商业和交通业的发展提供了极为有利的条件。山东遍植五谷，盛产蔬果水产，香料禽畜应有尽有，经济作物品种丰富。

清代是山东人口发展的重要时期，近代人口呈递增趋势，到1936年达3949万人。山东人口占全国总人口的比重，1912年为7.66%，1936年上升至8.42%。人口密度1912年为203.7人/公里^2，1936年增至256.4人/公里^2，仅次于江苏，居全国第二位。[②] 人口增加一方面为农业生产提供了充足的劳动力，另一方面又意味着人均耕地面积的减少，农民生计日益窘迫。

抗战爆发前，山东全省耕地面积为11066.2万亩，占全省总面积的44.23%。[③] 近代以来，山东农村大地主很少且大都急剧衰落。至20世纪30年代中期，山东农村小农经济仍占绝对优势地位，自耕农是农村的生产主体，占有绝大多数的土地。土地占有相对比较分散，自耕农、半自耕农特别多，而大地主和无地雇农、赤贫户极少。地主、富农约占农村总户数的9%，约占有土地的1/4。租佃关系很普遍，且极为分散，但租佃关系在农村土地关系中不占主导地位，纯佃农仅占农村总户数的3%左右。山东各地租佃制度复杂，出租户与承租户成分多样。雇农仅占农村总户数的5%左右，农村的雇佣关系在农业生产中占劳动力使用的比重很小。根据金陵大学、实业部20世纪二三十年代的统计及部分县的抽样调查，山东农户以自耕农为数最多，占70%左右，半自耕农（包括部分家庭劳力多的田主）

---

① 孙祚民主编《山东通史》（上），山东人民出版社，1992，第1~4页。

② 唐致卿：《近代山东农村社会经济研究》，第349页。

③ 唐致卿：《近代山东农村社会经济研究》，第2页。

占 20%左右，佃雇农与其他省相比，户数相对较少。①

农村金融业不发达，既有农户间的小笔无息借贷，又有高利贷，作为村民生产与生活融资的渠道和资金周转来源。②

自清末开始的农作物引进，到民国前期规模有相当扩展，尤其是美棉、美烟和美种大花生的引种和推广，使得经济作物种植面积逐年扩大。农业技术改进在部分地区和部分生产环节的逐年积累，带动整个农业生产水平的提高。据有关统计，20 世纪 30 年代中期，山东各项主要农作物的单产水平均高于全国平均水平，其中谷子高 34 斤、小麦和高粱高 10 斤、棉花高 3 斤、烟草高 39 斤、花生高 58 斤。此时山东在国内已属农业丰产区，生产发展水平明显高于北方诸省。③

但从清末开始，社会一直处于动荡之中，各种社会矛盾日趋激化。军阀混战，横征暴敛；高利贷盘剥，土地兼并，导致农民破产；外国资本操纵农产品市场，加剧农村经济衰落。加之水旱灾害频仍，病虫害蔓延，至 20 世纪 30 年代，农产品价格暴跌，农村经济日益恶化，粮食严重短缺。大批山东人迫于生计，背井离乡，出走关外，形成清代以来的移民潮。另有一些人铤而走险，走上抢劫之路。溃败的军阀队伍和落草为寇者在山东各地骚扰民众，几乎达到无地不匪的地步。一些大户人家会自备枪支看家护院。由于战祸连年，兵匪横行，山东民间枪支很多。同时，山东不少地区出现大量自卫性质的会门团体，这类秘密结社团体有数十种之多，在地方社会有着不可忽视的影响力。

农村经济凋敝，工矿业与手工业虽有发展，但也受到各种冲击，勉力维持。明清以来，山东采煤、制盐与纺织等产业有了显著发展。近代以后，随着西方资本势力进入和洋务运动的发展，近代工业产生，民族资本主义经济开始产生并有所发展，在山东的社会经济形态中，形成了各种社会经济成分交织并存的复杂局面。自甲午战争以后，外国商品对山东传统社会经济的冲击日益猛烈。到 20 世纪初，随着德占青岛，英

---

① 庄维民：《近代山东市场经济的变迁》，中华书局，2000，第 576 页。
② 唐致卿：《近代山东农村社会经济研究》，"前言"第 5~6 页。
③ 邹豹君：《山东省农产区域之初步研究》，《师大月刊》第 31 期，1937 年 1 月，转引自庄维民《近代山东市场经济的变迁》，第 580 页。

租威海卫，欧美日资本大量进入山东，这种冲击更趋激烈。凡是有外国商品大量进口的地方和手工行业，其生产都不同程度地受到冲击，受到排挤的手工业只能步步退却，产品销路日益萎缩，市场相继被占夺。手工棉纺织业是山东最大的手工业部门。外国棉纺织品的大量进口，极大地破坏了山东传统的手工棉纺织业，在一定程度上瓦解了耕织结合的传统经济。同时，由于耕织结合的传统经济根深蒂固，对外国商品有着相当的抵抗力和适应性，手工纺纱织布的现象在一些地区仍很普遍，尤其是织布业，因使用洋纱织布，成品价格比洋布便宜，各地农村继续从事织布、运销的现象极为普遍，而在某些向来有织布传统的地区，伴随商品经济的日趋活跃与织布业本身的改进，手工织布业甚至出现了复兴和新的发展。①

清末民初，在部分传统手工业衰落的同时，草辫、花边、发网、猪鬃生产等新兴手工业迅速发展起来，而若干原先主要以国内南方地区为市场的手工行业，如粉丝业、榨油业等，也因国外市场需求量骤增，逐步转变成以国外市场为主的出口型手工业。

20世纪初，随着交通条件的改善，如胶济铁路和津浦铁路相继通车，城乡商业有了一定程度的恢复和发展。商品流通不断扩大，商品种类和销售数量有所增加，商业规模得到扩展。济南、青岛、烟台、威海卫、济宁、周村、潍县等成为新的商业中心。随着交通事业发展，商品货运条件改善，省道、县道、镇道构成了大范围的商路网络。农村产地市场、城镇专业市场、城市集散市场以及进出口市场、中心市场连为一体。这种商业网络格局到20世纪30年代达到近代以来的顶峰，促进了山东社会经济的活跃，并奠定了沿海地区的经济优势。②

在山东民间的商品交易中，有这样一句谚语，"买卖不成仁义在"，即是儒家文化影响人们经济行为的表现。

山东是儒家思想的发源地，文化积淀深厚。先秦时期，因曾是齐国、鲁国的封地，而有齐鲁大地之称。地理环境和经济结构的不同造成

---

① 庄维民：《近代山东市场经济的变迁》，第315~316页。
② 安祚民主编《山东通史》（下），第720~726页。

了齐文化和鲁文化在价值观念、思维方式和行为规范等方面的明显差异，形成了"齐文化"和"鲁文化"两种不同风格的地方文化。相对来说，齐文化偏重于滨海商业文化，鲁文化偏重于内陆农耕文化。两种文化的融合伴随历史的演进，构成山东文化的基调。作为其核心的儒家文化产生于春秋时期的鲁国，由孔子开创，孟子、荀子等传承发扬。由于历代统治者的提倡，儒家的思想、道德、伦理观念潜移默化地塑造着地域文化人格。"仁义礼智信，温良恭俭让""忠孝节义"等是山东人恪守的道德伦理准则，积极入世的儒家品格使其社会责任感和忧患意识强烈，具有浓烈的家国情怀。近代以后，山东民众对西方势力的进入，尤其是对日本的军事侵略、经济掠夺等，普遍抱有深深的敌意，抵抗运动此起彼伏。

在儒家文化熏陶下，山东人不仅忠于国家，孝敬长辈，而且在性格上有明显的特点：豪爽，仗义，耿直，厚道，好客。

20世纪20～30年代，山东孔孟思想依然根深蒂固，但民众的思想观念亦出现新的变化。在普通民众的观念意识中，现代与传统、先进与落后并存。一方面，原有的观念有一定的保守性和落后性；另一方面，尊师重教的优良传统以及西方基督教的传播，也推动了西学之风的蔓延，使齐鲁大地催生出求变求新的力量。

韩复榘主鲁期间，积极提倡"尊孔读经"，强化儒家传统思想和意识。进入民国以后，督鲁军阀不断变换。由韩复榘主鲁是蒋介石北伐后笼络地方实力派之举。

1928年4月，蒋介石国民政府二次北伐，5月1日进入济南，但因日军出兵干涉，制造"济南惨案"，蒋介石妥协退让，命国民党军队退出济南。国民党军队绕道北进，蒋介石委任冯玉祥为北进部队总指挥，并命冯部孙良诚为山东省主席。6月1日，国民党山东省政府在泰安成立，在孙良诚到职以前，由石敬亭暂代主席（孙于10月1日到职）。6月，国民党军队进至平津一带，奉系军阀退出关外。此时日本政府在内外压力之下，始由"军事交涉"转为与南京政府就"济南惨案"问题进行外交谈判。1929年2月2日，中方以诸多保证措施，甚至以承认北京政府时期日本在山东的权益和不平等条约为条件，换取了日本的撤兵，"济南惨案"问题本质上并未"解决"。① 4 月 10 日，按双方协定中方开始分段接收。5 月 3 日，蒋介石委任陈调元为接收青岛、济南特派员，并代理山东省政府主席。此后，省政府各机关由泰安迁至济南。

1928 年蒋介石联合其他派系将奉系军阀赶出关内，形式上统一中国。北伐结束后，蒋介石极力削弱地方军阀各派系势力，引起国民党内部其他军事政治集团的强烈不满。1930 年 5 月，讨蒋的"中原大战"在河南、山东、安徽展开。为在山东战场上击败同盟军，蒋介石特委韩复榘为第一军团总指挥，负责山东方面军政全权。韩原为冯玉祥部下，后叛冯投蒋。② 经近 4 个月的拼杀，反蒋同盟军失败，蒋介石国民党军队占领山东。9 月 5 日，国民党政府国务会议决定改组山东省政府，任命韩复榘、李树椿、何思源、刘珍年等为省政府委员，韩复榘兼省政府主席。9 月 9 日，韩正式接任视事。韩复榘非蒋介石嫡系，为统一山东，稳固统治地位，对蒋介石虚与委蛇，对其他地方势力竭力剿灭。蒋介石对韩复榘也只是利用，对其搞"独立王国"非常不满。蒋韩之间充满明争暗斗。1932 年 9 月，韩以"为民请命"为由讨伐"胶东王"刘珍年，11 月成功把刘排挤出鲁。与此同时，韩谋杀了意欲东山再起的张宗昌，控制了整个山东。③ 至七七事变爆发之时，山东一直处于韩复榘治下。

二　抗战爆发前后的山东中共党组织

山东是北方地区中共组织基础较好的省份之一。在中共一大为数有限的会议代表中就有两位来自山东（王尽美与邓恩铭），他们积极在山东从事建党活动，因此在山东党的组织发展较早。苏维埃革命时期，中共山东地方党组织肩负起领导山东人民进行反帝反封建斗争的重任，先后在济南、青岛、淄川等地组织发动了十几次较大规模的工人罢工运动。九一八事变后，山东党组织发动青岛、济南、曲阜、济宁、兖州、泰安等地的学生赴南京，向国民

① 臧运祜：《中日关于济案的交涉及其"解决"》，《历史研究》2004 年第 1 期。
② 曾业英、黄道炫、金以林等：《中华民国史》第 7 卷（1928～1932），中华书局，2011，第 288 页。
③ 安祚民主编《山东通史》（下），第 710～717 页。

政府示威请愿，在山东掀起以青年学生为主的抗日爱国运动高潮。①

　　然而，"那时发展组织有'拉夫主义'，造成组织不纯，有些品质恶劣的投机分子都被拉进党内"，这样的人一叛变就会出卖党的组织，而且，地方党的负责人"还根本不懂得'隐蔽精干、长期埋伏、积蓄力量、以待时机'的方针"，② 致使山东党组织从1928年至1933年遭到7次大破坏，以致1933年到1935年，与北方局和党中央失去联系，其间地方党组织虽处于分散状态，但仍坚持活动。如1934年5月，济南的党员在济南乡师支部、济南高中支部、济南新城兵工厂支部等的基础上，组织了济南市委，赵健民任书记，王文轩任宣传部部长，陈太平任组织部部长。1935年春节期间，赵健民去堂邑，帮助鲁西的党员成立鲁西特委，由徐运北任书记，申云浦任宣传部部长，钱鸿勋任组织部部长。同年秋后，赵健民又以济南市委书记身份联系了莱芜县委，共同协商成立了山东省临时工委，由刘盛玉任书记，赵健民任组织部部长，鹿省三任宣传部部长，黄仲华任农民部部长，于一川、陈太平为委员。上述地方组织积极努力，为恢复和发展山东党的力量做了不少工作，1936年初，有联系的党员已经有几百人。③ 而在省委遭到破坏与上级失去联系的胶东党组织也在继续活动，1934年底，党员数已达千人左右。④ 山东地方党组织在积极开展工作、发展党员的同时，也一直寻找中央的关系，几次去上海、北平、泰安都无果，终于在1935年的冬天，于濮县徐庄见到了在此巡视工作的河北省委代表黎玉，建立与上级党的联系。1936年4月，中共中央北方局决定派黎玉去山东，恢复并重建山东省委组织，领导当地的抗日救国运动。⑤

---

①　八路军山东纵队史编审委员会编《八路军山东纵队》综合册，山东人民出版社，1993，第4~5页。

②　《赵健民同志在华东七省市党史资料征集工作会议山东代表团小组会上的发言》（1982年5月16日），中共山东省委党史资料征集研究委员会编印《山东党史资料》增刊《在京山东老干部党史座谈会专辑》，1982，第150~152页。

③　黎玉：《山东党组织的恢复与重建》，《山东党史资料》1983年第1期，第8~9页。

④　胶东特委：《关于胶东的报告》（1934年8月21日），中央档案馆、山东省档案馆编印《山东革命历史文件汇集》甲种本第7集，1995，第271~287页。

⑤　《赵健民同志在华东七省市党史资料征集工作会议山东代表团小组会上的发言》（1982年5月16日），《山东党史资料》增刊《在京山东老干部党史座谈会专辑》，第151~155页。

由此，山东党组织进入恢复与发展的新阶段。1936 年 5 月 1 日，山东省委重新建立，根据中共中央北方局的意见，黎玉任省委书记，赵健民任省委组织部部长，林浩任省委宣传部部长。他们担起了领导恢复、重建山东党组织的重任。为保密起见，山东省委下达通知等文件不用山东省委名义，而是用山东省工委①的名义，以免暴露。为恢复山东党的各级组织，山东省委主要采取了两个办法。一是动员学校的党员回家乡寻找老党员关系。如济南乡师支部的很多学生来自全省各地。省委书记黎玉亲自约他们个别谈话，要他们假期时回家乡寻找老党员，并组织抗日救国会、小学教员救国会等，以便在抗日救国的宣传活动中发现分散在各地的党员。二是结合现有的组织状况建立地区特委、工委、县委。此项工作在山东省委重建之前，赵健民已着手在做，"在极其艰难困苦的情况下，坚持独立工作的原则，克服一切困难，千方百计把一些散失的关系接上，并进一步发展大批新党员，为党积蓄了力量，成为恢复与发展山东党的坚实基础"。直到 1937 年底，发动抗日武装起义前，山东省委一直在进行着恢复与发展组织的工作。②

　　恢复、建立或调整的地方组织主要有：（1）鲁西北特委，由冀鲁豫边区特委所领导的濮县、范县、莘县、朝城、临清等县的党员和赵健民过去所接收和发展的寿张县八乡师、聊城三师、冠县、阳谷、东阿等县学校的小学教员中的党员为基础建立，刘宴春为特委书记，徐运北为组织部部长，申云浦为宣传部部长。（2）莱芜县委，由于 1935 年 10 月曾代理过莱芜县委书记的刘北戈和县委委员周茂森叛变，县委遭受破坏，因此，把刘、周二人认识的干部或调出，或隐藏起来，派刘、周不认识的秦云川到莱芜任县委书记。（3）鲁东特委，最初是鲁东工委，派莱芜县的鹿省三任书记，负责寿光、潍县、昌邑、益都一带的工作。（4）淄博矿区特支，派平原县的张天民任书记，孙学之任组织委员，张仲翊任宣传委员。（5）鲁北特委，由 1937 年 3 月转归山东省委领导的津南地区特委和山东乐陵中心县委合并而成，派于文彬任书记，赵明新任宣传部部长，后该特

---

① 1937 年 5 月，经中央同意，山东省委对外不再用"省工委"名义，直称"山东省委"。参见黎玉《山东党组织的恢复与重建》，《山东党史资料》1983 年第 1 期，第 25 页。

② 黎玉：《山东党组织的恢复与重建》，《山东党史资料》1983 年第 1 期，第 10~19 页。

委改名为冀鲁边工委。（6）胶东特委，1935年底胶东暴动失败后特委组织遭到破坏；1936年4月，理琪到胶东后恢复特委；6月，在烟台上学的东北流亡学生吕其恩在北平与北方局取得联系，按北方局指示回烟台建立了胶东特委；10月，两特委合并，成立新的胶东特委，理琪任书记，吕其恩任副书记；12月，理琪被叛徒出卖被捕，特委再次遭受破坏，吕其恩又成立了胶东工委坚持工作，直至后来理琪出狱后回胶东，再次恢复胶东特委。①

上述工作的积极开展，使分散各地的党员恢复了组织关系，遭到破坏的党组织得以重建，党员数量有所增加，抗战爆发时，全省党员发展到近2000人。② 山东中共党组织在抗战前的顽强生存，为其在抗战爆发后的有力作为奠定了基础。

抗战前中共在山东的生存状况，与山东的政治生态即国民党山东省政府主席韩复榘的态度直接相关。韩复榘是地方实力派，地盘观念极重，他不允许蒋介石的中央势力染指山东。韩在山东经营有年，形成相对独立的政治力量，国民党党部在山东的活动受到打压，南京国民政府在山东力量有限。与此对应，尽管韩复榘对中共也采取打压态度，但相较南京国民政府直接控制区，措施较为缓和，中共的生存空间相对宽松。抗战爆发后，韩为保住自己的地位，进一步与中共建立统战关系，虽然韩对中共"不即不离"，③ 但中共在山东的活动已基本不受限制，中共抓住时机在各地迅速发展。

在日军强势进攻面前，韩复榘迅速退却，1938年1月被国民政府处决。韩复榘被杀，使山东短时期内出现政治真空，而中共迎来绝佳的发展时机。国民党方面承认："鲁省过去以政治受韩复榘之把持，本党党务陷于停顿，故济南沦陷之后，共产党乃有星火燎原之势。"④ 继韩复榘任山

---

① 黎玉：《山东党组织的恢复与重建》，《山东党史资料》1983年第1期，第20~23页。

② 《八路军山东纵队》综合册，第5页。

③ 《张金吾关于山东情形向中央的报告》（1937年11月26日），山东省档案馆、山东社会科学院历史研究所合编《山东革命历史档案资料选编》第4辑，山东人民出版社，1982，第9页。

④ 《中央调查统计局呈中共参战各种阴谋活动调查专报第九期　八路军与共产党在山东之活动与发展》（1939年4月），"蒋中正总统文物"，台北"国史馆"藏，档案号：002-080104-00005-002。

东省主席的沈鸿烈出身东北海军，虽在青岛经营数年，但对整个山东政治影响有限，山东出现各据一方的局面。1938 年 6 月，沈鸿烈在给蒋介石的电报中抱怨："本省游击队有由第五、第一两战区委派者，有由军委会及别动总队委派者，有由各友军及各专员委派者，有由奉委之游击司令委派者。此等游击队之成分，其大多数均由土匪收编……三十余县官民控告游击队之为害地方者，日必千余起。此间人民身罹战祸，抗敌情绪极高涨。兹因游击队之滋扰，竟多彷徨歧路，深为可虑。"① 因为是当事人，沈的报告尚多顾忌，中共作为旁观者，一针见血，罗荣桓直言几大实力派之间的纠葛，"张里元想作鲁南王，秦启荣想作省主席，所以张、秦、沈间亦有磨擦"，② 点出山东力量分裂的状况。国民党方面如此，日军也和对华北其他地区一样，控制力有限："日军不多，只在胶济路沿线稍多点，其它县城仅数十人，甚至仅有伪军。"③ 对当时华北地区这种稍纵即逝的机会，彭真在总结晋察冀的经验时曾谈道："敌在战略进攻阶段疯狂地前进，尚未照顾到其后方，在各重要点线之间空隙很大。旧统治崩溃了，敌后新的统治十分松懈，或尚未建立。……我们的任务是迅速在这些地区开展游击战争，建立抗日根据地，为此首先必须发动群众。当时，客观条件是有利的，但主观力量还远不能满足需要。敌人的空隙不会长期存在，群众抗日高潮如不能迅速地组织巩固起来，时机就会很快滑过去。"④ 彭的这一总结同样适用于山东。上述情形，为中共在山东的发展提供了非常有利的时机和条件。

在韩复榘统治下的山东，尽管共产党处于地下状态，基础薄弱，但国民党势力也是受限制的，其基础"虽然比起共产党的力量要大些，但比起苏皖等地区的顽固势力就要小些。再加上韩复榘的逃跑，山东秩序破

---

① 《沈鸿烈呈蒋中正鲁省游击队近状与整理意见文电日报表》（1938 年 6 月 21 日），"蒋中正总统文物"，台北"国史馆"藏，档案号：002-080200-00498-178。

② 《巩固与东北军及同盟者的团结，对付敌之进攻》（1939 年 4 月 26 日），《罗荣桓军事文选》，解放军出版社，1997，第 34 页。

③ 《巩固与东北军及同盟者的团结，对付敌之进攻》（1939 年 4 月 26 日），《罗荣桓军事文选》，第 33 页。

④ 《晋察冀边区各项具体政策及党的建设经验》（1941 年 6 月 4 日~8 月 21 日），《彭真文选》，人民出版社，1991，第 17 页。

坏，这就给了抗战事业发展的最好机会与有利条件"。① 此言可谓一语中的，道出了中共山东抗日武装得以兴起的独特政治与社会环境。

三　徂徕山起义

自 1937 年 10 月至 1938 年春，随着日军逐步入侵山东省境，中共在山东各地领导的抗日武装起义相继发动、抗日队伍不断组建。徂徕山起义是山东省委直接领导发动的，以它为个案，考察其组织、发动与起义队伍扩大的过程，探讨中共山东抗日武装兴起的独特环境、具体路径、促成要因等，或可明晰山东抗日根据地创建的原点。

起义的部署和筹备

中共山东抗日武装的兴起，是中共山东地方党组织长期准备的结果。起义的筹备工作，其实从抗战爆发前即着手，并随着形势的发展加速进行。

1937 年 5 月，中共中央在延安召开全国代表会议和白区工作会议，会议要求贯彻抗日民族统一战线政策，动员广大民众进行抗日战争。代表山东党组织与会的黎玉返回济南后即召开会议，研究如何领导山东人民进行抗战的问题，决定组织抗日游击队，发展抗日救国团体。② 为使山东地方党能担负起领导山东人民进行抗日斗争的艰巨任务，根据中央和北方局的指示精神，山东省委领导机关和各地党组织进行了整顿。黎玉继续担任省委书记一职，张霖之任组织部部长，宣传部部长继续由林浩担任，景晓村任秘书长。③

七七事变爆发平津失陷后，日本华北方面军分三路在华北地区展开战略进攻。其中一路日军沿津浦路南下，直逼山东。毛泽东要求："发动全

①　郭洪涛：《山东统一战线形势及党的策略》（1940 年 11 月 20 日），山东省档案馆、山东社会科学院历史研究所合编《山东革命历史档案资料选编》第 6 辑，山东人民出版社，1982，第 85 页。

②　《八路军山东纵队》综合册，第 505 页。

③　王继春：《抗日战争时期中共山东省委的变迁》，《山东师院学报》（哲学社会科学版）1981 年第 4 期，第 11 页。

华北党（包括山东在内）动员群众，收编散兵散枪，普遍地但是有计划地组成游击队。"① 因此，9 月赴山西太原参加北方局代表会议的黎玉，不等会议结束即赶回山东。10 月 3 日，鲁西北重镇德州失陷，山东省会济南危在旦夕。山东省政府主席韩复榘迅速退却，地方政权垮台，地方游勇纷纷拉起队伍，名曰抗日，骚扰一方者不在少数。仅泰安城以西的道朗、鱼池一带，就出现了"光复军""荣别队""民军"等各种名目的杂牌武装。"兔子乌龟满地跑，土鳖司令多如毛！"仅临邑一个县就有这类武装 72 股，多者近 1000 人，少者近 100 人。他们啸聚林野，打家劫舍，搞得四乡不宁。②

情势紧迫，社会动荡。而山东地理位置优越，物产丰富，地形复杂，民风强悍，山东省委进一步认识到在山东开展抗日游击战争的重要性与可能性，迅速行动起来。"10 月，省委在济南召开了秘密会议，具体讨论了全省发动抗日武装起义的策略问题"，③ 结合山东的实际情况，"就武装起义问题进行多次讨论，认为必须有几支、几十支党领导的武装队伍，才能坚持山东敌后游击战争"，④ 研究制定了山东全省抗战计划并分区做了部署。

关于发动抗日武装起义的地区和部队番号问题，省委进行了认真讨论。考虑到日军首先会沿铁路线和主要公路线设立据点，分割控制占领区，因此，省委决定采取相应措施，具体划分了十几个地区，分布在山东全省东、西、南、北、中，具有控制全省的重要战略意义，要求发动成立十个军。具体如下：其一，冀鲁边，此地靠近天津及津浦铁路，地理位置十分重要，因此省委决定在这里率先发动抗日武装起义，起义部队番号为"抗日救国第一军"，这个地区有冀东南的盐山、庆云、宁津、东光、南

---

① 《整个华北工作应以游击战争为唯一方向》（1937 年 9 月 25 日），《毛泽东文集》第 2 卷，人民出版社，1993，第 23 页。

② 肖华：《一一五师挺进山东及山东抗日根据地的发展》，中国人民解放军历史资料丛书编审委员会《八路军·回忆史料》（2），解放军出版社，1989，第 41 页。

③ 黎玉：《山东人民武装起义与山东纵队的建立和发展》，中国人民解放军历史资料丛书编审委员会《八路军·回忆史料》（1），解放军出版社，1988，第 225 页。

④ 黎玉：《省委关于发动抗日武装起义的部署》，《山东党史资料》1983 年第 1 期，第 72 页。

皮、鲁北的乐陵中心县、无棣、商河、惠民、阳信等县；其二，鲁西北、鲁西地区，"这个地区既有统战对象范筑先可以借助，又有大量的党员和'民先'队员，进步力量相当雄厚，在这里可以组织各种名目的抗日游击队"，起义部队番号可以多种多样，如"抗日救国第二军"或"第二路"，也可以冠以范筑先保安队的番号；其三，胶东地区，起义部队番号序列是"山东抗日救国第三军"或"第三支队"；其四，泰山地区，由省委直接领导发动抗日武装起义，部队番号为"第四军"或"山东八路军第四支队"，这个地区包括泰安、莱芜、新泰、泗水、宁阳、沂水等县，又叫鲁中区；其五，鲁东的长山县，起义部队番号定为"山东人民抗日救国第五军"；其六，以淄川、博山矿区为中心，成立"山东人民抗日救国军第六军"；其七，在昌潍地区组织一支武装，番号为"抗日救国军第七军"或"第七支队"；其八，在寿光、广饶、博兴一带组织"抗日救国军第八军"或"第八支队"；其九，在鲁西南地区组织"山东人民抗日救国军第九军"；其十，计划以沂水、莒县为中心，成立"山东人民抗日救国军第十军"。另外，对于党的基础薄弱的零星地区也派人去发动起义，组建抗日部队。① 当然，以上所定起义部队番号只是计划，实际的名称省委允许各地根据起义部队实际情况进行调整和变更。

　　从地区划分和起义地点的确定来看，省委显然有以下三个方面的考虑或出发点。一是充分考虑当地党的工作基础，一般来说起义的每个基点都有比较坚强的党组织和骨干力量，群众条件和自然环境也比较有利；二是从长期坚持山东敌后游击战争的全局出发，充分考虑起义地点的分布，在地域上尽可能做到覆盖面广，以便于相互联系，不留大片空白区，便于在斗争中发展壮大，最终控制整个山东；三是充分考虑起义地点的战略地位。胶东、冀鲁边、鲁西北的起义，都可以控制一大片地区；长山之黑铁山南临胶济路西段，西逼济南，北与冀鲁边相邻，便于打通联系；鲁东潍县便于控制胶济路东段，东与胶东、西与清河都便于联系；鲁中徂徕山、泰山、沂蒙山地处山东之中心，且西邻津浦路，与鲁南、清河、鲁东南等地联系

---

① 黎玉：《省委关于发动抗日武装起义的部署》，《山东党史资料》1983 年第 1 期，第 76~79 页。

都较便利；泰西东可威胁津浦路，向西与鲁西和鲁西北也便于联系。① 可见，考量的中心在于是否有利于起义的成功发动与抗日游击战争的广泛发展。

何时发动抗日武装起义，时机的选择是一个十分关键的问题。中共山东地方组织在苏维埃革命时期曾领导或参加过多次武装起义，较大的如1928 年的阳谷坡里暴动、高唐谷官屯暴动，1932 年的博兴暴动、益都暴动、日照暴动，1933 年的沂水暴动、苍山暴动，1935 年的胶东暴动等，都以失败告终，损失惨重。鉴于历史教训，省委结合山东的具体情况，经过周密考虑，决定"把发动武装起义的时机选择在国民党、韩复榘的军队开始撤退或已溃散，而日寇尚未到或虽已到达立足尚未稳定之时"。② 因为若过早发动，有可能被韩复榘的第三路军或地方保安队镇压下去；若发动过迟，就会被别的地方势力抢占先机，民间的枪支、弹药等就会被其搜罗而去。省委关于选择武装起义时机的这一规定，成为山东各地确定发动抗日武装起义时间的重要指针。

要组织、发动武装起义，从无到有组建武装队伍，需要一大批干部尤其是军事干部，他们是打开局面和动员民众支持、参加抗日的骨干。山东省委一方面决定抓紧恢复各地县、区的党组织，大力发展抗日救国会和民族解放先锋队，不放过一个党员的线索和一个救国会员、"民先"队员的关系，扩大统一战线工作，更广泛地积聚力量，把抗日的积极分子、不愿当亡国奴的民众武装起来。③ 1937 年 9 月，中华民族解放先锋队山东省队部在济南成立，孙陶林任队长。"民先"山东省队部在省委领导下，主要从事抗日救亡的宣传动员工作。接着，枣庄、临沂、邹县、荣成、福山、莱（阳）西、崂山、即墨等地亦纷纷建立起"民先"组织。④ 另一方面请求北方局和中央帮助，派一批红军干部和抗大学员来鲁。9 月，红军干部洪涛、廖容标、廖云山、韩明柱、赵杰、程绪润、周凯东、郭盛云等 8 人，由延安等地相继抵济。他们由山东省委分派到各地，领导抗日武装起义的筹备工作。⑤

① 申春生：《山东抗日根据地史》，山东大学出版社，1993，第 16 页。
② 黎玉：《省委关于发动抗日武装起义的部署》，《山东党史资料》1983 年第 1 期，第 73～75 页。
③ 黎玉：《省委关于发动抗日武装起义的部署》，《山东党史资料》1983 年第 1 期，第 72 页。
④ 《八路军山东纵队》综合册，第 508 页。
⑤ 《八路军山东纵队》综合册，第 508～509 页。

同时，中共与韩复榘统战工作取得重要进展。9月，中共中央派张经武以军事联络官的身份到济南，会晤韩复榘，宣传中共抗日主张，商讨释放政治犯和动员群众等问题，争取其第三路军参加抗战。张经武报告，韩"对于抗战前途估计，怕南京对日妥协，因此得出结论：将来蒋必消灭红军之内战要发生，故每嘱巩固陕北苏区问题，若南京彻底联俄，则我们力量势必强大，故将合作问题推诸将来"。① 此时中共在山东的活动已基本不受限制。中共北方局成立了山东联络局，派遣张友渔、梁寒冰到济南，由中共山东省委协助进行第三路军的统战工作，了解地方实力派的活动及武装组织状况。经过协商，韩复榘答应以"铺保"方式释放政治犯，在第三路军中建立政训处，并开办政工人员训练班。这一协议的实现，使关押在山东各地监狱、看守所、反省院里的许多共产党员和进步爱国人士得以出狱，"走上了抗战第一线，并培养了一批为抗战所需要的军事、政治、民运干部"。② 黎玉回忆，10月，"被韩复榘关在监狱的莱芜党员及同情者先后被释放；莱芜在外地隐蔽的党员也先后回县，有些参加了领导工作；党员近100人恢复了关系；党组织的力量大大增加，成为发动游击队的核心力量"。③ 因此，对韩统战工作的开展，不仅为起义的筹备工作争取到了便利条件，也准备了骨干力量。

中共山东省委在动员骨干力量到全省各地筹备发动武装起义的同时，也加紧筹备自身领导的抗日武装起义。

关于山东省委为何要直接发动抗日武装起义，黎玉谈及，省委考虑要挑起领导山东全省人民进行抗日游击战争的重担，必须从战争中学习战争，从实践中摸索经验，闯出一条开展敌后抗日游击战争的路，以便指导其他地区的武装起义和开展游击战争，保证武装起义的成功，并创立山东抗日根据地。而最终徂徕山被确定为起义地点，则是缘于徂徕山的地理位置和党的工作基础更有利于起义的成功和后续的发展。徂徕山位于泰安县城东南30余公里处，北靠泰山，南接蒙山山区，东连莲花山、沂蒙山区，

① 《张金吾关于山东情形向中央的报告》（1937年11月26日），《山东革命历史档案资料选编》第4辑，第9~10页。
② 刘大可：《山东敌后抗日根据地的建立》，《近代史研究》1985年第4期，第61~62页。
③ 《黎玉回忆录》，中共党史出版社，1992，第121页。

西通泰西大峰山，四周群山环绕，有着天然屏障；占据徂徕山，可以控制周边几条公路和津浦路等交通命脉，战略意义重大；徂徕山地处山东腹心，在此建立根据地，便于和全省其他根据地进行联系；该地有党的工作基础，泰安党组织经过整顿、恢复，掌握了一些干部，较有生气。① 早在1937 年 9 月，省委即派孙汉卿到泰安等地巡视工作，传达了党中央、北方局要求所有共产党员"脱下长衫到游击队去"、发动抗日游击战争的指示，要地方党员积极行动起来，宣传和组织人民群众，准备拉队伍打游击。同时，泰安人民推举德高望重的范铭枢老先生出面，开始组织"抗敌后援会"，动员人民捐献物资支援前线。中共党员于一川和马馥塘、鲁宝琪等又组织了"泰安人民抗敌自卫团"，号召凡不愿做亡国奴的人都可以报名参加自卫团。当时虽然没有枪，没有拉成队伍，但报名参加的人不少，社会教育实验区内就有几十人，为发动抗日武装起义，做了一些思想上、组织上的准备。② 这些都是起义成功发动的有利条件和重要基础。

10 月下旬，山东省委从济南转移到泰安县城，具体开展起义筹备工作。10 月 22 日，省委在泰安城里的文庙召开大会，分析形势，研究动员群众、组织武装、筹集枪支和物资等事宜；决定以日军占领泰安城为发动起义的时间。会后，派干部分赴各地行动。③

省委在分派干部深入某地时，为充分利用当地的社会关系，优先选派当地人。如派往泰安六区的程照轩即是当地山阳村人。因为泰安六区区长兼民团队长程子源是程照轩的堂兄，山东人家族观念极重，亲族之间容易相互影响，程照轩通过争取工作，很快获得程子源的支持，不仅安全得到保障，还能得到抗日武装所需粮款等物资支援，④ 六区区委几乎可以用半公开的方式开展工作。他们抓紧一切时机发展党员、建立党的组织和抗日武装。如赵杰和侯德才在封家庄发展了封振武、封虞臣、李子敬三人入党，成立了六区第一个党支部，派党员分头到各庄筹备枪支。广泛宣传

---

① 黎玉：《徂徕山武装起义》，《山东党史资料》1983 年第 1 期，第 84 页。

② 于一川：《徂徕山起义前后》，中共泰安市委党史资料征集研究委员会编印《徂徕山起义》，1985，第 124 页。

③ 亓维章：《徂徕山起义前后》，政协山东省泰安市委员会文史资料研究委员会编印《泰安文史资料》第 3 辑，1988，第 2～3 页。

④ 赵杰：《回忆徂徕山起义》，《山东党史资料》1983 年第 1 期，第 115 页。

"有力出力，有钱出钱，有枪出枪"，同时了解到蒋、冯、阎大战时有些枪支流散民间，大地主家里也有一些枪支，便根据线索上门动员献枪。楼德王理堂，把盐警队存在楼德盐店的60多支枪全部捐献出来。普通民众也纷纷搜集枪支，很快就筹集到100多支长、短枪，百多名青壮年要求参加共产党领导的抗日队伍。[1] 程照轩充分利用在当地的社会关系，团结了很多积极抗日的青年农民、学生、教师等，开始建立起群众基础，他们加强宣传并造声势，说："红军、八路军来到徂徕山，有几千人啊！"[2] 可见当地人以亲缘地缘之便开展工作能收事半功倍之效。

被派往其他各县的干部也展开了深入细致的宣传和动员工作。如派往泰莱一带工作的刘居英，是由中共中央北方局分派到山东省委的。他于9月到莱芜，依靠当地的党员先熟悉情况，每天晚上与当地的党员一起骑着自行车到各村秘密串联。他们先向党员讲解中共中央和山东省委关于深入敌后宣传抗日、组织发动抗日武装起义的决定，要求党员响应抗日号召，积极准备武装起义，每个党员尽量动员一部分爱国群众，参加武装起义。[3] 党员在群众中做了大量宣传动员工作，宣讲"抗日则生，不抗日则亡"的道理，讲明抗战地不分南北，人不分老幼，也不分阶级、党派、团体、信仰，一律团结对敌，号召"有力出力，有钱出钱，有枪出枪"。同时着力"发动抗日游击队，要求每个党员通过各种社会关系，进行串联和发动，至少动员二至三人参加抗日游击队，有枪带枪，无枪借枪，还确立了三个中心点"，仅这三个中心点就联系了十几个村庄100余人。[4]这三个中心点是：以三区的鹁鸽楼村为中心，南到降寇村，北到汶河边马、刘二庄，由黄仲华、秦云川、鹿秀岩等负责；十区南半部以鲁西村为中心，南到白塔子、圣井、三官庙，北到丰登管庄、石家泉、柳行沟，西到桥沟、杏子等村，由亓象岑、孙启明、毕指南、吴健章、曹春耕、陈侠等负责；十区北部和二区南部以刘家封丘为中心，南到三区的安家台子

① 赵杰：《回忆徂徕山起义》，《山东党史资料》1983年第1期，第115~116页。
② 黎玉：《徂徕山武装起义》，《山东党史资料》1983年第1期，第85~86页。
③ 刘居英：《莱芜发动武装始末》，《山东党史资料》1983年第1期，第169~170页。
④ 文勃：《历史的结论——从徂徕山到泰西起义队伍的不同发展，看加强党的领导的必要性》，中共泰安市委党史资料征集研究委员会编印《泰安党史资料》总第19期，1992，第207页。

村，北到吐丝口镇周围，西到亓家官庄、李家丈等村，由刘夏峰、刘子正、刘舜卿、刘木易等负责。① 这样由点及面，宣传动员的范围很快扩大到周围十里八乡。

新泰党组织也分头在几个区开展抗日宣传工作，动员了数百人志愿参加抗日游击队。单洪负责新泰县西南乡；王建青、刘少傥等负责新泰西北乡；王德一、王迫悟、王宪廷等负责新泰东部（包括城关区）；刚从监狱出来的李枚青、董琰分别负责新泰东、西部工作。经过大家的努力，董琰、董超等在新泰二区，王德一、王迫悟、王宪廷、李枚青、周星夫等在城关区，六区东部、七区北部共组织了人枪俱全的约 50 人的核心武装；王德一、王迫悟还在城关区组织了六七个小队（400 余人）的抗日自卫团武装；王建青、刘少傥在羊流、坡里一带组织了 20 余人的核心武装；韩顾三、李春之、李烈炎等在四区张庄、灵查一带组织了 20 余人的核心武装，还组织了三四个中队（300 余人）的抗日自卫团；单洪与王云、张一民、杜文泉等在新泰五、六区以及石莱、放城、宫里一带组织了共 70 余人的核心武装；还组织了以岳伯良（开明的国民党员）为首的 40 余人的武装，以及范令章（开明的国民党员）为首的 30 余人的武装；另组织了几百人的抗日自卫团，以便掌握新泰五、六区和石莱、放城、宫里一带的枪支。②

另外，省委建立了鲁中工委，领导泰安、莱芜、新泰、泗水等地党组织开展发动抗日游击队的准备工作。举办游击战争骨干培训班，请红军干部讲授毛泽东同志的游击战争思想，培养骨干；派干部到各县检查，指导起义的准备工作；大力开展抗日宣传活动，动员各界人士参加抗战。③

12 月 23 日，日军渡过黄河，直逼济南，敌机不断轰炸泰安县城。24日，省委机关从泰安城里转移到城南笆子店村，在马馥塘、于一川等人办的“民众教育馆”召开了多次会议，进一步研究了起义前的一些具体问题。武中奇用砚台刻了起义部队番号大印：“八路军山东抗日游击第四支

① 黎玉：《徂徕山武装起义》，《山东党史资料》1983 年第 1 期，第 86~87 页。
② 单洪：《参加徂徕山起义前后》，《徂徕山起义》，第 229~230 页。
③ 文勃：《历史的结论——从徂徕山到泰西起义队伍的不同发展，看加强党的领导的必要性》，《泰安党史资料》总第 19 期，第 207 页。

队之关防。"韩豁、赵新、杨纯、何浩等6名女子用红布缝绣起义部队旗帜，旗帜上绣有镰刀、斧头和"游击"两个大字。各县党员都积极展开活动，做各界人士的动员和争取工作。①

12月27日，济南陷落，韩复榘迅速撤走，地方政权陆续垮台，出现政治权力真空。同时日军立足未稳或尚未到达。省委预计的起义时机来临，不可错失。因此，在日军占领泰安城的前几天，省委机关一部分人员和平津流亡学生、"民先"队干部，以及泰安县委和泰安县人民抗敌自卫团部分人员，陆续转移到徂徕山东南脚下的山阳村。然后分两个梯队奔赴徂徕山，省委书记黎玉与景晓村等待赵杰等人发动的起义队伍到齐后，于31日赶到起义地点。② 同时对各县也发出了整合武装会聚徂徕山的通知。莱芜、新泰、泗水、宁阳诸县的抗日武装，接到省委指示后，分别在各县集中。其中，莱芜县在莲花山集合了60多人，50多支枪；新泰县在全县分点集合了多批人员。③

31日，各地动员出来到达徂徕山的起义队伍有100余人，"其中有工人、农民、士兵，也有教员、学生、职员。他们穿的服装各式各样，有穿棉袍的，有穿大褂的，有穿制服的，还有个别穿西装的；手里的武器更是五花八门，有步枪和匣子枪，有'汉阳造'，也有'老套筒'、'土压五'，还有大刀、长矛等"。国民党的散兵游勇，也被动员参加到起义队伍中来。可见，起义队伍的组织过程贯彻了抗日民族统一战线政策，各种抗日力量均被吸纳进起义队伍。④ 由此，起义的准备工作基本就绪。显然，这支服装不一、武器简陋的起义队伍要发展成有一定规模和强大战斗力的抗日武装，任重而道远。

起义的发动与部队建设

起义时机来临，各项筹备工作在紧锣密鼓中基本就绪，山东省委果断践行抗日大计。

---

① 亓维章：《徂徕山起义前后》，《泰安文史资料》第3辑，第3页。
② 黎玉：《徂徕山武装起义》，《山东党史资料》1983年第1期，第88~89页。
③ 亓维章：《徂徕山起义前后》，《泰安文史资料》第3辑，第3~4页。
④ 黎玉：《徂徕山武装起义》，《山东党史资料》1983年第1期，第90页。

1938 年 1 月 1 日，山东省委领导的抗日队伍在徂徕山大寺誓师起义，宣布成立八路军山东人民抗日游击队第四支队①，洪涛任司令员，赵杰任副司令员，黎玉任政治委员，林浩任政治部主任，马馥塘任经理部主任。黎玉在誓师大会上阐明山东开展游击战争的意义，强调八路军的"三大纪律、八项注意"。随即对当时聚集在徂徕山的起义队伍 150 多人进行编队。暂时编为两个中队：省委机关、泰安县人民抗敌自卫团、泰安县委部分人员和青年学生编为第一中队，选李怀英为中队长；赵杰、封振武、封虞臣、冯平等从山阳带来的队伍编为第二中队，选封振武为中队长。其他各县的起义队伍也在誓师大会后陆续会集到徂徕山。新泰县的抗日武装，因为是分散集合的，他们接到会集徂徕山的通知有早有晚，所以从 1 月 5 日至 9 日，他们分多批抵达徂徕山光化寺，随到随分编到第一、二中队里，未单独编中队。② 莱芜县的起义队伍由刘居英、程绪润、秦云川带领从莲花山赶来，被编为第三中队。四支队领导意识到，要把这支队伍建成中共领导的坚强的抗日武装，绝非易事。③

根据红军建设经验，为提高战士的政治军事素质，刚刚组建的四支队在部队建设方面，着力于以下几项工作。一是建立党支部，以确保党对军队的领导。因为队伍是为抗日而组成，战士中有工人、农民、学生、知识分子，还有从事其他工作的人，多数不是党员，成分比较复杂。他们经历不同，生活习惯、思想觉悟各异。不统一他们的认识，在部队行动时势必会有妨碍。部队领导决定由景晓村负责在部队建立党的秘密支部，把党员登记、组织起来，分配到班排里去担任政治战士，和战士们生活、战斗在一起，给战士做思想政治工作，处处起带头作用。由于党员数量不够，所以一些"民先"队员、救国会员、小学教员和青年学生也被分配担任政治战士，其中进步快的就先介绍入党。同时责成每个党员制订发展党员的计划。政治战士在四支队组建初期对部队建设起了很大作用。党支部和政治战士通过加强部队的政治工作，消除了战士思想的混乱状况，提高战士的

① 此为四支队番号全称，后来日常使用时，习惯将"八路军"省略，称作"山东人民抗日游击队第四支队"。

② 亓维章：《徂徕山起义前后》，《泰安文史资料》第 3 辑，第 4 页。

③ 黎玉：《徂徕山武装起义》，《山东党史资料》1983 年第 1 期，第 90~92 页。

思想觉悟，树立抗日必胜的信心和决心；教育战士坚决执行"三大纪律、八项注意"，帮助群众干活，爱护群众的一草一木，不侵犯群众的利益。

二是成立宣传队，通过文艺表演等方式深入战士和群众中，以宣传抗日。起义队伍里面有参加过韩复榘第三路军政训队的女"民先"队员和泰安当地妇女抗日救国会的女青年，之前她们有过在城市和农村进行宣传演出的经验。为发挥她们的长处，组织她们成立宣传队，四支队宣传科科长孙陶林兼任宣传队队长。宣传队成立后，她们先后到中队里演"活报剧"给战士们看，教战士们唱歌，帮战士们缝补衣服，和战士们一起学军事、站岗放哨，给战士们很大的鼓舞。

三是成立募集队。四支队成立誓师大会上虽宣布设经理部以解决部队供给问题，但因为部队经费很少，给养主要靠经理部的人筹划解决。马馥塘领着几个人，天天找村长、乡长催办，也拿钱买一部分，弄到一点煎饼、窝窝头、地瓜一类的食物，就平均分配给大家吃。因为群众对部队还不了解，不愿意拿给养，经费又少，没有钱买不来给养，战士不能按时吃饭，甚至饿半天肚子的事时常发生。"为了珍惜很不容易才弄来的给养"，黎玉"带头把冻坏了的黑心地瓜一点不浪费的全部吃下去"。[1] 同时，四支队成立的次日，即组织募集队，根据中共《抗日救国十大纲领》提出的"有力出力，有钱出钱，有枪出枪"的政策，专门负责募集经费、枪支、物资，以改变四支队粮枪紧缺的状况。募集队主任由很有名望的中学教员赵笃生担任。为避免强行索要，选拔募集队员时非常注重人品，"都是选拔一些为人可靠的队员担任，包括一些小学教员"。募集队在泰安、莱芜、新泰、泗水等县，向地主和乡绅宣传蒋介石在《对卢沟桥事件之严正声明》里说的"地无分南北，年无分老幼，无论何人，皆有守土抗战之责"等，动员他们捐献，因而募集到了一些钱款、枪支和粮食。凡是募集到的粮食、枪支，都打了借条，盖上大印。[2] 四支队成立初期所需的粮食、钱款、枪支等主要是靠募集解决的。

从前述起义队伍的组成可知，四支队成员大部分没有经过军事训练，

---

① 张一民：《忆徂徕山起义》，《山东党史资料》1983 年第 1 期，第 150 页。
② 黎玉：《徂徕山武装起义》，《山东党史资料》1983 年第 1 期，第 98~99 页。

不懂打仗。因此，四支队部队建设的第四个方面就是军事训练。支队领导和中队长、政治指导员研究决定，在徂徕山的大寺、光化寺进行为期一周的突击军事训练。由红军干部洪涛、赵杰、程绪润等有带兵打仗经验的人负责训练，从最基本的利用地形地物、站岗放哨、练习瞄准射击和投手榴弹开始，使战士们尽快学会基本的军事技术和打仗本领，并进行"我军为谁打仗"和"三大纪律、八项注意"等政治纪律教育。由于战士们抗敌心切，训练效果显著。①

下山出征与扩军

徂徕山起义队伍的进一步成长壮大，是在具体的抗日游击斗争中实现的。

日军占领济南后，继续沿胶济、津浦铁路东移、南下，1937年底到翌年初，交通重镇周村、长山、博山、潍县、泰安、兖州等相继沦陷，日军通过"维持会"等伪组织协助其"维持"地方治安，伪化区域扩大。四支队誓师起义后，部队面临的首要任务是扩大政治影响，增员扩军，壮大自己的力量。为此，四支队党支部开会，根据大家意见，决定下山打鬼子，这一方面是为在游击战中扩大政治影响，以便广泛动员群众抗日；另一方面是因为各县组织的抗日队伍会聚到徂徕山后，原来大寺和光化寺的房子已不够住，也需要移住新的地方。②

1938年1月中旬，四支队离开徂徕山的大寺、光化寺，下山出征。部队刚刚成立，初次下山与群众接触，为得到民众的信任，有效地宣传抗日，四支队每到一个村庄，就停下来宣传，说明共产党和八路军的抗日主张。因村里大部分人对四支队到底是什么样的部队仍心存疑虑，战士们就唱《三大纪律八项注意》，宣传队则演起"活报剧"，"群众看我们的部队又唱歌，又演戏，规规矩矩，不进老百姓家，对老百姓和和气气，才渐渐靠拢我们，和我们啦了起来，亲近起来"。群众纷纷议论："真是'百闻不如一见'，八路军真是名不虚传，好样的！""青年们更是亲近我们，要

---

① 黎玉：《徂徕山武装起义》，《山东党史资料》1983年第1期，第92~101页。
② 张一民：《忆徂徕山起义》，《山东党史资料》1983年第1期，第152页。

求参加我们的部队。"① 由此部队增员显著。

在与乡民建立联系方面，宣传队的女战士克服了许多困难，也发挥了较大作用。她们走村串户，与当地群众建立起密切联系。旧中国农村封建礼教意识浓厚，女子很少抛头露面，山东的这种情况尤为突出。因此，宣传队女队员剪短发，穿军装下乡，向村民讲演，给村民演戏，教农民唱歌，有些村民还对她们的性别有所怀疑。为接近村民，她们想尽办法。演完戏后，她们就跟村里的老大娘到其家里去，一边帮干活，一边开展细致的宣传工作，很快就和村里的人熟悉起来。有些老大娘将她们认作干闺女；村里的大姑娘、小媳妇见了她们也不跑了，有的青年妇女和她们拜干姊妹。② 后来四支队往新泰县烈庄一带转移时，就派出女同志打前站，通过她们艰苦细致的工作，为部队的顺利宿营扫除障碍。③ 因此，宣传队对四支队的发展来说，绝非可有可无。她们出色的工作，不仅消除了群众对四支队的许多顾虑和误会，而且促使群众主动支援四支队的抗日活动。

在起义队伍战士的家乡，部队与乡亲熟悉较快。如此次下山行军的目的地东良庄，因为四支队战士很多是这个庄的，乡亲们见面分外亲热，乡公所和学校组织群众出庄夹道欢迎，群众把好房新房腾出来让部队住。部队也就更加注意纪律，尽量不扰民，给乡亲打扫院子、挑水，以爱民的实际行动来回报群众的热情接待。④

既然是抗日的部队，抗击日军的实际行动，是最有力的宣传。四支队决定伺机行动。1月下旬，根据群众报告，说新汶公路上有日军部队来往通行。四支队即派侦察小组到汶口、禹村、磁窑和新汶公路一带，进一步侦察了解，获得可靠情报：26日，日军要经过大汶口，去往新泰县城。四支队即决定在日军必经的寺岭打伏击战。这是四支队成立以来的第一仗，其胜负关系到部队的声威和在群众中的影响，因此部队领导特别重视。司令部召集了排以上干部，做了军事部署，政治委员黎玉做了政治动

① 黎玉：《徂徕山武装起义》，《山东党史资料》1983年第1期，第102~103页。
② 黎玉：《徂徕山武装起义》，《山东党史资料》1983年第1期，第96~97页。
③ 张一民：《忆徂徕山起义》，《山东党史资料》1983年第1期，第156页。
④ 黎玉：《徂徕山武装起义》，《山东党史资料》1983年第1期，第103页。

员，要求这一仗一定要打好打响。赵杰选拔突击队，由三中队和二中队一个排于 26 日下午在寺岭村成功伏击了日军，毙伤敌 10 人，击毁汽车 1 辆。① 四支队首战获胜，影响巨大。部队战士认识到装备精良的强大敌人并不是不可战胜的，从而树立了抗战的信心；向日军宣告了中共抗日武装的存在。最重要的是用事实证明了四支队是一支真正抗日的部队，"群众对我们的胜利广为宣传，甚至是越传越大，那时在新泰、泰安一带，到处传说'红军、八路军游击队有万把人来到了徂徕山'"。四支队的声威大震，政治影响更加扩大，四面八方的青年纷纷前来，要求加入部队。② 部队规模进一步扩大。

在实际战斗中广泛动员群众参加抗日队伍的同时，收编国民党溃军也是四支队扩军的途径之一。四支队寺岭伏击战后在大官庄一带休整时，得泰安县委朱玉干报告，他的家乡北望庄去了韩复榘三路军溃散的 40 余人，有 2 挺机枪、5 支匣枪和 40 支东北大盖枪。四支队马上派林浩和武中奇带两名战士去争取他们，成功说服后，由武中奇带一支队部分战士与之合编为第四中队，原溃散军中的连副刘国栋任中队长，林浩兼任指导员，武中奇任排长，并派燕遇明、李焕、王若杰任政治战士，以利对其改造。后来又补充了一些思想进步的战士，第四中队才稳定下来。③

四支队在寺岭的成功伏击，激怒了日军，泰安、大汶口的日军集结出动，欲消灭四支队。为争取主动作战和部队的进一步发展，四支队决定转移。④ 1938 年 1 月底，四支队撤离徂徕山区，到新泰县西部的谷里、烈庄一带开展工作。孙汉卿、管戈等带领在泗水一带发动起来的几十人的抗日队伍赶来会合，编成第五中队。

在日军进攻面前，中共以抗日民族统一战线政策相号召，联合一切可以联合的力量共同抗日。四支队来到新泰西部，遇到国民党山东第三区行政督察专员兼保安司令张里元，与之建立了较好的统一战线关系，得到了少量的武器援助。比如 2 月中旬，四支队在新泰城西四槐树设伏，成功炸

---

① 《八路军山东纵队》综合册，第 26 页。

② 黎玉：《徂徕山武装起义》，《山东党史资料》1983 年第 1 期，第 104～105 页。

③ 黎玉：《徂徕山武装起义》，《山东党史资料》1983 年第 1 期，第 105～106 页。

④ 张一民：《忆徂徕山起义》，《山东党史资料》1983 年第 1 期，第 156 页。

毁了日军车辆 2 辆，炸死日军 40 多人，其中包括 1 名大佐，取得较大战果。这次战斗使用的电发地雷就是张里元支援的。四支队的影响由此进一步扩大。随后，四支队又乘胜开展了对新汶公路的破袭战，破坏了新汶公路北佐村至小协庄的一段桥梁，给日军造成交通困难，迟滞了其进攻步伐。① 部队战士在这些游击战中得到了很好的锻炼，政治素质和游击战术均得到提高。

战斗中成长

四支队规模的进一步扩大是在刘杜会议确定新的发展方向之后。

1938 年 2 月下旬，在四支队成立一个多月后，部队到达了新泰县刘杜。刘杜有 1000 多户人家，是一个较大的集镇，是中共在新泰西南乡活动的中心。山东省委在此召开扩大会议，总结经验，确定今后的工作方向。决定兵分两路，南北活动；让黎玉赴延安向党中央汇报山东抗战情况，请求中央派军政干部来山东，以满足敌后游击战争发展对干部的需要，加强对山东抗战的领导，支援必要的电台，加强通信联系等。② 因为临近春节，会议还决定：为照顾战士过团圆年的心理，新泰和莱芜县的战士，分别靠近或回到本地活动，在本地扩军，组织新的中队；派交通员向北联系长山、寿光一带起义队伍，了解情况；泰西在大峰山一带成功组织的抗日自卫团，继续在当地活动，以图发展壮大，并抽调干部前去指导；加紧争取泰安程子源率领的部队。③ 刘杜会议确定了四支队今后的发展方向，因此对四支队来说是一次十分重要的会议。此时，宁阳的朱蕙阶、武效周、王一平等率领百余人前来，编为第七中队。朱蕙阶任队长，王一平任指导员。

刘杜会议之后，四支队按会议决定分成南北两路行动。北路以一、三、四中队为一大队，由洪涛、林浩率领前往莱芜一带活动，并向淄川、博山、长山区域发展，与淄博一带矿区及胶济路以北长山地区联系；④ 南

---

①　黎玉：《徂徕山武装起义》，《山东党史资料》1983 年第 1 期，第 107~108 页。

②　亓维章：《徂徕山起义前后》，《泰安文史资料》第 3 辑，第 5 页。

③　黎玉：《徂徕山武装起义》，《山东党史资料》1983 年第 1 期，第 109 页。

④　黎玉：《徂徕山武装起义》，《山东党史资料》1983 年第 1 期，第 109 页。

路以二、五、七中队，以及直属队和一中队一部及宣传队组成二大队，由赵杰率领，护送黎玉，南经泗水、平邑抵达蒙阴的西蒙山万寿宫，黎玉由此去徐州赴延安，林浩代理省委书记兼四支队政委。① 南路部队在活动期间，也发展了几个中队：此时经统战工作，泰安县六区区长程子源带着他的区队百多人枪来参加四支队，他们被编为第八中队；② 将新泰张庄一带和城区周围地方党组织发动组织的抗日武装，分别编为第九中队和第十一中队；将莱芜、蒙阴、新泰三县边界黄庄一带的抗日武装，编为第十二中队。③

山东民间武装众多，争取他们抗日并吸收进抗日队伍也是四支队扩军的途径之一。北路一大队进至莱芜、新泰边境的天井峪，将游杂武装一部改编为第六中队。然后继续北上，于3月中旬攻克莱芜城，摧毁伪政权。之后，到达莱芜苗山、常庄一带，将当地党组织发动组织的武装编为第十中队。4月初，林浩带领一个中队插入博山县西马村一带活动，与山东人民抗日救国军第六军不期而遇。第六军是中共博山县委负责人张敬焘联合爱国军人徐化鲁、郑兴等发动组织的。他们与国民党博山地方游杂武装李兴唐部、吴鼎章部组成联军准备攻打博山城。张敬焘将此情况向林浩汇报后，林浩完全赞成，并派四支队一个中队与之配合，一举攻克博山城，歼灭守城的部分伪军与"维持会"。为防备李兴唐借机吞并第六军，张敬焘、徐化鲁率部200余人迅即撤离博山，与四支队会合，编入四支队一大队。不久，郑兴亦带领第六军一部100余人编入山东人民抗日救国军第五军。

4月中旬，山东省委机关、四支队部分人员与廖容标、姚仲明率领的山东人民抗日救国军第五军一部于淄川县马棚、磁窑坞一带会合。这时，张岗、汪洋、谢辉、崔介率地方党组织在临沂兰陵、莒县南部（今为莒南县）的十字路发动组织的抗日武装300余人，脱离国民党临沂专员张里元部，到达马棚，加入四支队。四支队北路部队与第五军一部会合后，由代理省委书记林浩主持，在淄川磁窑坞召开省委扩大会议，决定将四支

①　亓维章：《徂徕山起义前后》，《泰安文史资料》第3辑，第6页。

②　黎玉：《徂徕山武装起义》，《山东党史资料》1983年第1期，第109~110页。

③　《八路军山东纵队》综合册，第27页。

队改编为山东人民抗日联军独立第一师，洪涛任师长，林浩任政委，赵杰任副师长。并决定稍做休整后南下，准备再度攻打莱芜城。① 四支队为何改变名称，相关人员的回忆中没有谈及，尚不得而知。

4月下旬，四支队一部遭到国民党别动纵队第五纵队司令秦启荣部伏击，秦启荣部在莱芜公开取缔四支队驻莱办事处，偷袭四支队在雪野村的后方机关，逮捕扣押四支队经理部主任马馥塘等人。在此情况下，四支队被迫反击。在胶济路南活动的二大队北上莱芜，智擒抢占莱芜城的秦启荣第五纵队所属的莱芜县县长谭远村、县大队队长景肇令以下300余人，解救出马馥塘，再度占领莱芜城。② 随后，四支队南北两路部队在莱芜城会师，共4000余人。就地进行整编，原北路部队及徐化鲁部编为第一团，原南路部队编为第二团，张岗、汪洋、谢辉、崔介部编为第三团。随后，秦启荣调集重兵逼近莱芜城。四支队从抗日大局出发，释放了谭远村等人，主动撤离到鲁西镇，并派人与秦启荣谈判。但秦启荣自恃人多枪多，大举进攻四支队，四支队又被迫反击，迫使秦部退回莱芜城。为顾全抗日大局，坚持抗日民族统一战线，避免新的冲突，四支队主动转移到莱芜县西北部的水北一带，经短暂休整即返回徂徕山区。廖容标、姚仲明亦率第五军一部返回胶济铁路以北长山、临淄、桓台地区。③ 分别开展敌后游击战争。

鉴于山东的重要战略地位，中共中央十分关注山东的抗日斗争和创建抗日根据地工作，在四支队成长过程中多次给予政策指导和干部支援。早在1938年1月15日，中共中央即对山东省委指示："应以发动游击战争与建立游击区的根据地为中心"，"省委工作的中心应当放在鲁中区，开始依靠新泰、莱芜、泰安、邹县的工作基础，努力向东发展，尤以莒县、蒙阴等广大地区为重心"，"提议省委应在鲁中区较为适宜"。④ 在黎玉赴延安请求支援时，中共中央给予积极支持。4月5日，毛泽东即电告周恩

---

① 《八路军山东纵队》综合册，第26~27页。
② 黎玉：《徂徕山武装起义》，《山东党史资料》1983年第1期，第110~111页。
③ 《八路军山东纵队》综合册，第28页。
④ 《中共中央给山东省委的指示信》（1938年1月15日），中共山东省委党史资料征集研究委员会编《山东抗日根据地》，中共党史资料出版社，1989，第26~27页。

来、叶剑英："山东省委书记黎玉到延安，那边游击战争大可发展……除决定罗炳辉去负军事总责外，正选派政治部主任一人及中级以下军事及政治工作干部二三十人前去。"① 4 月 21 日，毛泽东和张闻天、刘少奇致电朱德、彭德怀、刘伯承、徐向前、邓小平等，进一步肯定了在河北、山东平原地区开展游击战争的可能性，指出："在目前全国坚持抗战和群众工作正在深入这两个条件下，河北、山东平原地区广大地发展与坚持游击战争是可能的。党和八路军在河北、山东平原地区，应坚决采取尽量广大发展游击战争的方针，尽量发动最广大的群众走上公开的武装抗日斗争。因此，应即在河北、山东平原划分若干游击军区，并在各区域成立游击司令部，有计划地系统地普遍发展游击战争，并广泛组织不脱离生产的自卫军。要发展党员，建立党的各级组织。在收复的地区应即建立政府。"② 5月 6 日，毛泽东又电示中共中央长江局："山东游击战争战略意义重大，决定派张经武到山东工作。"③

　　因工作关系，中央几度调整选派的干部人员，最后确定先派郭洪涛率约 50 名干部到山东工作，并多次电示八路军总部，派遣部分主力部队入鲁。不久后，八路军一一五师和一二九师各一部进入鲁西北和冀鲁边区，支援山东抗战。郭洪涛临行前，毛泽东、刘少奇等中央负责人叮嘱：要放手发动群众，大量组织武装，充分开展游击战争，建立抗日民主政权，创建山东根据地，使山东成为八路军在华北的一个战略基地。④ 5 月 20 日，郭洪涛率军政干部霍士廉、段君毅、王文、杨国夫、钱钧、王彬、高锦纯、周赤萍、刘勇、何光宇、鲍辉、陈宏、王子文、苏杰、吴瑞林、史秀云、白备五等 50 余人及电台 2 部到达山东省委驻地泰安南上庄。21 日，省委召开干部会议，郭洪涛传达了中央领导指示。遵照中央指示，重组山东省委，郭洪涛任省委书记。随后，依据徐州失守后中共军队向苏鲁豫皖

---

① 中共中央文献研究室编《毛泽东年谱（1893～1949）》（修订本）中卷，中央文献出版社，2013，第 64 页。
② 《毛泽东年谱（1893～1949）》（修订本）中卷，第 67 页。
③ 参见《八路军山东纵队》综合册，第 525 页。张经武与黎玉率第三批支援山东的干部于1938 年 11 月从延安到达山东。
④ 刘大可：《山东敌后抗日根据地的建立》，《近代史研究》1985 年第 4 期，第 66 页。

四省敌后挺进的战略部署和中央决定,① 山东省委又扩大为苏鲁豫皖边区省委,仍由郭洪涛任书记;原苏鲁豫皖边区特委撤销。郭洪涛以苏鲁豫皖边区省委书记的身份对四支队进行整顿,根据创建抗日根据地的精神,需要建立以共产党为中心的抗日政权,所以从四支队中又抽调出一部分地方老党员回到各县继续做基层工作,为建立抗日政权做准备。②

为加强山东各地抗日部队建设和实行统一领导,毛泽东、刘少奇于6月6日电示郭洪涛,山东的基干武装应恢复和使用八路军游击部队的番号,全山东组建四五个八路军游击支队即可,其余在中共领导下之游击队可以各种名义出现,但用抗日联军名义不好。③ 因为,若用八路军以外的名义,会被国民党控制,"不得不听其支配,甚至通令解散,八路(军)无权过问,用八路(军)名义则无此弊,但以不致引起误会与磨擦为原则"。④ 可见,四支队改用抗日联军名义后,其实为国民党的干涉或吞并提供了可乘之机,也更易产生摩擦。据此,省委决定撤销山东人民抗日联军独立第一师番号,恢复使用八路军山东人民抗日游击队第四支队的番号,并于6月对各地起义部队进行初步整编。除冀鲁边和鲁西北两个地区的抗日武装外,先后共编成5个支队、2个义勇总队、1个自卫团。不仅如此,为实现党对军队的绝对领导,省委和各特委都充实健全了军事部,强调把各支队建设为党军,逐渐培养成为主力部队。省委将中央派来的红军干部分派到各支队担任领导工作,以确保部队建设方向和目标的实现。

6月30日,苏鲁豫皖边区省委根据中央批示,结合山东的实际情况,制定了《发展和坚持山东游击战争的战略计划》,并上报党中央审批。计划的主要内容有:以当地建立的抗日武装力量为骨干,从部队抽调干部以

---

① 《毛泽东关于在徐州失守后我军应准备深入豫皖苏鲁四省敌后活动致朱德等电》(1938年5月20日),《八路军山东纵队》综合册,第396页。

② 亓维章:《徂徕山起义前后》,《泰安文史资料》第3辑,第7页。

③ 《毛泽东、刘少奇关于山东基干部队可恢复八路军游击队番号致郭洪涛电》(1938年6月6日),《八路军山东纵队》综合册,第397页。

④ 《毛泽东关于直鲁等处我领导之游击队应以八路军命名致电》(1938年6月8日),《八路军山东纵队》综合册,第398页。

建立和充实地方党组织，发动群众，在收复区建立抗日民主政府；在鲁中创立以沂蒙山为中心的抗日根据地，向北以淄博山区为依托开创清河地区抗日根据地，向南发展开创抱犊崮山区抗日根据地，向东发展开创鲁东南沿海地区抗日根据地；在津浦路西创立梁山泊和微山湖抗日根据地；在胶东创立以大泽山为中心的抗日根据地（因山东黄河以北的冀鲁边、鲁西北地区分别划归北方局、冀鲁豫边区省委领导，所以未列入该计划）。7月4日，毛泽东、刘少奇复电："战略计划尚妥，照此做去。"计划得到中央批准。此后，山东进入以各地发动的抗日武装为骨干创建根据地阶段。①

为创建以沂蒙山为中心的鲁中抗日根据地，四支队决定兵分几路再次离开徂徕山。廖容标奉命任四支队司令员之职，也率部奔向沂蒙山。9月，各路部队在岸堤会师，调整四支队领导职务，廖容标、林浩仍任原职，周赤萍任政治部主任，王彬任参谋长。这时，四支队增编了廖容标带来的黑铁山起义部队千余人，加上沂蒙山区老党员组织起来的武装，力量壮大起来。会后，四支队向周围活动，开始创建鲁中抗日根据地的战略任务。②

省委和四支队两度分兵，辗转鲁中南一带游击抗日，克服各种困难，一步步发展起来，从起义之初的一二百人，大半年的时间内即扩大到5000余人，最后立足沂蒙，使中央的战略部署得以实现，为鲁中战略区的开辟和整个山东抗日根据地的建立打下了基础。

当然，由于起义队伍成分复杂、编制不定、干部缺乏等，四支队内也曾有叛变的情况发生，也仍有封建观念、游击习气和自由兵。③ 与山东其他抗日支队一样，由于中央增派红军干部支援，在后来的数次整编和训练中，这些问题逐渐得到了纠正，成长为正规部队。然而，"过早的集中，不但违反了就地发展的原则，而且违反了分散活动的方针。由于强调了正

---

①　参见刘大可《山东敌后抗日根据地的建立》，《近代史研究》1985 年第 4 期，第 67 页。

②　亓维章：《徂徕山起义前后》，《泰安文史资料》第 3 辑，第 7 页。

③　黎玉：《山东纵队的过去和将来》，《八路军山东纵队》综合册，第 219 页。

规化、集中化、基干化，因此又发生过早的兼并了地方武装"的问题。①
这一问题在后来的小部队建设中才得到纠正。同时，四支队由于主要致力
于自身的建设与发展，而对开辟抗日根据地，建立抗日民主政权的工作重
视不够。譬如，没有依据实际情况及时从部队抽调党员回地方从事发动群
众的工作；没有在基本条件具备之后，立即建立抗日政权。如北路一大队
在第一次解放莱芜时就没有注意建立县、区抗日政权，失去了一些机会。
在郭洪涛到来，传达中央指示，制定建立抗日根据地的战略计划之后，此
种状况开始逐渐改变。

起义成功要因

　　徂徕山起义的组织、发动及八路军山东人民抗日游击队第四支队的创
建和发展过程，清楚地表明中共山东抗日武装的兴起基本是在中共山东地
方党组织的领导与艰苦努力下，通过动员民众积极参与、吸收国民党散兵
游勇和民间武装实现的。当然，这与山东独特的政治生态、社会环境和抗
战初期的战争形势密切相关，更主要是山东地方党组织积极执行中共中央
深入敌后开展游击战争的政策，利用天时地利人和之便、抓住历史先机，
凭借统一战线、耐心细致扎实有效的群众工作与坚决的抗敌斗争、红军建
军经验等，艰苦卓绝努力扩军的结果。具体而言，以下几点对中共山东抗
日武装的兴起有至关重要的影响。

　　其一，客观环境和抗战初期战争形势提供了非常有利的条件和机会。
地方实力派韩复榘主政山东多年，抑制了国民党势力在山东的发展，客观
上便利了抗战前后中共山东党组织的恢复与发展。抗战爆发之初，韩复榘
因抗战不力被国民政府处决，造成政治权力真空；而日军着力实施战略进
攻，后方兵力十分有限，中共由此获得活动空间和发展的有利条件，面对
国土沦丧，担负起领导抗日的历史重任，契合了民众保家卫国的抗日
诉求。

　　其二，山东民枪众多，也是中共山东抗日武装能白手起家的一个重

---

① 《朱瑞同志在党的第七次代表大会上关于山东问题的发言》（1945 年 5 月 10 日），山东
省档案馆藏，档案号：G001-01-0105-001。

要因素。山东"民气素来强悍，地方武装又多（鲁南滕县有十万支，菏泽有一万二千，临沂有一万八千），都是开展游击战争之有利条件"。① 和河北、河南一样，山东民间有私人武装的传统。

其三，山东地方党组织抓住了发动起义的历史先机。在日军侵入立足未稳，国民党军及政府官员退却逃跑之际发动起义最易成功。发动过迟，必然落后于游杂武装。若发动过早，易遭国民党军队镇压而失败，黄县就是个例子；② 泗水县也因没掌握好时机，发动过早，被国民党张里元的军队镇压下去。③ 因此，时机把握准确也是徂徕山起义成功的关键因素。

其四，山东地方党组织很好地执行了中共中央深入敌后开展游击战争的政策，在宣传动员民众等方面，地方党员和部队战士克服难以想象的困难，以极大的耐心、智慧和坚决抗敌斗争的勇气等赢得了民众的信赖和支持。徂徕山起义的成功就是得益于山东省委及泰安等地党组织、党员积极努力，正确地执行省委的计划。而济宁、曲阜、汶上一带许多地方没有党的组织，也就没有部队的诞生。作为起义的领导者，黎玉对此体会颇深，他认为，若"不能正确的把握住正确的政治方针，也就不会产生这个部队。如莱阳这个地方有许多共产党员，因为他们没有正确的把握住党的政治方针，结果有 20 多个乡农学校，每个都有 100 余支枪，一共有 2000 左右的人与枪都放弃了。因此，使得莱阳没有迅速的发动起部队"。④ 同时，在密切部队与群众联系方面，宣传工作耐心细致，群众工作特别出色。以女队员为主的宣传队在其中起到了非常重要的作用。她们想方设法接近、熟悉群众，宣传抗日，为部队扩军、驻防、筹集粮款铺路搭桥，成为军民联系的坚固纽带。国民党方面也观察到，中共初到一地，即着力"以团结抗战相号召，联络士绅友军，改变社会怀疑心理，而为信任之心理"。⑤

---

① 《张金吾关于山东情形向中央的报告》（1937 年 11 月 26 日），《山东革命历史档案资料选编》第 4 辑，第 10 页。

② 黎玉：《山东纵队的过去和将来》，《八路军山东纵队》综合册，第 216 页。

③ 孙汉卿：《新泰、泗水发动武装的情况》，《山东党史资料》1983 年第 1 期，第 165 页。

④ 黎玉：《山东纵队的过去和将来》，《八路军山东纵队》综合册，第 215 页。

⑤ 《关于中国共产党现阶段之查考》（1940 年），台北中国国民党党史馆藏中国国民党特种档案，档案号：特 3/28.16。

中共对农村民众宣传工作之"巧妙执着",令日军"惊叹不已",深感困扰。①

其五,抗日民族统一战线政策的贯彻,使起义的组织发动、部队的成长壮大获得了民众广泛参与和支持。中共山东抗日武装在兴起过程中,尽管有防共意识较强者如秦启荣的阻挠,但统战工作对抗日队伍创建之助益给亲历者黎玉留下了深刻印象。他谈道:"党进行了社会统战工作,使这个部队加快生长扩大。……只要把这个社会统战做好,枪支便可以源源而来,抗日力量也会壮大。所以,在胶东的三军四路曾与个别国民党员进行社会统战工作,也吸收比较好的国民党员来参加,也和当时蓬莱、黄县的乡农学校、社会上的友党友军进行了统战工作;马保三、韩明柱同志也向张景月和县政府进行过种种统战工作;廖容标同志也争取了社会上不少有名望的人;四支队的统战工作也获得了不少的成绩。另一方面,这种统战工作我们有了比较正确的政策。我们对于动摇到汉奸那方面的人,我们不杀他,释放他,使他送枪过来,这方面也得到不少的枪支。这对于扩大部队是有关系的,也形成了我们扩大部队的一个传统作风。"②

其六,四支队从成立之日起,即按红军的传统进行部队建设。在起义队伍内设党支部和政治战士,政治工作做得出色而有效,用红军的"三大纪律、八项注意"教育战士。黎玉回忆,"四支队在徂徕山起义的那一天,我们就把三大纪律八项注意提出来了。我记得在 7 天以内完全是讲这个东西。于是大家就开始执行,如在当时很紊乱,一般的围子都是关着门,我们到那里时一般的队员都是很和气的来说服他开门。但是,有的老百姓因为不了解我们,他便不开门,甚至一天吃不到饭,围子外面有许多大葱,可是连一个人拔的也没有。这是四支队的纪律"③靠着这严明的纪律,在给养供应极端困难时也不向百姓

---

① 　石井俊之・仓田勇二「治安肃正工作ニ伴フ现地调查报告(山東省)——政治及经济一般」(昭和 14 年 4 月)、栗屋憲太郎・茶谷誠一编集解说『日中戦争　对中国情报戦资料』第 3 卷、现代史料出版、2000、406 页。

② 　黎玉:《山东纵队的过去和将来》,《八路军山东纵队》综合册,第 214 页。

③ 　黎玉:《山东纵队的过去和将来》,《八路军山东纵队》综合册,第 216~217 页。

强索，而是官兵平等，共同克服了缺吃少穿等困难，赢得了民众的好感和信任。

总之，中共山东地方党充分利用各种条件，抓住时机，积极努力，从无到有建立起自己的抗日武装队伍，在日军后方创出立足发展的天地。关于山东地方党白手起家创建抗日武装的经历，张经武总结："山东八路军是从山东人民的抗日武装起义中逐渐地生长起来、发展起来、壮大起来的。它既没有正规的八路军派遣的远征部队作骨干（象冀南、冀东那样），又没有现成的武装力量作基础（象南方的新四军以原来的游击队为基础那样），全凭着一批英勇积极、坚决勇敢的山东共产党员及八路军干部赤手空拳的、以自己的出生入死的模范的牺牲精神，及共产党、八路军在群众中的政治影响，特别是抗日民族统一战线的号召，而领导着广大群众在抗日斗争中锻炼出来。因而它是土生土长的、真正的山东地方的抗日部队，与山东广大人民保持着血肉相关的密切联系。"① 这段话准确概括出中共山东抗日武装兴起的独特路径和特点。

四　八路军山东纵队的成立

八路军山东纵队是中共统一山东党组织在各地发动武装起义后的抗日队伍组建而成的。

1937 年秋后，随着日军逐步入侵山东省境，② 山东大中城市及交通重镇相继陷落，中共山东省委派人赴各地联合当地党组织执行省委分区发动抗日武装起义计划。到 1938 年春，在全省范围内发动 20 多起抗日

---

① 张经武：《山东八路军怎样反对敌人的"扫荡"》（1940 年元旦），《八路军山东纵队》综合册，第 170 页。
② 1937 年 10 月 3 日日军占领鲁北重镇德州后，相继占领平原、禹城、齐河等地。12 月 24 日，日军分两路强渡黄河，25 日侵占周村，27 日侵占济南。由于韩复榘迅速退却，渡河的日军得以沿津浦、胶济两路南侵东犯，31 日侵占泰安。1938 年 1 月 4 日侵占兖州、曲阜、泗水，5 日侵占邹县。1 月 10 日侵占潍县，日本海军也在同一天侵占青岛。2 月侵占烟台，3 月侵占威海卫。不到半年时间，津浦铁路和胶济铁路两侧的山东大部分地区沦陷。

武装起义，并组建了大大小小的抗日武装队伍，游击抗日，开辟抗日根据地。除山东省委直接领导的徂徕山起义外，规模较大的有如下几次起义。

冀鲁边起义　冀鲁边区东临渤海，西接津浦铁路和大运河，北靠天津，南邻济南，主要包括山东的陵县、德平、乐陵、阳信、商河、无棣、惠民、沾化、临邑、济阳等县及当时隶属于河北的盐山、东光、南皮、吴桥、新海（今黄骅市）、宁津（今属山东）、庆云（今属山东）、沧县等，共24个县。这片辽阔的平原，直接威胁着日军的南北交通动脉、海上通道和战略要点，战略地位十分重要。1937年秋，组成华北民众抗日救国军，后改用"国民革命军别动总队第三十一游击支队"番号。到1938年4月，三十一支队一度收复盐山、无棣、庆云、乐陵、阳信等县城，部队迅速发展到1700余人。①

鲁西北起义　鲁西北地区系指当时的山东省第六区（聊城地区）所辖的聊城、莘县、堂邑、冠县、阳谷、朝城、观城、濮县（今属河南）、范县（今属河南）、寿张、茌平、博平及第四区（临清地区）所辖的临清、邱县（今属河北）、馆陶（今属河北）、恩县、武城、夏津、禹城、平原、高唐、清平等，共22个县。由于与国民党山东第六区行政督察专员兼保安司令范筑先建立了良好的统战关系，1937年11月，山东省第六区抗日游击第一支队在堂邑组建，后到冠县活动。1938年初，合并当地抗日武装，扩建成第十支队，② 同年春，队伍发展到1000余人。③

胶东天福山起义和蓬、黄、掖等县起义　1937年12月，胶东特委发动天福山起义，组建山东人民抗日救国军第三军，并迅速发展至9个大队。另外，山东省委派往胶东的张加洛联系当地党组织于1938年3月在掖县玉皇顶发动起义，组建胶东抗日游击第三支队（简称"三支队"），

① 王卓如、李广文：《光荣的冀鲁边》，《山东抗日根据地》，第313~314页。
② 周乐亭：《鲁西北抗日游击第一支队的诞生》，中共聊城市委党史资料征集研究办公室编印《聊城市党史资料》第3期，1985，第188~195页。
③ 李福尧、司洛路：《党在鲁西北建立最早的一支抗日队伍——堂邑游击队》，聊城地区行政公署出版办公室编《光岳春秋》，山东人民出版社，1981，第212~221页。

在蓬（莱）、黄、掖一带活动。两支队伍分别有数千人。①

黑铁山起义　1937年12月底，在长山、桓台、临淄3县交界的黑铁山下的太平庄，姚仲明、廖容标和赵明新受省委派遣联合当地爱国进步人士马耀南，率长山中学师生、游击训练班学员、部分"民先"队员和发动起来的青年农民会集一起，成立山东人民抗日救国军第五军。后在游击抗日活动期间，长山、临淄、益都、淄川、章丘、周村、邹平、历城等县的抗日武装纷纷加入，1938年4~5月，队伍扩至几千人。②

鲁东牛头镇、蔡家栏子和瓦城起义　1937年12月底，中共鲁东工委组织发动的抗日队伍在寿光的牛头镇举行抗日武装起义，组成八路军鲁东抗日游击队第八支队，到1938年3月中旬，发展至3个大队和3个直属中队，共计2000余人；1938年1月底，潍县县委组织300多人在蔡家栏子村举行起义，建立八路军鲁东抗日游击队第七支队；1938年2月中旬，昌邑县委领导100余人在昌北瓦城镇举行起义，编为第七支队的两个中队，一个月后扩至700余人。3月底，第七、八支队在昌邑会师。4月初，为加强两个支队的统一领导，鲁东工委召开会议，决定成立八路军鲁东游击指挥部，会议根据山东人民抗日救国军第三军和胶东抗日游击第三支队的邀请，研究决定鲁东游击指挥部及所属部队东进胶东，协同第三军、第三支队开展胶东游击战争，共同创建胶东抗日根据地。③

泰西起义　泰西地区包括泰安、肥城、长清、平阴、东平、东阿、汶上、宁阳等县，东邻津浦路，西靠大运河。1937年12月，山东省委派张北华、程重远到泰安县夏张镇，与共产党员远静沧、崔子明、夏振秋等会

---

① 黎玉：《艰苦而伟大的山东抗日斗争》，《山东抗日根据地》，第216页；莱州市政协文教和文史委办公室编印《莱州文史资料》第16辑《张加洛文稿》，2004，第145~167页。以下简称《张加洛文稿》。

② 姚仲明：《黑铁山上红旗飘》，淄博市出版局编《淄流滔滔》，山东人民出版社，1984，第104~120页。

③ 李福泽、王文轩：《八路军鲁东游击队第七、八支队的组建及战斗历程》，八路军山东纵队史编审委员会编《八路军山东纵队·回忆史料》（上），山东人民出版社，1991，第410~425页。

合，组建抗日武装。1938年1月1日，他们以10个人11支枪，在夏张镇举行起义。11日，起义队伍转移到肥城空杏寺，与附近中共抗日武装会合，正式成立山东西区人民抗敌自卫团。在英勇的抗敌斗争中，不到4个月，就从10个人的游击队发展到3000余人。①

莒县、沂水起义 1937年11月起，山东省委派李仲林、邵德孚到鲁东南一带恢复党组织，组织抗日武装。1938年3月下旬，各地的抗日武装在沂水以西的公家疃集结，由共产党员郭有邻和刘克诚（刘炎光）等领导的莒县高房乡民众抗敌自卫团前来会合，统一组成八路军山东人民抗日游击第四支队第六大队，很快发展至近500人。6月，省委相继增派红军干部到第六大队，经过整顿，部队面貌大为改观，吸引了大量爱国青年加入，部队得以巩固并发展。②

鲁南起义 鲁南是指津浦路以东、沂河以西、蒙山以南、陇海路以北地区。1938年5月下旬，沛、滕、峄等县抗日武装在滕县、峄县边区的墓山正式成立苏鲁人民抗日义勇总队，编为三个大队，共600余人。6月，改称苏鲁人民抗日义勇队第一总队，部队发展到1000余人。③

湖西起义 湖西地区指的是微山、昭阳、独山、南阳四湖以西的苏鲁豫皖4省交界地区，南起陇海路，东抵津浦路，靠近战略要地徐州、济宁。1937年11月，中共山东省委领导建立了鲁西南工委，在此前后，相继恢复或新建了金乡、邹县、单县、曹县、郓城等县党组织，发展抗日武装。1938年6月中旬，在各县抗日武装基础上，成立人民抗日义勇队第二总队，并不断发展、吸收地方抗日武装，很快发展到5000余人，成为当时坚持湖西敌后抗战的中坚力量。④

中共山东各地党组织创建的抗日武装，在极其艰苦的条件下，发动群

① 张北华：《泰西人民抗敌自卫团》，《八路军山东纵队·回忆史料》（上），第445~489页；《八路军山东纵队》综合册，第29页。
② 李仲林：《鲁东南抗日武装起义——记山东人民抗日游击第四支队六大队创建前后》，《八路军山东纵队·回忆史料》（上），第433~444页。
③ 张光中：《苏鲁边区抗日义勇队第一总队的创建》，《八路军山东纵队·回忆史料》（上），第502~504页；《八路军山东纵队》综合册，第33页。
④ 郭影秋：《湖西人民抗日武装起义》，《八路军山东纵队·回忆史料》（上），第541~545页；《八路军山东纵队》综合册，第33~36页。

众，游击抗日。到 1938 年 5 月，共作战 100 余次，曾先后攻占肥城、长山、邹平、淄川、牟平、蓬莱、掖县、黄县、福山、盐山、庆云、乐陵、无棣、莱芜、博山等 15 座县城。[①] 6 月，部队发展到 4 万余人。当然，这与日军长驱直入，防卫力量十分有限以致后方空虚直接相关。中共抗日武装的迅速扩大和取得一系列战斗的胜利，提高了八路军的威望，有力配合了津浦线正面战场作战，在鲁中、鲁南、鲁东南、鲁西北、泰西、冀鲁边、清河、胶东、湖西等地区开辟了若干块活动基地，为创建敌后抗日根据地打下了初步基础。[②]

1938 年 5 月间，根据中央指示，苏鲁豫皖边区省委充实与健全了省委和各地特委的军事部，之后整顿各地起义武装，除冀鲁边已有中共主力部队，鲁西北尚属合作抗战外，先后共编为七个支队：原活动在沂水、莒县地区的第四支队第六大队扩编为八路军山东人民抗日游击队第二支队，清河区山东人民抗日救国军第五军编为八路军第三支队，鲁中区山东人民抗日联军独立第一师仍恢复八路军第四支队的番号，胶东山东人民抗日救国军第三军和胶东抗日游击第三支队合编为八路军第五支队，泰西区抗敌自卫团及汶上县起义部队合编为八路军第六支队，奉命由胶东地区返回寿光、昌邑地区的八路军第七、第八支队仍用原番号，鲁南和湖西地区起义部队仍用人民抗日义勇队第一、第二总队的番号。通过这次整编，起义部队统一了番号，走上了独立开展抗日斗争、开创敌后抗日根据地的道路。[③]

日军由于兵力有限，实行"以华制华"，利用伪组织维持占领区的统治秩序。截至 1938 年 6 月，随着华北各省伪组织改组完成，山东省伪维持会会长马良就任伪山东省省长，全山东划分为鲁东、鲁西、鲁北、鲁南四道，自上而下的伪省、道、市、县公署相继组成，县以下设区、乡公所，形成伪行政组织系统，伪政权的行政职能逐渐步入正轨。[④] 尽管参加

---

① 刘大可：《山东抗日根据地区域发展概况》，山东省地方史志编纂委员会编《山东史志资料》1982 年第 2 辑，山东人民出版社，1982，第 103 页。

② 《八路军山东纵队》综合册，第 10~36 页。

③ 刘大可：《山东敌后抗日根据地的建立》，《近代史研究》1985 年第 4 期，第 66~67 页。

④ 王士花：《日伪统治时期的华北农村》，社会科学文献出版社，2008，第 6~11 页。

伪政权伪组织的人员并非都心甘情愿听命于日军，但还是增加了中共抗日武装开展活动的难度。从 6 月底开始，山东各地的抗日武装在初步整编之后，即按照省委部署，更广泛地开展抗日游击战争，进一步开创抗日根据地。鲁中地处山东腹地，包括蒙山、泰山、沂山、鲁山四个山区，是全省的战略中心地带，各方必争之地，也是当时中共山东党政军民领导机关经常驻防的地区。鲁中抗日根据地的创建可以说是山东抗日根据地创建的开端。

前已述及，1938 年 5 月，中共中央派郭洪涛来到山东，并带来了中央关于建立山东抗日根据地的明确指示。苏鲁豫皖边区省委根据中央指示，制订了《发展和坚持山东游击战争的战略计划》，其中心内容就是创建鲁中沂蒙山区中枢根据地。为开辟鲁中抗日根据地，省委着力开展以下两方面的工作。

一是恢复和建立地方党组织，发展党员。抗日根据地的创建与开辟，党的领导十分关键。抗战爆发后，鲁中各地几乎所有的共产党员都参加了抗日游击队。这样，地方党组织的建设就受到一定影响，工作乏人。为尽快恢复和发展地方党组织，省委调派一批中央派来的入鲁干部和游击队的本地干部到地方工作，有计划地建立地方各级党的领导机构。从 1938 年下半年到 1939 年上半年，先后建立了鲁东南、淄博、泰山等特委和泰安、莱芜、新泰、沂水、蒙阴、泗水、淄川、博山、费县、益都、临朐、安丘、莒县、日照、诸城、胶县等县委（工委），党的组织系统迅速在各地恢复和建立起来。各地党组织根据党中央"大力发展党"的指示，积极发展党员，扩大党的队伍，党员数量有较大增加，党在鲁中地区的活动有了较为广泛的基础。

二是扩军。坚持敌后长期抗战，必须有一支强大的武装。如前所述，到 1938 年 6 月，在鲁中一带活动的四支队已发展成为一支拥有 4 个团 4000 余人的抗日武装，四支队六大队也发展到 1000 多人，扩编成二支队。为实现开辟鲁中抗日根据地的战略目标，加强鲁中抗日武装力量，省委又陆续调三支队 1 个团编入四支队，调八支队进入鲁中山区北部，调五支队 1 个团到临费边，以加强鲁中的军事力量。

与此同时，在泰山区抗日根据地的创建工作开展起来以后，省委于

1938 年 7~8 月率四支队主力进入沂蒙山区沂水、蒙阴一带开展工作，发展党员，建立基层党组织，发动群众建立抗日团体。并派出干部和部队开辟鲁东南之莒县、日照、诸城等地区，开始实施创建鲁中抗日根据地的战略部署。①

在山东各地党组织领导抗日武装实施建立抗日根据地部署的同时，中日战争形势也在发生变化。1938 年 10 月，广州、武汉失陷，抗日战争进入战略相持阶段，日军暂时停止了在正面战场上的大规模进攻，逐渐转移兵力，回师华北，对付中共领导的抗日力量，以巩固其占领区。国民党也开始在山东调整部署，增强实力。而中共此时的抗日武装尚相对弱小，无论从数量上，还是装备上，与日伪军、国民党军相比都处于劣势，而且又分散山东各地，处于各自为战的状态，因而亟待实行统一领导、统一指挥，以适应建立和发展抗日根据地以及不断发展抗日游击战争的需要。1938 年 12 月，中央军委为了进一步统一山东地区各支队的领导，决定成立八路军山东纵队，任命张经武为指挥，黎玉为政委，② 统一指挥山东各地（不含冀鲁边和鲁西北地区）中共领导的抗日武装。建立了司、政、供、卫领导机关和各种工作制度。同时将所属部队整编为 10 个支队又 3 个团，其中有第二、三、四、五、六、八、九、③ 十二、十三支队（后改为挺进支队）等，山东纵队所属部队 2.45 万人，所属地方武装共 1 万余人。④

据抗战时期在八路军山东纵队政治部组织部工作过的鲍奇辰回忆："山东纵队领导机关是在一九三八年八月在延安组建，当时称鲁东纵队。同月，由纵队指挥张经武、政治委员黎玉率领一个精干的领导机关和一百六十余名干部开赴山东。十一月，在沂水西南部岸堤同

---

① 高克亭：《在血与火的斗争中成长——忆鲁中抗日根据地的战斗历程》，《山东党史资料》1987 年第 1 期，第 60~62 页。
② 黎玉：《山东人民武装起义与山东纵队的建立和发展》，《八路军山东纵队·回忆史料》（上），第 31 页。
③ 1938 年 11 月上旬，在中共党组织和第八支队帮助下，爱国进步人士王林肯在安丘、莒县边区组织了一支抗日武装，定名为八路军山东抗日游击第九支队，王林肯任支队长，共产党员傅骥任政委。
④ 《八路军山东纵队》综合册，第 59 页。

省委会合，不久，移往沂水西部的王庄。十二月，正式公布为八路军山东纵队。"① 可见，组成统一的领导机关，集中领导山东各地的抗日武装，早在中央的部署之中，只是在主要领导到岗后，才于 1938 年 12 月正式宣布八路军山东纵队成立。初建时期的山东纵队及各支队领导干部配备情况如下：

纵队指挥　　　　张经武

政治委员　　　　黎　玉

政治部主任　　　江　华

参谋长　　　　　王　彬

　　二支队

　　支队长　　　刘　勇

　　政治委员　　景晓村

　　政治部主任　李仲林（后为徐斌洲）

　　三支队

　　支队长　　　马耀南

　　政治委员　　霍士廉

　　副支队长　　杨国夫

　　政治部主任　鲍　辉

　　参谋主任　　叶更新（后为包剑寒）

　　四支队

　　支队长　　　廖容标

　　政治委员　　林　浩

　　副支队长　　赵　杰

　　政治部主任　周赤萍

　　五支队

　　支队长　　　高锦纯

　　政治委员　　宋　澄

---

① 鲍奇辰：《八路军山东纵队及所属各支队、各旅、各军区、军分区干部配备情况》，《山东党史资料》1985 年第 4 期，第 92 页。

副支队长　　　吴克华

参谋长　　　　赵锡纯

政治部主任　于　眉

六支队

支队长　　　　刘海涛

政治委员　　　张北华

副支队长　　　何光宇

政治部主任　李冠元

八支队

支队长　　　　马保三

政治委员　　　张文通

副支队长　　　胡奇才

参谋长　　　　杨志亚

政治部主任　艾　萍（即赖萍）

九支队

负责人　　　　王林肯

十二支队

政治委员　　　张　岗

副支队长　　　钱　钧

陇海南进支队

支队长兼政治委员　钟　辉

副支队长　　　　　梁海波

政治部主任　　　　张震寰

挺进支队

负责人　　　　　　李　发①

　　各支队干部配备情况的不同，显示各支队规模不一，除九支队、挺
进支队外，一般配有支队长、政治委员和政治部主任。担任各支队领导

---

① 鲍奇辰：《八路军山东纵队及所属各支队、各旅、各军区、军分区干部配备情况》，《山
　东党史资料》1985年第4期，第92~94页。

职务的，除中共山东地方负责人、抗日武装的发起人外，大都是中央先后派到山东的干部。其中张经武、江华、吴克华、胡奇才、徐斌洲、高克亭、吴仲廉、梁海波等就是 1938 年 11 月第三批中央派到山东支援的老红军、老党员。① 因此，虽然山东纵队是由山东地方土生土长的抗日武装队伍组成，但其成立离不开中共中央的及时引领和陆续派来的干部支援。

山东纵队的成立，标志着中共领导的山东抗日武装发展到了一个新的阶段，形成了一个统一指挥的游击兵团，对山东抗日根据地的创立与发展具有重要意义。山东纵队成立时，所属部队只是建立了蓬、黄、掖等几个县的抗日民主政权。抗日政权的建立是抗日根据地形成的主要标志。纵队成立后，一方面指挥各部队配合地方党政机关动员组织群众，发展地方武装，建立抗日民主政权；一方面广泛深入敌后，开展游击战争打击日伪军。至 1939 年春，初步创建了泰山、沂蒙、清河、胶东、泰西等游击根据地，并开展了鲁南及滨海地区的抗日工作。②

山东纵队在开创抗日根据地方面取得的重大进展与党的领导的加强和部队整军或整编的实施密切相关。在山东纵队正式成立的同时，为适应新形势的需要，进一步加强党的领导，1938 年 12 月中共中央决定将苏鲁豫皖边区省委改为中共中央山东分局，郭洪涛任书记，郭洪涛、张经武、黎玉为委员，仍由程照轩任组织部部长，孙陶林任宣传部部长，郭子化任统战部部长，刘居英任社会部部长。1939 年 1 月初，中共山东分局召开了特委和支队领导干部会议，着重分析了抗战新形势，研究开辟创建抗日根据地和部署向苏北地区发展的问题，决定在山东纵队和支队两级建立后方司令部，加强县区地方武装和人民武装建设。③ 同时，为加强军队的政治工作，扩大和巩固部队，加强军事训练，提高部队战斗力，实现主力部队

---

① 参见《黎玉同志在华东七省市党史资料征集工作会议山东代表团小组会上的发言》（1982 年 5 月 13 日），《山东党史资料》增刊《在京山东老干部党史座谈会专辑》，第146 页；鲍奇辰《党中央派到山东的干部名单》，《山东党史资料》1985 年第 2 期，第200~204 页。

② 黎玉：《山东人民武装起义与山东纵队的建立和发展》，《八路军山东纵队·回忆史料》（上），第 31 页。

③ 《八路军山东纵队》综合册，第 60 页。

正规化、地方武装基干化、游击部队组织化、全部武装党军化，山东纵队根据中央军委和八路军总部指示，利用作战间隙，从 1939 年 2 月开始，进行了为期 4 个月的第一期整军。①

整军的首要内容是组织整编。根据八路军总部的整军规定和电示，为了对外缩小目标，部分支队取消了团一级机构。除挺进支队划归一一五师建制外，其他 9 个支队另 3 个团缩编为 7 个支队另 2 个团，即第一、二、三、四、五、六支队和陇海南进支队以及特务团、直辖四团（原义勇队第一总队）。各支队整编如下：将第八支队与第二支队合编成第一支队，所属部队由 3 个团整编为 3 个基干营，马保三任支队长，周赤萍任政委；将第九支队改编为第一支队特务营；将第五支队六十一团调入鲁中，与第十二支队合编成新的第二支队，吴克华任支队长，阎世印任政委；将津浦支队第一营、原第八支队特务大队及沂蒙独立团合编成纵队特务团，陆升勋任团长，王云生任政委；第四支队整编为 3 个基干营，仍称第四支队，廖容标任支队长，胡奇才任政委；第五支队取消旅的编制，至 9 月，其所属部队整编为 2 个团及 3 个基干营，高锦纯任支队长，宋澄任政委；第三支队未进行整编，仍由马耀南任支队长，霍士廉任政委，下属七团、十团、特务团仍在清河地区活动；第六支队原建制不变，大团变小团，刘海涛任支队长，张北华任政委，仍在泰西地区活动；将临郯独立团改编为陇海南进支队第三大队，陇海南进支队仍由钟辉任支队长兼政委，下辖 3 个大队。

其次是进行政治思想整训，加强党的领导和思想政治工作。在纵队和支队成立党务委员会，团设总支部，营设分支部，在连队普遍建立支部；并建立党的会议、汇报和党课制度。大量吸收先进分子入党，清除少数不良分子，纯洁部队。选派优秀干部充实加强纵队和各支队的军事、政治工作部门的领导，建立正常的军事、政治教育制度。组织干部进行政治、军事理论学习。改进部队的管理教育，逐步严格军事、政治生活与纪律，提高部队的组织性、纪律性，进一步密切官兵关系和军民关系。加强部队内部的团结，发扬人民军队的光荣传统，克服军阀主义和自由散漫的游击

① 黎玉：《山东人民武装起义与山东纵队的建立和发展》，《八路军山东纵队·回忆史料》（上），第 31~32 页；《八路军山东纵队》综合册，第 60~61 页。

习气。

再次是军事整训。重点是游击战的战术、射击、投弹、刺杀等技术训练和队列训练。还特别举办了爆破训练班，培养了一批爆破技术人才，使爆破技术在山东纵队各支队中逐步推广，在进攻日伪有坚固工事的据点中起了巨大作用。

此外，逐步建立了较为正常的供给、卫生管理制度，创办了兵工一厂、兵工二厂、被服厂、医院等，以逐渐改善部队的装备、供给和卫生条件。还在原有基础上扩大了军政干部学校，开办了参谋、通信、卫生等训练班，培养了大量部队急需的干部和专业人才。[1]

从以上整军内容可以看出，整军的实施，使年轻的山东纵队朝着正规化、精干化迈出一大步，战斗力有明显提高。前述抗日根据地不断开辟的事实已充分证明。另据统计，在 1938 年 5 月至 1939 年 6 月的一年多时间内，山东纵队所属部队，共进行战斗 540 余次，毙伤日伪军 14000 余人，俘日伪军 1600 余人，缴获轻重机枪 60 余挺、迫击炮 12 门、步枪 1700支、电台 7 部、击毁敌机 7 架、汽车 170 余辆、火车 5 列、机车 18 台，击伤敌舰一艘，[2] 另外还缴获了大批军用物资和器材。[3] 这些胜利的取得，不仅扰乱了日军的进攻步伐、削弱了日伪统治，扩大了中共及八路军的政治影响，而且锻炼了部队，其战斗力大大提升，并在全省范围内开辟了若干块抗日根据地和广大的游击区，使中共党组织及其领导的抗日武装逐渐获得了进一步发展的根基。这对后来与一一五师主力部队协同配合、共同发展山东抗日根据地具有重大意义。国民党的观察亦可证明："其武力分布以鲁南沂水、鲁北乐陵、鲁西馆陶为三据点，尤以鲁南沂水西南乡之王庄为山东纵队指挥部所在地，以第四支队为主力，凭借沂蒙诸山麓，北控胶济线，南通徐海，西北出莱芜而威胁济南。"[4]

八路军山东纵队是在抗战初期中共山东省委正确执行中央方针、贯彻

---

[1]　《八路军山东纵队》综合册，第 60~62 页。

[2]　此处统计包括鲁西北、冀鲁边中共抗日武装的战斗成果。

[3]　《八路军山东纵队》综合册，第 67 页。

[4]　《中央调查统计局呈中共参战各种阴谋活动调查专报第九期　八路军与共产党在山东之活动与发展》（1939 年 4 月），"蒋中正总统文物"，台北"国史馆"藏，档案号：002-080104-00005-002。

抗日民族统一战线政策，抓住历史时机，顺应抗战形势发展和民众抗敌诉求，发动民众举行抗日武装起义的基础上建立起来的，是从无到有、从弱到强创建起来的一支遍布山东全省的抗日武装，其兴起与前述山东特有的政治和社会生态密切相关。

同时，不应忽略的是，中共中央对山东战略地位的重视和干部支援对山东纵队的成立意义重大。1938 年 12 月底，山东纵队正式成立，中共中央先后派三批干部支援山东党组织的恢复建立、抗日武装起义的发动与军队建设。而且，发动山东敌后游击战争、开创山东抗日根据地、发展抗日武装力量已成为中共抗击日本、壮大自己的总体战略的一部分。山东在战略上是联系华北、华中的枢纽，早在 1938 年 1 月 15 日，党中央就指示山东省委以发动游击战争与建立游击区的根据地为中心，这充分说明党中央对山东战略地位的高度重视。正是为了在组织上和军事上更有利于贯彻执行党中央巩固华北、发展华中的战略方针，党中央于 1938 年 12 月同时做出了将苏鲁豫皖边区省委改为中共中央山东分局和成立八路军山东纵队的决定。也正因为山东的重要战略地位，中共中央和八路军总部加快了向山东派出主力武装支援的步伐。

第二章　八路军一一五师入鲁

山东抗日根据地的创建主要是中共山东地方党组织推进的，而其发展则与八路军主力武装的进入密切相关。山东地处华北平原东南端，是连接华北与华中的重要通道，中共对其战略地位极为重视，抗战开始后一直关注并陆续派几批干部前往支援其游击战争的开展，后来又派八路军主力部队进入。由于抗战时局处于变动之中，中共对大兵团开展平原游击战可能性的认识有一个过程，又要顾及国共合作抗战的局面，所以派遣主力部队入鲁的决策、部署和落实是分阶段逐步实现的。

一　八路军一一五师主力入鲁决策与萧华等部先期入鲁

抗战之初，中共置主力武装于山地纵横的山西，毛泽东也一直把山地游击战作为重点，从侧翼配合正面战场抗击敌人，平原地区并不是中共主力武装的主要行动方向。但坚持游击战作为既定方针也在实践中得到有效贯彻，中共一面深入敌后，动员群众开展广泛的游击战；一面将主力部队分散派往华北，尽可能多地建立根据地、袭扰敌人。1937 年底至 1938 年初，中共山东地方党组织领导的抗日武装起义在全省普遍发动，抗日武装力量迅速发展；与此同时，八路军向河北的试探性进军亦获得出乎意料的成功。这让中共中央和毛泽东感觉到在平原地区坚持和发展游击战争是可能的，开始筹划新的战略布局。① 1938 年 2 月 9 日，毛泽东关于派部队去雾灵山等问题致电朱德、彭德怀，认为"派队到山东须俟露龙山②行动实

---

① 黄道炫：《中共抗战持久的"三驾马车"：游击战、根据地、正规军》，《抗日战争研究》2015 年第 2 期。

② 露龙山，即雾灵山，亦称雾龙山。在今河北省承德市。

现后再考虑，此刻亦不宜同时向国民党提出"。① 从这则电文可以推测中央在此之前已经议论过派部队去山东的问题。彭德怀在 20 多天前的 1 月 17 日，应蒋介石之约，与蒋同赴武昌商谈军务，蒋介石谈及将在徐州与日军决战，要求八路军在敌后出击支援，彭"即允诺"。② 现在还无从知晓彭允诺后中共中央是如何商议支援徐州会战之事的，但讨论的时间肯定在 1 月 17 日之后。虽然此时毛泽东主张暂不考虑派兵去山东，在 2 月 5 日先派队只在河北境内袭扰津浦路以"声援徐州会战"，③ 但善于进行战略布局的毛泽东显然已经开始具体考虑山东在抗战中的战略地位及派兵去开展游击战争的可行性问题。

2 月 15 日，毛泽东"和滕代远致电朱德、彭德怀，林彪、左权并告周恩来、叶剑英，提出在河北、山东、江苏北部日军力量空虚，山西、察哈尔、绥远的日军一时无力南进的情况下，第一一五师第一步进入河北、第二步进入山东、第三步进入安徽境内，开展游击战争的战略行动的设想"。④ 此时，由于毛泽东对大兵团在平原开展游击战争的可能性还不完全确定，又要顾及国共合作抗战大局，因此，这一战略行动计划带有试探性。电报特别指出，"假定第一步有利，又能过河，又能得国民党同意，则实行第二步"；"如第一步实行后，河南、武汉危急，则或不去山东，将第三步改为第二步"，或以三四四旅出山东、三四三旅出安徽，"当依情况再定"。⑤

2 月 17 日，朱德与彭德怀致电毛泽东等，认为一一五师三四四旅东渡运河、黄河，转入鲁南的条件"可能极少"，陈光的三四三旅"似不宜再向东出"。⑥ 可见，在派一一五师主力入鲁之事上，八路军总部也持谨慎态度。20 天后，总部态度趋向积极。3 月 9 日，朱德与彭德怀致电陈

① 《毛泽东关于派部队去雾灵山等问题致朱德、彭德怀电》（1938 年 2 月 9 日），中国人民解放军历史资料丛书编审委员会编《八路军·文献》，解放军出版社，1994，第 144 页。
② 王焰主编《彭德怀年谱》，人民出版社，1998，第 192 页。
③ 王焰主编《彭德怀年谱》，第 193 页。
④ 《毛泽东年谱（1893~1949）》（修订本）中卷，第 51 页。
⑤ 《关于一一五师分三步向河北山东等地进军的意见》（1938 年 2 月 15 日），《毛泽东军事文集》第 2 卷，军事科学出版社、中央文献出版社，1993，第 157~158 页。
⑥ 中共中央文献研究室编《朱德年谱》新编本（中），中央文献出版社，2006，第 746 页。

光、罗荣桓并报毛泽东："为积极发展一一五师及扩大游击区，着三四三旅副旅长李天佑、政委萧华率旅部及六八六团全部，并附一个团的团、营、连预备干部，准备出直鲁豫边区。陈光、罗荣桓率师直及六八五团、补充团暂在吕梁山工作，准备八月中新的行动。"① 即先着手派部分主力向山东靠拢。

4月上旬，山东省委书记黎玉在延安向毛泽东汇报山东情况，② 请求派一个主力团去山东。毛泽东说："看来还要多派一些。"③ 黎玉所报山东抗日武装的建立和发展情形使毛泽东切实认识到开展平原游击战争的可能性。4月21日，中央正式确立了发展平原游击战争的方针，指出："在目前全国坚持抗战与正在深入的群众工作两个条件之下，在河北、山东平原地区广大地发展抗日游击战争是可能的，而且坚持平原地区的游击战争也是可能的"，号召全党及八路军向河北、山东平原"有计划地系统地去普遍发展游击战争"。④ 这意味着八路军活动区域将向河北、山东平原扩展。22日，八路军总部即做出向河北、山东平原发展的具体部署，其中令"陈再道、宋任穷仍在邢台、邯郸以东，大名以北另组一支队，两个连到宁津、乐陵、德平创造游击根据地"。⑤ 中共派主力武装入鲁由设想进入具体部署阶段。

中共领导人开始考虑派遣的时机和步骤。5月19日，徐州沦陷。20日，毛泽东致电朱德等，指出徐州失守后，河南将很快落入敌手，武汉危急，那时蒋介石将同意中共主力武装南进，在豫、皖、苏、鲁四省深入敌人后方活动，一二九、一一五两师将相应做整个新的部署。并告知决定派张经武、郭洪涛率党政军干部五六十人与电台2部去山东。"那边民枪极多，主要是派干部去，派得一两个营去作基干则更好，但需准备长期留下不还建制。"⑥ 这就表明，在徐州失守后，日军会继续南下西移，中共主

---

① 《朱德年谱》新编本（中），第771页。
② 《毛泽东年谱（1893～1949）》（修订本）中卷，第64页。
③ 黄瑶主编《罗荣桓年谱》，人民出版社，2002，第89页。
④ 《在河北山东平原地区大量发展游击战争》（1938年4月21日），《毛泽东军事文集》第2卷，第217页。
⑤ 《朱德年谱》新编本（中），第790页。
⑥ 《准备向豫皖苏鲁敌后发展》（1938年5月20日），《毛泽东军事文集》第2卷，第225页。

力武装入鲁的时机来临，毛泽东在派出干部支援山东的同时，提出可以先派遣少数主力去领导山东的抗日武装力量，并开始对主力武装进入苏鲁豫皖预做安排。① 26日，又提示八路军总部及各师、晋察冀边区、新四军军部、山东省委，在徐州失守，日军将进攻武汉、广州的情况下，"华北游击战争还是广泛开展的有利时机，目前应加重注意山东、热河及大青山脉"。② 山东游击战争的发展受到进一步重视和关注，毛泽东的提议很快被付诸实施。

山东与河北接壤的冀鲁边区因其重要的战略地位，成为中共中央派兵至山东的首选之地。这里人口密集，物产丰富，东靠渤海，西邻南北交通动脉津浦铁路，可以直接威胁日军的海陆运输线及战略据点天津、大沽、济南、德州、沧州。7月下旬，中央军委和第十八集团军总部决定调三四三旅政委萧华率一批干部去冀鲁边区，统一领导当地的武装斗争。罗荣桓同萧华谈话，交代任务，要萧做好在冀鲁边敌我友错综复杂形势下打游击、过艰苦生活的思想准备。8月3日，萧华率补充团团长邓克明、政委符竹庭和三四三旅政治部周贯五、王辉球、王叙坤、刘贤权等100余名干部从晋西出发，向冀鲁边前进。③ 路过晋南太行山时，特地来到八路军总部驻地听取指示。朱德与彭德怀指示他们："要发展抗日武装，壮大抗日力量。派你们到敌后去，你们是火种，目的是要在广大的敌后发动群众，建立政权，扩大统一战线，组织和发展抗日武装力量，点燃抗日的熊熊烈火。你们远离总部，是敌后的敌后。为了创建根据地，你们的一切供应都要依靠人民支援，都要依靠你们自己解决，实行独立自主的方针。平原游击战争是一个新的问题，要很好地组织游击队和自卫队，创造作战的经验。准备长期坚持和发展敌后游击战争。"④

关于入鲁经过，萧华回忆："1938年5月，115师接到中央军委和八路军总部关于派遣部队入鲁的指示后，首先组织了一支东进抗日挺进纵

---

① 《朱德年谱》新编本（中），第802页。
② 《在华北应广泛开展游击战争》（1938年5月26日），《毛泽东军事文集》第2卷，第227页。
③ 黄瑶主编《罗荣桓年谱》，第93页。
④ 《朱德年谱》新编本（中），第771~772页。

队，向津浦路以东冀鲁边平原挺进，与那里的抗日武装会合，建立抗日根据地。""7月，挺进纵队组成，于9月27日，越过津浦路，跨进冀鲁边的边缘——乐陵县，成立了冀鲁边军政委员会，揭开了挺进山东的序幕。"① 由此可以印证，早在5月，也就是山东省委书记黎玉向毛泽东汇报工作请求支援的第二个月，中央军委与八路军总部根据毛泽东的提议，给一一五师下达了先派少数兵力去山东的命令。当时随萧华入鲁、后任冀鲁边军区政委的周贯五记述了东进纵队的构成：以三四三"旅政治部、直属队、六八六团为基础，再从其他团和旅教导队、干部连等单位抽调一部分干部参加。纵队有数百名干部，机关分司、政、供、卫四个部门，下辖教导队、通信连、骑兵连等单位。肖华同志任纵队司令员兼政委，原三四三旅补充团团长邓克明同志任司令部参谋长，原红二师的符竹庭同志任政治部主任，我任组织部长兼锄奸部长"。②

在萧华率部到达冀鲁边两个多月前的7月8日，冀鲁豫边区省委委员马国瑞及应冀鲁边党组织的告急和请求前来增援的八路军一二九师津浦支队（支队长孙继先、政委潘寿才）、一一五师永兴支队（即第五支队，支队长曾国华、政委李宽和）到达乐陵，与冀鲁边抗日武装三十一支队会师。③ 为加强边区的统一领导，当天即成立冀鲁边区军政委员会，马国瑞任书记，曾国华、孙继先、李启华等为委员。④

萧华率部进入冀鲁边区后，首先统一当地的抗日武装，将原有的三支抗日部队编入挺进纵队：三十一支队撤销原来的番号，编为第六支队，下辖三个营和一个特务连，2000余人；曾国华的永兴支队为第五支队，部队扩编为三个团，约4000人；孙继先的津浦支队为第四支队，下辖四个营，3000余人。部队整编完毕，即调整冀鲁边军政委员会，萧华任书记，原书记马国瑞调赴延安学习。萧华在军政委员会上传达了北方局和徐向前

---

① 肖华：《一一五师挺进山东及山东抗日根据地的发展》，《八路军·回忆史料》（2），第37～38页。

② 周贯五回忆，杜文和整理《艰苦奋战的冀鲁边》，浙江人民出版社，1984，第3页。

③ 程明三、周裕来：《关于津浦支队的几个问题》，中国人民政治协商会议山东省平原县委员会编印《平原文史资料》第8辑，1993，第133～135页。

④ 李启华：《冀鲁边抗日根据地的开辟和发展》，德州地区出版办公室编《鲁北烽火》，山东文艺出版社，1985，第155～156页。

的指示：冀鲁边区是个战略区，将来要划归中共山东分局统一领导，军区建制隶属一一五师。在一一五师主力开进山东之前，暂属一二九师管辖，地方则由冀南区党委代为领导。目前的工作方针是巩固津南、发展鲁北。①

为贯彻这一方针，冀鲁边军政委员会决定：一方面，要与当地的国民党抗日武装搞好统一战线工作；另一方面，也要在鲁北开展各项工作，广泛动员群众，壮大抗日力量，并且在陵县、平原、禹城一带开辟游击区，同时进一步扩大中共在津南地区的影响，大批培养干部，成立战时民众动员委员会，组织农救会、青救会、妇救会等群众团体。到1938年11月，军政委员会拟定的各项计划逐步完成。冀鲁边根据地和各级党政军组织都有很大的发展。军队扩建了七团、八团和运河、津南、商河等几个支队，兵力增加到15000余人。党员发展到25000余人，成立了抗日军政干校和战时民众总动员委员会。鲁北的乐陵、宁津和庆云三县几乎全在中共控制之下，建立了比较稳固的根据地；德平、阳信、商河、无棣、沾化、陵县、禹城等县也发展为游击区；津南成立了督察专员公署，除吴桥外，其他各县都建立了抗日民主政府。② 上述活动和发展情形切实表明，萧华率领的挺进纵队进入冀鲁边，对当地游击战争的坚持以及根据地的巩固与扩展，发挥了重要的推动作用。

二　一一五师主力挺进鲁西、鲁南

在萧华率部进入冀鲁边区之后，一一五师主力也相继入鲁。中央继续派八路军主力入鲁，是前述毛泽东战略布局的具体落实，中共六届六中全会确定的发展华中战略自然也促进了落实的步伐。③

1938年9月24日，八路军副总参谋长左权致电陈光："以六八五团

---

① 周贯五：《回忆同沈鸿烈的一场斗争》，《鲁北烽火》，第135页。
② 周贯五：《回忆同沈鸿烈的一场斗争》，《鲁北烽火》，第136页。
③ 参见郭宁《从中原到苏北：中共发展华中战略及其对山东的影响》，《中共党史研究》2020年第4期；李雷波《中共"发展华中"战略中的八路军、新四军及其角色转换》，《中共党史研究》2020年第6期。

去山东并首先以现在郭适之第三营即开总部，由张、黎率领先行，团主力随后到总部来。三营何时出动即告"。① 可见中央在六届六中全会召开之前，就已经决定派一主力团去山东，只是未定何时成行。

10月11日，派往山东负责军事指挥的张经武和黎玉途经一二九师师部所在地山西黎城，与山东青年代表唐兆等交谈，了解到山东抗战各方面工作的最新进展，遂致电毛泽东等，认为急需派一主力团作为骨干领导建立根据地政权，最好能随他们同去，以便尽早解决各种困难，振奋各支队。② 中央自有全面的作战部署，马上派主力团前往山东并不现实，但这封电报无疑会促使中央加快派遣主力团入鲁的进度。

此时中共正在召开扩大的六届六中全会，11月5日，即会议结束前一天，毛泽东在会议的结论报告中根据广州、武汉失守后的形势，提出"在已经大大发展了游击战争的区域，应大力加以巩固；在没有充分发展或正在发展游击战争的区域，应迅速地广大地发展游击战争。所以，应当巩固华北，发展华中和华南"。③ 无论是巩固华北，还是发展华中的抗战，山东的地理位置决定其有重要的战略枢纽地位，因此，迅速派八路军主力入鲁，便提上中央领导人的议事日程。

此后，派主力武装进入山东及其周边地区，进入具体的布置和执行阶段。11月24日，毛泽东就范筑先牺牲事，"和王稼祥、杨尚昆、滕代远致电朱德、彭德怀、左权、刘伯承、徐向前、朱瑞：应用一切办法团结与巩固范筑先领导的抗日部队，并实际帮助鲁西北地区抗战"。④ 为此，八路军总部派出一一五师三四四旅六八八团由冀南转赴山东，进至馆陶、冠县、邱县地区，由陈赓统一指挥。部队到达山东后，于12月配合山东省第六区游击司令部第十支队作战，创建了鲁西北抗日根据地。⑤

11月25日，毛泽东和王稼祥、滕代远致电彭德怀："我们考虑结果，以陈罗率师部及陈旅主力（两主力团）全部去山东、淮北为宜，晋西南

---

① 黄瑶主编《罗荣桓年谱》，第94页。

② 黄瑶主编《罗荣桓年谱》，第95~96页。

③ 《毛泽东年谱（1893~1949）》（修订本）中卷，第96~97页。

④ 《毛泽东年谱（1893~1949）》（修订本）中卷，第98页。

⑤ 肖华：《一一五师挺进山东及山东抗日根据地的发展》，《八路军·回忆史料》(2)，第38页。

地区暂留陈旅之补充团并集中各游击队编成一团交陈士榘指挥，尔后可从一二九师调一支队接防。陈罗开东时拟分布于新老黄河间广大地区，包括津浦东西、胶济南北在内。尚昆小平认为可行，你意如何，盼告。"① 这封电报显示，中央军委已经商议过派两个主力团去山东之事，并就此征询彭德怀意见；同时，津浦路与胶济路贯通山东南北、东西，因此，从电文内容看，在中央的战略意图中，一一五师要东进的目的地并非限于新老黄河间，② 而是包括山东两条铁路干线两侧的大片区域。

11 月 28 日，彭德怀复电毛泽东等，表示同意 25 日来电，并提出拟让三四三旅的六八五团先由山西长治出动。③ 12 月 2 日，朱德、彭德怀致电陈光、罗荣桓：一一五师师直及三四三旅之六八五、六八六两团，由你们率领开赴新老黄河间苏鲁皖地区开展工作，六八五团拟于本月 10 日以内由此先行出动，陈、罗率师直及六八六团，应即先开晋东南总部附近。④ 12 月初，六八五团在团长彭明治、政委吴文玉率领下按计划自长治东进。12 月 9 日，朱德、彭德怀致电萧华："一一五师决由现地东调，干部待陈、罗到总部后面商决定。"⑤ 6 天后，朱德、彭德怀、杨尚昆致电陈光、罗荣桓并报毛泽东："一一五师师直及三四三旅六八六团由陈光率领，待抗大分校到后，同时东进。罗荣桓率少数人员及延安来人即来总部，准备先赴山东传达六届六中全会决议。"⑥ 显然，到山东开展那里的游击战争，也是一一五师东进的主要目的之一。

12 月 21 日，朱德与左权致电毛泽东等：一一五师陈光旅"拟于明年一月初开始东进，转豫东工作。已派六八五团先进苏鲁边单县、沛县、丰

① 《陈光罗荣桓率师部及陈光旅主力去山东淮北为宜》（1938 年 11 月 25 日），《毛泽东军事文集》第 2 卷，第 441 页。
② 李雷波认为六中全会后由陈光、罗荣桓率领的八路军一一五师主力东进行动，最终目的地并非山东，而是处在新老黄河间的"豫东地区"，显然与此电文不符，李主要依据的也是这封电报，但引文舍去了"包括津浦东西、胶济南北在内"一句。参见李雷波《中共"发展华中"战略中的八路军、新四军及其角色转换》，《中共党史研究》2020 年第 6 期，第 110~111 页。
③ 黄瑶主编《罗荣桓年谱》，第 96 页。
④ 《朱德、彭德怀关于第一一五师主力东进苏鲁皖地区致陈光等电》（1938 年 12 月 2 日），《八路军·文献》，第 265 页。
⑤ 黄瑶主编《罗荣桓年谱》，第 96 页。
⑥ 《朱德年谱》新编本（中），第 847 页。

县发展工作，该团明日可渡黄河到达东明附近"。① 12 月 26 日，毛泽东复电朱德、彭德怀：先以陈、罗率三四三旅的两个团进入冀鲁豫地区活动，求得发展。② 12 月 30 日，毛泽东和王稼祥致电彭雪枫，肯定他在皖豫苏地区发展游击战争、创立根据地的计划，"望放手做去，必收大效"。并"决调第一一五师主力东向，拟分布于胶济路南北、津浦路东西、陇海路南北，朱、彭已在布置中"。③ 从以上电文可以清楚发现，中央派八路军主力东进，目的地就是山东及其周边地区，旨在扩大八路军的活动区域，在游击战争中发展壮大自己，控制战略要地。

12 月 27 日，六八五团到达山东省微山湖以西地区，同当地抗日武装会合，改称苏鲁豫支队，彭明治任支队长，吴文玉任政治委员。④ 1939 年1 月，苏鲁豫支队在沛县争取伪军一部反正。4 月，击退了丰、沛、萧 3县敌军 4000 人对湖西区的联合"扫荡"，后击退萧（县）铜（山）敌人的 7 路围攻，部队扩大到 8000 余人，创建了以丰县、沛县为中心的湖西根据地。5 月，除留第四大队坚持湖西斗争外，主力由彭明治、吴文玉率领南下，南越陇海路，进入萧县、永城、夏邑地区，与萧县地方武装合编。6 月，东越津浦路，进入宿县、灵璧，粉碎日伪军的多次合击，开辟了宿迁、睢宁、泗县、灵璧地区。战后留下一个大队坚持皖东北，大部兵力留津浦路西并向西发展进入亳县、鹿邑等地，与山东纵队陇海南进支队、新四军游击支队配合，开辟了以永（城）、夏（邑）、宿（县）为中心的苏豫皖区。7 月，将所属部队编为三个大队。一大队坚持皖东北，二大队调鲁南抱犊崮山区，三大队于 9 月回湖西开展工作。⑤

与六八五团在一个月之内即到达山东不同，陈、罗率领一一五师师直机关与六八六团的东进之路要缓慢得多。该部实际已于 12 月 19 日对外以东进支队名义由晋西南启程，⑥ 1939 年 1 月 1 日到达晋东南八路军总部驻

---

①　《朱德、左权关于冀鲁豫各地磨擦及反磨擦斗争形势致毛泽东等电》（1938 年 12 月 21 日），《八路军·文献》，第 272 页。

②　黄瑶主编《罗荣桓年谱》，第 97 页。

③　《毛泽东年谱（1893～1949）》（修订本）中卷，第 103 页。

④　黄瑶主编《罗荣桓年谱》，第 97 页。

⑤　肖华：《一一五师挺进山东及山东抗日根据地的发展》，《八路军·回忆史料》（2），第 38 页。

⑥　黄瑶主编《罗荣桓年谱》，第 97 页。

地潞城县常村镇，在此停留近一个月。1938 年一年内中共力量的迅速发展，引起国民党高层的惊惧和忌惮，同年底蒋介石在日记中写道："共党乘机扩张势力，实为内部之殷患。"① 由此对中共主力武装的活动区域严加限制，这在中共领导人的往来电文中亦有清晰的反映。1939 年 1 月 12日，朱德、彭德怀、左权致电张经武、黎玉并报毛泽东、王稼祥、滕代远："（一）目前各方摩擦增加，蒋及国民党虽有进步，但对我限制仍未放松。蒋不允我出山东、河南发展。因此目前不能派兵去山东。……（三）六八五团现在徐州西北地区活动，将可逐渐向津浦线及鲁南发展。你们应积极帮助该团之扩大。已到沛丰线之挺进支队可即编入六八五团，作苏鲁豫支队新团之基础。"② 这封电报有两点值得特别注意：一是八路军总部告知山东军事负责人，由于蒋的限制暂不能派兵去山东；二是明确指出鲁南是六八五团的发展方向，并要求山东帮助其扩大队伍，更加鲜明地显示出一一五师主力东进的意图所在。

面对国民党的限制，较之八路军总部领导人的谨慎，毛泽东的应对就灵活得多，既顾及蒋介石的禁令，又不会裹足不前。毛泽东于 1 月 13 日迅速复电，关于八路军今后发展的主要方向，强调："我们必须坚持与争取向鲁、皖及华中开展。但在目前磨擦很多，军委会严令禁止八路军入中原的时候，我正规部队可暂缓去华中。"③ 也就是说派主力去华中可以暂缓，但去山东需要坚持。八路军总部迅速做出部署：由罗荣桓率干部去山东传达党的六中全会精神，帮助整理山东纵队，六八五团仍留现地区与彭雪枫部配合工作。④ 因此，自 1 月下旬起，陈、罗率队继续东进。3 月 1日，越过已经干涸的老黄河进入山东省鄄城县。3 月 2 日，到达郓城县王村。3 月 3 日，到达张楼。在听取中共郓城中心县委书记梁仞千介绍当地情况后，派杨勇率六八六团于当晚奔袭郓城西北之樊坝，全歼伪军保安团刘玉胜部。随后应当地党组织请求，留杨勇率六八六团第三营、团教导队

---

① 《蒋介石日记》，1938 年 12 月，"一年中之回忆录"，美国斯坦福大学胡佛研究所档案馆藏。藏所下略。
② 黄瑶主编《罗荣桓年谱》，第 99 页。
③ 《毛泽东、王稼祥关于八路军正规部队暂缓去华中致周恩来等电》（1939 年 1 月 13 日），《八路军·文献》，第 284 页。
④ 《朱德年谱》新编本（中），第 853 页。

及师直两个连，以东进支队第一团的番号，留在运河以西地区，开辟运西抗日根据地。①

为使部队活动有更多的回旋空间，陈光、罗荣桓率余部继续向东北泰山方向前进。3月10日，到达东平县域东北部的夏谢。3月12日，罗荣桓在东进支队排以上干部会议上所做的工作报告中，提出东进支队总的任务是：坚持平原游击战争，创造泰山西端的抗日根据地，依山（泰山）傍湖（东平湖）发展，向北可连萧华领导的鲁西北区，向南可与三四三旅六八五团、三四四旅、苏鲁、鲁豫区联系，东连鲁东区，西连冀鲁豫区。② 发展整个山东的抗日游击战争并与周边抗战区域相接的战略意图于此清晰可见。

3月13日，罗荣桓主持召开一一五师政治部扩大的部务会议，研究创建泰西根据地问题。确定：乘日伪"扫荡"冀中、冀南、鲁西北，泰西地区情况尚稳定之机，迅速开展工作，建立根据地。首先打击东（平）、汶（上）、宁（阳）之间的伪军，并乘胜开展对其他伪军的政治瓦解工作；镇压事敌的会道门首领，瓦解其组织；联系红枪会上层，争取其下层群众。在帮助地方党组织与武装力量发展和动员民众等方面，抽调干部协同地方党组织组建工作团，吸收青年知识分子，培养民运干部；迅速动员、组织、武装群众，组织游击队，建立区乡政权；动员群众破路，改造地形；联络友军，配合行动；组织筹粮筹款委员会，统一筹划粮款。为隐蔽师部，缩小目标，一一五师对外仍用东进支队名义。③ 以上具体的工作规划进一步表明，一一五师进入山东绝非一时的权宜之计，而是联合地方军政力量创建根据地，打下生存的根基。

3月14日，一一五师师部继续东进到达常庄，同中共鲁西区党委、山东纵队第六支队会合。随后，经中共中央北方局同意，该师师部与鲁西区党委联合组成鲁西军政委员会，罗荣桓任书记，陈光、王秉璋、黄励、张霖之、赵镈、朱则民为委员，统一领导整个鲁西地区的抗日斗争。山东

①　黄瑶主编《罗荣桓年谱》，第99~101页。
②　黄瑶主编《罗荣桓年谱》，第101页；《坚持平原游击战争，创造泰西抗日根据地的报告提纲》（1939年3月12日），《罗荣桓军事文选》，第29页。
③　黄瑶主编《罗荣桓年谱》，第101~102页。

纵队第六支队归一一五师指挥。①

　　一一五师的上述行动正是贯彻中央战略意图的体现。毛泽东在 3 月 19 日就战略部署等问题致电彭德怀，指出："尽一切可能扩军是很对的，巩固着重于华北"，"发展则应着重鲁、苏、皖、豫、鄂五省，目前请特别注意鲁省。该省我们已有基础"。② 这更清楚地证明，在中央的战略部署中，山东省是发展游击战争的区域之一，而且是首先要关注的重点区域。

　　八路军总部很快做出部署。4 月 13 日，朱德、彭德怀致电陈光、罗荣桓并张经武、黎玉，"关于鲁西抗日根据地的创立，须确立在较长时间的坚持斗争中去获得"，应广泛开展游击战争，正确开展统一战线工作。③

　　为迅速推进鲁西抗日根据地的创建工作，5 月 5 日，罗荣桓在泰西地区党的活动分子会议上就创建泰西抗日根据地问题发表重要讲话。他指出：创建泰西抗日根据地有两个基本问题，即武装问题和政权问题，"解决了这两个基本问题，泰西根据地的创造才能有相当的基础"。在分析泰西发展武装的有利条件和存在的弱点后明确指出，"我们的任务应该是：配合基干部队作战，保护政权，武装群众"，为"整理现有地方武装，克服其弱点"，应当统一编制和指挥，有计划地发展扩大，提高部队质量，加强党的领导，克服各自为政的"游击主义"现象，统一筹款，统一报销。关于加强党的领导，他特别强调："游击小组中要有党员，游击队中要建立支部，建立政治委员及政治工作制度。在区委、地委成立地方武装政治处。"谈到政权问题时，罗荣桓提出：泰西区在黄河以南、运河以东、津浦路以西，在地区上成为一个战略区，政权须统一，"敌人在各交通、各河道，均占点线。很多的县、区被敌隔离。各县行政隔离，行政上整个是不统一的。须要行政统一，配合军事行动，加强地区的行政领导"。因此，建议各县政府或办事处派代表组成泰西联合办事处，以统一泰西行政领导，工作中心是争取泰西地区行政上初步的统一，以便为坚持

---

① 黄瑶主编《罗荣桓年谱》，第 102 页。

② 《巩固着重于华北，发展着重于鲁苏皖豫鄂》（1939 年 3 月 19 日），《毛泽东文集》第 2 卷，第 173 页。

③ 黄瑶主编《罗荣桓年谱》，第 104～105 页。

创建泰西根据地，动员更多的人力、财力提供帮助。同时，"须要改善民生，开放民主"，使政权"得到群众直接的支持和拥护"，"吸收群众参加一切政权的组织"。他还提出动员人民参加抗日军队，优待抗属，实行合理负担，救济难胞，发展生产，减租减息，废除杂税，组织合作事业，统一财政经济收入，设立税收机关，保护商人营业，免除家庭手工业及农产品税收，查禁伪钞，没收汉奸财产充作抗日经费等一系列具体政策，为根据地建设做了详细筹划。①

一一五师入鲁和鲁西抗战形势的蓬勃发展，对济南和津浦路中段之敌构成严重威胁。5月上旬，驻山东日军最高司令官尾高龟藏，指挥从济南、泰安、兖州、东阿、汶上、宁阳等17个城镇调集来的日伪军5000余人，兵分九路向泰西扑来，企图合击、围歼一一五师主力于泰肥山区。5月11日凌晨，敌将一一五师师直机关、六八六团、鲁西区党委、泰西地委机关及津浦支队，包围于肥城陆房一带方圆仅20华里的狭小地区。在陈光代师长指挥下（此时罗荣桓在汶上），张仁初、刘西元率六八六团，孙继先率津浦支队，与敌血战一整天，于12日拂晓突出重围，在东平的无盐村一带与罗荣桓会合。② 5月20日，一一五师师部开始向津浦路以东转移，21日过津浦路，28日到达泗水以东之马家峪。陈光、罗荣桓继续留在鲁西。③

6月1日和15日，由于鲁南形势危急，山东军政负责人郭洪涛、张经武、黎玉两次致电请求中央派主力支援，其中15日电文为："此次敌人由六月一号派两个师团（第五师团、第一一四师团）及守备队向鲁南山区扫荡，半月来各方面损失颇大。""我们建议八路军主力部队一部速向鲁南山区一带，以保障我有力根据地之创造、政权之建立。"④ 所谓"各方面损失颇大"，当然包括国民党军政力量在内。善于把握机遇的中共领导人，认为争取蒋介石同意八路军主力出兵山东的时机来临。6月21

---

① 罗荣桓：《坚持创造泰西抗日根据地的两个基本问题》（1939年5月5日），《罗荣桓军事文选》，第37~40页。

② 武清禄：《我随主力入泰西》，中共泰安市委党史资料征集研究委员会编《一一五师在泰西》，山东人民出版社，1991，第71~75页。

③ 黄瑶主编《罗荣桓年谱》，第108页。

④ 黄瑶主编《罗荣桓年谱》，第108页。

日，毛泽东、王稼祥致电朱德、彭德怀、杨尚昆："在敌人扫荡后，鲁南局面混乱。省府、秦部及东北军损失很大。我应趁此机会将一一五师师部及六八六团、萧华一部开赴鲁南，以巩固鲁南根据地，并应大放县长、区长及在可能条件下放专员，以争取政权。""我应以一一五师开赴山东增援危局之理由，经重庆办事处向蒋呈报。"八路军总部迅速做出部署，要求山东军政负责人"努力迅速开展鲁南工作，巩固扩大抗日根据地。一一五师之六八六团并附其他适当部队迅速乘机转入鲁南，放手大大开展工作。"① 如此，中共捕捉到有利时机，使八路军主力名正言顺地进入有更多回旋空间的鲁南山区，第一一五师便可以公开合法地在山东行动。

8月1日，八路军第一纵队（成立情况后述）致电一一五师：鲁南为苏鲁皖区中心，为开展鲁南根据地工作，拟集中主力，争取有利时机，打击及消灭一部敌人。如鲁西、泰西情况许可，六八六团可即过津浦路东，活动于新泰、蒙阴、费县、抱犊崮一带，并与苏北直接打通联系。② 于是，六八六团立即由鲁西出发，过南阳湖，首先进入邹县、滕县边界，协同地方党组织开辟邹（县）滕（县）边地区，9月初进入抱犊崮山区。这些行动为一一五师主力向鲁南腹地挺进创造了条件。

9月4日，八路军总部向一一五师发出指示，指出：敌人目前拼命争夺肥城南北山地，该山区甚小，第一一五师主力应转移到敌之外翼，如泗水、滕县、费县、峄县、临沂间地区，争取主动，使敌人扑空，并选其薄弱方面给以打击；第一一五师东进抗日挺进纵队所在地区粮食供应困难，敌人封锁严密，应以一部兵力转入鲁西之恩县、夏津、高唐地区活动，并打通与南宫之联系。③ 据此，一一五师师部和六八六团于9月初进入鲁南腹地抱犊崮山区。④ 拟靠近山东纵队，便于协同配合，坚持抗战。

1939年9月至10月，一一五师师部进入鲁南后，与山东纵队所属十九团会师，因十九团是张里元部番号，因此，随即将十九团改编为苏鲁支队，并从一一五师六八六团抽调两个连编入该部，以加强苏鲁支队，该支

① 黄瑶主编《罗荣桓年谱》，第108～109页。
② 黄瑶主编《罗荣桓年谱》，第110页。
③ 《朱德年谱》新编本（中），第909页。
④ 黄瑶主编《罗荣桓年谱》，第111页。

队仍属山东纵队建制。此后，一一五师展开一系列战斗，迅速打开鲁南抗战局面。首先，拔除了由枣庄伸向抱犊崮山区的白山、上下石河等伪据点，争取了一些地主武装保持中立或支持，从而打开抱犊崮山区的局面，巩固和扩大了以大炉为中心的基本区。随后一一五师一部进入郯（城）马（头）平原，配合山东纵队陇海南进支队第三大队攻克临郯公路上的索家庄等伪军据点，解放郯城以西重镇马头，并一度占领郯城。同时苏鲁支队一部抵达郯邳边，与陇海南进支队配合作战，从而向南开拓，延伸了郯马地区。11月下旬，罗荣桓又将苏鲁豫支队第二大队由湖西调入滕东，滕东县大队配合作战，打开滕东局面。与先前进入邹滕边界的六八六团配合，巩固了该地区。

由于一一五师连战胜利和统一战线工作的有效开展，争取了峄县南北、运河两岸、邹滕边和费泗边等地区的地方实力派武装 5000 余人。经整顿，于 1939 年底前后，将之编为峄县支队、鲁南支队（由六八六团与董尧卿部合编而成）、运河支队（孙伯龙部等）、邹滕费泗宁五县游击支队（孔昭同部）、临郯费峄边联支队（万春圃部）、沂河支队、尼山支队和鲁南铁道大队等，并先后建立了峄县、邹县、郯城、费县、临沂、邳县等县抗日民主政权。[①]

中央继 12 月 9 日致电山东分局与一一五师在山东全境及华中发展数十万军队后，1940 年 1 月 28 日再做指示："把发展武装力量作为一切工作的中心，在今年一年内山东分局与一一五师至少应发展武装军队（包括游击队）到十五万人枪（一一五师应分配干部与兵力到山东全境去）。"[②]

为发展武装力量，向山东全境扩展，1940 年开始，一一五师的行动围绕以下战略部署展开："创造大汶口、新泰、蒙阴以南，滋阳、邹县、滕县以东，临城、峄县以北，临沂以西的山岳地区为基本根据地。目前集中力量克复白彦，以开展曲阜、泗水以南山区工作；以后再向东北发展，

---

①　《八路军山东纵队》综合册，第 72~73 页。

②　《中央关于在山东、华中发展武装建立根据地的指示》（1940 年 1 月 28 日），中央档案馆编《中共中央文件选集》第 12 册，中共中央党校出版社，1991，第 252 页。

与山纵打成一片。"① 2 月上旬，为控制山岳地带的有利地形并取得与津浦路西、陇海路以南游击战争的直接配合，一一五师决定首先将峄、郯、临、费、泗、邹、滕地区连成一片，并收复梁丘、白彦及北天宝山，然后以主力一部向泰（山）、新（泰）、蒙（阴）推进，与山纵衔接。2 月中旬至 3 月下旬，三战白彦，挫败日伪军控制鲁南的企图，为向天宝山区发展，打通与山东纵队联系扫清障碍。② 4 月中旬至 5 月中旬，经大小战斗 32 次，击溃日军对抱犊崮根据地的大规模"扫荡"，并乘胜向天宝山区发展。③ 6 月，成立鲁南专员公署与各县参议会。9 月中旬，鲁南军政委员会成立，罗荣桓兼任书记。④ 同时部队进行整编整训，将苏鲁豫支队第二大队扩编为东进支队，六八六团和七团合编为鲁南支队。10 月，鲁南主力部队又进行整编，鲁南支队、苏鲁支队和独立支队一团合编为一一五师教导二旅，东进支队扩编为教导五旅；并建立鲁南军区，下辖 3 个军分区和沂河支队、运河支队、峄县支队、边联支队。鲁南抗日根据地的党政军领导得以统一。⑤

与此同时，由于冀鲁边日伪严密"扫荡"与大饥荒威迫，一一五师东进抗日挺进纵队所在地区粮食困难，敌人封锁严密，根据八路军总部指示，⑥ 自 1939 年 9 月下旬至 1940 年初，东进抗日挺进纵队主力除留少部分在当地坚持外，分批移至鲁西。⑦ 1940 年 3 月，一一五师独立旅与东进抗日挺进纵队第五支队合编为新的第三四三旅，杨勇任旅长，萧华任政治委员。4 月，成立鲁西军区，杨勇兼任司令员，萧华兼任政委，参谋长为何德全，政治部主任为曾思玉。下辖四个分区：一分区泰西，司令员刘贤权，政委袁震；二分区运西，司令员周贵生，政委刘星；三分区鲁西北，司令员赵健民，政委许梦侠；四分区运东，司令员刘致远，政委石新

① 黄瑶主编《罗荣桓年谱》，第 114 页。
② 黄瑶主编《罗荣桓年谱》，第 119~123 页。
③ 黄瑶主编《罗荣桓年谱》，第 127~133 页。
④ 黄瑶主编《罗荣桓年谱》，第 137~143 页。
⑤ 《八路军山东纵队》综合册，第 73~74 页。
⑥ 《朱德年谱》新编本（中），第 909~910 页。
⑦ 黄瑶主编《罗荣桓年谱》，第 111~116 页。

安。① 同时，鲁西、鲁南主力部队整编。6月下旬，萧华调任一一五师政治部主任。7月，陈士榘率独立支队由晋西到达鲁西。至此，一一五师进军山东的工作全部完成。②

八路军主力进入山东抗战极为不易。同时期日军调查报告写道："八路军进入山东极为困难。"③ 之所以如此，与抗战爆发后山东的政治生态密切相关。韩复榘因抗敌不力被国民政府处决后，沈鸿烈接任国民党山东省政府主席兼保安司令，沈秉持蒋介石旨意，对中共力量的发展极为戒备。萧华率挺进纵队刚到冀鲁边，沈鸿烈就发逐客令，萧华以蒋介石抗日言论质问对方，沈当场无言可对，后来不断制造摩擦。④ 中共因此很难正式向国民政府提出派遣主力进入山东抗战。机遇总是与挑战并存。虽仍面临日伪"扫荡"，但国民党鲁苏战区的设立又为八路军主力入鲁提供了时机和可能。1938年底国民党决定设立鲁苏战区，于学忠作为司令长官对山东的国民党军队有统辖权。于来自东北军，非蒋介石嫡系，有与中共联手抗日的诚意。1939年2月中旬，即将入鲁的鲁苏战区司令于学忠在沭阳召集鲁苏战区国共联席会议，几项议题都涉及与中共的合作，如提出整理国民党游击队，调查其侵扰民众实情，让其到八路军训练所接受训练；由中共军队派指导员到国民党军队，进行七分政治、三分军事之游击战术指导；共产党部队着力于政治工作，国民党部队着力于军事工作。⑤ 中共主力部队此时入鲁，正可以满足鲁苏战区国民党军队建设的需要，蒋介石自然没有正当理由公开阻止。

因此，八路军主力成功进入山东，固然与中共中央领导人善于在瞬息万变的战局中抓住时机灵活应对息息相关，也与国民党自身内部的分化与

① 曾思玉：《战斗在鲁西平原上》，《光岳春秋》，第325页。
② 肖华：《一一五师挺进山东及山东抗日根据地的发展》，《八路军·回忆史料》（2），第39~40页。
③ 石井俊之・倉田勇二『治安粛正工作ニ伴フ現地調査報告（山東省）——政治及経済一般』（昭和14年4月）、粟屋憲太郎・茶谷誠一編集解説『日中戦争　対中国情報戦資料』第3巻、403页。
④ 肖华：《一一五师挺进山东及山东抗日根据地的发展》，《八路军·回忆史料》（2），第42页。
⑤ 石井俊之・倉田勇二『治安粛正工作ニ伴フ現地調査報告（山東省）——政治及経済一般』（昭和14年4月）、粟屋憲太郎・茶谷誠一編集解説『日中戦争　対中国情報戦資料』第3巻、404~405页。

不统一等问题有关。

1940 年 10 月，根据八路军总部指示，一一五师将所属部队先后整编为 7 个教导旅。[1] 一一五师在入鲁一年半多的时间内，运用"隐蔽偷运，由边伸入腹地，造成既成事实，争取合法地位"等方式，以"发展武装，争取改编武装"，尽管存在"严重的弱点"，[2] 但部队取得了快速发展，建立了鲁南、鲁西、湖西、冀鲁边四个军区，大大增强了中共在山东的抗日武装力量，打通了华北与华中的联系，[3] 其战略意义不言自明。

根据地的创建是与扩军工作同时进行的。没有根据地的建立，扩军工作就将失去依托，但如果没有军事建设，根据地建设也就失去了保障。随着八路军一一五师入鲁，中共在山东抗日武装力量的加强，根据地也不断发展。上述一一五师对敌作战的胜利，不仅使原有根据地得到巩固，而且开辟了新地区。

到 1939 年上半年，已形成几块较大的战略区。第一，冀鲁边区。已成立了津南、鲁北两个专员公署和 15 个县政府，初步完成了创建冀鲁边平原抗日根据地的战略任务。同年夏季，又开辟了平（原）禹（城）以东、惠民以西、徒骇河以北地区，并打通了与泰西和鲁西北地区的联系。第二，鲁西区。在鲁西北地区于 1939 年 2 月粉碎敌人的"扫荡"后，创建了以冠（县）、馆（陶）、邱（县）为中心的平原游击根据地，成立了6 个县的抗日民主政府。泰西于 1939 年春开辟了东平湖以东的平阿山区，创建了直接威胁济南和津浦铁路中段日军的泰西山区游击根据地。随后，在宁阳、汶上间及东阿、东平间广大地区开展工作，扩大了活动区域，初步完成了依山傍湖向外发展的战略计划。第三，胶东区。为保存实力，主动打击敌人，中共抗日武装撤离蓬、黄、掖三县城，开辟了平（度）、招（远）、莱（阳）、掖（县）边区根据地（西海区）。同时，还在牟平、海阳等地反击了敌顽进攻，稳定了东海区的局面。在蓬、黄沿海坚持游击作战，扩大了北海区根据地。第四，清河区。在淄博山区以北，小清河以

---

[1] 肖华：《一一五师挺进山东及山东抗日根据地的发展》，《八路军·回忆史料》（2），第 39~40 页。

[2] 《陈光、罗荣桓关于第一一五师在山东的工作总结致杨勇等电》（1940 年 10 月 14 日），《八路军·文献》，第 576~577 页。

[3] 黄瑶主编《罗荣桓年谱》，第 149、159 页。

南，东至寿光、潍县，西至章丘的广大地区，创建了清河平原游击根据地。第五，鲁中区。采取统一领导、分散发展的方针，巩固和扩大了沂蒙区、泰山区根据地，使两区连成一片，打通和保持了与鲁南、清河地区的联系，并且由莒（县）沂（水）地区向东发展，进入诸（城）日（照）莒（县）山区，开展滨北地区的抗日斗争。第六，鲁南区。在抱犊崮山区及临（沂）郯（城）邳（县）地区开辟了活动区域，建立根据地，并向津浦路东邹（县）滕（县）边地区发展。继之开辟了郯（城）马（头）平原地区，向东部沿海地区发展。①

　　同时，上述根据地的创建，也离不开同期党政机关党的建设和民众动员工作的加强。到1939年7月，山东各地基层党组织也得到了普遍恢复和发展，党员人数比抗战初期有了明显增加。第一区（鲁南）有党员15000人，第二区（鲁西）8000余人，第三区（胶东）12200人，第四区（冀鲁边及清河）8000余人，第五区（苏鲁豫边）8000余人（据6月以前的统计），第六区（苏皖边）300余人（4月以前的统计），② 共计5.15万余人。各级党组织通过举办党校和训练班，对党员进行各项政策的教育，提高党员的思想觉悟，推动政权、民运、支前等工作的开展。在党政工作大力发展的同时，群众运动也出现了新的高潮。1939年4月7日，中央妇委就开展妇女工作给山东分局发出指示，要求山东注意开展妇女运动，吸收先进妇女入党，使妇女工作与其他工作很好地结合起来。③ 到1939年7月，山东各地已组织起来的农民群众，胶东已有30余万人，鲁南约有30万人，苏鲁豫边有17万人，清河约有5万人，苏皖边有1万余人。④ 被动员起来的民众成为中共武装在敌后活动、应对日军"清剿"的重要依托。他们的抗战热情被激发出来，通过参加游击小组、自卫团、青年抗日先锋队（简称"青抗先"）等组织，建立武装、站岗放哨、参军支前，有力地配合了中共正规武装的行动。

---

① 刘大可：《山东敌后抗日根据地的建立》，《近代史研究》1985年第4期，第76~77页。
② 《山东分局关于政权、党务等工作情况向北方局的报告》（1939年7月12日），《山东革命历史档案资料选编》第4辑，第82页。
③ 《中央妇委关于开展妇女工作问题给山东分局的指示》（1939年4月7日），《山东革命历史档案资料选编》第4辑，第59页。
④ 《山东分局关于政权、党务等工作情况向北方局的报告》（1939年7月12日），《山东革命历史档案资料选编》第4辑，第82页。

三　八路军第一纵队的组建

一一五师主力部队相继入鲁，不仅壮大了山东抗日武装力量，也为山东土生土长的抗日武装——山东纵队的发展创造了声势和条件。如前所述，中共山东地方党组织独自创立的这支抗日队伍早已引起中央的重视。1939 年 3 月 19 日，毛泽东在指示八路军总部和北方局负责人"特别注意鲁省"的发展时，即提出"该省我们已有基础，但缺一个领导骨干，当敌人新进攻到来时，请考虑解决这个领导骨干问题"。① 加强山东的军政领导，正体现出中央对山东战略地位的重视。3 月 24 日，八路军总部与北方局迅速回应："山东（缺）一个骨干，我们拟派徐向前同志去"，"拟以朱瑞同志去山东任政治委员"，征询中央意见。得到中央同意后，4 月 13 日，朱德、彭德怀、杨尚昆致电中共中央书记处："朱瑞同志准于四月二十日前后动身与向前同志会合后去山东。""徐、朱以八路军第一纵队司令员、政治委员名义统一指挥张、黎、陈、罗，萧华及雪枫部。"② 5 月初，中共中央书记处根据八路军总部和北方局提议，决定组建八路军第一纵队，以徐向前为司令员，朱瑞为政治委员，统一指挥山东和苏北地区的八路军各部队。③

正在冀南的徐向前接到八路军总部命令后，即带一个警卫小分队昼夜兼程向山东进发。朱瑞受领任务后，着手选调干部，分别从八路军总部、野战政治部和抗大第一分校选调了一些干部，其中有王建安、罗舜初、谢有法、刘子超、李竹如、袁也烈、张雨帆、徐黎平、李钊、苏书轩、王强珠等。另外，还从抗大第一分校抽调原籍为苏鲁豫皖的 73 名学员组成一个队。

5 月 5 日，朱瑞率队从晋东南八路军总部驻地出发，于 6 月 7 日与徐向前在鲁西北馆陶会合。6 月 12 日，徐、朱率部跨黄河，经梁山到达泰

---

① 《巩固着重于华北，发展着重于鲁苏皖豫鄂》（1939 年 3 月 19 日），《毛泽东文集》第 2 卷，第 173 页。
② 黄瑶主编《罗荣桓年谱》，第 102~104 页。
③ 《八路军山东纵队》综合册，第 75 页。

西，在此会见了刚进行陆房战斗不久的一一五师干部，传达了中共中央指示精神。6月29日，徐、朱一行抵达沂蒙山区，与中共山东分局、山东纵队指挥部会合。6月30日，徐向前、朱瑞主持召开由中共山东分局和山东纵队领导参加的高级干部会议。在听取山东军政负责人工作汇报后，徐向前、朱瑞传达了中共中央和中央军委的指示精神。会议分析研究了山东的抗战形势，布置组建第一纵队司政机关的工作。因时逢日军对鲁中抗日根据地发动第一次大"扫荡"，徐向前、朱瑞立即投入反"扫荡"的作战指挥。[1] 8月1日，经中共中央批准，八路军第一纵队正式成立，徐向前任司令员，朱瑞任政治委员，统一指挥山东和苏北的八路军各部队。8月10日、18日，《大众日报》两次刊登徐向前、朱瑞的就职通电。[2] 山东抗日士气由此大振。[3]

8月9日，北方局复电山东分局，批准成立山东军政委员会，朱瑞任书记，朱瑞、徐向前、郭洪涛、罗荣桓、陈光、黎玉、张经武为委员。山东军政委员会成为山东党政军工作的统一领导机关。事实上，由于中共主力武装是陆续分批进入山东的，分散各地开展游击战争，"有些部队，如陈光部、杨得志部、肖华部等，均独挡一面"，虽距山东纵队较远，但"能同党中央和总部直接联系，因而相对保持其独立性"，八路军第一纵队的领导重心便"放在山东纵队"。[4] 10月13日，第一纵队与山东纵队的司、政、供、卫机关合并，因为山东纵队名义具有历史意义，继续保留。[5]

为便于统一领导，翌年1月3日，八路军总部致电徐向前、朱瑞，明确"一一五师仍以隶属一纵队指挥为宜"，惟该师在陇海路以南部队虽为进行某些战役可以临时归新四军指挥，"但仍归陈、罗直接指挥为妥"。[6]

---

[1] 《八路军第一一五师暨山东军区战史》，黄河出版社，2005，第36页。

[2] 《国民革命军第十八集团第一纵队徐司令员向前、朱政治委员瑞就职通电》，《大众日报》1939年8月10日，第1版；1939年8月18日，第1版。

[3] 《八路军徐司令朱政委来鲁 领导军民坚决抗战 就职后士气大振 军民欢腾》，《大众日报》1939年8月18日，第2版。

[4] 《徐向前回忆录》，解放军出版社，2007，第477页。

[5] 《徐向前、朱瑞、张经武、黎玉关于一纵与山纵机关合并致各地电》（1939年10月13日），《八路军山东纵队》综合册，第425页。

[6] 黄瑶主编《罗荣桓年谱》，第115页。

这实际道出了第一纵队仅能指挥山东纵队的现实。6月1日，徐向前、朱瑞等致电中央，提议一一五师归属第一纵队建制，或"最好以徐任一一五师师长，陈光副之，罗荣桓为政委。山纵改属一一五师之建制"。① 6月6日，徐向前即奉命离开山东，② 这一提议显然没有得到中央同意。7月18日，彭德怀致电毛泽东，建议"山东暂由陈光、罗荣桓统一指挥，将来林彪去山东"。③ 7月27日，朱瑞与黎玉致电中央请求解决山东集中统一领导问题。8月8日，毛泽东等复电彭德怀并山东军政负责人，认为一一五师与山东纵队的关系问题，只有等待徐向前到达延安面谈清楚后才能决定如何改变，提出当前一一五师师部与山东纵队指挥部各自保留名称番号，彼此间"应靠拢住近，密切联系，统一领导，一一五师有帮助山纵正规化之责任，陈、罗参加分局为委员，实际上统一军事领导。朱瑞多负分局责任，统一党政军工作的领导"。④ 一一五师与山东纵队的统一领导事实上成为一个悬而未决的问题。

第一纵队成立后，根据八路军总部训令，直接指挥山东纵队进行了几期整军。1939年8月至12月的第二期整军，取得了三项重要成果。一是巩固加强了主力部队，按正规化编制整训了4个团，推进了部队正规化步伐。二是普遍发展了地方武装，建立了地方武装的领导体制：在大鲁南区，于1939年7月建立山东第一军区（亦称山东纵队后方司令部），刘海涛任司令员，第一区党委书记林浩兼任政委，下辖特务团及5个军分区，亦称各支队后方司令部（泰山区为第一军分区，沂蒙区为第二军分区，尼山区为第三军分区，临郯区为第四军分区，滨海区为第五军分区）；在胶东区，于9月建立了山东第三军区，王彬任司令员，胶东区党委书记王文兼任政委，下辖北海指挥部；在清河区，于1940年1月建立山东第六军分区。三是充实、调整、健全了第一纵队司、政、供、卫机关和调配，加强了山东纵队各支队的领导。

---

① 黄瑶主编《罗荣桓年谱》，第134页。
② 国防大学《徐向前年谱》编委会：《徐向前年谱》上卷（1901~1949），解放军出版社，2016，第529页。
③ 王焰主编《彭德怀年谱》，第232页。
④ 黄瑶主编《罗荣桓年谱》，第137~138页。

1940 年 2 月至 8 月的第三期整军以加强政治工作为中心。根据抗战形势和山东纵队实际，徐向前在整军中明确提出抗日武装力量要进行"九化"建设，即主力兵团正规化、地方武装基干化、游击队组织化、自卫团普遍化、党的领导绝对化、战斗力顽强化、行动积极化、生活艰苦化、纪律严肃化。这次整军是山东纵队走向正规化的重要阶段。在整军过程中，苏鲁支队、第六支队、陇海南进支队等部分别划归一一五师和新四军建制。这样，山东纵队所属部队编成 21 个团（其中 18 个正规团），共 3 万余人。另有地方武装 2 万余人。整编后，山东纵队所辖第一、二、三、四支队领导人不变；第一支队所属 4 个基干营扩编为 3 个团；第三支队整编为 3 个团；第四支队所属部队扩编为 3 个团；第五支队仍辖 3 个团；撤销第一军区，以其直属的特务团为基础组建第九支队，刘海涛任支队长，刘其人任政委；原第一军分区所辖的第三、四军分区划归一一五师建制，第一、二、五军分区直属山东纵队领导。后勤供应、卫生工作等也步入正轨。

9 月开始的第四期整军，主要解决主力支队全部正规化的问题。此次整军将山东纵队所属部队整编为 4 个旅、4 个支队和 2 个直属的特务团，共 22 个团 5.4 万余人。另外，撤销清河区第六军分区，建立清河军区，杨国夫兼任司令员，景晓村兼任政委，下辖清东、清西两个军分区。①

山东纵队因缺乏有经验的军事骨干，发展又比较迅速，离正规化部队要求还有很大的距离。徐向前具体指出其存在的问题："政治工作部门不健全，党的基层组织薄弱，干部的政治军事理论水平和实践经验缺乏，组织纪律性不够严格，等等。"② 为提高部队质量，除开办学校、干部培训班，以及成立教导队、参谋集训队外，还送一些干部去抗大分校学习，进行教育和训练。

1939 年 12 月 6 日，毛泽东等致电徐向前等，要求"努力扩大山东纵队，努力整训工作，以求迅速的正规化"，以便广泛组织地方武装，逐步补充主力。并提出正规化应该着重解决的几个重要事项，特别提议"山东纵队应当以一批知识分子干部拨给一一五师，而一一五师则拨一批有军

---

① 《八路军山东纵队》综合册，第 76~80 页。
② 《徐向前回忆录》，第 484 页。

事经验的干部给山东纵队，这对双方工作都有很大益处"，山东纵队"与一一五师靠近的部队，可与一一五师建立联系，组织干部参观团，吸收主力部队的经验"。要求一一五师做好拨 2500 人给山东纵队的准备工作。①因此，第一纵队领导在山东纵队的正规化建设中，有意识地发挥主力部队的表率作用，让一一五师与山东纵队进行人员交流，取长补短。徐向前回忆："一一五师战斗骨干多，我们报请中央批准，从那里调了两千多人到山东纵队，充实骨干。山东纵队的干部，熟悉山东的地理环境、风俗民情，容易和群众打成一片，我们也从中抽调了一些去一一五师，帮助他们开展工作。一九四〇年，因一一五师担负的作战任务很重，需要大批兵员，山东纵队一次就拨给他们三万余人枪。这两支部队的人员交流，对迅速提高质量，增进了解，共同战斗，起了有效作用。"② 两支部队干部兵员的支援交流，可以尽快弥补各自缺陷，山东纵队由此加快了正规化建设步伐，一一五师可以迅速熟悉环境，与群众建立起密切联系，有利于游击战的顺利开展和战斗力的增强。1940 年 4 月 13 日，山东军政委员会在青驼寺开会，会议提出，发挥第一纵队统一指挥作用，密切山东纵队与一一五师部队间战略战术配合，决定将六支队、苏鲁支队归一一五师指挥，一一五师抽一部分主力及连营干部给山东纵队，以逐渐调整山东纵队。7 个月后的 11 月 12 日，一一五师调营级干部 10 名、连排级干部 80 名赴胶东工作，以加强山东纵队建设。③ 11 月 18 日，中共山东分局与山东纵队决定："由一一五师于四个月内抽掉［调］两个主力营为山纵竖立新的主力，交换两百个连排干部，山纵补充一一五师一千五百新干部。"④ 山东两支抗战主力的干部人员交流，是加强彼此联系与融合的进一步尝试。由于日军"扫荡"频繁，战时环境艰险，受各种条件和因素的影响，事实上两支抗日武装的交流与融合仍非常有限。

在实战中努力提高部队质量的基础上，山东军政委员会决定积极扩

---

① 《毛泽东等关于山东军队工作致徐向前等电》（1939 年 12 月 6 日），《八路军·文献》，第 417~418 页。
② 《徐向前回忆录》，第 484~485 页。
③ 黄瑶主编《罗荣桓年谱》，第 127、155 页。
④ 《中共山东分局关于对时局认识及工作安排意见的报告》（1940 年 11 月 18 日），《山东革命历史档案资料选编》第 6 辑，第 81 页。

军，扩充正规军和地方武装的数量，以便担负起中央规定的战略任务，并对抗在各地扩展势力的国民党军，经得起对日作战的长期消耗。1940 年，各根据地政权建设的加强，为部队发展创造了有利条件。部队和地方党组织在动员群众参军的同时，注意争取和收编地方杂牌武装的工作，在鲁中、鲁南、胶东等地区，收编了数十股大小队伍。山东纵队到 1940 年上半年，即由 1939 年夏的 2.5 万人发展到 5.1 万余人（不包括调给一一五师的 3.2 万人）。一一五师 1940 年初有 5.8 万余人，到 9 月就发展到 7 万多人。根据地和游击区的武装自卫团也有很大发展。① 1940 年成了中共在山东抗日武装力量迅速发展的一年。

中共抗日武装力量的发展为抗日民主政权的广泛建立创造了条件、提供了保障。抗日民主政权的建立是根据地形成和巩固的主要标志。1940年，山东抗日根据地也迎来大发展的局面。

为使山东纵队的发展和敌后游击战争的开展获得根基，巩固和发展抗日根据地，朱瑞、徐向前刚到山东，即尤为重视建立抗日民主政权。抗战初期，因为过度重视与国民党合作抗战的统一战线形式，中共建立抗日民主政权的工作，在山东一直是薄弱环节。而没有自己的政权，不能顺利筹粮筹款，部队的吃饭、穿衣、医药、装备等，就很难解决。早在 1939 年4 月，中共中央即指出：“山东方面过去退让太多，如接受取消北海行政公署及北海银行；未能于省府、县长西逃时普遍委任自己的县长；有些已委任的，复接受沈鸿烈命令撤销；秦启荣形同汉奸，多次向我进攻，未能给予有效还击。如上述情形不加改变，山东创造根据地与坚持抗战是要受挫折的。”并指示：“今后如有专员、县长逃跑，我即委任专员、县长，尤其胶东半岛方面应如此。建立坚强的抗日民主政权，不让任何人撤换。”② 5 月 19 日，中央书记处对山东工作进一步做出指示：“在政权问题上，应认识无论八路军部队或地方游击队，如无政权则决不能发展巩固与建立根据地。因此，已得的政权决不应放弃，并还应努力争取新的

---

① 《徐向前回忆录》，第 485~486 页。
② 《中央对山东问题之处置办法》（1939 年 4 月），《山东革命历史档案资料选编》第 4 辑，第 60 页。

县区政权。"① 因此,中共在山东抗战的当务之急就是建立自己的抗日民主政权,以打破国民党的限制与束缚,巩固与发展抗日根据地。

7月1日,中共山东分局做出关于恢复县区乡政权之指示,要求在日军"扫荡",旧县、区、乡政权垮台之际,各地均须"恢复抗日政权,并保证党领导","区、乡政权恢复大部后,即召开各区代表及县级各团体代表会议,产生县政府。县界应以地形及战争需要重新划分,不受旧行政县界限制","县、区、乡长均须兼八路游击大队长、中队长及分队长职务,取得合法保障"。② 灵活务实,指明了党政军一体化的战时领导体制建设方向。7月6日,刚到山东的徐向前、朱瑞,正面临日军大"扫荡",也明确指示:"为造成山东巩固抗日根据地,我必须迅速建立抗日政权",并要求冀鲁边的萧华"拟定具体规定,向鲁北发展,树立各县抗日政权,凡逃跑与潜藏不暴露面目之各县长,我敢〔赶〕即委任或民选新县长,颁布施行方针,改造村区政权,团结同情者,组织地方武装,以便与胶济以北打成一片"。③ 12月6日,中央为争取建立政权向山东提出7条具体建议,④ 总之是利用一切时机争取建立县政权甚至区、乡政权。

据此,各战略区抗日武装在反"扫荡"作战中,开始不失时机地建立抗日民主政权。

鲁中区　前已述及,1939年6月初至7月中旬,日军集结第五师团、第一一四师团及第二十一师团一部,共2万余人,由津浦、陇海、胶济铁路及台(儿庄)潍(县)公路各据点分十数路出动,以沂蒙北部山区为中心,由北向南,自西而东,采取长驱直入、分进合击的战术,进行大规模"扫荡"。驻鲁中的国民党鲁苏战区总司令于学忠部第五十一军受到严重损失,国民党山东省政府主席沈鸿烈部及所属吴化文部一触即溃,相当

---

① 《中央关于山东工作方针的指示》(1939年5月19日),《山东革命历史档案资料选编》第4辑,第70页。

② 《山东分局关于恢复县区乡政权之指示》(1939年7月1日),中共山东省委党史研究室、山东省中共党史学会编《山东党史资料文库》第7卷,山东人民出版社,2015,第110页。

③ 徐向前、朱瑞:《关于山东今后工作意见》(1939年7月6日),《山东革命历史档案资料选编》第4辑,第80页。

④ 《中央关于山东及苏鲁战区工作的指示》(1939年12月9日),《中共中央文件选集》第12册,第209页。

多的国民党地方政权解体。而中共抗日武装与日军作战 20 余次，内线与外线配合，保存了主力，使日军伤亡 1000 余人。同时"抓紧这个机会，快刀斩乱麻，在莱芜、新泰、蒙阴、沂水、临朐、东平、平阴、宁阳、泰安等县，搞了一大片政权"，经过后来的许多善后工作，"逐步调理和巩固"。①到 1940 年底，鲁中抗日根据地形成。

清河区 中共清河特委和山东纵队第三支队在八路军第一纵队指挥下，转战小清河两岸，多次击溃日伪军的"扫荡"，至 1940 年 10 月，横跨小清河南北，直至沿海、黄河入海口的清河区抗日根据地形成。

苏皖边 根据中共中央向华中发展与新四军连成一片的指示，1939 年 9 月，山东分局决定组建八路军苏皖纵队，任命江华为纵队司令兼政治委员，统一指挥陇海南进支队、苏鲁豫支队第一大队和当地武装孙象涵团。上述武装协同作战，11 月，创建苏皖边区抗日根据地。1940 年 6 月间，苏皖纵队又击溃了泗县、睢宁、宿迁三县日军合击，苏皖边抗日根据地得以巩固。

胶东区 胶东区分为西海、北海、东海、南海等 4 个地区。该区早在 1938 年就建立过"蓬、黄、掖"三县抗日民主政权。1939 年 11 月 14 日，黎玉到胶东视察工作，在掖县周官庄向胶东区党委和山东第三军区负责人提出了创建胶东抗日根据地的战略部署：第一步，控制大泽山、昆嵛山，掌握西海、东海地区；第二步，夺取牙山，掌握胶东中心战略要地；第三步，以牙山为依托，南向海阳、莱阳发展。山东纵队第五支队和胶东地方武装据此在反"扫荡"与反"摩擦"战斗中，展开了建立抗日根据地的工作。北海区辖蓬莱、黄县、栖霞、福山 4 县。1940 年春，重建北海行政专员公署。夏季，连克黄县黄城集、诸由和栖霞松山等据点，巩固并扩大了北海区抗日根据地。东海区辖文登、荣成、威海、海阳、牟平、乳山等县；9 月，建立了东海临时参议会和东海行政专员公署。11 月，胶东西海行政专员公署建立，包括掖县、掖南、招远、招北、昌邑、潍县、平度等地的西海区抗日根据地形成。南海区辖即墨、胶县、高密、平度、莱阳等县。因该区横跨胶济铁路南北，日军重兵防守，南海特委和各县党组织

---

① 《徐向前回忆录》，第 479 页。

长期坚持地下斗争，处境异常艰难，直至 1940 年秋，才逐渐开辟了平度、莱阳南部的南海区抗日游击根据地。

滨海区（即鲁东南区）　　1940 年 9 月，山东纵队第二支队由鲁中进入滨海区，奉命与在此地坚持游击抗战的第九支队、第一支队二团合编为山东纵队第二旅，下辖第四、五、六团和特务营、教导营。整编后向南进军，开辟了沭河以东、赣榆以北地区。至 11 月，又开辟赣榆西南大片地区，与一一五师部队开辟的郯马、东海地区连成一片。至此，滨海区的莒县、日照以南，陇海路以北，西至沭河，东至沿海的抗日根据地形成。并先后建立了日照、莒县、赣榆等县抗日民主政权和莒（县）日（照）临（沂）赣（榆）四县联合办事处行政委员会。①

随着根据地区域的扩大，山东各战略区动员、组织民众以及建立抗日政权、群众团体等各项工作都进一步开展起来。徐向前曾总结山东建立政权采取的三种不同方式：一是在条件成熟的地方，主要在鲁西、鲁南和胶东等根据地内，迅速建立完全民选的政权；二是在敌占区建立两面政权，以秘密方式进行抗战工作；三是促使国民党控制的政权实行民主化，通过动员群众或民主选举选出真正为老百姓办事及解决困难的专员、县长、区长。②

根据抗战形势发展需要，1940 年 7 月 26 日，山东省国大代表复选大会，山东省民众总动员委员会成立大会，山东省工、农、青、妇、文化各界总会成立大会，以及山东省各界救国联合会（简称"各救"）成立大会的联合大会在沂水南部的青驼寺开幕。联合大会历时一个月结束。会议产生了山东省临时参议会，进步人士范明枢被推举为参议长；选举产生全省统一的行政机构——山东省战时工作推行委员会（简称"战工会"），黎玉为主任委员（当时称首席组长）；还选举出工、农、青、妇、文化各界抗日群众团体的负责人。随着战工会颁布的一系列抗日民主政策、法令在全省各战略区的推行，根据地建设有了很大进展。到 1940 年底，中共山东分局领导的抗日根据地，除苏鲁豫皖边区和苏皖边区于当年 6 月划归中原局

---

① 《八路军山东纵队》综合册，第 81~92 页。
② 徐向前：《忆在山东的一年》，《八路军·回忆史料》（2），第 150~151 页。

领导外，包括鲁中、鲁南、滨海、胶东、清河、湖西、鲁西、冀鲁边等地区，人口约 1200 万[①]，占地 3.6 万平方公里，并建立了一个行政主任公署，14 个专员公署，95 个抗日民主县政府。山东抗日武装已发展到 12 万余人。[②]

1940 年底，朱瑞进一步总结：抗日民主政权蓬勃发展，"已从零星点滴、孤立脆弱的状态下解放出来，而成为人口上占百分之五十、地面上占百分之六十、数量上占百分之八十、比较统一而且多少已开始新建设的抗日民主政权"。抗日武装也壮大起来，"已从数量上的少数、质量上的游击状态、分布上的不平衡，发展扩大而为数量质量均属优势，分布普遍和相当正规化的十万以上的坚强抗日武装"。群众组织与民众运动也有发展，"已从自发的、无组织的、狭小的现象下发展扩大而为相当普遍、有其上下各级的领导机关、有各级宪运组织与参议会组织的数百万统一的群众运动"。尽管这一优势的存在是有条件的、可变的，"只是开始，它不平衡，不巩固，不够坚持，不够深入"，但此时中共在山东的力量，"一般且已获得了由劣势到优势的转变"。[③] 朱的总结具体而全面地描述了山东根据地的发展情形。

当然，上述山东中共力量的较大发展与日军对占领区的控制力有限直接相关。尽管到 1940 年底，日军几乎侵占了山东所有的县城，控制了全部铁路和将近 5000 公里的公路（1937 年山东公路里程为 6045 公里），建立了 1156 个据点，[④] 但因其战线拉长，兵力不敷分配，且其兵力警备的重点是大城市和交通要道，农村地区的秩序则要依靠伪军伪组织。由于各种复杂的原因，伪军伪组织担负不起这样的"重任"。据日本华北方面军1939 年 2 月的情报资料记载，负责惠民方面治安的日军及川部队，于 1 月下旬进入此地，伪区长以下人员悉数逃避，"治安工作迟迟没有进展"。[⑤] 这就意味着县城以下的农村，日军根本无力真正控制，客观上给

---

① 当时山东省人口总数约为 3800 万人，根据地人口已接近山东省总人口的 1/3。
② 肖华：《一一五师挺进山东及山东抗日根据地的发展》，《八路军·回忆史料》（2），第40~41 页。
③ 朱瑞：《山东工作的新阶段》（1940 年 12 月），《山东革命历史档案资料选编》第 6 辑，第 222~223 页。
④ 朱玉湘主编《山东革命根据地财政史稿》，山东人民出版社，1989，第 11 页。
⑤ 粟屋宪太郎·茶谷诚一编集解说『日中戦争　对中国情报戦资料』第 3 卷、316 页。

中共生存、扩大武装与创建根据地留下了空间和可能。

尽管历史不能假设，但仍然可以设想，如果没有八路军主力的到来，没有八路军第一纵队建立后山东纵队建设的加强，难以想象山东抗日根据地能在 1940 年迎来如此大的发展。郭洪涛回忆：八路军一一五师"进军山东，极大地增强了山东的抗战力量，对于坚持和发展山东的抗日游击战争，建设和发展山东抗日根据地，起了巨大作用"。[1] 此时根据地达成的规模成为抗战反攻阶段根据地恢复的重要目标。翌年 1 月，八路军第一纵队番号撤销。一一五师和山东纵队在抗日游击战争的磨炼中继续发展壮大，中共得以在山东这一战略要地立足。徐向前认为，战时，山东抗日根据地"是巩固华北、发展华中的战略枢纽；将来，它是我军反攻东北的战略基地"。[2] 由此，中共为抗战胜利后的国共对决布下关键之局。

从前述领导人决策和部署的具体过程可以发现，中共中央决定派主力部队进入山东，发展那里的游击战争并建立根据地是重要目标。中共在六届六中全会前已经做出派兵去山东的战略决策，表明中央在此之前对山东的战略定位已有清楚的认知，山东并非在发展华中战略的主体转换后才受到中央的重视。萧华曾谈道："为了坚持和发展山东的抗战，使之成为华北抗战的战略一翼与联结华中敌后战场的战略枢纽，中共中央决定派部队进军山东。"[3] 因此毋宁说，山东的重要战略地位决定了发展山东的抗日游击战争是八路军主力入鲁的首要目标。中央明确对一一五师表示，对山东抗战要做长期打算，山东是"基本根据地"，华中则是"准备发展方向"；[4] "你们的任务是坚持山东根据地，同时不忘记向华中发展"。[5] 八路军主力入鲁的目标于此清晰可见。[6]

---

① 《郭洪涛回忆录》，中共党史出版社，2004，第 138 页。

② 《徐向前回忆录》，第 499 页。

③ 肖华：《一一五师挺进山东及山东抗日根据地的发展》，《八路军·回忆史料》（2），第 37 页。

④ 《毛泽东、朱德、王稼祥对今后山东工作的指示》（1940 年 8 月 28 日），《中共中央文件选集》第 12 册，第 471 页。

⑤ 黄瑶主编《罗荣桓年谱》，第 151 页。

⑥ 郭宁以朱瑞在中共七大的发言为据，认为一一五师入鲁时领受的任务不是在山东建立根据地。朱瑞不是一一五师负责人，再则他入鲁较晚，他的话似不足以说明八路军入鲁的整体目标。参见郭宁《从中原到苏北：中共发展华中战略及其对山东的影响》，《中共党史研究》2022 年第 4 期。

中共派主力进入山东，也是确定大兵团开展平原游击战争可行性、回应山东军政负责人多次求援的结果。继抗战初期中共先后派出几百名军政干部支援山东抗战之后，又陆续派八路军主力进入山东，大大增强了山东的抗战力量，振奋了民心。八路军主力的到来和第一纵队的组建，促进了山东纵队的正规化建设，推动了民主政权建立等，使中共在山东的抗日武装力量和根据地规模在1940年有了十分可观的发展。中共由此在山东打下坚持和发展的根基。

中共随时关注战局变动，在不影响国共合作关系的前提下，找寻恰当时机，调整部署，分步实现八路军主力武装入鲁的战略计划。这是中共灵活把握机遇、成功运用统一战线中与国民党既联合又独立原则的结果，体现出抗战时期的中共已在实践中汲取大革命失败的教训，逐渐走向成熟。

由于多种因素的影响，八路军第一纵队并不能真正统一指挥山东境内和苏北地区的中共抗日武装。一一五师与山东纵队间的人员交流和融合对各自发展互有促进，但在统一指挥上经历了一段磨合期。如何协调这两支部队的隶属和领导关系，在第一纵队番号取消后，依然是山东军政负责人必须面对和寻求解决的问题。直至1943年3月成立新的山东军区，山东党政军领导从根本上实现统一，二者的关系才得以理顺，更有效地协同与配合，承担起坚持游击战争、恢复与发展山东抗日根据地、抗击日本侵略者的重任。

第三章　统一战线的开展

统一战线是中共革命成功的三大法宝之一。抗日民族统一战线更是一面旗帜，中共借此争取团结一切可能的抗日力量，抗击日本侵略者的同时，壮大了自己。统一战线在山东抗日根据地的创立与发展中无疑也具有十分重要的地位。中共在鲁西北的发展可以说是除山西以外，依靠统一战线获取助力的另一重要成功案例。本章即以中共对鲁西北地方领袖范筑先的统战工作为例，探讨中共在山东统一战线的具体开展情形。范筑先在日军入侵时，受到中共党员促动，留在黄河以北坚持与日军周旋，并聘任、重用共产党员，抗击日军，巩固其对鲁西北的控制。中共也因坚决抗战得到范的信任，双方结成了密切的合作关系。中共在协助范筑先壮大抗日武装力量的同时，也逐渐在鲁西北地区发展了自己的组织和武装，创建了鲁西北抗日根据地。

一　对范筑先统战工作之始

鲁西北地区位于津浦路以西，平汉路以东，与河北、河南两省相邻，是华北敌后严重威胁日军交通要道和中心据点的战略基地之一，也是联系晋冀鲁豫四省抗日根据地的重要通道。早在苏维埃革命时期，这里就有共产党人在活动，扩大了中共在当地的影响。九一八事变后，全国抗日救亡运动的浪潮迅速波及鲁西北地区，在聊城省立第三师范读书的刘书林（刘子蔚）等建立了中共鲁西总支委员会，领导鲁西北部分地区的抗日救亡运动。1935 年 2 月 6 日，赵健民在堂邑县城内徐运北家主持建立中共鲁西特委。1936 年 6 月，为加强鲁西北地区党组织的领导，中共山东省委决定成立鲁西北特委，统一领导濮县、范县、莘县、朝城、临清、冠县、阳谷、东阿各县与寿张省立八乡师、聊城省立三师的党组织。1937年夏初，中共山东省委决定，在莘县、聊城以北地区组建新的鲁西北特委，在阳谷、寿张、范县、濮县、观城、朝城组建鲁西特委。至此，中共在鲁西北有了一些活动和发展，为贯彻抗日民族统一战线政策，宣传组织民众，建立抗日根据地奠定了基础。①

七七事变爆发之时，主政鲁西北的是国民党山东第六区行政督察专员范筑先。范筑先，原名金标，学名夺魁。1882 年 12 月 30 日②生于山东省馆陶县卫河西岸南彦寺村。幼年家贫，1904 年卫河泛滥成灾，范筑先无以为生，离乡去天津投于清军第四镇充当"备补兵"。由于表现出色，其逐步递升为"副兵""正目""排长"，后被保荐入北洋武备学堂学习。辛亥革命后，历任北洋军阀卢永祥第四师连长、营长、师参谋长、补充团长、第八旅旅长等职。1929 年投靠冯玉祥的西北军，任汉中镇守使张维玺的参赞。1930 年中原大战时，任张维玺部参谋长，继任张部第四师师长。张部被蒋介石军队缴械后，与张维玺一起隐居天津。③ 在 1930 年 9 月韩复榘任山东省主席后，1931 年 5 月任山东沂水县县长，1933 年 7 月调任临沂县县长，1936 年 7 月仍调任沂水县县长，同年 11 月升任聊城所在的国民党山东第六区行政督察专员兼保安司令。④

范筑先成长的鲁西北农村，农闲时节庙会上常有戏曲、说书等曲艺表演，杨家将、岳飞等的忠义故事，借助此类艺术形式广泛在民间传播，培养了村民朴素的爱国情怀和民族大义意识。范筑先小时候常去听说书，受到爱国主义思想的启蒙。范筑先还读过几年蒙学。他因家庭困难失学后，有空就自学。"他喜读'四书'，尤其喜读其中的《论语》《孟子》，深受儒家思想熏陶，其中的'忠孝节义'对他影响颇大。"⑤ 范筑先反抗外国侵略、保卫家乡、保卫祖国的爱国思想就是这样从小逐步养成的。成年之后，他的爱国思想更加强烈。他还不断用爱国主义思想教育子女。

---

① 《鲁西北敌后抗战斗争概述》（1937.7~1939.1），中共聊城地委党史资料征集研究委员会编《范筑先与鲁西北抗战资料选》，山东人民出版社，1988，第 1~2 页。

② 已有研究对范筑先的生日记载不一，此处采用的是李长宁等根据范树瑜（范筑先的侄女）保存的范筑先家谱并对照《辞海》推算得出的时间。

③ 李长宁、王弃：《范筑先将军和筑先纵队》，《山东党史资料》1988 年第 2 期，第 53~54 页。

④ 《沈鸿烈关于范筑先等给国民党行政院长孔祥熙的电报》（1941 年），《范筑先与鲁西北抗战资料选》，第 160 页。

⑤ 石凤举：《青少年时代的范筑先》，政协山东省聊城市文史资料委员会编印《聊城文史资料》第 5 辑，1988，第 43 页。

范筑先给他的侄女范树瑜留下了这样的记忆："他常给我们讲中国古代民族英雄的故事，如岳飞、杨家将等。"① 范的子女更是清晰记得，抗战一爆发，他"就把胡子留起来，决心不把鬼子打跑不剃掉胡子"。② 这种浓烈的爱国情怀，使范筑先能够抛开一切党派成见，把抗击日本入侵看得"高于一切"，视为一切行动的"根本原则"。③ 这是范筑先接受中共倡导的抗日民族统一战线政策，从而与中共合作抗战的内在根源。

1935 年华北民族危机日重，12 月中共瓦窑堡会议正式确定实施抗日民族统一战线的大政方针。翌年中共中央和毛泽东就有联络韩复榘、傅作义、阎锡山、宋哲元等国民党地方实力派共同抗日的计划，并想通过宋哲元与韩复榘建立联系。这年 8 月 14 日，毛泽东致信宋哲元："鲁韩绥傅晋阎三处，弟等甚愿与之发生关系，共组北方联合战线。先生必有同心，尚祈设法介绍。"④ 之后，在努力争取早日建立全国抗日民族统一战线的同时，中共中央非常关心鲁西北的统战工作。1937 年 5 月，受周恩来委托，"中共中央驻山西太原做统战工作的代表彭雪枫同志，经北平、济南来到聊城。他来后对鲁西北的政治、军事等情况作了深入的了解，对如何做国民党专员范筑先的统战工作做了很多指示，为开辟和建立鲁西北抗日根据地奠定了思想基础"。⑤ 可见，中共对范筑先的统战工作始于彭雪枫的聊城之行。

关于彭雪枫的聊城之行，张维翰⑥回忆："一九三七年初夏，雪枫同志由太原到了北平。他在几位老同学那里得知我在山东聊城工作，即写信约我去北平会晤。我到北平东郊［交］民巷一个旅馆里见到了他，他给

---

① 范树瑜：《回忆我的伯父》，《聊城文史资料》第 5 辑，第 30 页。
② 范树琬、范树珊：《怀念我们的父亲》，《聊城文史资料》第 5 辑，第 20 页。
③ 《范司令官在六区军政联席会训话原文之二》（1938 年 10 月 6 日），《范筑先与鲁西北抗战资料选》，第 135 页。
④ 《致宋哲元》（1936 年 8 月 14 日），中共中央文献研究室编《毛泽东书信选集》，中央文献出版社，2003，第 35~36 页。
⑤ 张维翰：《忆彭雪枫同志到聊城》，《光岳春秋》，第 99 页。
⑥ 张维翰是原西北军十三军军长张维玺的胞弟，范筑先曾是张维玺的高级参议，又是同乡，经张维玺介绍，范安排张维翰任第六区行政督察专员公署专员秘书。参见张维翰《忆民族英雄范筑先》，《光岳春秋》，第 119~120 页。

我讲了党的抗日民族统一战线政策和毛主席如何领导红军胜利进行长征的
动人事迹，给了我很大的启发和鼓舞。我向他介绍了山东省立聊城师范学
校进步师生开展驱逐反动校长冯谦光、国民党 CC 派山东省政府教育厅长
何思源的罢课风潮的情况，还向他介绍了鲁西北一带的地理民情和历史上
农民多次起义的情况。他听后非常高兴，认为鲁西北是开展抗日游击战争
的好地方，所以决定随我到山东一行。"① 1937 年 5 月中旬，彭雪枫和张
维翰一起到了聊城。彭雪枫在聊城共住了 7 天。他先与中学时的同学赵伊
坪、牛连文会面，帮助 1927 年入党的赵伊坪接上组织关系，并介绍张维
翰入党。这样就使山东第六区专署内有了共产党员，为之后开展对范筑先
的统战工作打下了基础。在聊城停留期间，彭雪枫向张维翰、赵伊坪等讲
明他来聊城的任务："当前我们党的主要任务就是团结一切进步力量，结成
广泛的抗日民族统一战线。因此学校斗争在取得一定胜利的情况下，可以
暂停一下，以便集中精力对付日本帝国主义，实现抗日民族统一战线的正
确主张。"他特别重视对范筑先的统战工作，认为"范筑先是一个富有爱国
思想的人，他为人正直……掌握着鲁西北的政权，在群众中有一定威信"。
他预见到与范筑先建立统一战线的可能性与重要性，离开聊城前，特别嘱
咐："倘若中日战争打起来，你们一定要争取范筑先，建立抗日根据地，坚
持鲁西北抗战。"② 由此，争取范筑先，建立统一战线，合作抗日，成了
抗战初期中共鲁西党组织的中心任务。③ 显然，彭雪枫的聊城之行是一次
起航之旅，对后来中共鲁西北特委与范筑先合作抗日、建立统一战线、开
辟鲁西北抗日根据地起了重要的指导作用。

　　抗战爆发后，中共中央派红军将领张经武、张震到山东开展统战联络
工作。张经武、张友渔通过韩复榘的高级幕僚、主张联共抗日的进步分子
余心清（中将参议）、刘熙众（韩之表亲、公路局局长）、王致远（少将
参议）等人牵线，同韩接触，向其宣传党的《抗日救国十大纲领》，晓以

---

① 张维翰：《忆彭雪枫同志到聊城》，《光岳春秋》，第 99~100 页。
② 张维翰：《忆彭雪枫同志到聊城》，《光岳春秋》，第 100~101 页。
③ 《鲁西区党委关于党的工作报告》（1939 年 11 月），中共冀鲁豫边区党史工作组办公室、
　中共河南省委党史工作委员会编《中共冀鲁豫边区党史资料选编》第 2 辑《文献部分》
　（上），河南人民出版社，1988，第 114 页。

民族大义和建立抗日民族统一战线的政治主张，并且提出了建立抗战动员
机构、改造军队、动员民众、开展游击战争等建议。非蒋介石嫡系、又想
保存自己实力和地盘的韩复榘采纳了张经武的意见，为抵制蒋介石派复兴
社分子到他的部队设立政训处，他遴选人员组成第三路军政训处，任命其
亲信余心清、王致远为正、副处长。中共派赵伊坪等打入其中，并吸收第
三路军中的一批左派分子参加该处工作，从而实际控制了政训处，由黄松
龄和齐燕铭负责具体工作，张友渔、张郁光等人都在政训处讲课并担任余
心清的参谋。8 月下旬，开办第三路军政治工作人员训练班（政训班），
韩复榘兼主任，余心清为副主任，张友渔、许德瑗担任政治教官，黄松
龄、齐燕铭、陈北鸥等人主持教务处的工作，领导权实际上掌握在共产党
人手中。政训处共举办三期训练班，民先省队部和平津流亡同学会动员平
津学生中的共产党员、民先队员和进步青年 500 余人考入，中共山东省委
动员共产党员和爱国青年 500 余人考入，原由王致远主办的山东乡农学校
军事人员养成所学员 300 余人也并入该训练班。在训练班中，学员接受中
共抗日民族统一战线政策、动员组织群众方法和游击战术等短期教育后，
于 9 月中旬陆续被派往临清、德州、惠民、聊城等地从事抗日救亡工作，
成为抗日的骨干力量。① 这些培训为中共对范筑先开展统战工作提供了人
才储备。

二　合作基础的确立

为争取团结范筑先，彭雪枫离开聊城后，张维翰把彭来聊城的情况与
中共的统一战线政策向范做了汇报，"范筑先听了连连点头，表示赞成"。
得知彭雪枫是中共代表时，范筑先因为没能见面而表示遗憾，要求张维翰
之后把共产党的主张随时告诉他。② 可以看出，范已开始对与中共联合抗
日表现出兴趣。

1937 年 8 月初，冯玉祥出任津浦线第六战区司令长官，有几位原西

---

① 申春生：《山东抗日根据地史》，第 12 页。
② 张维翰：《忆民族英雄范筑先》，《光岳春秋》，第 123 页。

北军高级将领住在济南津浦宾馆，张维翰和老乡王化云去看望他们，谈起抗战形势，大家的认识基本一致。① 张维翰遵照中共争取团结范筑先、开展统一战线工作的指示，认为范筑先也是西北军，可以邀请他来济南会老友，通过他们来进一步影响范对抗战形势的认识，以便今后更好地做范的争取团结工作。经中共山东省委同意，张给范打去电话，范很快来济，一起在宾馆里谈论抗战形势。范筑先和他们都是老相识，又都是正直、爱国的军人，所以交谈十分融洽。他们对张维翰等介绍的中共的抗日民族统一战线主张都很赞成。范筑先表示：咱们都是鲁西北的人，要坚决留在自己的家乡，和日寇血战到底。并提出聘请共产党人来鲁西北协同抗战。赵伊坪请示省委后，决定先派原西北军高级将领姚以介的儿子姚第鸿到聊城工作，范筑先十分满意，当即委任他为专署秘书。② 能主动提出聘用共产党人，表明范筑先已向中共靠近了一大步。

9 月下旬，全国的抗日民族统一战线正式形成。中共领导的八路军深入敌后作战取得一系列胜利，特别是平型关大捷，振奋了全国人民的抗战情绪。国共两党的军队在山西北部联合作战，影响深广。在这样的形势下，范筑先开始放开手脚，与共产党合作抗战。10 月初日军侵入鲁西北，范筑先急忙派张维翰再去济南请共产党员到聊城协同抗战。省委派冯基民、刁子言、解彭年、徐茂里、高元贵、管大同、张舒礼、吕世隆、于会川、巩固等 12 名党员到聊城在范的手下任职。张维翰在济南期间，正值聊城为适应抗战形势，将第六区和保安司令部合并为山东省第六区游击司令部，范筑先任司令，王金祥任参谋长。在中共山东省委的帮助下，由国民党山东省政训处直接委任张维翰为第六区政训处主任，新派去的 12 人为政训处干事。10 月中旬，省委又在韩复榘第三路军政治工作人员训练班里挑选了思想进步、以共产党员和民先队员为骨干的 240 名学员派往聊城，在政训处工作。③ 这样，第六区政训处实际在中共的控制之下。

---

① 李长宁、王弃：《范筑先将军和筑先纵队》，《山东党史资料》1988 年第 2 期，第 55 页。
② 张维翰：《忆民族英雄范筑先》，《光岳春秋》，第 123 页；李长宁、王弃：《范筑先将军和筑先纵队》，《山东党史资料》1988 年第 2 期，第 55 页。
③ 李长宁、王弃：《范筑先将军和筑先纵队》，《山东党史资料》1988 年第 2 期，第 56 页。

中共鲁西北地方党组织对范的统战工作初步展开后，立即趁热打铁，以促使范筑先坚定联共抗战决心。10月中旬，日军从鲁西北向济南方向进犯，范筑先接到韩复榘南撤的命令，抗战的决心有所动摇。他把全体人员撤到齐河官庄的黄河渡口坐观形势。中共鲁西北特委立即通过张维翰向范筑先提出决不南撤的主张，张并请求和42名不愿南撤的青年学生留守聊城，坚持斗争，准备万一坚守不利时，进行游击战争。张维翰等人的这一举动，"推动了范对抗战的决心与进步"。① 范筑先在齐河官庄召集部属会议，经过激烈争论，决心回聊。他说："大敌当前，我们守土有责，不抵抗就撤走，何颜以对全国父老。我决心留在黄河以北守土抗战，愿随我回去的就留下，不愿回去的就渡河南退，决不勉强。"② 随即亲自给韩复榘打电话，表示了他回聊坚持抗战的决心。回到聊城以后，范筑先召开会议，他在讲话中引用岳飞、文天祥等人的事迹，让大家效法；还以秦桧、贾似道为例鞭挞了可耻的卖国贼，激励大家抗战。他表示："要誓死守土，抗战到底，不贪名、不图利，无党无派，无论何党何派，抗战者我一律欢迎，如二三其德不抗战者，即我亲兄弟我亦所不容，我是良心抗战，大家要共体此义，作一番轰轰烈烈的大事业，把日寇赶出中国。"③ 由此，范筑先抗战决心日益坚定，也表明了对一切坚决抗日者的诚恳合作态度。

为了加强对鲁西北统战工作的领导，促进与范筑先的统一战线尽快形成，中共山东省委在范筑先回聊以后，即派省委组织部部长张霖之来到聊城，作为省委在鲁西北的代表，公开职务为政训处秘书。接着，红军干部洪涛、王幼平、金维国和刚从济南被营救出狱的中共山东省委组织部原部长赵健民等30余人也先后到达聊城，到范筑先的军政部门担任要职。张霖之到聊城以后，和原鲁西北地方党组织一起，建立了新的中共鲁西北特委，更加密切了与范的联系。

---

① 《鲁西区党委关于统战、武装、政权工作的报告》（1939年11月2日），《范筑先与鲁西北抗战资料选》，第32页。
② 赵健民：《忠诚报国　浩气长存——纪念民族英雄范筑先将军殉国四十六周年》，《聊城市党史资料》第3期，第8页。
③ 张维翰：《忆民族英雄范筑先》，《光岳春秋》，第125页。

关于中共鲁西北特委与政训处的关系，曾先后任鲁西北特委组织部部长、书记的徐运北回忆道："在张霖之同志主持下，于一九三七年十一月改组了鲁西北特委。赵健民同志在济南出狱后回到鲁西北，任特委书记，徐运北为组织部长，邵子言（刁子言——引者注）为宣传部长。后因赵健民同志集中力量在冠县搞抗日武装，于一九三八年一月特委书记改为徐运北，组织部长邵子言（五月以后为王晋亭），宣传部长申云浦，军事部长王幼平，统战部长赵伊坪。特委机关设在范筑先的政训处，以政训处的合法名义进行公开的抗日活动。"① 鲁西区党委后来在总结报告中写道："特委本身也是相当不健全的，那时并没有独立的领导机关，而是依托在范的政训处里，当然这也是干部的问题，特委会的负责同志们都在政训处里做着公开工作，有的是干事，有的是科长，起码也是一个上尉服务员，当然这也是范的统战工作的重要，政训处当时所起的作用，而不得不以坚强的干部来支持，以致当时党的领导多半是通过政训处的关系，各方面的掩护也多依赖于政训处，各种工作未能经过独立的组织系统，未能建立秘密工作，干部的调动，组织的建立，多以公开工作为转移。"② 显然，范筑先的政训处可以说是中共鲁西北特委的别名，中共在鲁西北的活动因此得到了相当便利。中共山东省委也极其珍视范筑先对中共党员的大量接纳，认为"允许我们介绍大批人就是好现象，应与其他县及专区分别看待"，与"山东其他地方不同，坚决主战情况下，不要破裂这一联合"。③

11月，当日本占领临清、高唐、大名等城镇后，韩复榘第二次命令范筑先南撤。鲁西北特委"除了在政治上推动范，而且在实际上推动范、激发范"。④ 政训处在中共领导下，表现出了最坚决最英勇的抗战姿态，誓死不渡黄河。"范受了我们的感动与激发，终止了动摇，率部到清博一带

① 徐运北：《鲁西北党的建设片段回忆》，《光岳春秋》，第7~8页。
② 《鲁西区党委关于党的工作报告》（1939年11月），《中共冀鲁豫边区党史资料选编》第2辑《文献部分》（上），第113页。
③ 《中共山东省委关于目前形势与工作方针的报告》（1937年11月7日），《山东革命历史档案资料选编》第4辑，第7页。
④ 《鲁西区党委关于统战、武装、政权工作的报告》（1939年11月2日），《中共冀鲁豫边区党史资料选编》第2辑《文献部分》（上），第82页。

活动。范虽然终止了动摇，但范周围仍是极端的动摇。……为了坚定范推动范，除在宣传工作上鼓励外，我们选拔了一部分勇敢的政工同志，组织一个20余人的武装政训队随范行动。"在梁水镇和柳林两次与日军激战，政训处处长及政训处成员都参加，尤其是政训处成员，表现了他们的英勇，站在最前线与敌搏斗。给了敌人以严重打击，振奋了鲁西北的民众，范的威信由此大为提高，范从此也就下了决心。因此，尽管这时韩仍令范退到黄河南岸固守，但范发表通电，公开拒绝韩命，决心坚持鲁西北抗战。①

此通电由范的秘书张孟龙起草，11月19日晚上，范召开军政干部会议通过。20日，以范筑先的名义发出，正文内容如下：

> 慨自倭奴入寇，陷我华北，铁蹄所到，版图易色。现我大军南渡，黄河以北，坐待沦沦。哀我民众，胥陷水火，午夜彷徨，泣血椎心。职忝督是区，守土有责，裂眦北视，决不南渡。誓率我游击健儿及武装民众，以与倭奴相周旋。成败利钝，在所不计，鞠躬尽瘁，亦所不惜。惟望饷项械弹，时与接济。俾能抗战到底，全其愚忠。引领南望，不胜翘企。②

这就是范筑先拒绝韩复榘南撤命令、表明抗战决心的有名的"皓电"。全国各大报纸也相继发表了"范筑先通电全国誓死留在鲁西北抗战，坚决不退黄河南"的消息。"皓电"的发表，震动了全国，振奋了鲁西北广大人民的抗战热情，表明范筑先在鲁西北勇敢地树起抗战的旗帜，中共与之联合抗日的重要基础得以确立。

三　合作关系的深入与巩固

范筑先在公开表明抗战决心后，与中共的合作意愿更加强烈。中共中

---

① 《鲁西区党委关于统战、武装、政权工作的报告》（1939年11月2日），《中共冀鲁豫边区党史资料选编》第2辑《文献部分》（上），第82~83页。

② 《范筑先关于誓守河北决不南渡的通电》，《范筑先与鲁西北抗战资料选》，第113页。

央和八路军也积极回应和支持，双方在抗日前提下的合作关系日益深入与巩固。1938年3月，中央军委豫鲁联络局书记张友渔先后派张郁光、齐燕铭率第三集团军教育团的一批进步学员到达聊城。范筑先也主动与中共领导人联络，表现出进一步合作抗战的愿望。范筑先写信给毛泽东和朱德，请求给予政治和干部上的支援。据负责前往延安送信的成润回忆，3月初，接到通知要去延安向中央汇报鲁西北工作情况并送交范筑先写给毛泽东、朱德的信，行前申请路费20元，范筑先批给了200元，并动用只在接送贵宾时才用的专车送站。① 足见范对与中共合作的重视。但因交通不便等，成润没有去成延安，只好请八路军驻西安办事处的人转交信件。朱德著名给范筑先回信，对范的抗日行为表示钦佩，愿精诚团结，共同抗日。② 中共中央还应范的要求，派红军干部胡超伦率陕北公学毕业的学生20余人到聊城协同抗战。

与此同时，范的第六区行政督察专员公署还派张郁光、牛连文、刘子荣等人到武汉向周恩来等汇报工作，并请求派干部到鲁西北。他们途经河南省确山县新四军驻竹沟留守处，向开启鲁西北统战工作的彭雪枫汇报工作进展。牛连文回忆："1938年3月，我们到达河南确山县竹沟，会见了彭雪枫同志（时任新四军驻河南竹沟留守处主任——引者注）。因我与雪枫同志是中学同学，交谊甚深。1937年5月他来过聊城，曾代表中央联络部对范筑先做过统战工作，所以他非常热情地接待了我们。我们将鲁西北抗战情况详细地向他叙述了一遍，特别讲到范筑先将军在抗日军民中的崇高威信，请他指示今后的工作。他一方面向我们传达了党中央关于巩固和扩大抗日民族统一战线的精神，让我们阅读了一些有关的党内文件，一方面和我们具体研究鲁西北的抗战形势，拟定作战计划，希望我们和已经开抵山东、河北边境的八路军一二九师副师长徐向前同志就近取得联系。"③ 之后他们到达武汉，向周恩来、叶剑英、董必武等汇报了鲁西北抗战的情况，受到热情关怀和支持。张郁光等人返回聊城时，周恩来派红

---

① 成润：《关于带回朱总司令复范筑先信的经过》，《范筑先与鲁西北抗战资料选》，第103～105页。
② 成润：《关于带回朱总司令复范筑先信的经过》，《范筑先与鲁西北抗战资料选》，第105页。
③ 牛连文：《周恩来关怀鲁西北敌后斗争》，《范筑先与鲁西北抗战资料选》，第108页。

军干部袁仲贤、杜淑山、曹洪胜和周紫珊等随同赴聊城工作。八路军驻武汉办事处还陆续介绍了任仲夷、朱穆之等到聊城参加抗战。① 范对这些人的到来表示热烈欢迎，并委以重任。他说："武有袁仲贤，文有张郁光，写文章有齐燕铭，再象八路军那样在部队里做政治工作，发动民众，我们定能坚持鲁西北抗战。"②

　　5月，被中共中央派往山东工作的郭洪涛一行干部途经鲁西北，在寿张孙口向鲁西北中共负责人张霖之口头传达了刘少奇对鲁西北统战工作的重要指示，大意是："我们和范筑先搞合作，共同建立抗日根据地，出现了对敌斗争的好形势。这个抗战形式很好，其他地方有条件的也可以这样办。"③ 刘少奇的重要指示，对鲁西北党组织是一个很大的鼓舞。为进一步做好对范筑先的统战工作，中共鲁西北特委成立了由张霖之、袁仲贤、张郁光、齐燕铭、姚第鸿、胡超伦、赵伊坪等人组成的高级统战小组，具体负责与范的联络工作。共产党的主张和鲁西北特委的意见，大都经高级统战小组向范传达，鲁西北的军政大事，也都由高级统战小组提出方案，经范同意公布实施。高级统战小组在加强和巩固与范筑先的统一战线方面，发挥了重要作用。此时，第六区政训处由共产党员张维翰任主任，姚第鸿任副主任，以下各科科长和干事20余人，均由共产党员担任，其下还有200多名政训服务员由青年学生充任。这些青年学生，朝气蓬勃，活跃在抗日的第一线，其赤诚的爱国热情，深深鼓舞和感染着范筑先，为巩固与范的合作关系、开辟鲁西北抗日根据地创造了有利条件。④

　　随着与范筑先合作关系的建立与巩固，鲁西北特委根据中共中央关于"整个华北工作应以游击战争为唯一方向"的指示，⑤ 立即派大批骨干深

---

① 牛连文：《周恩来关怀鲁西北敌后斗争》，《范筑先与鲁西北抗战资料选》，第109页；中共聊城地委党史资料征集研究委员会：《鲁西北革命史》，山东大学出版社，1991，第73页。

② 赵健民：《忠诚报国　浩气长存——纪念民族英雄范筑先将军殉国四十六周年》，《聊城市党史资料》第3期，第16页。

③ 郭洪涛：《关于传达刘少奇同志三条指示的经过》，《山东党史资料》1988年第2期，第93页。

④ 《鲁西北革命史》，第74页。

⑤ 《关于整个华北工作应以游击战争为唯一方向的指示》（1937年9月25日毛泽东致周恩来、刘少奇、杨尚昆等），中央档案馆编《中共中央文件选集》第11册，中共中央党校出版社，1991，第353页。

入各地，组建和发展抗日武装力量。1937 年 11 月，鲁西北特委在堂邑建立了中共领导的鲁西北第一支抗日武装——山东第六区抗日游击第一大队，红军干部洪涛任队长。在此基础上，1938 年 1 月，正式成立了鲁西北抗日游击队第十支队，张维翰任司令员，王幼平任政治部主任，队伍很快发展到 2000 多人。

范筑先也在鲁西北共产党人的协助下，改编收编了一些游杂武装。据曾任中共鲁西北特委委员、军事部部长的王幼平回忆："范筑先大义凛然，在各种武装力量中威望很高，具备着统率他们收拾局面的条件。范对收编、改编绿林部队饶有传奇性，往往经过关系疏通或亲临劝说，就能使之就范。"① 这样，鲁西北的游杂武装纷纷接受改编，加上改编的国民党地方政府的保安部队及零散的国民党部队，鲁西北的抗日武装迅速壮大。不到半年的时间，抗日武装力量迅速发展到 35 个支队和 3 路民军，共 6 万人左右，号称 10 万"铁军"。其中包括前述中共直接创立的第十支队，还有在中共影响和协助下组建的第七、十一、十二、十三、三十五支队等。②

日军步步逼近鲁西北后，国民党四区、六区的各县政府官员纷纷携眷南逃，大部分政权相继瓦解。中共中央指示鲁西北特委："在范专员、丁专员地区仍有原来的政府，应即经过统一战线的推动，迅速改选与加强政府，使之成为人民的抗日政府，吸收坚决有能力的分子参加进来，洗刷腐化无能的分子，使政府、部队、人民密切联系起来。"③ 据此，鲁西北特委帮助范对旧政权进行了认真改造。范筑先在共产党人的帮助下，先后建立了 20 多个抗日县政府，其中有 12 个县由青年共产党人担任县长。

1938 年春，由于徐州会战和日军主力集中"南进"，整个华北平原上日军的兵力部署较为薄弱。此时鲁西北大片区域还未被日军占领，各县抗日政权也都为抗日军民所掌握，这正是扩大鲁西北抗日根据地的有利时机。5 月 1 日，在范筑先的支持下，中共鲁西北特委以政训处的名

---

① 王幼平：《抗日战争初期鲁西北抗日武装的创建和发展》，《光岳春秋》，第 205 页。
② 张维翰：《忆民族英雄范筑先》，《光岳春秋》，第 129 页。
③ 《关于平原游击战的指示》（1938 年 4 月 21 日毛泽东、洛浦、刘少奇致朱德、彭德怀、刘伯承、徐向前、邓小平等），《中共中央文件选集》第 11 册，第 506 页。

义，召开了有 300 多人参加的"政治工作扩大会议"，张霖之等做工作报告。会议总结鲁西北抗战政治工作经验，分析形势和任务后，建议将"山东第六区游击司令部"改为"鲁西北抗日游击总司令部"；把政训处改为政治部，并将政治部升格，与司令部平级，张维翰任政治部主任，姚第鸿任副主任，赵伊坪任秘书长。范筑先看到会上生气勃勃的场面，很受鼓舞，在讲话中高度赞扬了青年政工人员的爱国热情及其在抗战中的重要作用。他明确地说："你们提的意见很好，就按你们的意见办，我支持你们！"① 赵健民是中共鲁西北特委负责人之一，他自始至终参加了这次会议，他的以上回忆真切道出了范筑先对中共的信任和为抗日与中共合作的坚定决心。范筑先根据政治部的建议，分别于 1938 年 5 月中旬和 9 月选派 70 多名干部去延安，先后进入中央党校、抗大、陕北公学等学校学习，范还把自己的长子范树中、长女范晔清、三女范树琬送到延安。② 这表明中共与范筑先的合作关系进一步密切，中共在鲁西北的发展获得了更有利的条件。

为发展党的基层组织，政治工作扩大会议后，鲁西北特委开展了"红五月"建党活动，把党组织的发展对象从知识分子扩大至农村民众。1938 年 6 月，根据形势发展和工作需要，冀鲁豫边区省委③决定，以临清为中心建立鲁西北特委，张承先任书记，尉景平任组织部部长，马诚斋任宣传部部长，刘子蔚任民运部部长，领导临清、夏津、高唐、武城、邱县、平原、禹城等 7 县；原鲁西北特委改称"鲁西特委"，仍由徐运北、王晋亭、申云浦、王幼平、赵伊坪等组成，徐运北任书记，领导聊城、茌平、博平、东阿、寿张、阳谷、濮县、范县、观城、朝城、冠县、馆陶、堂邑等 13 县。④ 由于鲁西北党组织的积极工作，经过"红五月"的建党

---

① 赵健民：《忠诚报国　浩气长存——纪念民族英雄范筑先将军殉国四十六周年》，《聊城市党史资料》第 3 期，第 12 页。

② 张维翰：《忆民族英雄范筑先》，《光岳春秋》，第 135 页。

③ 1938 年 3 月，一二九师东进纵队到冀南后，成立了冀鲁豫边区省委，鲁西北特委划归冀鲁豫边区省委领导，以前的山东省委代表改为冀鲁豫边区省委代表。参见《鲁西区党委关于党的工作报告》（1939 年 11 月），《中共冀鲁豫边区党史资料选编》第 2 辑《文献部分》（上），第 113 页；徐运北《鲁西北党的建设片段回忆》，《光岳春秋》，第 7~8 页。

④ 《鲁西区党委关于党的工作报告》（1939 年 11 月），《中共冀鲁豫边区党史资料选编》第 2 辑《文献部分》（上），第 114 页。

活动，鲁西北广大农村的党组织普遍建立，党员人数大增。"红五月"活动中，党员人数由抗战开始的一二百人发展到五六千人，到七八月发展到八九千人，至11月发展到1万人左右。① 同时，为强化党对抗日武装的领导，鲁西北党组织在范筑先收编的民团、绿林武装中也积极慎重地发展党员，先后在第五、第六、第十六、第二十七、第三十二支队和民军第一路中建立了党的组织。

在与范筑先合作抗战形势下，中共在鲁西北的群众动员工作也顺利展开，开始自上而下地组织由政治部领导的各种群众团体。各县相继建立了农民互助会、自卫队、回民抗日救国会、文化教育抗日救国会以及妇女、青年抗日救国组织和战地服务团、冀鲁青年记者团等。5月1日，中华民族解放先锋队鲁西总队部成立，下设组织、政治、青年、妇女、儿童5个分部，各县先后建立起民先分队，范筑先部的多数支队中也建立了民先中心队。同日，鲁西北特委以六区政治部的名义，将1937年12月在聊城创办的《抗战日报》油印版，改为4开的铅印版。报纸发行到临清、南宫、菏泽等地，扩大抗日宣传。鲁西北民先总队部创办的《先锋》，政治部和各抗日团体创办的《山东人》《行军日报》《战地文化》《战线》等报刊和抗战歌曲《吼声集》等，也先后出版发行。华北文化供应社成立后，翻印发行了《共产党宣言》、《政治经济学》、毛泽东著作和其他政治理论著述等30余种。聊城还成立了抗战移动剧团，有些支队和政训处也成立了剧团，文化宣传工作十分活跃。根据抗战形势的发展和政治工作扩大会议精神，鲁西北特委还着力培养军政干部。该月，范筑先采纳中共建议，在聊城建立了第六区政治干部学校，范筑先兼任校长，张郁光任副校长，齐燕铭任教务长，周子明任训育长，聘用中共干部任教，建立了随营学校和军事教育团。军事教育团由范筑先兼任团长，袁仲贤、胡超伦分别任教育长、训育长。在抗战工作的推进中，中共与范筑先的合作更趋紧密。②

6月，鲁西北特委与八路军一二九师联系后，由徐向前副师长出面

---

① 徐运北：《鲁西北党的建设片段回忆》，《光岳春秋》，第11页。
② 《鲁西北敌后抗战斗争概述》（1937.7～1939.1），《范筑先与鲁西北抗战资料选》，第7～8页。

邀请范筑先到威县进行会晤。范筑先欣然同意。14 日，范筑先由袁仲贤、姚第鸿、牛连文等陪同前往威县，受到徐向前、刘志坚及当地军民的热烈欢迎。徐向前在致辞中称赞范坚持抗战的爱国精神，并表示："今后我们两个抗日根据地要亲密地团结，加强联防，合力打击共同的敌人。"范筑先在答词中说："我们过去是孤军作战，现在来了八路军，有了依靠，今后不再孤军奋斗了。我们要密切配合，共同作战，保卫神圣国土。"15 日，徐向前与范筑先就冀鲁联防问题进行会谈，双方就建立情报互换制度、八路军帮助范筑先培训干部以及冀南地区归八路军驻防、鲁西北地区归范驻防、两个地区的民众起义武装互不收编等达成协议。①

为推进合作抗战，一二九师东进纵队和冀南行政主任公署于 9 月 23 日在河北省南宫召开冀鲁两省军政联席会议，范筑先应邀出席。徐向前、朱瑞、宋任穷、杨秀峰对范表示真诚欢迎。北方局代表朱瑞称范为"抗战的老英雄"。会上根据朱瑞提议，双方制定了冀南与鲁西北根据地的协作方案，并就加强政治工作、整军、动员群众、合理负担、干部学习等问题，充分交换意见。范在会上发言说，我们冀鲁两省，必须团结一致，共同对敌，才能取得胜利。两次冀南之行，使范筑先眼界大为开阔，尤其对毛泽东在《论持久战》中阐述的持久战略思想有了深刻理解，增强了抗战必胜的信心。②

范筑先回聊城后，接受张郁光、姚第鸿等人建议，于 1938 年 10 月 4 日至 6 日，召开鲁西北军政联席会议。范筑先在会议开幕式上讲话，强调"此次会议乃决定本区的前途。要知道本区的军政，若不严加整顿，便无以自保，更谈不到抗战。而本区的前途，关系于华北战局者甚大，务望大家虚心讨论，如何整军，如何澄清吏治，得出一切合乎实际的方案，订出工作纲领、共同遵守，完成抗战任务"，③再次表明坚决抗战的决心。会

---

① 张维翰：《忆民族英雄范筑先》，《光岳春秋》，第 133～135 页。

② 《鲁西北敌后抗战斗争概述》（1937.7～1939.1），《范筑先与鲁西北抗战资料选》，第 9～10 页。

③ 《范司令官在六区军政联席会议训话原文之一》（1938 年 10 月 4 日），《范筑先与鲁西北抗战资料选》，第 133 页。

议通过《第六区抗战行动纲领》、《整军方案》和《战时经济政策》三个文件。《第六区抗战行动纲领》的主要内容是：（1）巩固与扩大抗日民族统一战线，团结各党派各阶层之一切抗日力量，争取抗战最后胜利；（2）改善政治机构，严惩贪官污吏，以建立廉洁的抗日政权；（3）彻底开放民众运动，在三民主义最高原则之下，予人民以集会、结社、言论、出版之充分自由；（4）建立军队中政治工作制度和铁的纪律，加强对官兵的政治教育，造成军民一致、官兵一致的模范抗日部队；（5）普遍建立不脱产的人民武装，以配合游击队、正规军警戒及作战，优待抗日军人家属，抚恤伤亡官兵；（6）根据"有力出力，有钱出钱"的原则，实施合理负担，救济灾民，改善人民生活，提高战时生产。① 由以上具体内容可见，《第六区抗战行动纲领》在很多方面与中共的《抗日救国十大纲领》意旨相同。尤其是军队建设中引入政治工作制度，倡议动员民众抗战，显然是受中共的影响。这种影响也是实际的战斗促成的。在抗击日本的不断的战斗中，尤其是9月进行的济南一役中，中共领导的第十支队起到了模范作用，而其他部队的纪律不好，到济南附近后为济南群众所反对，汉奸活跃，军队到处受袭击，得不到群众拥护，这使范更清楚地认识到军队中政治工作及军民合作的重要性。② 范筑先在会议闭幕式的训话中，要求"大家应当依据共守"，并建立"自我学习自我批评"制度，③ 以确保抗战行动纲领的实施。鲁西北军政联席会议，在鲁西北抗战史上占有重要的地位，它标志着中共与范筑先合作抗战关系的日益巩固。

中共在鲁西北与范筑先的合作，受到毛泽东的关注与支持。10月下旬，黎玉和张经武等率领一批青年干部从延安回山东，途经聊城。黎玉回忆："毛主席对鲁西北的工作极为关心，亲自写信给范筑先做统战工作，并要我把信面交范筑先。"毛泽东在信中高度评价范在山东敌后坚持抗战

---

① 《第六区抗战行动纲领》（1938年10月5日通过），《范筑先与鲁西北抗战资料选》，第137页。

② 《鲁西区党委关于统战、武装、政权工作的报告》（1939年11月2日），《中共冀鲁豫边区党史资料选编》第2辑《文献部分》（上），第86页。

③ 《范司令官在六区军政联席会议训话原文之二》（1938年10月6日），《范筑先与鲁西北抗战资料选》，第135页。

的重要贡献和深远影响，勉励范坚持抗战到底。黎玉还把从延安带来的武汉版的毛泽东著作《论持久战》送给范筑先，[①] 并应范的要求，介绍从延安带来的青年干部田兵作为范的秘书。[②]

由于与范筑先的密切合作，鲁西北中共党组织和抗日武装都得到迅速发展。党员人数从抗战前的 200 余人发展到 1 万多人。由政训处（政治部）选派共产党员或进步人士，再由范筑先任命为县长的，先后有 13 个县。[③] 从 1937 年 11 月起，鲁西北抗日武装同日军进行了几十次大大小小的战斗，歼灭了不少的日伪军，其中重要的战役战斗有梁水镇战斗、界牌战斗、南镇战役、两次收复范县的战斗、濮县战役、东阿和黄庄战斗、济南战役等，打击了日伪的嚣张气焰。到 1938 年春夏之交，抗日军民基本控制了鲁北黄河两岸，活动范围扩大到 30 余县，初步建立起鲁西北抗日根据地。同年秋，鲁西北抗日根据地进入鼎盛时期。[④]

四　统战工作的波折

中共鲁西北地方党组织与范筑先在合作抗战中关系日益密切，但并非一帆风顺。因为中共地方干部对在统一战线旗帜下如何发展自己的力量等仍在探索中，也由于范筑先终归是国民党山东省政府的官员，各方面均受国民党方面的掣肘，顾虑颇多，所以其间中共与范筑先的统战工作也经历了不少曲折。与任何成功的协作一样，在中共与范筑先的统战关系中，双方都有各自的原则，也相互做出了一定的妥协和让步。

抗战初期，中共鲁西北党组织制定的一些抗日救亡政策，一般是先和范筑先进行协商，然后以政训处的名义对外发布。有些范筑先暂时不能接受的东西，则进行必要的等待，或者改变一下方式，争取范筑先的赞同。譬如让范筑先公开执行中共中央的《抗日救国十大纲领》并不现实，鲁

---

① 黎玉：《毛主席让我带信给范筑先的经过》，《光岳春秋》，第 115～116 页。
② 田兵：《曲折的经历》，冀鲁豫边区党史工作组办公室编印《冀鲁豫边区党史资料》第 5 号，1984，第 404～405 页。
③ 申春生：《山东抗日根据地史》，第 38～39 页。
④ 《鲁西北敌后抗战斗争概述》（1937.7～1939.1），《范筑先与鲁西北抗战资料选》，第 11 页。

西北地区的党组织就结合当地实际，根据这个纲领起草了 15 条的《第六区抗战行动纲领》，以六区政治部的名义，提交 1938 年 10 月初召开的鲁西北军政联席会议通过并实施。该行动纲领的主要内容与中共《抗日救国十大纲领》是一致的。这样就是形式上执行范筑先批准的《第六区抗战行动纲领》，但实际执行的是中共的《抗日救国十大纲领》。

中共的有些让步实则是为了自身的发展和壮大而主动提出的。1937 年 11 月，共产党人解彭年、洪涛、李福尧等人在堂邑建立了党在鲁西北最早的一支抗日队伍——山东第六区抗日游击第一大队。抗日游击第一大队的成立在当地群众中产生了很大影响，同时也引起国民党顽固派的仇视。范筑先的参谋长王金祥一心想吞并这支队伍。他趁范筑先到聊城以南诸县整顿县政之机，擅自下令改编抗日游击第一大队。中共断然拒绝了王金祥的命令，挫败了王金祥的阴谋。同时考虑到部队在堂邑、聊城等地难以进行大的发展，就主动向范筑先提出，把这支部队从堂邑、聊城一带撤走，转移到由共产党人担任县长的阳谷、寿张一带活动。这件事从表面上看是让步，但主要还是求得有利发展。因为这支队伍在堂邑、聊城一带，既在发展上受到限制，又处在王金祥的势力范围内。部队转移到中共控制的地区后，很快就发展成为有 2000 多人的队伍。不久在冠县改编为党领导的第十支队。这种让步是必要的，是积极的。正如毛泽东指出的："我们的让步、退守、防御或停顿，不论是向同盟者或向敌人，都是当作整个革命政策的一部分看的，是联系于总的革命路线而当作不可缺少的一环看的，是当作曲线运动的一个片断看的。一句话，是积极的。"[1]

中共对范的妥协主要表现在对"卫队营事件"的处理上。1938 年 6 月，在范筑先的卫队营中发生了事变：在范的卫队营中工作的中共党员，为反对营长压迫，把卫队营中由中共直接领导发展起来的一个连，从聊城拉往中共领导的第十支队，发生"哗变"。鲁西区党委在工作报告中直言：这"引起范对我们的不满与震怒，及范周围顽固分子的恐惧与戒备，

---

① 《统一战线中的独立自主问题》（1938 年 11 月 5 日），《毛泽东选集》第 2 卷，人民出版社，1991，第 538 页。

而乘机进一步地挑拨我们与范的关系。当时范一面是军纪所关，另方面顽固分子趁机挑拨，以致使我们对范的统战工作受到莫大的影响。当时特委严厉指出十支队的错误，要他们把枪交回。但由于支队工作同志眼光窄狭，只看到了枪，与范拖延，引起范的不满。以后由党下命令强制的要他们把枪交回，才息了这场风波。为了范的军纪，杜绝顽固分子的挑拨，并把政治部主任予以撤职处分"。① 从中可知，当时范筑先因此事件气愤异常，加之范筑先的参谋长王金祥借此事攻击政治部与十支队，诬称"共产党背信弃义，不够朋友"，"共产党挖墙脚竟挖了范司令的卫队营"等，② 中共若不做让步，不严厉处置相关人员，与范的统一战线就有破裂的危险。但当时"一些同志不了解这个意义，对范也引起了误解，骂范不进步。对鲁西特委的统战工作，大加指责，认为对范是磕头的统一战线，是右倾的"。中共鲁西北特委对之"作了深入的解释工作，并坚决批评与打击了对范统战的错误认识"。③ 事实证明，中共这种妥协对巩固与范的统一战线，坚持鲁西北抗战是十分必要的。

范筑先是国民党的一个地方官员，不得不受其上级的领导。他能与中共在鲁西北合作抗战，也是不断排除来自国民党方面的干扰，秉持"抗日高于一切"的根本原则的结果。他多次拒绝国民党山东省政府主席的命令，从某种意义上，也可以说是对中共的妥协和让步。但他毕竟在国民政府任职，各方面的牵扯太多，对中共的要求也会有折中或敷衍之举。

抗战初期，国共关系虽然总体融洽，但国民党对中共仍有很深的芥蒂，并不赞成和支持范筑先与中共的真诚合作。国民党高层就曾指示："对范筑先部之处理，以由沈鸿烈就近用釜底抽薪办法，培植该部稳健派暨非共产分子，逐渐改善，归纳正轨，较为妥而易举。"④ 因此沈鸿烈在

---

① 《鲁西区党委关于统战、武装、政权工作的报告》（1939年11月2日），《范筑先与鲁西北抗战资料选》，第36~37页。

② 王幼平：《抗日战争初期鲁西北抗日武装的创建和发展》，《光岳春秋》，第206页。

③ 《鲁西区党委关于统战、武装、政权工作的报告》（1939年11月2日），《范筑先与鲁西北抗战资料选》，第37页。

④ 《程潜电蒋中正呈具山东军政人事调整及解决八路军参政问题意见等文电日报表》（1938年11月11日），"蒋中正总统文物"，台北"国史馆"藏，档案号：002-080200-00504-059。

聊城设立所谓"山东省政府鲁西行辕"，监视范筑先。沈鸿烈还逼范让出范县、寿张两个县的控制权，要求范筑先将"抗日游击总司令部"改为"保安司令部"；让复兴社分子接管政治部；解散共产党领导的所有支队，将其改编为保安旅；把政治干校改为按国民党课程进行教育的旧制学校。这些要求都遭到范的拒绝，沈大为不满，随即派国民党山东省政府鲁西行辕主任兼省民政厅厅长李树椿，利用旧关系收买范的参谋长王金祥。在李树椿的支持下，王金祥于1938年10月中旬阴谋制造了"郓城事件"，杀害共产党员、第十三支队副司令王青云和政治部主任汪毅。

　　"郓城事件"实际是国共为了濮县控制权之争而酿成的流血冲突。濮县是中共在鲁西北最有基础的地方，群众运动比其他县份也活跃些。1938年4月，日本进占濮县，国民党前县长弃职逃跑。经过中共全力争取，范筑先同意政治部驻该县干事张舒礼任县长，这引起了国民党山东省政府及顽固派的仇视与嫉妒，多方发难，最后用省府法令撤去张舒礼的县长职务。中共方面坚决反对，范筑先采取了折中办法，让张舒礼与观城县县长姜鸿元对调。姜起初对中共持合作态度，后来却转而进攻政治部。他对群众用武力恐吓镇压，公开说抗战是军队和政府之事，不允许群众有任何组织，激起了群众的愤怒，于是反姜的呼声布满了濮县。民众向范控告，然而范因环境复杂及与姜的私人关系就敷衍过去了。10月间十三支队驻濮县，姜在经济给养等方面进行多方限制，同时顽固分子唆使姜"解决"十三支队，从而引起冲突，姜为十三支队司令冀振国所杀，引起顽固分子王金祥的仇视，乃率部讨伐，制造了"郓城事件"。[①] 针对国民党顽固派的罪行，中共鲁西北特委立即召开紧急会议，商讨反击措施。会后，由省委代表张霖之向范筑先提出抗议，要严惩凶手王金祥。范一开始接受了中共的要求，命令将王撤职查办，并驱逐出境。但由于李树椿多次找范讲情，范筑先觉得李树椿是省里派来的，是自己的上级，有些犹豫。中共又找范筑先谈判，再次提出要对王严肃处理。范说"问题很复杂，不那样简单，李树椿一再讲情，他是代表国民党省政府的，如果我们坚决撤换，

---

　　① 《鲁西区党委关于统战、武装、政权工作的报告》（1939年11月2日），《中共冀鲁豫边区党史资料选编》第2辑《文献部分》（上），第90~91页。

就会影响我们和政府的关系"。① 因此，对王金祥的处理遂改为"撤职留任，戴罪立功"，留下后患。

在对"鄄城事件"的处理中，中共经强硬的斗争，取得范筑先在原则上同意整军，即把35个支队编为四个纵队，其中中共领导两个纵队，范筑先一个，齐子修一个，这样中共可以掌握1/2的武装。② 这是范筑先对中共做出的重大让步。但中共的整军计划尚未实施，与范的统战关系即遭重挫。

11月中旬，日军对鲁西北进行第一次全面"扫荡"。13日上午，范筑先召开军事会议，研究迎击日军的作战方案。政治部姚第鸿、张郁光、张霖之、袁仲贤、赵伊坪等参加了会议，提出：在敌强我弱的情况下，不应计较一城一地的得失，我们的部队应转移到城外和敌人打游击。范接受了这个建议，决定坚壁清野，把机关、学校全部转移到农村，退到城外指挥作战，采用徐向前副师长介绍的席卷战术消灭日军。14日，范筑先在聊城做好迎击日军的部署，正准备和催他出城的张郁光、姚第鸿撤退出城时，李树椿突然乘车而至，故意将范缠住，被日军围在城内。这时范筑先的主力部队多在外线为日伪和黄沙会所阻，王金祥在城外又坐视不救。经过一天一夜的激战，日军在11月15日攻陷聊城，范筑先光荣殉国，同时共产党员、专署政治部副主任姚第鸿与政干学校校长张郁光以及民先队员、经济处处长崔乐三一起殉国，鲁西北合作抗战局面遭到严重破坏。③

沈鸿烈随后委任的第六区行政督察专员兼保安司令王金祥公开反共，阴谋消灭抗日力量。在八路军主力部队的配合下，鲁西北的共产党人领导抗日军民，采取"远交近攻"的方针，打击了国民党顽固派的猖狂进攻。并以十支队为核心，把范的部分武装整编为筑先纵队。在张维翰等率领下，筑先纵队会同八路军一二九师先遣纵队，继续坚持鲁西北的抗日斗争。

---

① 张维翰：《忆民族英雄范筑先》，《光岳春秋》，第132页。
② 《鲁西区党委关于统战、武装、政权工作的报告》（1939年11月2日），《中共冀鲁豫边区党史资料选编》第2辑《文献部分》（上），第86~87页。
③ 参见田兵《关于聊城失守和范筑先将军殉国》，《光岳春秋》，第154~165页。

五 合作成功要因

在日本强力入侵面前，为团结一切可以团结的力量，共同御敌，中共提出了抗日民族统一战线政策，并在全国实施，尽可能建立广泛的抗日同盟。中共山东地方党组织在鲁西北与范筑先密切合作，即是贯彻抗日民族统一战线政策的直接成果。合作的成功，缘于多种因素促动，以下几点尤为重要。

其一，日军入侵，鲁西北局势危急，客观形势需要迅速建立抗日民族统一战线。抗日战争爆发后，日军沿津浦路南下，很快侵入山东省境，鲁西北局势岌岌可危，而国民党山东省政府主席韩复榘不顾国家民族利益，迅速退却。鲁西北第四专区行政督察专员赵仁泉奉命率部南逃。范筑先主政的第六区失去屏障，第六区一些县长也相继如鸟兽散。这时共产党员组织抗日武装，发动起义。同时，地方民团、土匪武装、散兵游勇蜂起。他们打着抗日旗号扰乱社会，欺压百姓。在危难纷乱的战争局势之下，联合起来抵御外侮，救亡图存，成为鲁西北各界广大群众的迫切要求。这种危难局面，是促成范筑先与中共联手抗日的客观条件。

其二，范筑先的个人品格，是中共对其统战成功的重要基础。范筑先是一位忠诚的爱国者，有着强烈的抗敌要求。他虽在旧军政界长期任职，却一直保持着正直廉洁、爱国爱民的优秀品质。仅举一事为证。1925年他任旅长时，在一次战斗中，部队溃散，已领的几十万元现洋的抚恤金，正可收入私囊，而他找来几名军官组成一个小组，按名册全部发给了官兵，连自己的那一份也没要。[①] 他把抗日看得高于一切，已抱为抗日不惜一切之决心。他的儿子范树民为抗日献出年轻的生命，山东旅渝同乡代表杨光辰致电慰唁，范筑先亲笔复书。其略云："自中日战起，弟早打破家庭观念，齐河之役，民儿受命，不敢谓求仁得仁，差幸死得其所，伊何可憾，弟又何悲，惟长江形势，日趋紧张，此弟所万分惦念者也。夫公岂无

---

① 张维翰：《忆民族英雄范筑先》，《光岳春秋》，第121页。

父子之情，盖爱国心重，早置身家于度外矣。"① 他一再强调："抗战的便是我们的朋友，妨害抗战的便是敌人，但对妨害抗战的人，须先用和平的方法来说服和争取，用人格去感动他。"② 他把国家民族的利益放在首位，可以抛开党派成见，主动邀请共产党员到他的手下做事，接受有利于抗日、有利于保卫国家民族利益的建议。抗战时期美国驻中国大使馆参赞卡尔逊（Evans Fordyce Carlson）将军曾于 1938 年 7 月访问鲁西北地区，他在 1940 年出版的中国抗日战争见闻录《中国的双星》中，曾这样评价范筑先："虽然他不是一个共产党人，但是，他是一个思想开明的人，相信代议制政府，他在他自己的区域内，实行了他所能实行的一切改革，看来人民是同他充分合作的。"③ 卡尔逊的观察是准确的。范筑先在 1938 年 10 月初召开的军政联席会议上，就曾明确表示："我们对所有一切的事情要开明，为民众运动要尽量辅助其发展，并须培养大批救亡干部，以应当前之急需。过去的民族是没知识和无组织的，又以我们领导的不够，所以民众不能动员起来，今后我们应注意并加强对民众动员的领导，才能走上完成抗战救国的康庄大道。"④ 可见，身为国民党地方官员的范筑先，在很大程度上接纳了中共的抗日主张，他与中共结成巩固的联盟，自在情理之中。

其三，中共党人的艰苦奋斗、真诚抗日及卓有成效的工作赢得了范筑先的好感和信任。鲁西北是中共在山东建立组织较早、影响较大的地区。农村党组织的发展及其对抗日救亡运动的推动，为与范筑先合作抗敌奠定了坚实的群众基础和进行了干部储备。中共中央和山东省委数次及时派遣大批干部到聊城范部工作，抗战初期鲁西北地方党组织的中心任务，即是对范的统战工作。一方面，为"坚定范本人抗战的信心和决心，批驳他周围一切荒谬的言论与逃跑的现象，以耐心的教育与勇敢牺牲的精神取得

① 《范筑先复杨光辰函》（1938 年 8 月），《范筑先与鲁西北抗战资料选》，第 114 页。
② 《范司令官在六区军政联席会训话原文之一》（1938 年 10 月 4 日），《范筑先与鲁西北抗战资料选》，第 132~133 页。
③ 伊·福·卡尔逊：《在孔夫子故乡的战争（节选）》，李士钊译，《范筑先与鲁西北抗战资料选》，第 345 页。
④ 《范司令官在六区军政联席会训话原文之二》（1938 年 10 月 6 日），《范筑先与鲁西北抗战资料选》，第135 页。

他的信任与同情";另一方面,为"帮助范收编和整顿大批武装","出生入死地在伪军里工作,风里雨里辛苦奔波,诚心诚意帮助范的发展,以艰苦奋斗博得范的信任与同情,奠定了以后与范的统战工作"。① 真正做到了"积极帮助同盟者,仁至义尽","站在同盟者的立场,依其觉悟程度,提出适当口号",对于同盟者的态度,"坦白、诚恳、忠厚、谦逊、耐心",② 促使范筑先密切合作,加之青年共产党人为抗日而付出的勇敢作为,使范筑先看到了希望,受到了鼓舞,敢于拒绝国民党省政府的一些命令和要求,对共产党员委以重任,真诚接纳并实施中共的抗日主张和要求,使合作关系得以巩固。

其四,中共灵活的工作策略也是巩固与范筑先统战关系的一个不可忽视的因素。中共鲁西北特委根据实际情况,照顾范筑先的处境,适时适度做出一定的妥协和让步,向范显示合作抗日的诚意。比如对"卫队营事件"的处理,中共鲁西北地方党顶住了来自党内的误解,本着"互相帮助、互相发展"③ 的原则,严肃处理相关人员,灵活应对形势,维护了与范的统一战线。

在外敌入侵面前,国共捐弃前嫌合作抗敌,但国民党以执政党自居,未对中共平等相待,更难容忍中共力量的发展。范筑先与中共在鲁西北的密切合作,终究为国民党上层所不容,他被困聊城得不到救援,并非偶然。历史的演进表明,范筑先的牺牲,也就意味着鲁西北国共合作抗战大好局面的终结。中共将其直接掌握的范部建制下的第十支队和其他支队中部分武装力量整编为八路军筑先纵队等,肩负起坚持鲁西北抗战的重任。

---

① 《鲁西区党委关于党的工作报告》(1939 年 11 月),《中共冀鲁豫边区党史资料选编》第 2 辑《文献部分》(上),第 111~112 页。
② 《目前战争形势及我们的当前任务——郭洪涛同志在苏鲁豫皖边区县委书记联席会上的报告》(1938 年 9 月 26 日),《山东革命历史档案资料选编》第 4 辑,第 29 页。
③ 《目前战争形势及我们的当前任务——郭洪涛同志在苏鲁豫皖边区县委书记联席会上的报告》(1938 年 9 月 26 日),《山东革命历史档案资料选编》第 4 辑,第 28 页。

第四章　群众运动与减租减息的推行

抗战时期，与抗日民族统一战线政策相适应，中共调整之前的土地革命政策，在农村实行地主减租减息，农民交租交息的土地政策。广泛动员群众，既是减租减息政策的目的，也是推行减租减息政策的手段。中共在抗日根据地推行减租减息政策的进展与动员、组织群众的程度密切相关。山东抗日根据地减租减息政策的推进过程，直接反映着中共动员农民的策略方针、方式和步骤等，民众动员的程度决定着各地减租减息政策的实施成效。群众运动与减租减息政策的推行相辅相成，二者互为促进，共同影响着山东抗日根据地的巩固与发展。

一　减租减息政策的普遍实施与群众运动的发起

由于中共在敌后抗日根据地的建立有一个过程，加之战时社会动荡，减租减息政策在农村的实施便有一个逐渐推广的过程。截至1941年底，"凡在比较普遍比较认真比较澈底的实行了减租减息，同时又保障交租交息的地方，当地群众参加抗日斗争与民主建设的积极性就比较高，而且能够保持工作的经常状态，安定社会的生活秩序，那里的根据地就比较巩固"。① 显然，从上面的总结可以看出，还有根据地尚未普遍、认真、彻底地实施减租减息政策，而且这样的根据地还不在少数。

减租减息在华北各抗日根据地的普遍推行始自1942年。因为从1941年开始，由于日伪的连续封锁进攻，频繁的"扫荡"，残酷的"蚕食""吞并"，以及国民党的限制封锁等，中共领导的华北抗日根据地

---

① 《中共中央关于抗日根据地土地政策的决定》（1942年1月28日），中央档案馆编《中共中央文件选集》第13册，中共中央党校出版社，1991，第280页。

进入了最困难的时期。大革命失败后依靠农民、依托农村积蓄发展力量的中共，进一步认识到不动员最广大的农民起来支持抗战，将难以克服面临的困难。因此，1942 年 1 月 28 日，中共中央政治局通过了《中共中央关于抗日根据地土地政策的决定》，确定了减租减息的三条基本原则：（1）承认农民是抗日与生产的基本力量，因此党的政策是扶助农民，减轻地主的封建剥削，实行减租减息，保障农民的人权、政权、地权、财权，借以改善农民的生活，提高农民抗日与生产的积极性。（2）承认大多数地主是有抗日要求的，一部分开明绅士是赞成民主改革的，因此党的政策仅是扶助农民减轻而不是消灭封建剥削，更不是打击开明绅士。因此于减租减息后又须交租交息，保障地主的人权、政权、地权、财权，借以联合地主阶级一致抗日。（3）承认富农是农村中的资产阶级，是抗日与生产的不可缺少的力量，因此应在适当改善雇农生活条件下，奖励富农生产与联合富农，但富农也有其一部分封建性质的剥削，对富农的租息也须照减，同时对富农实行交租交息，以保障富农的人权、政权、地权、财权。在这一《决定》中，中共中央就指出，一方面减租减息、一方面交租交息的土地政策，在许多根据地内还没有普遍、认真、彻底地实行。在有些根据地内，只在一部分地方实行了减租减息，而在另一部分地方，或者只把减租减息当作一种宣传口号，既未发布命令，也未动手实行，或者虽已由政府发布了命令，但只在形式上减租减息，实际并未认真去做，发生了明减暗不减的现象。在这些地方，群众的积极性不能发扬，就不能真正将群众组织起来，形成热烈抗日的基础。在这些地方，抗日根据地就无法巩固，经不起敌人的"扫荡"，变成软弱无力的地区。① 因此，为克服在敌后生存面临的严重困难，巩固并扩大抗日根据地，中共要求各根据地必须切实减租减息，改善民生，以获取民众的广泛支持。

一个星期后，即 2 月 4 日，中共中央又专门对党内发出指示，明确指出，《决定》"的基本精神是先要能够把广大农民群众发动起来，如

---

① 《中共中央关于抗日根据地土地政策的决定》（1942 年 1 月 28 日），《中共中央文件选集》第 13 册，第 280~282 页。

果群众不能起来，则一切无从说起。在群众真正发动起来后，又要让地主能够生存下去"。同时强调："目前严重的问题，是有许多地区并没有认真实行发动群众向地主的斗争，党员与群众的热气，都未发动与组织起来，这是严重的右倾错误。这种错误，不但在较差的根据地中，是严重存在着，就是在最好的根据地中，亦有一部分区域尚未实行减租减息与发动群众斗争。"因此，各地方党组织"应当强调反对这种右倾，要求一切没有实行减租减息，没有发动群众热情的地区，在广大农民群众自觉自愿而不是少数人包办蛮干的基础之上，迅速实行减租减息，迅速把群众热情发动起来"。① 综合抗战五年来的经验，中共已认识到，不发动农民群众起来，减租减息不可能真正深入实施，也就达不到争取更多民众一起抗日的目的。

　　山东抗日根据地的减租减息工作，就是从 1942 年才开始真正推行的。"在这以前，减租减息还是一个宣传口号，实际并未认真进行。有些地区虽然在一九四〇或一九四一年就实行五一减租，但其收获不大。后来环境恶化，就连这样所得到的一点小小收获也大多无形消灭了。"② 因此，山东抗日根据地的大部分地区未普遍切实执行减租减息政策，尤其未发动群众去做。③ 中共渤海区委有这样的总结："由于抗战初期山东党对于减租减息改善人民生活执行的不坚决，由于下级党及党员多是抗日发展的新成分，这个群众运动中并未有明确的改善基本群众生活的方针，因之群众的发动缺乏斗争锻炼，群众组织无内容，对农村封建势力没有动他分毛，也不敢动。这样的表面形式的组织，到一九四一年、四二年敌人扫荡残酷，投降派（农村封建势力的土游击队、国民党保安队）的屠杀镇压之后，

---

① 《中央关于如何执行土地政策决定的指示》（1942 年 2 月 4 日），《中共中央文件选集》第 13 册，第 295、298 页。

② 《山东省第二次行政会议土地组总结报告（草案）》（1944 年 11 月），山东省档案馆、山东省社会科学院历史研究所合编《山东革命历史档案资料选编》第 13 辑，山东人民出版社，1983，第 202 页。

③ 《山东抗日民主政权工作三年来的总结与今后施政之中心方案——一九四三年八月二十日山东省战时工作推行委员会黎玉主任委员在省临参会一届二次大会上的施政报告》，《山东革命历史档案资料选编》第 10 辑，第 231 页。

即全部垮台，烟消云散。"① 这应是山东根据地普遍的情形。从中共华东中央局的如下报告即可得到验证：抗战开始以后，"中央指出了抗战与民主的意义以及四一年发布了减租指示，山东当时未体会这一问题的实质，缺乏依靠群众的观点，直至四二年五月以前还是忽视发动群众，各地点滴的群众自发的改善生活的斗争未被领导上自觉的重视，群众消沉，根据地不巩固"。②

　　这种状况在刘少奇到来后开始转变。1942 年春，刘少奇返回延安途经山东指导工作，他经过一段时期调查了解情况后，召集罗荣桓、朱瑞、黎玉以及陈光和萧华等几人开会，严肃指出："山东分局没有把群众运动摆在适当的位置上，而是被放在第四位的。山东的群众和农救会还没有发生血肉相连的关系，农救会没有权威，群众腰杆子不硬，积极性受到了压抑。可以说，群众运动是山东根据地各种工作中最薄弱的一项工作。"③他认为山东工作的"基本症结就在于右。右的基本表现就是没有发动群众，忘掉母亲，忘掉群众，就是忘本。由于群众没有发动起来，根据地没有依靠，军队没有广大群众的基础。其他毛病就会出来"。④ 刘少奇还特别强调："脱离群众是共产党员最危险、最严重、最应该受到责罚的事情。无论哪一个党员，也无论在什么时候，在什么地方，做什么工作，都应当十分注意做群众工作，如果忘记了这一条，他虽还有党籍，而实质已不是一个共产党员了。"他明确提出："在当前，减租减息就是山东的中心工作，所有的工作都要围绕着这一中心来做。要全党来抓，党政军民各方面的干部都来抓。"他专门对罗荣桓和萧华说："一一五师过去的群众工作一直做得不错，坚持了中央红军的传统作风，到哪里都宣传群众，建立革命政权，你们要发扬这个好传统，帮助山东人民把减租减息运动尽快

---

① 中共渤海区委：《土地改革以前渤海区的群众运动概况》，山东省档案馆、中共山东省委党史研究室编《山东的减租减息》，中共党史出版社，1994，第 464 页。

② 中共华东中央局：《山东土改前群众运动的概况》（1947 年 7 月），《山东的减租减息》，第 475 页。

③ 肖华：《难忘的四个月——忆少奇同志在山东》，中共临沂地委党史委、中共临沭县委党史委编《刘少奇在山东》，山东人民出版社，1994，第 23 页。

④ 《朱瑞同志在党的第七次代表大会上关于山东问题的发言》（1945 年 5 月 10 日），山东省档案馆藏，档案号：G001-01-0105-001。

开展起来。你们军队的主要任务目前就是保护夏收，保护减租减息的顺利进行，派一些干部下去，帮助农救会发动贫雇农，劝告地主，也调解地主与农民的关系。"①

刘少奇在指出山东抗日根据地群众运动薄弱导致减租减息不易开展的问题后，又向山东军政负责人介绍华中减租减息运动的经验："在运动全面开展以前，要训练一大批干部队伍，去深入发动群众，开展减租减息运动。可以调几百几千干部上来，训练一两个星期。要把党的方针政策以及具体贯彻方针政策的方式、方法都告诉他们，还要根据各县各村的一般情况和不同情况进行分析，总之，讲得越具体越好，甚至关于如何跟农民谈话，也可以写些东西给他们参考。"在具体工作中，"都是把地区划成一片片的，每一片地区，每一个村子，集中力量搞重点。有时，先攻薄弱环节，有时，先攻下阻力比较大的重点村。究竟怎样搞法好，这就要看怎样搞对带动全面运动有利。在搞重点的时候，就要集中力量把重点村搞深搞透。在重点村周围的村子里，每个村子都派一个人住在那儿，找一间房子办公，公开挂上'××村农救会减租减息运动询问处'的牌子。派去的干部，旁的事也不必管，专门了解各阶级各阶层对重点村的反应。特别要注意贫雇农和地主的反应。看看贫雇农有些什么积极的表现，还有些什么顾虑。汉奸、地主有什么反应，他们如何处心积虑地进行破坏。中农和知识分子的反应如何，等等。这样，就可以掌握一些情况和扩大我们的影响"。"同时，还要特别注意贫雇农中涌现出来的积极分子，作为将来培养的对象。"②刘少奇介绍华中地区的上述经验时，特别嘱咐要结合山东的具体情况，这些具体的工作方法对山东根据地的减租减息运动无疑具有实际的借鉴意义。

在听取刘少奇的批评和工作指导后，5月4日，中共山东分局根据中共中央指示做出《关于减租减息改善雇工待遇开展群众运动的决定》，郑重提出："以认真实行减租减息发动群众运动为建设山东根据地的第一位斗争任务，并首先成为自麦收到年底这一时期的第一位工作。"要求山东

---

① 肖华：《难忘的四个月——忆少奇同志在山东》，《刘少奇在山东》，第24~25页。
② 吕振羽、江明：《跟随少奇同志回延安（节选）》，《刘少奇在山东》，第61~62页。

全党领导及党政军民的一切工作，今后均须围绕着完成这一中心任务来进行。强调："减租减息与发动群众运动是山东全党当前最迫切的一个战略任务，各地区必须深入检讨过去忽视这一工作的原因与所发生的不良结果，认真纠正忽视这一工作的一切不正确观点。"① 这就把在减租减息运动中进行民众动员提到了战略高度。同日，山东分局还发布了关于减租减息工作的补充指示及租佃、息借、工资等条例草案，对减租减息动员群众工作做出了具体部署。根据上述决定及条例草案，减租减息工作由党委直接领导，各级党委须以主要力量做这一工作。分区委、支部也以全部力量去落实，并定期会议汇报、检查帮助工作；同时派得力的主要干部分别到下级，以农救会名义，带着党的介绍信，指导并检查下级党政军民对这一工作的领导与配合，并直接参加具体工作。各级党政军民必须抽调一切可以抽出的干部，使其脱离原工作，专门做减租减息改善雇工待遇与动员群众的工作。抽调的干部一律归所在地区的党委统一领导，并一律以同级或上级农救会干部名义出现，可采取工作团的形式，但对外一律不用工作团的名义，而直接以农救会名义出现。各级干部集中后，以县为单位进行一周以内的短期训练，首先要纠正其错误观点，使其认识减租减息动员群众运动的政治意义，提高其工作热情与信心，熟悉各种减租减息增资条例，学会领导斗争的各种艺术。对区村农救会的活动干部或新发动起来的积极分子，要在工作斗争中帮助其进步，并尽可能予以短期训练，以使其成为区村农救的骨干。工作地区采取中心突破的方式，即把大部分干部、主要干部集中在一两个中心的县区村，这一主要地区工作的每一重要收获，应扩大宣传，并立即应用到其他所有各区，以开展其他地区的工作，切勿平均使用力量。具体就是，每一地委应按干部的数量、能力选一县或两县为中心县。到中心县的干部与当地所抽的地方干部，配合选一两个区为中心区，把十分之七八的干部配备到中心区（其余配备到一般区）。到中心区的干部再与当地所抽的区级地方干部配合，选一两个村或几个村为中心村，作为突破点。为使减租减息工作能顺利开展，要求工作从为群众解决

① 《中共山东分局关于减租减息改善雇工待遇开展群众运动的决定》（1942 年 5 月 4 日），山东省档案馆、山东社会科学院历史研究所合编《山东革命历史档案资料选编》第 8 辑，山东人民出版社，1983，第 271、274 页。

切身问题入手，并且应准备下列条件：不"扫荡"，无摩擦，肃清土匪，建立抗日秩序，军队的纪律要好，负担要轻。没有这些条件，工作不易开展。特别要求党政军民在争取有利条件的时候，"逐步的、不间断的去做，直到完全实现减租减息为止"。①

准备好干部，选定中心地区后，在开展减租减息工作前，必须首先由县以上的政府公布息借条例，并由县政府与参议会、农救会邀请当地的地主士绅召开座谈会，对减租减息工作做详细说明，并事先布置进步士绅首先响应。在座谈会上，注重揭露敌人的谣言，如先五一减租又二五减租是逐渐共产等。应指出二五减租是国民政府早就提出过的，在抗战进入第五年后农民生活更苦，为发动广大群众抗战，必须改善他们的生活。并说明将来减租后彻底实行公平负担，贫富一律负担，不减租农民负担不起，以此减轻地主的恐慌。要求在减租减息斗争中多采取与老百姓讲道理的方式，要采取先斗口、后斗力（用群众的力量）、再斗法（打官司）。根据中央目前主要是反对右倾的指示，山东分局在《关于减租减息改善雇工待遇工作的补充指示》中提示："农民在刚发动起来的时候，难免有过左的行动，只要这种行动是广大群众自愿自觉的行动，不是少数人脱离群众所干的或工作干部代替群众所干的（这是绝对不许可的原则问题），则不但无害，而且有益，因为可以达到削弱封建、发动群众的目的。不要在农民斗争的情绪上浇冷水，助长地主的气焰。"②

根据上述指示与部署，山东根据地的党政领导在许多地区被破坏、被"蚕食"的复杂多变的艰难环境下，总结了以往的工作，开展了反官僚主义的斗争，确立了依靠基本群众的思想，动员全党进行发动基本群众的工作。《大众日报》连发几篇社论进行舆论动员。5月25日的社论即批判了山东党政领导中不关心群众疾苦、认识不到减租减息改善群众生活对今后坚持山东抗战的重大意义，对工作缺乏信心、害怕困难，不积极想办法执

① 《中共山东分局关于减租减息改善雇工待遇工作的补充指示（一）》（1942年5月4日），《山东革命历史档案资料选编》第8辑，第274~281页。

② 《中共山东分局关于减租减息改善雇工待遇工作的补充指示（一）》（1942年5月4日），《山东革命历史档案资料选编》第8辑，第274~280页。

行分局决定的种种错误。

各战略区大致从 5 月中旬即开始重点推进减租减息增资运动。根据刘少奇"中心突破"的指示，山东分局确定滨海区莒南、临沭两县为"双减"实施中心县，组织了 200 多名干部参加的大型工作团，到这两个县的四个中心区（莒南县为大店区、筵宾区，临沭县为大兴区、蛟龙区），进行试点，积累经验。在减租减息运动过程中，刘少奇注重向山东军政负责人了解最新情况并给予及时的工作指导。他提出，通过山东分局从运动开展得好的、中等的和最差的典型县份的县委书记、区委书记、村支书和农会主席中各找两三人以至五六人，和他们恳切地交谈，问他们执行政策的情况，执行得好或执行得不好的关键在哪里，以及向他们询问各阶层，特别是基本群众的反应怎么样。有时他还同他们交谈，并郑重地要求县区村的干部注意发挥农会的作用，"一定要通过群众自己的手解决问题"。①

与此同时，刘少奇身体力行，坚持一般号召与个别指导相结合，把身边工作人员派下去参加"双减"，并亲自深入基层，先后到临沭县夏庄、东盘和赣榆县大树等村了解情况，加以指导。分局书记朱瑞到莒南县总结、指导"双减"工作，并于 6 月中旬撰写《滨海区农民一个月减租减息增资运动的检讨》一文，以推动全盘工作。省战工会主任黎玉也在鲁中沂南县横河村进行"双减"试点。由于各级党委的高度重视，山东抗日根据地的减租减息运动轰轰烈烈地开展起来。② 如滨海区"通过农救会的组织，通过农民的自觉"，"以三百个脱离生产的干部，从两个中心县、九个中心区、三十个中心村、一百二十多个外围庄里首先展开这一工作"。截至 6 月中旬，仅一个月时间，已获如下成绩：普遍发动了借粮，救济了数万口饥饿的农民；普遍发动了增资运动，团结与组织了上千名雇工积极分子，增资额一般超过雇工原工资的一倍；开展了减租斗争，在几十个主要的村镇已实行了二五减租及三年至五年的定租，并经斗争与协议和地主的退让，一部分大佃户原佃的土地开始转入少地或无地的农民手里耕种。"已开始打开了动员与组织群众为改善生活而斗争的大门"，"已开

---

① 吕振羽、江明：《跟随少奇同志回延安（节选）》，《刘少奇在山东》，第 62~63 页。
② 胡遵信、郭恩俊：《刘少奇来山东大事记》（1942 年 1 月至 8 月），《刘少奇在山东》，第 275~276 页。

始掀起了农民的斗争，成为一种群众性的运动"。①

从 6 月中旬开始，减租减息工作在山东根据地开始空前活跃起来。如滨海区减租减息后，农救组织规模有所扩大；赣榆县农救会组织，有五个村农救会成员半个月就发展到 470 人；临沭县农救会在五个基点村实行减租减息后，到 6 月下旬这五个村组织成立了农救会，并已有 500 多名农民参加，有一个村还建立了自卫团和三个游击小组，某村雇工增资后，生产效率大大提高，某家 12 个雇工，平均每天每人割麦四亩半，比去年同期多割半亩多；莒南县某村农民生活改善后，抗战情绪立即提高，在武装保卫麦收的号召下，有 13 个青年农民参加了游击小组，自卫团每天夜晚都到离村三四百米的树林里放哨。② 农民参加生产、支援抗战的积极性大大提高。

在经过了半年以上的群众动员后，农救会及各种救国会组织获得新发展。③ 绝大部分地区彻底开展了减租减息、改善雇工待遇的运动，而且继续深入进行。清河区仅垦区 1942 年冬减租者即达 1900 余户，减息 800 多石，增加工资者千人以上。④ 山东分局在工作总结中写道，1942 年以来，"群众工作在党内开始被重视了，就中以鲁中、滨海较好。不但从领导上重视了（如负责同志深入下层直接领导工作），一般党员干部也重视并积极参加了这一工作。在深入群众工作、依靠群众、反对官僚主义一点上，在党内一般有了转变，首先在大部分领导机关及干部中"。"由于对群众观念的改变，并开始了发动群众的民主民生斗争，故在山东（主要在鲁中、滨海）群众运动已有新的气象，已开始了重新振作。""由于群众开始了重新的动员，并进行不少减租减息增资的斗争，故群众生活获得部分改善，群众积极性、政治觉悟开始有了提高。这表现在：凡是重新认真发动的地区，群众就比较活跃了，如参战、拥军、归队、缉私、防匪、备战等，均能获得群众热心参加及帮助；抗战斗争比较坚持了，如政治情绪、

---

① 朱瑞：《滨海区农民一个月减租减息增资运动的检讨》（1942 年 6 月），《山东革命历史档案资料选编》第 8 辑，第 383~384 页。

② 《滨海区减租减息后农救组织扩大！》，《大众日报》1942 年 6 月 22 日，第 1 版。

③ 《中共山东分局关于一九四三年群众工作的指示》，山东省档案馆、山东社会科学院历史研究所合编《山东革命历史档案资料选编》第 9 辑，山东人民出版社，1983，第 334 页。

④ 景晓村：《依靠人民坚持清河、渤海平原抗日游击战争》，《山东抗日根据地》，第 305 页。

胜利信心均较前提高，悲观失望情调较少；生产热忱开始发扬了，如纺纱、织布、互助耕种、开荒、市场活跃等，均有了新气象。"根据地已有了群众依靠，根据地境况已见改善，人民生活及民主秩序较前安定。同时，群众运动的开展中，不但培养与提拔了大批村区级干部，也发展并改造了一些支部，在思想作风上改造了一批直接参加群众工作的知识干部、机关干部，也提高了一些党的高级机关领导对群众工作的认识。通过这些干部，中共与群众、群众与根据地的联系更加密切。① 可见，通过动员群众开展的减租减息运动带动了根据地工作的整体发展。

据不完全统计，截至 1943 年 10 月，在减租方面（缺鲁南和冀鲁边），有 4735 个村 370057 亩地实行了减租，平均每亩可减租 31 斤 11 两；在增资方面（缺鲁南和冀鲁边），有 4435 个村 72958 名雇工得到了增资，平均每名工人可增粮食工资 165 斤；在减息方面，因材料不完整，无法统计。其他在借粮还粮、复雇、救济春荒等工作上都有显著的成绩。正因为改善了基本群众的生活，所以群众在参军、归队、参加民兵、担任抗战勤务等方面，都比以前更加积极。②

同时，在改善群众生活的斗争中发展了各种组织，据统计，1943 年 6 月，全省有群众组织的村庄占根据地村庄的 62%，有组织的群众（只包括工农青妇救会员）占根据地人口的 32%。同年 10 月，全省自卫团员占根据地人口的 14.89%，其中妇女自卫团员几占半数；民兵占根据地人口的 3.48%，其中青抗先占民兵的 23.95%。③ 这与过去在单纯的抗日号召下实行抄名册的办法相比，已有了根本的不同。山东抗日根据地动员组织民众工作也由此步入正轨。在动员组织民众的基础上，根据地初步开展了群众性的游击战争，进行了生产工作，开始了思想上的拥军运动，还部分地开展了民主文化运动。如鲁中在进行村政改选时，认真进行了

---

① 中共山东分局委员会：《五年工作总结及今后任务》（1943 年 8 月 19 日），《山东革命历史档案资料选编》第 10 辑，第 30 页。

② 《六年来群众工作概括总结——黎玉同志一九四三年十月在分局群工会议上的总结报告》，山东省档案馆、山东社会科学院历史研究所合编《山东革命历史档案资料选编》第 11 辑，山东人民出版社，1983，第 99 页。

③ 《六年来群众工作概括总结——黎玉同志一九四三年十月在分局群工会议上的总结报告》，《山东革命历史档案资料选编》第 11 辑，第 99~100 页。

公民登记，划分公民小组，并通过村民大会，讨论公民权问题。在农村教育方面，各地开展广泛，以胶东最为普遍；培养了大批干部，改造了不少知识干部，群众的政治地位与政治优势提高，"根据地比较有了依靠，斗争也比较坚持"。① 这为进一步充分动员并依靠群众坚持抗战赢得了社会基础。

二　群众运动的问题及对减租减息工作的影响

1942 年 5 月以后，中共在山东根据地通过动员群众实行的减租减息工作取得了不小的成绩，又通过减租减息运动、改善群众生活，动员组织广大群众参与到抗日斗争中来。根据地已有了初步的依靠，各种建设取得了不小的收获。然而，新的问题也接踵而至，尤其是 1942 年下半年最为严重。中共山东分局党政负责人在工作总结中，② 指出其主要表现在以下几个方面。

第一，在地区上发展与进步不普遍，对民众的动员不平衡，对群众斗争的领导不深入，没有把广大群众动员到斗争中来，或者领导群众斗争与大量组织群众的工作脱节。这种现象，以滨海、清河、鲁南等地最为显著。个别地区，如滨海组织起来的群众仅占当地人口的 10% 左右，鲁南更低。在各地区，不少群众组织有名无实，还表现得脆弱、不够坚持，有形式主义现象，与真正把群众组织起来还有差距。由于没有关于不同地区不同群众工作的指示，没有关于边沿游击区与平原根据地群众工作的指导，故这些地区群众工作推动乏力。

第二，在工作中没有进行深入的调查研究，对群众的切身需求还

---

① 《中共山东分局关于一九四三年群众工作的指示》（1943 年 3 月 20 日），《山东革命历史档案资料选编》第 9 辑，第 334 页。

② 朱瑞：《滨海区农民一个月减租减息增资运动的检讨》（1942 年 6 月），《山东革命历史档案资料选编》第 8 辑，第 385~403 页；《群众工作的领导问题——七月二十五日朱瑞在滨海区两个月来群众工作大会上的讲话要点》（1942 年），《山东革命历史档案资料选编》第 8 辑，第 437~443 页；中共山东分局委员会：《五年工作总结及今后任务》（1943 年 8 月 19 日），《山东革命历史档案资料选编》第 10 辑，第 31~33 页；《六年来群众工作概括总结——黎玉同志一九四三年十月在分局群工会议上的总结报告》，《山东革命历史档案资料选编》第 11 辑，第 101~108 页。

不了解，机械地执行上级的指示，未满足群众的迫切要求，确定任务与执行工作带有严重的主观主义。虽然"减租减息增资"是动员与组织群众的基本工作，但在具体执行时应善于把这一基本要求与群众一时一地的暂时或临时的要求联结起来，以便从部分或个别的要求和斗争中，动员与准备群众，积蓄力量。又假使这些群众暂时或临时的要求，对于他们的生活更加迫切时（如土匪猖獗地区的防匪，冬春期间的救荒，新开辟区的合理负担，个别区村的合理负担、反对坏蛋，战时的反"扫荡"，边沿区的反"蚕食"……），则为了动员群众，不但可放缓减租减息增资工作，有时甚至得暂时放下减租减息增资工作的这一部分或那一部分甚至全部工作，来领导群众首先解决对其更为迫切的临时与暂时的要求。只有这样才走得通，才不致因脱离群众而遭群众的白眼，使动员组织群众工作碰壁。同时也只有这样，才能更好地为以后的减租减息增资工作准备好群众条件。但在实际工作中，把减租减息增资的基本工作灵活地运用到具体环境的极少。如滨海区，更多的是在工作一开始便有严重的主观主义，即不管群众条件如何，不去切实地调查研究群众的要求究竟是什么，及如何并从一些什么要求着手来走进群众，才能更好地动员群众，为实现减租减息增资而斗争。反之，一开始便"胸有成竹"——一成不变地喊着"减租减息增资"的口号，到处硬碰、硬冲。又如有些地区，农民与雇农固然感到租重、息高、待遇太低，但更直接与迫切的要求是减轻负担或负担合理（如东海与临沂邻接的一带，负担还是旧时的摊派制度，甚至有些地区还遵行着袁世凯小站练兵时的军粮摊派办法）。但工作团有的同志或是放着群众的迫切要求不去满足，而把自己主观的一般的要求生硬地套下去，有时简直是命令下去；或口头允诺群众说，"老乡，慢慢来，先搞减租减息增资，再搞合理负担"；或推脱说"咱的任务是减租减息增资，合理负担是政府的事"，因而一开始便造成群众的冷淡。再如有的地区，地主的土地绝大多数是佃给数十个拥有三五十亩及以上土地的富农，甚至有些大佃户有时是二地主，将佃得的土地又转佃给无地或少地的农民耕种。这些大佃户对贫雇农来说，不但常占有经济的优势，且惯用政治的钳制。如与掌柜及旧区村长互为联结，挟地主欺压贫雇农，深为贫雇农所不满。这种佃户，常是村庄人口极少数的极少数，仅仅为了这批人去减租，便失去了动员组织基本群众——贫雇农的中心。而减租减息工作的组织者，甚至有些领导，完全不懂得这些，或根本就不知道这些，却机械地去为他们发动减租斗争，专门去组织这些人，而置大多数无地少地的农民于不顾。"结果贫农怨我们不管，地主笑我们傻瓜，大佃户嫌我们多事，动员与组织群众工作就此便岔了道"，① 偏离了减租减息工作的中心。

第三，存在着原则上的模糊和错误，在对群众运动的指导上，发生了"左"的偏向。如在减租方面，表现为一般化，平均，大小地主无分别，小地主与因无劳动能力而出租土地的农民无分别；定租期多为五年，太长，带有极大的勉强性。在增资方面，亦平均化，不分中、富农及经营地主，不分鳏寡孤独，凡有雇工一律照增；童工、妇工与男工工资差距过大，未充分发挥雇工生产积极性，部分雇工反而减少了生产，甚至借口参加会议与民兵，导致地主田亩荒芜。过分强调增资斗争，强调对富农的打击，忽视了党的政策与新民主主义经济的基本方针，而且不分对象，对中农的雇工和鳏寡孤独的雇工，也一样看待；有的狭隘的经济要求超过了富农的负担能力，以致某些富农不愿继续经营土地，而将土地出租，并造成许多雇工失业的现象。减息中算旧账算得太远、太"左"，如光绪二十二年的也拿来算。把借粮当成了法令，形成强迫借粮，甚至出现个别抢粮吃大户的现象，借了不还。普遍地借中农的粮、拔中农的地。在斗争方式上也有过"左"倾向，如打人、捆人、游街等，没有采取协商的办法。

第四，不注意耐心地启发群众斗争的自觉性，包办代替，"恩赐"式地实行了减租，停留于形式。有的为了动员群众，以每人发一斤锅饼相号召。由于群众缺乏对减租要求的自觉和认识，因此，出现了明减暗不减、明增暗不增的现象，还有的佃户又将减了的租偷偷地送还给地主。

---

① 朱瑞：《滨海区农民一个月减租减息增资运动的检讨》（1942 年 6 月），《山东革命历史档案资料选编》第 8 辑，第 387~388 页。

第五，有的群众工作干部变成了剥削群众的上司、"新官僚"，特别是在改善群众生活的斗争中，新提拔起来的一些干部，由于教育不够，表现得最严重，也最普遍。滨海区的某些区级干部及有的村农救会会长，以为帮农民减了租、增了资，就有了不得了的功劳，就可以命令和把持一切，甚至乘机贪污、敲诈群众，如借雇工佃户的名义揩油，私自开支民兵子弹费等。对村民不注重政治领导。

第六，滥用"工作团"的工作方式，曾使党政军民的干部，硬由农救会统一领导，并以农救会的名义，到处发动群众斗争，许多重要的组织机构由此陷入暂时的停滞状态，无法以应有的组织作用配合完成党组织的中心任务。其他各机关团体的组织作用因此被削弱甚至代替了，这等于取消了各团体组织领导上的经常工作，尤为严重的是削弱甚至代替了支部的作用。而支部是中共在农村的堡垒，是村级领导的核心，也是团结群众的核心。支部作用的削弱，严重影响了对民众的动员和组织。

山东分局认为，以上问题的产生，首先是地方领导干部对中央减租减息工作的基本精神把握不准，对动员民众的重要性认识不够，因此并未真正重视群众运动，甚至个别主要战略区的党组织未执行分局的决定。随之而来的是在实际工作中对干部动员教育不够，有些干部是以"票友"及"洗澡"观念去参加群众工作，对群众缺少真正的认识；少数干部对群众工作甚至没有热情，因此不去积极做群众工作、领导群众、发现问题、积累经验，也就只好一味地命令、包办、代替，或打击及歪曲政策等。[①]

其次与缺乏群众观念、主观主义及官僚主义的工作作风相关。如对群众、对社会缺少认真的调查研究，故脱离群众实际要求；不能根据不同地区、不同对象及要求去进行工作，故工作一般化、公式化；不能掌握情况变化，及时调整工作方式，形成等工作、坐工作，不能实事求是；只是原则与计划的空喊，限于粗枝大叶。

[①] 中共山东分局委员会：《五年工作总结及今后任务》（1943 年 8 月 19 日），《山东革命历史档案资料选编》第 10 辑，第 32~33 页。

最后是领导上的"手工业性质"、突击的工作方式等造成的。如工作的准备与计划性差；工作要求庞大、复杂、多头、无中心；工农青妇文武各单位缺乏联系，力量分散，没有有力的一元化领导；自满自是，不善以突破一处来展开一片，故发展不平衡，组织性差。工作方式方面，如工作突击多，耐心细心的少，故时热时冷；公开的多，隐蔽的少；深入差，趁热闹，不能埋头苦干等。①

上述问题的存在影响了减租减息政策在山东的贯彻实施，"减得不普遍，不彻底，明减暗不减的现象相当严重"。尤其是因为"没有大胆发动群众斗争，封建统治尚未彻底动摇，基本群众尚未真正发动起来；再加上我们工作的时热时冷，坚持性非常差，所以到一九四三年春，许多地区地主们又开始反攻，逐渐侵蚀群众减租减息已获得的胜利"。② 这使得 1942 年减租减息工作的成果缩水，根据地的发展受到阻碍。

三　群众运动的深入与查减

1943 年，国际国内形势都发生了有利于抗战的变化。中共中央指示："今秋如能检查减租政策实施程度，并实行彻底减租，就能发扬农民群众的积极性，加强明年的对敌斗争，推动明年的生产运动。"③ 为普遍地、充分地改善人民生活，动员基本群众，团结一切群众，发挥基本群众的优势，达到积蓄力量、克服困难、迎接光明之目的，中共北方局在同年发出了"继续发动与深入群众运动"的指示。④

为贯彻中央和北方局指示，中共山东分局于 1943 年 10 月召开群众工

---

① 中共山东分局委员会：《五年工作总结及今后任务》（1943 年 8 月 19 日），《山东革命历史档案资料选编》第 10 辑，第 33 页。
② 《山东省第二次行政会议土地组总结报告（草案）》（1944 年 11 月），《山东革命历史档案资料选编》第 13 辑，第 202 页。
③ 《中共中央政治局关于减租生产拥政爱民及宣传十大政策的指示》（1943 年 10 月 1 日），中央档案馆《中共中央文件选集》第 14 册，中共中央党校出版社，1992，第 97~98 页。
④ 《中共中央北方局关于华北地区敌后抗日根据地一九四三年工作方针的指示》，山西大学晋冀鲁豫边区史研究组编印《晋冀鲁豫边区史料选编》第 2 辑，1980，第 42~44 页。

作会议，山东省战时行政委员会①（简称"政委会"）主任黎玉在会议的总结报告中，把"彻底完成减租减息政策，立即开展查减运动"，作为"目前最中心的具体任务"之首。② 会议对查减运动做了具体布置，确定查减方针如下：（1）坚决贯彻中央的土地政策，最主要的一环，还在于仔细深入地去发现明减暗不减及根本没有减的村庄，同时还要关注已减租而又不交租的现象，个别不合理的减租也要随时注意适当解决。（2）公正解决减租中的一些问题。如：一般贫苦的鳏寡孤独，因缺乏劳动力而出租之土地，不得视为地主之土地，已减者，应采取调解方式，使双方自愿不减，未减者不再减租；贫苦抗属及因直系子弟参军或参加抗日工作而缺乏劳力之自耕农所出租之土地，应改正不减；属于亲友互助性之少数出租土地，应依照社会人情习惯，听其双方自愿。切实照顾已发动起来的基本群众的利益，同时又要不妨害富农经营。凡属明减暗不减的地主，应发动群众斗争，以削弱其在群众中的威信，同时增强群众的信心和自觉，达到真正的减租，而且还要退租。（3）新开辟的地区要着重从政治上争取地主，待群众安定下来，恢复生产时，再转变为发动群众斗争，实行减租减息。新地区又是边沿区时，可以少减，或先实行"五一减租"，然后再逐步深入。发动群众也是先选择条件比较有利的地方，作为典型以扩大影响。（4）减息方面，原则上采取调解，以做到有钱有粮的人愿意出借，而借户又不很吃亏为最好。强调在查减和彻底实现减租当中，农会与村政工作必须密切联系起来，特别注意使群众自觉参加农会，相信组织，健全群众团体。对于查减的组织领导，规定：县区级以上的党委都须执行中央的指示，亲自检查几个村，做出模范来，以推广到全县或全区。县以上的农会领导机关一律深入村，帮助下级。最重要、最有力的桥梁，首先是通过支部的统一领导，再通过群众来实行党的决议，以加强支部对群众工作的关心，提高支部领导群众工作的能力。凡是不通过支

---

① 1943年9月10日，随着国民党山东省政府撤出山东，中共将"山东省战时工作推行委员会"改称"山东省战时行政委员会"。参见《山东省战时行政委员会成立通令》（1943年9月10日），《山东革命历史档案资料选编》第10辑，第337页。

② 《六年来群众工作概况总结——黎玉同志一九四三年十月在分局群工会议上的总结报告》，《山东革命历史档案资料选编》第11辑，第130页。

部，直接包办代替的现象，必须纠正。工会、青救、妇救，同样以查减和实行减租为中心来联系自己的工作。同时，除新开辟地区外，禁止将各个团体的干部硬编成一个特殊的工作团。① 上述部署，显然吸取了前一阶段减租减息发动群众工作中的经验和教训。

　　这样，从 1943 年冬到 1944 年春，在中共山东分局的号召鼓励下，山东根据地减租减息运动再度活跃起来，某些地区已大胆动员群众开展减租减息斗争。但因有的干部对工作的重要性认识不够，采取消极应付态度，所以与实际完成还有相当大的差距。1944 年 1 月，清河区政治工作会议讨论了减租减息工作，认为 1943 年工作方式上有了转变，即纠正了代替包办、不耐心不细心的工作方式，但仍有缺点如下：（1）认识不足，热闹一阵就过去了。（2）缺乏耐心细密的调查研究，动员教育工作未能使业佃双方乐意。（3）为减租而减租，减了租但未把群众组织起来，因此复发现象严重。（4）1943 年减租工作研究得很详细，但执行中有偏差，认识上认为不是中心工作，或已经减了，或者租是上一辈流传下来的，不能减。全年垦利、沾化两县被减 1985 户，减去租粮 9566 石，被减土地23278.5 亩，减息方面减了借户 375 户，减去息粮 818.2 石，留雇31 名。②

　　到 1944 年夏，鲁中彻底实行减租的只有 20 个区（其中还有空白村），滨海只有莒南的大部分村庄已经减租减息与查减，鲁南有几个县大部进行了，其他各地则比较拖拉迟缓，在工作中尚未形成普遍的真正群众性的运动。包办代替及一些恶劣作风仍未完全克服。③ 据估计，全山东减租完成了 50%~62%。因此，山东分局再做补充指示，限期完成减租减息工作。④ 接着，政委会也发出训令，"把减租减息定为七、八、九、十四

① 《六年来群众工作概况总结——黎玉同志一九四三年十月在分局群工会议上的总结报告》，《山东革命历史档案资料选编》第 11 辑，第 131~135 页。
② 李克进、李维民编校《景晓村日记》，1944 年 1 月，北京八路军山东抗日根据地研究会渤海分会编印，2012，第 771~773 页。
③ 《中共山东分局关于七、八、九、十月群众工作补充指示》（1944 年 7 月），山东省档案馆、山东社会科学院历史研究所合编《山东革命历史档案资料选编》第 12 辑，山东人民出版社，1983，第 273 页。
④ 《山东关于十个问题的答复》（1944 年 8 月 12 日罗荣桓、黎玉致毛泽东），《山东革命历史档案资料选编》第 12 辑，第 330~332 页。

个月的中心工作"。① 训令再次强调："群众只有在改善生活的运动中才会发动和组织起来，只有群众普遍的发动和组织起来以后，抗日民主政权才能有广大的基础，无此基础，政权是不巩固的，是经不起革命中的风吹雨打的。""群众不发动组织起来，减租减息政策的实现是没有保证的；不深入群众运动之中，随时随地去扶持帮助，政府对减租减息发动组织群众的任务是不能完成的。"②

为使减租减息与查减工作真正深入群众，山东分局要求必须彻底纠正"恩赐"思想及所谓"工作人""工作上"实行包办代替的现象，每名群众工作者必须掌握三个最重要的工作环节。

第一，以算账和"谁养活谁"的思想教育，尽量启发群众的觉悟。利用冬学等场合，开展广泛讨论教育，并以典型佃农为例子，形象地启发大家的思想觉悟，以他们的不幸遭遇，唤起与地主阶级作斗争。在这方面，工作组主要抓住以下几点进行教育：（1）"穷人为什么受穷，到底谁养活谁"的算账教育。从广大佃农的亲身经历中，说明给地主种一亩地所花费的人工、肥料、农具、技术、种子等。经过算账，看出吃亏的总是佃农，赔上五成到十成，自己得到的仅仅是很少一部分。经过这样的算账教育，有些觉悟了的佃农，不但自己带头作斗争，还主动启发帮助别的佃农一起减租。（2）说明"土地是哪里来的"，以及对土地问题的看法，使农民了解土地并不是天然归地主所有，而是他们通过剥削、霸占，从别人手中夺来的。（3）说明"劳动创造世界"的道理。向佃农提出"地主不下力却有吃有穿""如果没有穷人下力种地，能有粮食吃么？"等问题进行讨论，使农民明白劳动者创造一切的道理。（4）组织佃农讨论"为什么地主不下力，日子过得很好，佃农整天累死累活，还要受穷，吃不饱，穿不暖"。有的佃农明白了阶级剥削和压迫的道理后说："地主喂个牛都叫它吃饱，咱佃户穷爷们不如头牛！这租非减不行！"（5）说明减租减息在当时是合理的，使佃农都能积极地减租。

---

① 《山东省第二次行政会议土地组总结报告（草案）》（1944 年 11 月），《山东革命历史档案资料选编》第 13 辑，第 202~203 页。

② 《山东省战时行政委员会关于查减工作的训令》（1944 年 8 月 10 日），《山东革命历史档案资料选编》第 12 辑，第 324~325 页。

第二，进行"组织起来就有力量"的教育。在弄明白了"谁养活谁"的问题以后，佃农思想中的主要障碍就是看不到自己的力量，应当进一步从思想教育和启发中，使佃农们认识到组织起来的力量。只有大家组织起来，才能与地主作斗争，才能彻底进行减租减息，保卫佃农的利益。在减租斗争中，河口有一个佃农提出："地主的地我不种，旁的佃户种呀？不种就没有东西吃。"工作组针对这个有代表性的问题，及时进行"组织起来力量大"的教育，说明只有依靠组织起来的力量，依靠集体的力量，依靠共产党、八路军，穷人才能有出路，才能克服"怕变天"的思想，使减租减息得以顺利进行，使广大佃农改善生活的愿望得以实现。①

第三，充分解释政府关于减租减息的法令，说明共产党、八路军对群众实行减租减息的态度，以及各方面的有利条件，以坚定群众行动起来的决心。在方式上，每名群众工作干部，应充分运用两个主要的经验：一是办短期流动的村干训练班，并吸收有斗争要求的贫农、佃户、借钱户的积极分子参加，将教育与布置、检查及推进群众斗争等相互联系的工作结合起来。二是农会干部及临时帮助工作的干部，一律以农会的名义出现，无正式农会及各救的村、区、县应以筹备会的名义出现，绝对消灭所谓"工作人""工作上"的称号。② 也就是村民尽量通过自己的组织促使大家积极行动起来。

从以上具体的要求、布置，可见在查减运动中，为真正动员民众，要求特别重视启发群众的自觉，极力反对并禁止过去突击的"工作团"的方式。

在严厉的督促和具体的指导下，加上整风运动的影响，以上指示在山东抗日根据地得到贯彻执行，减租减息发动群众运动又有新的进展。滨海区莒南县委领导的大店查减斗争成为典型。1944 年 11 月 5 日，中共山东分局宣传部下发通知，要求各地借鉴推广大店的经验，指出："各地在接受这一套经验时，不能照搬照运，要知道大店有大店的具体情况和特点，

---

① 孙汉卿：《滨海区减租减息运动的回忆》，《山东的减租减息》，第 533~534 页。
② 《中共山东分局关于七、八、九、十月群众工作补充指示》（1944 年 7 月），《山东革命历史档案资料选编》第 12 辑，第 276 页。

有些经验不一定适合于其他地方。但基本的内容和经验，都是可以适用，如对封建势力和彻底查减的认识，群众斗争的规律和领导斗争的一套具体办法和经验，通过组织和群众路线，掌握典型和突破一点等等。"① 大店查减斗争中动员民众的一套具体做法和经验具有典型意义，从中可以了解山东抗日根据地减租减息运动中民众动员的具体内容，因此，根据《大店查减斗争总结》文件，② 对其主要内容归纳如下。

在对大店地主的封建剥削和统治做初步了解并制定斗争方针后，即首先开展调查宣传教育工作。调查的方式主要有三种。一是会议调查——召开大店附近佃户、村干部及积极分子会议，以大店地主过去压迫人的故事联系群众切身痛苦，进行深入的阶级教育；在说明查减的意义后，大家即争先发言，把个人的痛苦说出来。这种方式，只要善于运用启发、问答并掌握中心，会在较短的时间内调查出很多材料。二是个别调查——深入佃户家及基本群众中去调查，具体深入了解群众的痛苦和佃户心理。如小佃户不积极，不愿说出自己的租佃关系，觉得三亩五亩的不如人家种五六十亩的大佃户值得减租，以及佃户中害怕地主抽地等问题，都是会议上一般调查不易发现的。三是从地主口中调查——如从地主座谈会上了解地主的心理、态度及许多不正确的言论。此外，还从彼此有矛盾的地主和几个破落地主口中，以及从小村庄地主的口中，调查大村庄地主的情况，掌握从基本群众中不易调查出的材料。知己知彼，领导斗争才更有把握。同时，在一般调查之后，再有目标地选择典型调查及历史调查，一般调查、一般了解必须与具体调查、具体了解结合，才能掌握"有鼻子有眼"的、具体的事实，作为斗争中的依据。

宣传教育主要是通过各种组织如支部、工农青妇、学校等，运用多种方式如村干部会、佃户大会、识字班、儿童团等，随时随地抓紧一切时机首先进行"谁养活谁"的阶级教育，以启发群众的阶级觉悟。同时针对佃户及群众的以下几种心理进行教育：（1）怕抽地，怕"晴天"，不敢减

---

① 《中共山东分局宣传部关于转发莒南县委〈大店查减斗争总结〉的通知》（1944 年 11 月 5 日），《山东革命历史档案资料选编》第 13 辑，第 96~97 页。

② 《大店查减斗争总结》（1944 年 10 月），《山东革命历史档案资料选编》第 13 辑，第 97~167 页。

租；（2）碍于情面，不愿减租；（3）怕算账，"不会"减租；（4）不是自己的事，不管减租；（5）听天由命，根本不想减租。针对第一种心理，为增强斗争信心，可以强调订立合同的教育，必要时先订合同后减租，"拉住驴笼头"就不怕了；同时，结合时事教育，告以今天穷人能翻身就是晴天。针对第二种心理，应强调揭露地主的残酷剥削，打破佃户的旧道德观念，尤应针对群众遭遇的具体事实，如"为什么刮大西北风还穿不上棉裤、为什么过年还吃不上包子、为什么春天吃树叶子"的切身痛苦，启发群众觉悟，激励其进行减租斗争。针对第三种心理，应用集体算账或互相算账的办法，具体算出减租的实际利益。针对第四种心理，教育穷人是一家，要想翻身，就得大家互相帮助一起干。针对第五种心理，讲明"穷无种，富无根"，只要联合起来，有共产党的领导，穷人就能翻身有饭吃。

上述宣传教育消除群众的各种顾虑，使其有了斗争自觉和要求，之后即健全各种组织系统，组织斗争力量。同时，组织斗争力量的过程中，仍然贯穿调查及宣传教育工作，然后布置召开斗争大会。大会召开时机的选择与时间长短，需要考虑周全：在群众中酝酿成熟时；在割麦前群众不忙而第二天是大集时，可迅速传播及扩大影响；为避免夜长梦多，走漏风声，地主逃跑，或拖得过久，群众情绪低落，大会时间以一天结束为宜，延长至两天、三天亦可，但需有严密的组织工作，使群众保持高涨的情绪。到会群众以本村群众为主，外村则力求村庄普遍。为避免人数过多不易掌握，指定村干部及代表到会，动员新老佃户一律到会。选择群众最仇恨的地主七八人及一两名开明地主到会，这样既能代表大店地主，又不会树敌过多。确定大会的主要任务是从政治上大大削弱大店地主的威风，正确运用斗争策略，掌握典型，开展斗争。大会的收获为：大店群众几百年来第一次面对面与地主进行斗争，"群众依靠自己组织力量，斗倒了地主，地主向群众承认错误"，从政治上大大削弱了地主的势力，提高了群众的觉悟，增强了斗争积极性。① 第一次斗争大会后，利用有利时机，抓住典型，解决具体问题。

---

① 《大店查减斗争总结》（1944年10月），《山东革命历史档案资料选编》第13辑，第122~124页。

　　莒南县委在思想上认识到了在斗争中组织群众大多数的重要性，极力避免为斗争而斗争、斗争与组织群众脱节现象，把整理扩大群众组织、大量发展群众组织作为大店斗争的重要方针。从5月12日布置斗争到5月底初步结束斗争，20天的斗争当中，群众团体得到较大发展和改造整理。如农会由原来的292人发展到710人，妇救会由原来的449人发展到901人，民兵由62人增加到188人，儿童团由118人发展到266人。[①] 人数都增长了一倍以上。

　　大店动员群众的方式主要有公开号召、挨门挨户动员、会员介绍、团体保证等，不同对象不同情况采取不同方式，如农会的发展，因农忙便到地里一边割麦一边发展会员，突击队也曾去动员，儿童团利用放驴时间动员；同时，村干部利用解决群众具体问题，如退租、回地、找拨工钱等过程中动员刚刚解除痛苦的对象，方式灵活多样。动员也针对不同对象进行不同的劝说，如对那些常受欺压的对象："参加了农救会就是一家人一样，谁也不敢欺侮咱了。"如对老人："咱也参加农救会，组织个老人团给年幼的出出主意，年幼的出发开会，咱在家里照管。"如对刚解决完痛苦的对象："咱要是不参加农会，地主不是又要反过来压迫咱，扣蚩狷，一个个的制咱。"对妇女动员着重俭约、识字等。如北村儿童团长动员鲁儿的娘，一进门就问"你吃饭啦，大奶奶？"看见缸里没有水，马上挑来一担水，再动员"让鲁儿参加儿童团吧，能识字拾柴查汉奸"。总之，走群众路线，启发群众自己去发展，这样发展得快、好，不但发展了新的，而且巩固了老的。其次，根据不同对象，不同要求，运用不同方式及内容。再就是个别细致动员与集体的鼓动方式相互结合，互补长短。[②]

　　莒南县大店查减斗争的一套做法和经验在山东各根据地推广后，群众运动高涨起来，[③] 减租减息运动在部分地区得以深入。根据抗战结束时

---

① 《大店查减斗争总结》（1944年10月），《山东革命历史档案资料选编》第13辑，第140~141页。

② 《大店查减斗争总结》（1944年10月），《山东革命历史档案资料选编》第13辑，第144~146页。

③ 《论群众路线与山东群众运动——黎玉在一九四五年九月分局群众工作第二次代表会议上的报告》，山东省档案馆、山东社会科学院历史研究所合编《山东革命历史档案资料选编》第15辑，山东人民出版社，1984，第360页。

的不完全统计，山东根据地 23417 个村中，彻底减租减息的占 17.31%，已减不彻底的占 46.59%，空白村尚有 36.1%，如将新解放区算上，空白区仍超过一半。开展比较彻底的有莒南、沂南、边联、沂中、沂北、温河等几个县，都是经过减租又反复进行过几次查减的。可见真正实施减租减息之艰难。减租彻底与否，基本可从群众是否已经发动来认识。凡是村民已经发动起来的村庄，都是支部与群众关系密切，及群众经动员后活跃、积极，而且状态保持下来，这一类村子大体上完成了减租减息。凡是群众不活跃的村子，绝大部分是没有减租减息增资、改善群众生活的，大半是明减暗不减，或即使减了也不彻底，而村中党政军民各组织骨干多为地主所收买或脱离群众。① 事实证明减租减息实施过程中动员民众至关重要。能否动员组织起民众直接关系到减租减息能否彻底实施。而切实进行减租减息，维护群众的切身利益，从改善群众的基本生活及提高其政治地位入手，又能激发群众起来斗争的觉悟和积极性，真正组织起民众。

被动员起来的民众在减租减息的斗争中，"吐出几百年被压迫的怨气，群众普遍的感到翻了身，看到地主在群众面前低了头，斗倒了，象一件大事似的高兴、活跃"；同时，"由于斗争的彻底，而且是撕破了脸的斗，群众的觉悟提高得快而明显，斗争的愈坚，清楚的认识党和自己的力量，如表示坚决斗争到底，要求掌握枪杆子，要求无条件的跟着共产党走八路军走"。② 通过减租减息的切实推进，加之在根据地实施的民主政权建设、为群众生活和利益着想的政治经济政策，中共赢得了乡村民众的广泛支持。

许多历史事实表明，在彻底实行减租减息的地方，群众被动员起来，加入农会、妇救、青救等各种救国团体。终于可以扬眉吐气的群众有了翻身的新气象，抗日根据地有了不少进步的变革。如广大群众热烈地自愿拥军参军、优待抗属，开展了从未有过的大生产运动，人民自卫武装迅速发

---

① 《论群众路线与山东群众运动——黎玉在一九四五年九月分局群众工作第二次代表会议上的报告》，《山东革命历史档案资料选编》第 15 辑，第 383 页。

② 《大店查减斗争总结》（1944 年 10 月），《山东革命历史档案资料选编》第 13 辑，第 159 页。

展，农村里的群众开展了自己的新文化运动，以各种方式学习文化知识，丰富农村文化生活，出现了民主竞选活动，反对封建迷信，树文明新风，群众普遍庆祝翻身，"拥护共产党毛主席"。① 如广（饶）北（部）以前是一个很落后的地区，土地贫瘠，文化落后，抗属很少，抗属儿子被称为"八路羔子"。1943 年参军的不过十几人，逃亡了一半。1944 年动员参军，费了很大力气动员了一些区中队参军。但从下半年坚决执行分局指示，贯彻减租减息，开展反贪污反恶霸斗争，群众大都转变了。1945 年春节动员参军，仅几个区，当场报名参军的就有 3145 人。这种明显差异，说明实行减租减息，从改善群众生活、保护群众切身利益中动员组织群众的效用之大。"什么工作离开群众就搞不成，光说空话，群众是不相信的。"② 这应是当地干部的切身感受。

萧华的回忆更印证了减租减息动员群众后根据地发展获得的助力。他写道："在少奇同志的具体指导下，山东根据地的减租减息工作如火如荼地开展起来了。人民从土豪劣绅如山的重负下得到了喘息，从切身利益中感到共产党、革命同他们的生存息息相关，极大地激发了广大群众的抗战热忱。根据地的每座村庄都变成了坚强的堡垒。战时，群众严密封锁消息，空室清野，使敌人喝不上水，煮不成饭；平时，妇女、儿童站岗放哨，盘查行人，使敌人寸步难行。平原地区的群众还挖掘了纵横如网的抗日沟，使敌人的快速部队无法行动。各地都建立了绵密的侦察网和通讯网，使我军在作战中发挥了高度的主动性和灵活性。广泛地动员群众参加和支援抗日战争，使我们渡过了难关，有力地巩固和发展了抗日民主根据地。"③

同时，实行减租减息，是中共在抗日战争的特殊历史条件下实施的开创之举。由于该政策的推行遇到的问题十分复杂，加之有的干部对政策把握不准、群众观念有待加强、缺乏群众工作锻炼等，在不同地区的执行中

---

① 《论群众路线与山东群众运动——黎玉在一九四五年九月分局群众工作第二次代表会议上的报告》，《山东革命历史档案资料选编》第 15 辑，第 363~366 页。

② 《论群众路线与山东群众运动——黎玉在一九四五年九月分局群众工作第二次代表会议上的报告》，《山东革命历史档案资料选编》第 15 辑，第 402 页。

③ 肖华：《难忘的四个月——忆少奇同志在山东》，《刘少奇在山东》，第 26~27 页。

存在着或"左"或右的偏向。① 在群众没有真正发动起来的地方，主要存在右的倾向。在群众真正动员起来的地区，由于个别村民对地主的极端仇恨，而走向狭隘报复，易出现"左"的偏差。在运动发展过程中违反政策的错误现象时有发生，最普遍严重的是"武斗"，打人、绑人等，甚至发生由地主斗争到富农、中农、贫农身上的现象。② 胶东区"忽视查减工作而以反恶霸为主"，"这从各县报告开斗争会的内容就可以看出，如荣成开斗争会四九六次，斗争对象九二〇人，减租对象仅二九五人，反恶霸却有三九八人"。③

有的地区以"刨穷根算旧帐"取代了正确的查减方针。对地主刨二茬，有的庄子没有地主就刨富农，没有富农即刨中农，算旧账脱离了查减及政策的准则。这种偏向在鲁南表现最为突出。鲁南区委在1945 年 5 月所做 8 个月群众运动工作总结中即批评了各县存在的严重偏向。温和县自 1944 年 11 月初到 20 日，是斗争的高潮时期，提出："减租减息刨穷根。"邹县开始提出"刨穷根算情工"。费县在 12 月 10日提出"刨穷根"以后，12 月中旬县各救成立大会上又提出"刨穷根突击月"，乱刨现象遍布全县，而尤以七区为甚。双山县减租已过即"算情工"，乱斗乱刨。赵镈县 11 月下旬车辋会议总结三个月工作，仍强调反右，地委某同志提出"刨穷根算旧帐"的口号，说"减租减息是刨小根，算旧帐是刨老根"，助长了"左"的偏向，不到一个月刨了 930 次，刨到地 1.4 万亩，款 126 万元，粮食 3.4 万斤，即绝大部分消灭了地主，部分消灭了富农，但有的误刨到中贫农、党员、抗属等身上。④

然而，在具体实践中，"如果害怕群众'左'而缩手缩脚，不敢发动

---

① 《山东关于十个问题的答复》（1944 年 8 月 12 日罗荣桓、黎玉致毛泽东），《山东革命历史档案资料选编》第 12 辑，第 332 页。

② 中共鲁南区委：《鲁南八个月群众运动总结及今后工作（节录）》（1945 年 5 月 15 日），《山东的减租减息》，第 324 页。

③ 胶东区行政公署：《胶东区八年来抗日民主政权工作报告》（1945 年 7 月 21 日），山东省档案馆藏，档案号：G031-01-0228-001。

④ 中共鲁南区委：《鲁南八个月群众运动总结及今后工作（节录）》（1945 年 5 月 15 日），《山东的减租减息》，第 325 页。

群众，或在这种群众行动上泼冷水，那就是罪恶，那就是犯右倾机会主义"。① 而极左现象难免会在群众运动中出现。

此外，有的边沿游击区的减租减息斗争机械搬用中心根据地的方式去动员群众，动辄召开斗争大会，对地主只斗争不团结。减租减息增资不仅未能按照边沿区的特殊情况酌量降低标准，有些地区甚至超过一般规定要求找工退息，以致不能团结地主共同对敌斗争，而使他们甘心被敌利用。政委会在 1945 年 3 月关于改进边沿区工作的指示中，即严厉批评："这种违反统一战线政策的幼稚行动，将使我们对敌斗争增加许多困难。而不争取对敌斗争的胜利，则基本群众的利益也就无法保障。""在边沿区虽然也应进行减租减息，发动基本群众，但应采取较隐蔽和较温和的方式，并在斗争中间时时注意团结。"② 毕竟，团结一切力量抗击外敌是第一位的，控制反封建斗争的力度，是各地在推进减租减息政策发动群众过程中应加以注意的。

山东抗日根据地推行减租减息政策的总体实践表明，群众路线作为中共的基本路线，同样被运用到减租减息运动中。运用阶级斗争理论，深入群众之中，进行"谁养活谁"的思想教育，尽量启发农民的自觉，是这一进程中动员组织群众运动的重要环节。减租减息与群众运动相辅相成，二者互为促进，相互影响。尽管山东各地减租减息政策的推进程度不同，状况各异，群众运动中也发生或"左"或右的各种偏差，但乡村民众对中共的广泛支持和拥护，正是中共推行减租减息政策最宝贵的收获和经验。中共领导的抗日根据地，由此获得了坚实的社会基础和源源不断的人力支持和物力资源供应，中共的发展有了巨大的力量源泉。

---

① 《论群众路线与山东群众运动——黎玉在一九四五年九月分局群众工作第二次代表会议上的报告》，《山东革命历史档案资料选编》第 15 辑，第 374～375 页。
② 《山东省战时行政委员会关于改进边沿区工作的指示》（1945 年 3 月 2 日），山东省档案馆、山东社会科学院历史研究所合编《山东革命历史档案资料选编》第 14 辑，山东人民出版社，1984，第 197～198 页。

第五章　合理负担与粮食征收

粮食是抗日游击战争的生命线，与根据地的建立、巩固和发展关系甚巨。抗日青年高鲁在 1939 年的日记中记载，其同志在自制的干粮袋上写有"宝中宝"三个字，[①] 颇能体现战时粮食之意义。不论是山东土生土长的中共抗日武装还是远道而来的八路军主力，给养供应特别是粮食问题的解决都没有相应的经费支持。中共在山东的立足和发展是以解决粮食问题为基本前提的。在抗日游击战争的具体环境中，在斗争形势发展的不同阶段，如何既能保障军政机关粮食供应，又能使各阶层负担公平合理，并顾惜民力、奖励生产，对中共山东党政军各级负责人来说，是必须面对和接受的挑战与考验。

一　抗战初期的募集与摊派

抗战爆发后，中共山东地方党深入敌后农村宣传、组织民众抗日，陆续在全省各地发动十余次武装起义，组建抗日武装之初，吃饭问题是普遍的困扰之一。1937 年底黑铁山起义后成立的"山东人民抗日救国军第五军"，"首先遇到的是吃饭问题"，起义队伍组成后的第一天早晨，即"组织几个人到各户去敛干粮，有的给一个窝窝头，有的给一两个煎饼，……下午三、四点钟，才吃第二顿饭"。[②] 显然，刚刚组建的抗日队伍口粮无着，几乎吃了上顿没下顿。

解决吃饭问题成了中共山东抗日武装生存的当务之急。为获取食物，只能临时向村民募捐筹集。前已述及，1938 年 1 月山东省委领导徂徕山起义成立山东人民抗日游击队第四支队时，虽然在誓师大会上宣布设经理部以解决部队供给问题，但因为部队经费很少，给养主要靠经理部的人筹

[①]　理红、理京整理《高鲁日记》，内蒙古大学出版社，2004，第 5 页。

[②]　孙铁民：《黑铁山起义前后》，《山东党史资料》1983 年第 1 期，第 222 页。

集解决。起义参与者张一民回忆："开始，我们起义部队感到最大的一个问题是吃饭问题"，"时常看到经理部主任马馥塘同志背着帆布包，急得团团转"，"因为筹措给养困难，早饭拖到晌午开是常有的事"。[①] 对四支队经理部主任马馥塘想方设法筹措给养的艰辛，黎玉印象深刻，多年后回忆："马馥塘经常因为没有经费买给养，就向这个同志借一点，向那个同志要一点，这样凑点钱再去买给养。工作实在难办，马馥塘有时因为买不来给养，同志没啥吃，都急得哭。"[②] 为解燃眉之急，四支队成立募集队，筹集钱、粮、枪支等物资。

　　山东是中共组织基础较好的省份之一，但在大革命失败后受损严重，1936 年 5 月黎玉到来后才着手恢复重建，抗战爆发后虽有了一定的恢复和发展，但在广大的农村党的群众工作刚刚开始，群众基础的缺乏使中共筹措粮食给养等遇到了极大困难。鉴此，中共山东地方党组织首先耐心向乡民做宣传解释，加强群众工作，寻求乡民的认可和支持。四支队在 1938 年 1 月底撤出徂徕山区，到新泰县西部的谷里、烈庄一带开展工作，因为群众不了解，部队遇到催给养的困难。由于正值春节前夕，部队就从帮助村民准备过年开始做工作："给群众挑水、扫院子、扫街道、演戏、写过年的对联，加以群众听说我们在寺岭和日寇打了仗，就逐渐改变了对我军的态度，把过年的年糕、白面馒头，好煎饼给部队送来，馒头都打上红印，表示他们拥护抗日游击队的心意。"[③] 中共领导的抗日武装有严格的纪律约束，尽管生活条件极端艰苦，但仍禁止向民众索要给养。"一切是关心民众的痛苦，地瓜小米是八路军经常的给养，并不象某些部队只要上等面粉、只要油饼，带焦花的还要罚……即是在最初有些支队还没有打出八路军旗子的时候，老百姓就呼为'八路军'、'学生军'，'八路军讲公道'，'八路军有纪律，人人敢亲近，个个要参加'。"[④] 新成立的中共山东抗日武装以严格的纪律和抗击侵略者的实际行动，赢得了乡民的好感和认可，在乡村立足扎根的社会

①　张一民：《忆徂徕山起义》，《山东党史资料》1983 年第 1 期，第 149~150 页。
②　黎玉：《徂徕山武装起义》，《山东党史资料》1983 年第 1 期，第 98 页。
③　黎玉：《徂徕山武装起义》，《山东党史资料》1983 年第 1 期，第 106 页。
④　黎玉：《抗战两年的山东纵队》，《山东革命历史档案资料选编》第 4 辑，第 203 页。

基础由此开始筑建。

在深入宣传做群众工作的同时，中共陆续组建募集队利用国共合作的新形势，同国民党旧政权交涉，要求划分供应地区或批条子指定地区，募集粮款等必需物资。① 此时募集队员的选择甚为关键，大多选用有名望又忠诚可靠的人来担此重任，中小学教员常在被选之列。如四支队募集队的主任就由忠实厚道的中学教员赵笃生来担任，在他的领导下，"募集队的同志工作都很积极，募集了不少钱粮和物资，给刚刚创立的抗日武装解决了很大的问题"。②

建立募集队也是为"平衡负担"而采取的一项重要措施。募集队分散到各地进行募捐，募捐的主要对象是大地主和有钱的商人，不搞平摊。有的地区规定：地主富农多拿，贫穷农民少拿。募集的每百斤粮食中，地主富农占 62.5 斤，贫苦农民占 37.5 斤，尽量做到地多地少不一样，地好地坏不一样。③

除募集外，中共在山东立足解决吃饭问题的另一方式是派饭："地方干部、党政机关的干部到老百姓家里就餐。住到一个庄里，村长一个一个地领到老百姓家里安排，张同志上老王家去，王同志上老周家去，和老百姓一块吃。"④ 中共胶东地方党组织在 1938 年 2 月发动抗日武装起义之初，"多以动员方式到处派饭"，但派饭在胶东时间很短，"迨至行抵牟平崔子，则由于克恭、袁志纲、李国屏等人组织粮食委员会，讨论统一筹粮及平均负担问题，当时限于环境及干部缺乏，因此确定部队驻防分区统筹，是为胶东粮食工作统一领导的开始"。但在新旧制度交替之际，个别自筹自给现象曾一度发生。相继在掖县的军队与地方各机关成立联合供给部，蓬、黄县政府与地方驻军成立粮食委员会，共同计划筹供粮食与制定供给标准，并建立粮库、粮站（联合供给部计设粮库三个，粮食委员会计设粮站两处），分

① 戚铭：《山东战时的财政工作》，山东省地方史志编纂委员会编《山东史志资料》1983 年第 1 辑（总第 3 辑），山东人民出版社，1983，第 29 页。

② 黎玉：《徂徕山武装起义》，《山东党史资料》1983 年第 1 期，第 99~100 页。

③ 朱玉湘主编《山东革命根据地财政史稿》，第 33 页。

④ 李仲铭：《抗日战争时期山东滨海地区的财政工作》，山东省粮食局粮食志编纂办公室编印《山东革命根据地粮食史料选编》第 1 辑，1985，第 399 页。

别负责粮食的支拨、运输、保管等工作。① 胶东经济较内地发达，筹粮相对容易，在粮食的统筹计划使用上也先行一步。

中共抗日武装在地处内陆的清河区刚刚组建时，由于局势混乱，游击队流动性很大，吃饭问题难以解决。部队中也还没有炊事员。每顿饭都是根据需要数量，由村、保长向各户敛收熟食、窝头、饼子、煎饼等，一般是高粱做的，小米做的算是好的。开饭时由司务长好坏搭配，分给各班。1939 年 7 月以前，部队粮食供应的基本情况，仍然是走到哪里吃到哪里。用的粮食以村（或乡）为单位按银两分摊。在群众负担上，不仅贫富之间负担不合理，就是村与村、地区与地区之间，也不免有畸轻畸重的现象。② 不仅是负担不公平，募集方式也有可议之处。清河区工作总结中写道："在抗战初期忽视建立政权，财政收入中强调了募捐，政权建立后在相当时期内仍采取募捐办法解决财政问题，到处组织募集队（募集人员成分复杂），特别在城市与铁路附近募捐方式生硬。"③

随着中共在山东抗日武装力量的迅速扩大和机关人员逐渐增多，部队走到哪里吃到哪里，自筹自用的供给办法已不适用。这种办法往往造成常驻部队和机关的地方负担过重。如莒南界首、相邸乡，沭水县的板泉、兴云二区的负担特重。板泉区，1939 年 4 个月就筹粮 100 余万斤，超过应负担数目的 1~2 倍。④ 村与村、区与区、县与县之间负担不平衡的问题日渐突出。再如鲁西北地区，1939 年至 1940 年上半年，筑先县政府筹备与刚建立期间，中共"党政军民基本上是住到那里吃到那里。住到那村就向那村要粮要草，或向住地的附近村庄催要，或先在住村借用，然后由附近村催要补还"。中共"党政军民经常活动的地方，多是群众基础较好抗日积极分

①　胶东区行政主任公署：《胶东区一九三八年至一九四二年五年来财政经济建设工作总结》（1943 年 2 月），山东省财政科学研究所、山东省档案馆编印《山东革命根据地财政史料选编》第 1 辑，1985，第 247 页。

②　伏伯言：《关于保证供给中粮食工作的回忆》，《山东革命根据地粮食史料选编》第 2 辑，第 155~156 页。

③　《清河区负担政策的检查——〈清河区五年工作总结〉节录》（1944 年 6 月），山东省财政科学研究所、山东省档案馆编印《山东革命根据地财政史料选编》第 4 辑，1985，第 149 页。

④　朱玉湘：《山东抗日根据地的"合理负担"政策》，《文史哲》1985 年第 5 期，第 9 页。

子较多的村庄。这就造成那村进步那村负担重的情况"；在村庄内部则都是按地平均摊派，贫农不够吃也得交粮，地富余粮多也不多交。这显然不合乎有力出力有人出人共同抗日的原则。①

在1939年初国民党苏鲁战区建立之前，同在山东敌后抗日的中共武装与国民党部队总体相处融洽，在粮食等给养的筹措上基本是划分防区。但筹集的方式大相径庭。据日军观察，"活动在临清一带的国民党军队没有纪律，行动涣散，一味榨取民众，以致受到民众敌视。只能靠强迫和枪杀来控制民众"。国民党军"让村长负责摊款，经营面积30亩以上的农家交2元，10亩以下的交1元50钱；强征田赋，不缴纳者先枪杀乡长；租税由以前的50钱增至1元50钱；通过时索要食物"。② 而同在临清县活动的八路军"原则上在同一个村庄不待2天以上，怕引起民众反感。据农民说，他们向农民要东西时会按时价付钱。一件小事会产生怎样大的政治效果。当地人说'因为八路军喝粥，所以好，党军吃馒头，所以不好'"。③ 更重要的区别在于中共武装"进入一个区域之前，先召集该地的有识之士、团体代表等，使各界团体成立抗日救国会，形成抗日气势的同时，使军队很容易进入，而且宣传军队筹措资金的合理性，要求民众协助"。④ 国共军队不同的给养筹措方式和态度在日军的情报中清晰可见。

随着1938年中共武装的迅速发展，国民党对中共的忌惮之心日重，1939年起国共在山东摩擦增多，中共在粮食等给养的筹措上遭遇的困难日增。1939年2月，山东分局在对苏鲁工作的部署中，要求拒绝沈鸿烈"废除防区""取消地方武装，不准筹给养"等限制，在"我军粮款政府

---

① 谭启明：《抗日战争中筑先县财政工作的一些情况》，《聊城市党史资料》第3期，第153页。

② 石井俊之・仓田勇二「治安肃正工作ニ伴フ现地调查报告（山东省）—政治及经济一般」（昭和14年4月）、粟屋宪太郎・茶谷诚一编集解说『日中战争　对中国情报战资料』第3卷、404-405页。

③ 石井俊之・仓田勇二「治安肃正工作ニ伴フ现地调查报告（山东省）—政治及经济一般」（昭和14年4月）、粟屋宪太郎・茶谷诚一编集解说『日中战争　对中国情报战资料』第3卷、419页。

④ 石井俊之・仓田勇二「治安肃正工作ニ伴フ现地调查报告（山东省）—政治及经济一般」（昭和14年4月）、粟屋宪太郎、茶谷诚一编集解说『日中战争　对中国情报战资料』第3卷、407页。

不能发给时，仍需自筹粮款，与沈交涉"。① 国民党的限制和阻挠更使中共意识到建立自己政权的重要性。在 1939 年春八路军一一五师入鲁后，一些县区乡抗日民主政府陆续建立，中共在山东敌后抗日筹集粮款产生的负担不均、吃粮没有保障等问题，便有了解决的基础。

二 合理负担政策的实施

为保证军食民用，解决粮食负担畸轻畸重的问题，使百姓负担更加合理，1940 年以后，遵照上级指示，中共山东党政负责人开始重视制定统一的公粮征收政策。

1940 年 1 月，中共北方局对山东工作做出指示："公布其政权机关的财政工作，实行累进的税制，建立对外贸易，征粮收税，屯积公粮，求得解决县政的长远计划。"② 据此，山东分局书记朱瑞提出应普遍实施合理负担政策，他说："经过政治动员，在敌后方普遍切实实行《抗战建国纲领》中'有钱出钱，有粮出粮'的合理负担方式，动员供给抗日部队粮食及普遍储存抗日军粮、募集资财等。经过政府适当分配给各抗日部队和八路军。在经过政治动员，很好的组织与领导，亦可进行定期的慰劳运动，如募集救国捐款、捐粮，捐助军用与日用物品等。当然这些办法只能是次要的，不是经常与基本办法。"③ 可见，因为游击战争的特性，在实施合理负担征集钱粮后，募集行为仍有其存在的必要。

1940 年 7 月，陈明（不久后任新成立的战工会秘书长）强调按照合理负担、实行统筹统支征收救国公粮、普遍实施公平负担的重要性，在停止平均摊派上态度趋向坚决。他指出："一定停止某些地区上还存在着的平均摊派、军队驻在那里就吃那里的现象，这是某些地区和一般的穷人最

---

① 《山东分局对苏鲁工作的决定》（1939 年 2 月 23 日），《山东革命历史档案资料选编》第 4 辑，第 51~52 页。

② 《中共北方局对山东工作的意见》（1940 年 1 月 20 日），《山东革命历史档案资料选编》第 4 辑，第 125 页。

③ 朱瑞：《论山东纵队当前的建设问题》（1940 年 5 月），《山东革命历史档案资料选编》第 4 辑，第 296~297 页。

感痛苦的问题。各地民主政权，一定要切实去普遍的进行。"①

8月战工会成立后，即着手制定甲、乙、丙三种征粮的公平负担暂行办法，11月经山东省临时参议会通过后公布实施，明确："凡未实行公平负担之地区，首先实行甲种办法；俟甲种办法行有成效、逐渐清查地亩财产确实后，即可实行乙种办法；俟乙种办法行有成效后，逐渐实行丙种办法。"具体采用何种办法，允许各地"按合理负担原则自拟合理负担办法，行之有效，并经当地军政民认为满意者，得呈请专署以上机关核准，暂予实行"。②此后粮食征收办法，有过数次改变，几种重要的征收办法及改进的内容，已有研究做了详细介绍，这里着重考察征粮工作的展开实况和不同地区各种征收办法的落实情形。

抗战时期中共在包括山东在内的根据地，一改过去通过地保粮头等中间人征粮的传统，直接向村民征收，这种"面对面"的征收纠正了旧粮银的不公平现象，保证了征收的效率和负担尽可能的公平。③直接向村民征粮，的确是中共在根据地征粮方式上的重大变革。与既往政权或其他政治力量的征粮征税相比，中共还有一项重要的变革就是力图让百姓理解纳税的义务而改变征收的强制色彩。这与中共对村民自主意愿的尊重及对村民生活疾苦的切实关心息息相关。这种尊重和关照，不仅体现在领导人相应的指示报告中，更体现在征收前的宣传动员、解释工作，以及征收方法和征收数量的审慎决定与调整中。

11月，陈明在继9月份省行政会议上批评多头要粮、平均摊派及负担不公等现象后，④再次强调明年各地民主政权完全停止零星征粮现象，一律按公平负担办法征收救国公粮，明令："现在立刻开始动员解释公平

---

① 陈明：《山东抗日民主政权工作与当前任务》（1940年7月7日），《山东革命历史档案资料选编》第4辑，第376页。

② 《山东省战时工作推行委员会关于公布公平负担暂行办法的通知》（1940年11月），《山东革命历史档案资料选编》第6辑，第100页。

③ 参见黄道炫《抗战时期中共的权力下探与社会形塑》，《抗日战争研究》2018年第4期，第23页；朱玉湘《山东抗日根据地的"合理负担"政策》，《文史哲》1985年第5期，第15页。

④ 《山东抗日民主政权工作——战工会秘书长陈明在山东行政会议上的报告提纲》，山东省档案馆、山东社会科学院历史研究所合编《山东革命历史档案资料选编》第5辑，山东人民出版社，1982，第366~367页。

负担办法，并准备干部及实行计划、评定等级等工作。"①

　　宣传动员解释等征收前的准备工作需要得力干部去做，而干部的培养需要时间。况且征粮工作与农民的产出和自家消费息息相关，征粮前调查每家每户的地亩人口等就不是一件容易的事情，需要相对安定的环境、充足的时间和大量的工作人员。因此，虽然1940年战工会公布了甲、乙、丙三种合理负担办法，但大多没有实施，到1941年初，"对粮食问题的解决还是很纷乱的，各筹各的，粮食筹一天吃一天，得过且过，驻军多的地区负担重，少的就负担轻。我们究竟有多少人吃给养？每天每月需要多少粮食？从现在到麦收还要多少粮食？人民负担了多少粮食？多少土地？多少人口？人民还能负担多少给养？在各个地区上，一直到今天还不能有一个统一的肯定的回答"。陈明认为"这种无组织无计划的现象，就使我们对于解决粮食问题无从下手，所以确实解决土地、人口、人民负担情形，及统一筹集、分配粮食，是克服春荒、解决军食民食的先决条件"，并提出各级政府增设粮食科，统一筹支给养，是紧要而有效的组织办法。②

　　干部要配备到相应的组织机构中开展工作，粮食机构的设立成为统一征收工作的重要前提。1941年1月10日，战工会发出《关于粮秣工作的决定》，要求专署与县设粮秣科，区设粮秣助理员1人、干事2人，乡设粮秣干事，限定各级粮秣机关组织于1月组成，并取消各级给养委员会。粮食机关为双线式领导："除受各该级行政首长监督与领导外，并受上级粮秣机关直接领导，成立垂直系统，以加强工作效率。"③ 各级粮秣机构待人员配齐后，"将辖区之地亩面积、人口数、需用食粮数、全年产量、应纳公粮数，事先详细有统计，然后根据实际情形征集公粮"。④

　　上述决定虽规定部队各旅设粮食管理局负责粮食的征集等，但一般情

---

① 《山东抗日民主政权目前的中心工作——战工会秘书长陈明在山东省行政会议上的结论》（1940年11月11日），《山东革命历史档案资料选编》第6辑，第50~52页。

② 陈明：《一个紧急的战斗任务——克服春荒，解决军食民食》，《大众日报》1941年2月4日，第2版。

③ 《山东省战时工作推行委员会关于粮秣工作的决定》（1941年1月10日），《山东革命历史档案资料选编》第6辑，第254~255页。

④ 《山东省战时工作推行委员会关于粮秣工作的决定》（1941年1月10日），《山东革命历史档案资料选编》第6辑，第256页。

况下，是通过政府机关进行。在实施征粮时，"政府与部队要有适当的配合，部队应派员协同政府征集之"，"部队到新的地区，一定要通过县政府，不得借口违犯这个规定。如受环境和时间限制，也应通过区乡级政权指定筹粮方法。但驻防三天以上者，得将驻防大概日期、用粮数量报清，县府统一筹办。县府在筹支上如发生问题时，得呈请专署解决之"。只是部队"在战斗环境中临时筹用的粮秣，应与〔于〕战斗结束后与政府重新清算，供给机关不得忽视之"。① 可见，虽然原则上规定征粮由政府机关负责实施，但视所处环境，部队仍可机动自主筹粮，这也是战时部队经常转移的现实需要。

为使各级干部重视征粮的准备工作，1941 年 2 月 4 日，陈明在《大众日报》撰文，要求各地党政军民的最高负责同志充分认识粮食问题的重要性，增调必要数量和质量的干部，建立健全政府的粮食科，以便切实执行粮食委员会的一切决定，并且要求党政军民从各方面帮助粮食科的建立健全；就此开展各方面深入具体的政治动员，以解决粮食问题。②

在做出组织准备的同时，为有序有效实施征粮工作，战工会于 1941 年 4 月 27 日发布《关于征收救国公粮的决定》，就征收工作的步骤与方式方法，明确规定："征收时一定要进行动员。征收救国公粮应由各地粮食委员会统一预算作出计划后，由政府粮食科统一征收、保管、分配。各地应在这一工作中确实建立与充实粮食科之组织与工作，部队供给机关之粮食科干部应以全部力量帮助这一工作。"禁止平均摊派，政府要与军队、民众团体及抗日政党取得配合，一致动员，发动县、区、乡、村互助竞赛，有计划地进行动员、检查、总结、给奖工作等。③

艾楚南（同年 5 月 27 日任战工会财政处处长）撰文进一步细化了上述步骤与方法。如要求各地应以县为单位，开办征收救国公粮训练班，关于具体的组织与宣传工作，提出六项措施：（1）各级政府须依次召开各

① 《山东省战时工作推行委员会关于粮秣工作的决定》（1941 年 1 月 10 日），《山东革命历史档案资料选编》第 6 辑，第 257~258 页。

② 陈明：《一个紧急的战斗任务——克服春荒，解决军食民食》，《大众日报》1941 年 2 月 4 日，第 2 版。

③ 《山东省战时工作推行委员会关于征收救国公粮的决定》（1941 年 4 月 27 日），《山东革命历史档案资料选编》第 6 辑，第 364~365 页。

级行政负责人员会议，并由各级党政军民人员参加，深入讨论具体布置。同时，组织征收救国公粮委员会，吸收当地士绅名流参加，以各级行政负责人为主任来领导之。（2）各级党政军民在征收公粮时须抽调一部分干部，组织临时工作团，到各地去领导具体工作，尤其是部队中粮秣工作人员，要与政府密切配合。（3）各个地区组织宣传队到各村通过口头、化装、贴标语以及召开士绅名流座谈会等形式进行宣传，尤其是各剧团要准备关于征收公粮的戏剧到农村公演，使群众了解缴纳救国公粮是抗战中民众应尽的义务。（4）各级政府、部队，尤其是各级群众团体，应以不同方式、举办各种会议进行动员，如各种委员会、小组会、屋子会及群众大会等。（5）对不愿交公粮和故意妨碍征收工作的地主，应利用群众的力量展开斗争，并随时给予必要制裁。（6）地方干部起积极领导和模范作用，带动广大群众踊跃缴纳公粮。① 总体是劝导为主、斗争为辅。

征收救国公粮，牵涉方方面面。为求稳妥，省战工会与粮食委员会于5月6日专门召开粮食会议，就1941年的粮食及救国公粮问题做出决议："征收公粮时，在我占区，以政府机关负主要责任，军队和群众团体密切配合工作；游击区、敌占区则军政双方配合工作。原则上总的征收公粮的责任，应由各级食粮委员会和政府的各级粮食科负责。军队在游击区或敌占区征收的粮食要到一定的粮食机关报账，以防流弊。"为防备敌人破坏及有计划地分配与储藏，"原则上各地区的征粮工作，必须用突击的精神在一个半月以内全部完成"。明确了不同区域征粮工作的责任主体和期限。②

决议提出，粮食工作的决策机关是县级以上成立的各级粮食委员会，组成人员是各地区党政军民的负责同志和各级政权机关及军队的粮食部门主要负责人。执行机关是设在战工会及主任公署的粮食管理局、专署及县政府的粮食科。另外，在征收救国公粮的一定期间内，各县设征收救国公粮委员会，由县长、区长及军民主要负责人参加，并配备一些必要的干部。组织工作队推进具体的征粮工作，工作队由抽调的党政军民各方面工

① 艾楚南：《怎样征收救国公粮》，《大众日报》1941年4月28日，第2版。
② 《全省粮食会议关于粮食与征收救国公粮的决议》（1941年5月6日），《山东革命历史档案资料选编》第6辑，第373~375页。

作人员组成，军队粮秣机关的工作人员要有三分之一或三分之二参加，政府粮食部门全体参加，区长、乡长、村长一定参加，"建议政党的下层要有三分之一的干部参加，各救干部要全体参加"，上一级的工作队参加并领导下一级的工作队，一直到区、乡为止。① 这样，粮食会议对征粮的组织领导做了层层布置。

在全省粮食会议召开 10 天后的 5 月 16 日，朱瑞任主任委员，陈光、黎玉为副主任委员的山东省粮食委员会在《大众日报》发出《关于加强粮食工作的通知》，在规定如何确定征粮数目及强调征粮工作的重要性后，关于征粮工作的组织领导，再次强调："各地区应立即召开粮食会议，成立征收救国公粮委员会，组织征收救国公粮工作队。各级政权机关之粮秣人员全体参加，军队以三分之二粮秣工作人员参加，其他机关团体得酌量派人按实际情形分别组成工作队，在征收公粮委员会领导下下乡工作。"②

在利用组织和行政力量布置、通过舆论阵地强化宣传推动的同时，为在征收工作中充分发挥民众的力量，5 月 17 日，山东省各界救国联合总会向各地各级各救发出紧急通告，关于麦收工作的宣传动员及组织领导，要求各地各群众团体必须做到：在会议中，在训练班里，在站岗放哨时，在识字牌上以及一切活动中，一刻不放松地进行关于麦收的宣传与教育，并应从即日起以县、区为单位进行半个月的宣传动员；由县或专区各救统一印发小型宣传材料，广为散发，将街头小报、宣传壁报以麦收内容充实起来，并可商请艺术团体编制麦收小调、戏剧，上演传播，以激发群众热情；组织士绅名流及各界人士开座谈会，宣讲商讨麦收问题。为将群众团体的会员及广大群众都组织到麦收工作中来，通告提出以区、村为单位组织收割队、麦收突击队或服务队等，商同推动各军政机关之直属单位武装部队积极参加并保护麦收工作，以及与群众团体取得密切配合等具体

① 《全省粮食会议关于粮食与征收救国公粮的决议》（1941 年 5 月 6 日），《山东革命历史档案资料选编》第 6 辑，第 376~377 页。

② 《山东省粮食委员会关于加强粮食工作的通知》（1941 年 5 月 16 日），《山东革命历史档案资料选编》第 6 辑，第 380~381 页。

要求。①

为确保粮食征收顺利，中共山东党政军民就相关的宣传解释及组织领导工作从上到下做了周密部署，以极力避免征收中的强迫命令和平均摊派，又尽力确保征收任务的完成。由于资料限制，不能完全还原各地具体的准备情况，但从以下几个战略区具体的征收情况或可窥见各地征粮准备工作的落实情形。

山东分局及战工会所在的鲁中区1941年夏季实现了统一征收救国公粮，总体上完成了征收任务的55%，根据地还有30%未完成，游击区、敌占区内则有90%未完成。"按公平负担原则征收粮食还未在全区普遍推行，仍有许多地方是按银两平均摊派及其他过左过右现象。"② 麦季征粮工作成绩突出者，以县为单位，泰北行署完成90%，莒县政府完成81.5%。以区为单位，大区100%完成计划者有莒中行署之夏庄区、莒县之路镇区；小区计有沂水之第三、四区完成200%，沂南行署之崖子区完成104%，青石区完成100%。战工会决定给予完成数目最多的两个县1万元的无息贷款，作为筑井改善水利之用；两个大区各给3000元无息贷款；小区各给500~1000元的无息贷款。

就个体而言，莒县路镇区一名地主主动超额完成应缴数目；洙边区石门一名贫农按公平负担本不在负担之列，而主动缴纳公粮，受到表彰。对因征收公粮而受伤牺牲者，分别给予优恤慰问及表扬。其他征收公粮的模范，也给予物质奖励。而对许多县份及区乡，非因客观上的确无法征收而完成计划很少、不及一半，甚至不及十分之二者，分别受到严厉之批评或警告。③ 战工会针对实际的征粮完成情况，分别采取相应的奖惩措施。

战工会认为鲁中区夏季征粮计划未能完成的原因，主要在于重视

① 《山东省各救总会为迎接麦收给各地各级各救会的紧急通告》（1941年5月17日），《山东革命历史档案资料选编》第6辑，第383~385页。
② 《山东省战时工作推行委员会关于鲁中区秋季粮食会议的决议》（1941年8月30日），山东省档案馆、山东社会科学院历史研究所合编《山东革命历史档案资料选编》第7辑，山东人民出版社，1983，第232~233页。
③ 《山东省战时工作推行委员会关于鲁中区秋季粮食会议的决议》（1941年8月30日），《山东革命历史档案资料选编》第7辑，第234~235页。

不够或无信心，对粮食会议决议未做深入讨论及研究实施方法，亦未动员全部力量协同一致完成任务。根据地还有 30% 未完成的原因，一方面是不能及时督促、抓紧完成任务；另一方面是分配任务时未细致考虑各县人口数量、土地多少、山区还是平原、老根据地与新地区、收获状况、受灾情形及游击区与敌占区等的具体情况，因此发生分配不适当，有些地区确实无法完成。① 对鲁中区 1941 年未完成麦季公粮征收任务之各级政府，战工会要求其继续完成。根据具体原因或减免，或不再征收，或由军队协同以求完成以专署为单位征足麦季公粮 70% 以上之任务。②

　　与鲁中区不同，胶东区 1941 年办事处成立后，为彻底推行"甲种公平负担"，成立训练班，抽调各县干部受训。各县亦普遍成立了短期训练班，轮训区村干部，有的举办了一、二、三期不等，掀起各地推行公平负担的热潮。"为了纠正过去各地的殖民地观点，因此决定：1. 敌区人民比根据（地）人民减轻负担四分之一。2. 游击区人民比根据地人民减轻负担五分之一。3. 三角斗争区人民比根据地人民减轻负担三分之一。4. 敌占优势区和工作比较薄弱区，还应沿用当地比较合理的习惯办法征收，但须坚决废除以'人口'、'门牌'办法征收。""统计本年执行'甲种公平负担'的 2128 行政村庄，占行政区的百分之七十一，共征讫公粮 43073801 斤，根据当时当地产量计算，占行政区产粮量的百分之十三点八，每亩平均十六斤（地瓜当时没计算在内）。"③

　　而清河区，从 1939 年下半年至 1941 年全年实施了甲种负担办法，大大减轻了贫农的负担，但缺点也很明显，富农负担太重，压特户，妨碍奖励生产，过于刺激商人及富农，而且执行中更"左"。乙种合理负担在清河区只是昙花一现，仅个别地区执行。④

---

① 《山东省战时工作推行委员会关于鲁中区秋季粮食会议的决议》（1941 年 8 月 30 日），《山东革命历史档案资料选编》第 7 辑，第 233~234 页。
② 《山东省战时工作推行委员会关于鲁中区秋季粮食会议的决议》（1941 年 8 月 30 日），《山东革命历史档案资料选编》第 7 辑，第 235~236 页。
③ 胶东区行政主任公署：《胶东区一九三八年至一九四二年五年来财政经济建设工作总结》（1943 年 2 月），《山东革命根据地财政史料选编》第 1 辑，第 248~249 页。
④ 《景晓村日记》，1944 年 1 月，第 749~755 页。

以上三区的情况表明，中共在山东各战略区虽然都是首先实施甲种公平负担征收公粮，但具体办法不一，效果各异。

1942年夏山东旱灾严重，又加日伪抢粮，致粮价飞涨，人心不安。为避免粮荒，战工会发出《关于救济旱灾预防粮荒的指示》，决定预防灾荒办法数项，提出减征公粮，改良征收办法，以减轻村民负担。①

8月16日，战工会修正征粮办法，② 令各地根据当地情况进行讨论，并参考秋收情况制定秋季公粮征收暂行办法，报战工会备案。8月25日，《大众日报》刊文《为抗战为人民彻底实现征粮新办法》，称"经过多次的调查研究而后制定的新征粮办法现在颁布了"。该办法照顾各阶层的生活，也照顾抗战必需的军粮，坦率指出了征购办法的实现，还存在许多困难：重要者如匿报产量，及可能的全村互相隐瞒，难以发动斗争，致使收入减少，军粮不足；征收时人力的配备不足；政权干部的认识与信心不够。③ 上述困难的存在其实印证了之前布置的征粮工作并没有得到完全落实。再者，战时农村生产力低下，民众本来生计困难，自身口粮难保，主动如实呈报收入实在是难上加难。

8月26日，战工会又发补充指示，④ 以作为各地制定秋季公粮征收办法的参考。补充指示针对前述困难及征粮数减少的可能，提出还是要在广泛与深入的宣传动员、密切配合与加强组织领导、调查产量等方面做足工作。

考虑到当时环境的艰难，落实情况显然不容乐观，新办法只能在中共稳固的控制区才能有实施的条件和可能。具体情况可以从以下征粮实况得到反映。如将军山前是滨海区莒南大店区的一个村庄，自从实行了征粮新办法后，人民的负担大大减轻。在全庄102户人家533口人，658亩地，

---

① 《山东省战时工作推行委员会关于救济旱灾预防粮荒的指示》，《山东革命历史档案资料选编》第8辑，第430~432页。

② 《山东省战时工作推行委员会关于修正征粮办法的决定》（1942年8月16日），《山东革命历史档案资料选编》第8辑，第462~465页。

③ 《为抗战为人民彻底实现征粮新办法》，《大众日报》1942年8月25日，第1版。

④ 《山东省战时工作推行委员会关于按产量征收救国公粮实施办法的指示》（1942年8月26日），《山东革命历史档案资料选编》第8辑，第465~469页。

85321 斤的总产量下，该庄对政府的负担，秋粮仅为 9478 斤，占总产量的 11.1%。① 所以征粮新办法实行后，各阶层均感满意，而地主也特别拥护。②

胶东区 1942 年 8 月公布"征粮新办法"后，地主表示，古之"助法""彻法"，均不如"征粮新办法"合理；富农中认为"新办法"不合理的占 25%；中农中认为不合理的占 60%；贫农 100% 认为"新办法"合理。③ 新办法的受益者是处在两头的地主和贫农。

清河区实施征粮新办法，真正减轻了贫农的负担。从博兴的数据即可一目了然（见表 5-1）。

表 5-1 1942 年博兴各种征粮办法农民负担比较（以甲种负担为 100）

征收办法	富农	中农	贫农
甲种负担	100.00	100.00	100.00
乙种负担	85.20	105.78	135.91
1942 年征粮新办法	109.90	92.21	85.10

资料来源：《景晓村日记》，1944 年 1 月，第 749~755 页。

从表 5-1 数据即可看出，实施征粮新办法后，富农负担加重，中农负担有所减轻，贫农负担明显减轻。

统计资料显示，1942 年山东各战略区征收公粮数确已减少。根据地平均每人减征粮食 5 斤，如加游击区人口，则每人减征粮食 3 斤。其中鲁中、胶东减征数最多。鲁中征粮总数约下降了 50%。胶东每人平均由 1941 年之 16 斤减为 9 斤。④ 总体而言，1942 年征粮数较之 1941 年，鲁中区夏季减少 246 万余斤，秋季减少近 1546 万斤，全年减少近 1792 万斤；

① 陈超：《从敌伪顽我区人民负担的调查中看到的几个问题》（1942 年 12 月 27 日），《山东革命历史档案资料选编》第 9 辑，第 181 页。
② 鼎夫整理《滨海区各阶层转化及其生活情形》（1942 年 12 月），《山东革命历史档案资料选编》第 9 辑，第 200 页。
③ 胶东区行政主任公署：《胶东区一九三八年至一九四二年五年来财政经济建设工作总结》（1943 年 2 月），《山东革命根据地财政史料选编》第 1 辑，第 248~250 页。
④ 中共山东分局：《五年工作总结及今后任务》（1943 年 8 月 19 日），《山东革命历史档案资料选编》第 10 辑，第 43 页。

滨海区夏季减少约 129 万斤，秋季减少近 105 万斤，全年减少约 234 万斤；清河秋季减少约 304 万斤，鲁南秋季减少近 394 万斤。[①] 这一时期公粮征收数量的减少，一方面是中共实行精兵简政，主动顺应环境减征的结果；另一方面是环境艰险导致征收工作不力及天灾人祸导致粮食产出减少的表现。为克服减征后军政人员粮食供应之困难，中共实施减少浪费、加强节约、开荒生产等多种措施缓解粮荒。

三 抗战形势好转后的征粮状况

1943 年抗战形势向好，中共在山东的粮食征收工作迎来转机。

与之前重视组织机构的完善和干部的配备以及征收前的宣传解释动员工作相比，1943 年的征粮准备工作更注重技术层面的更新和细化。5 月 10 日，山东分局发出《关于征收救国公粮的指示》，认为做好征粮工作的先决条件是认真进行土地登记，要求各地党组织以最大的决心进行这一工作，认真研究讨论并将决定办法及意见电告分局，执行中之经验及各阶层反映亦上报，以资研究。由于各战略区实际情况复杂，而过去又未执行统一的办法，为此，分局特提出三种办法供各地参考、采用：一是按照乙种公平负担办法酌加修改，二是按照征粮新办法酌加修改，三是综合采用以上两种办法之优点。不论采取以上哪种办法，要求计算方法力求简单，便于采用，防止欺骗隐瞒。《指示》还对免征户、最高征收率、各阶层征收率等做了原则规定。[②]

因为征粮问题异常复杂，又关联到减租、土地陈报、产量、奖励生产、拥军等问题，依地亩征收有依地亩征收的好处，有时依产量征收不能脱离地亩的关联，依地亩征收也不能不照顾到生产情况。所以上述三种征粮办法推行起来并不顺利，中共山东分局在五年工作总结

[①] 《两年来山东各地区粮食征收统计表（1941~1942 年）》，《山东革命历史档案资料选编》第 9 辑，第 214 页。

[②] 《中共山东分局关于征收救国公粮的指示》（1943 年 5 月 10 日），《山东革命历史档案资料选编》第 9 辑，第 469~471 页。

中提到，至 1943 年 8 月，统一累进税没有在山东普遍实施，① 也就是说以上三种征粮办法并没有普遍推行。同年 9 月 8 日结束的山东省临时参议会一届二次议员大会，决定了田赋改征实物的原则，并限制每年每亩所征田赋不得超过粮食三斤。② 由此，在救国公粮以外，粮食的征收又增加了田赋一项。

负责山东根据地财粮工作的薛暮桥曾对 1943 年各区征粮办法进行过研究，③ 从他的总结分析中可见各战略区虽大都根据《大众日报》社论和《民主导报》载文《改进征收公粮办法的一个建议》所提原则制定，但各地实际采用的征粮办法都结合了当地情况，并不完全相同。

胶东区在中共山东分局及战工会巡视团直接帮助下，于 1943 年 6 月 15 日颁布了《征收救国公粮暂行办法》。其要点是：第一，征收公粮以产量为标准，按土地多少计算产量，以户为负担单位，以人口为计算单位。第二，根据胶东各地区土质之优劣，依抗战爆发后平常年景之一般产量，确定土地分为 17 级，并根据每年一般产量，确定各级土地之每亩平均产量，以此为计算标准。第三，累进率，每人每年平均产量 150 斤以下免征，150 斤征收 1%，150 斤以上每加 1 斤累进率增加 0.02 个百分点，至 200 斤为 2%，300 斤为 4%；300 斤以上每加 1 斤累进率增加 0.04 个百分点，至 400 斤为 8%，500 斤为 12%，550 斤为 14%；550 斤以上每加 1 斤累进率增加 0.06 个百分点，至 600 斤为 17%，700 斤为 23%，800 斤为 29%，900 斤为 35%，900 斤以上即不再增加。第四，征收救国公粮，按平均产量一年一次计算，分夏秋两季征收。夏季征收小麦，占全年缴纳数的 35%；秋季征收苞米，占 40%；豆子，占 15%；小米，占 10%。第五，自耕或雇人经营的土地减征 20%。租佃土地者并先扣除地租。地主出租的土地，按其地租收入计算负担。第六，计算人口，各户以现有人口计算，参加田地劳动之雇工列入雇主方面计算，脱离生产之武装及工作人

<hr>

① 《五年工作总结及今后任务》（1943 年 8 月 19 日），《山东革命历史档案资料选编》第 10 辑，第 75~76 页。

② 《山东省临时参议会一届二次议员大会始末记》（1943 年 10 月），《山东革命历史档案资料选编》第 11 辑，第 81~82 页。

③ 薛暮桥：《山东各根据地现行征粮办法检讨》（1944 年 3 月），《山东革命历史档案资料选编》第 11 辑，第 300~321 页。

员、中小学教员及自费学生皆得列入家人计算。[1] 此规定较为周密，符合公平负担与奖励生产的原则。但也存在两个方面的缺点。一是累进率先慢后快，不够合理。按当时的情况，大体上每人每年平均收入 300 斤以下者为贫农，300~600 斤者为中农，600 斤以上者为富农。依照上述累进率，贫农累进较慢，最多只征产量的 4%，按八折计算实征 3.2%，故负担特别轻；中农最多征 17%，按八折计算实征 13.6%；富农累进较快，中等富农每人每年收入 900 斤者，累进率即高达 35%，按八折计算实征 28%，故负担特别重。累进差额过大，实际上就把大部分公粮负担加在了少数较富裕的农民身上，致使不少农民特别是富农不愿多种土地扩大经营，阻碍富农经济的发展。二是自耕或雇人经营的土地，虽减征 20%，但因为这不是先从收获量中打八折再计算负担，即"前八折"，而是依产量计算完公粮数后再打八折，即所谓"后八折"，对于自耕农照顾不够，佃农更加吃亏，占便宜的还是收租地主，这与抗战时期中共削弱封建经济的方针也不符。

滨海区 1943 年麦季征粮，全区三分之二的村庄已实行新办法，群众负担普遍减轻，全区征收率仅占总产量的 15%，地主负担率为 25%，富农为 20%，中农为 15%，贫农为 4%，纠正了畸轻畸重问题。并扣除农本，刺激农业生产发展，雇工按雇主人口计算，提高了富农生产热情。同时发动群众揭发了 47600 余亩黑地，此亦为群众负担减轻之重要因素。另外，在此次征粮中，个别地区亦发生严重偏向，估计产量有过高或过低者；为完成预征数，有的未彻底实行新办法，忽视群众利益；有的区评议会未吸收公正士绅参加；有的村评议会不起作用，潦草从事，怕得罪人，隐瞒产量。[2]

滨海区 1943 年秋季公粮暂行办法与《大众日报》所提标准相比，贫农负担稍低，富农稍高，但总体而言两者的标准已相当接近。秋季公粮征收数，平均仅占总产量的 12%。但当季征粮导致少数富农不愿意多

---

① 胶东区行政主任公署：《胶东区征收救国公粮暂行办法与实施说明》（1943 年 6 月 22日），烟台市档案馆藏，档案号：G001-001-147-002。

② 《滨海专署粮食会议检讨夏征、布置秋征，定征粮为九、十月中心政治任务》（1943 年9 月），《山东革命根据地粮食史料选编》第 1 辑，第 402~403 页。

种地、多生产。可见规定累进差额是一件不容易的事情。过右了贫农无力负担，过左了又阻碍富农发展。在重征收租地主，轻征自耕农和经营地主，尤其减轻佃农负担这一点上，滨海比胶东进行得更为彻底。滨海是将产量打八折后计算公粮，即所谓"前八折"，与胶东的"后八折"相比，征粮数相差较大。假定某一农民收入 500 斤，照"后八折"办法计算，比"前八折"多征 28 斤。佃农也是，胶东的算法与滨海的算法相差更大。假定某一农民产量为 800 斤，按照胶东的算法，要比滨海的算法多征 55 斤。

滨海区的征粮办法虽在负担率上比较公平，但亦有明显缺点，就是计算方法过于复杂，以致妨碍征粮工作顺利完成，且易发生错误。例如计算某户收入的时候，第一，要把各种作物分别登记，如高粱几亩几分……各种秋粮计有十种之多。第二，要按各级土地分别计算产量，如高粱中分几级地分别多少，产量多少（土地级别至少有七八种），如此推及其他作物。第三，要再把各种秋粮折成标准粮，如糁子一斤半折一斤，地瓜七斤折一斤。第四，除去农本 20%，如系租种，要再除去地租。这样计算一户收入，可能花费一两个小时还是算不清楚（因为村干部的文化水准一般很低，一个村子要算两个星期以上），这就难免会发生错误。而且每征一次公粮，就要按村划分地级估计产量，有的估计过高，有的估计过低，常发生严重纠纷。①

鲁南区与胶东、滨海不同之处，是按地亩征收而非按产量。但胶东的产量是同级土地的常年平均产量，而鲁南的地亩也按产量多少折合（常年平均产量 300 斤的土地为一负担亩），所以实际上完全相同。征收办法除起征点稍低，累进征收率与《大众日报》所提出的标准大致符合，计算方法亦较便利。但在土地尚未清丈、地级划分尚未确定的地区，这种办法实行尚有困难，若遇灾荒，必须出台临时变通办法，即按歉收程度规定减收公粮几成，才能使负担大致公平。②

① 薛暮桥：《山东各根据地现行征粮办法检讨》（1944 年 3 月），《山东革命历史档案资料选编》第 11 辑，第 306~309 页。

② 薛暮桥：《山东各根据地现行征粮办法检讨》（1944 年 3 月），《山东革命历史档案资料选编》第 11 辑，第 309~310 页。

清河区由于对征粮办法本身缺乏调查研究，尤其是教条式理解阶层划分，把乡民划分为地主（一等户）、富农（二等户）、中农（三等户）、贫农（四等户）四类，阶层划分的标准不是"一般经济状况"，而是"生产方式"（剥削或被剥削），亦即"生活资料获得的方式"，以致执行中遇到许多困难。薛暮桥认为清河区1943年的征粮办法很不合理：划分阶层工作过分困难而使征粮工作无法及时完成，否则就是乱划阶层，造成许多严重错误；相邻阶层之间，本来没有明确界限，但划作不同的阶层，征收率差异很大，执行中容易发生严重纠纷和错误；阶层划分和累进率不合理；地主及小地主负担太重，对佃农照顾不够。[①]

鲁中区没有一个统一的征粮办法，不但泰山、泰南、沂蒙各区各有各的征粮办法，即使在同一专员区中，也是各县不同；除极少数地区外，一般尚未采取累进原则，地主、富农、中农、贫农均按同一标准征收，即使有累进也是差额较小，未起多大作用。即便征粮办法比较统一的沂蒙区，各县的征粮方式也是相当复杂。除沂蒙南长山、艾山两区试行新征粮办法，按每人平均所有标准亩（又称中中地，通过清丈土地划分地级折算所得）多少累进征收外，其他各地大致采用三种办法，一个共同缺点就是没有坚决采取累进征收的原则。[②]

综合各地区1943年的征粮办法，薛暮桥认为，从总的负担看，胶东最轻，其次是清河和滨海，再次是鲁南，最重的是鲁中（实际只是鲁中的沂蒙区，泰山、泰南地区负担并不很重）；就佃农与收租地主的负担而言，处理得最适当的是滨海和鲁南，胶东、清河未能完全照顾佃农，鲁中又稍显过火。[③]

薛暮桥的研究表明各地征粮办法存在各种各样的问题。这些问题在各战略区的工作总结中也有具体揭示。如清河区工作总结即指出，1943年

①　薛暮桥：《山东各根据地现行征粮办法检讨》（1944年3月），《山东革命历史档案资料选编》第11辑，第310~313页。

②　薛暮桥：《山东各根据地现行征粮办法检讨》（1944年3月），《山东革命历史档案资料选编》第11辑，第313~317页。

③　薛暮桥：《山东各根据地现行征粮办法检讨》（1944年3月），《山东革命历史档案资料选编》第11辑，第317~321页。

实行的征收办法犯了严重的主观主义。具体表现在：划分阶层时简单、笼统、主观；既按产量累进，又按阶层累进，形成了双重累进。如贫农产量100斤，负担为1%；若为中农，则负担即为10%；若为富农则负担又为20%。再加上阶层不易划分的缺点，就使中农、富农中的贫弱者负担加重。阶层划分不合理对负担的影响导致"争等"问题的出现。"争等"的办法是极力匿报，如沾化、博兴全县匿报量相当于实际产量的50%。又由于在执行中未强调反匿报，就不易完成任务，影响了公粮收入。后减农本（从负担数中减20%）是错误的，因为任务完成困难，且起征点太高，减农本则免负担户过多。就清河区而言，中农、贫农都反对乙种合理负担，一般赞成征粮新办法；富农则极赞成乙种合理负担，不赞成征粮新办法。征粮办法（除了乙种合理负担外）执行中粗枝大叶的现象较为严重，对刺激生产与发展富农经济的方针有所妨碍。① 清河区的情况表明，虽然抗战形势好转，根据地更加注重征粮工作的技术准备，但毕竟还是战时环境，土地登记陈报等工作落实起来难度还是相当大，在很大程度上制约了征粮政策的落实。

总体而言，1943年的征粮工作还是对1942年偏重偏轻的现象有所纠正，各地负担相对减轻。各地执行两种新征粮办法的村庄估计为：鲁南只实行了800个村子，占全部村庄数的20%，胶东只实行了二分之一，清河区大部执行，鲁中和滨海中心区大都执行了，路北和边沿区尚有一部分未执行。整个山东根据地的村庄，真正执行的不及三分之二，尚有三分之一还是实行摊派制，人民负担仍不够合理。② 根据地是这样，敌占区问题自然更多。

萧华在总结1943年的对敌斗争时就指出了在敌占区征收粮食工作中关心照顾群众利益不尽如人意之处。他痛切指出："随意没收敌占区人民的粮食、货物、法币的现象，始终未能完全禁绝。"更严重的是："有的领导机关知道了，也可以不严格追问纠正，这些现象是严重的，今后必须

---

① 《清河区负担政策的检查——〈清河区五年工作总结〉节录》（1944年6月），《山东革命根据地财政史料选编》第4辑，第150～153页。

② 《山东省第二次行政会议财政组总结报告》（1944年12月），《山东革命历史档案资料选编》第13辑，第290～292页。

完全根绝。"① 这些问题严重制约着中共征粮工作的顺利推行，影响军政机关的粮食供应和民食保障，妨碍根据地的巩固和拓展，已引起党政军负责人的高度重视。

四 抗战后期平衡负担的努力

抗战后期，随着根据地的逐渐恢复和发展，中共军政机关及部队规模不断扩大，需粮数激增，中共在山东粮食的获取迎来新的挑战：既要照顾民力，又要增加征粮数目，保证军政人员的粮食供应。这是个两难问题，解决起来实属不易。

顾惜民力，就要减轻民众负担。为此，1944 年 3 月 26 日，山东省政委会发出通令，要求"所有民国三十年十二月以前民间积欠之田赋公粮，一律豁免，不再征收"。②

1944 年的征粮工作，顺着减轻村民负担的思路，在照顾各阶层利益、照顾军食民食、奖励生产、负担户达 80% 以上的原则下，进一步从技术上改进征收办法，估计征粮超 3 亿斤，③ 同时极力避免之前征粮工作中的问题一再发生。

渤海区新的征收办法和补充指示即体现了这样的主旨。④ 9 月 14 日的《渤海日报》发表王有山的《认真执行公粮负担政策》一文，强调纠正以往征粮工作中"群众观念不强""官僚主义作怪，不能灵活运用掌握政策""临阵磨枪"等问题，要求各地在秋季征收中"从速进行宣传研究讨论征粮新办法的计划和步骤"，"必须掌握储存四个月至半年的公

---

① 《关于对敌斗争问题——肖华同志在全山东政治工作会议上的总结报告》（1944 年 5 月），《山东革命历史档案资料选编》第 12 辑，第 128～129 页。

② 《山东省政委会关于免征一九四一年十二月以前积欠田赋公粮的通令》（1944 年 3 月 26 日），《山东革命历史档案资料选编》第 11 辑，第 296 页。

③ 《大反攻前夜的经济工作（草案）——一九四五年七月十七日黎玉在财经委员会扩大会上的报告提纲》，《山东革命历史档案资料选编》第 15 辑，第 135 页。

④ 《渤海区行政公署关于秋季征收公粮田赋补充指示》（1944 年 9 月 14 日），《山东革命根据地财政史料选编》第 4 辑，第 160～164 页。

粮。……任何不关心群众，不作反攻准备，应付塞责都是错误的"。①

鲁南专署为了保证军食，照顾民力，根据"以百分之九十的力量帮助群众生产，以百分之十的力量向群众征收"的精神，规定了 1944 年征收麦季公粮的原则和办法。

一是根据群众负担能力，同时照顾各阶层，特别是贫苦农民的生活，在基本区规定麦子的负担原则是：贫农缴公粮的数目不超过其麦季收入的 8%，中农不超过 16%，富农不超过 25%，地主不超过 35%，各县总负担不超过 15%。根据这个原则，一般规定每亩地（自然地）最多缴 7 斤公粮，最少的 1.5 斤，平均起来每亩在 4.5 斤左右。二是因几年来山区各县负担较重，当年的夏季负担减少 20%～30%。同时，为照顾某些地区的特殊情况，还可以适当减少或豁免。如赵镈县的山区各村，因受敌伪的占据和蹂躏，去冬没有下种，应减少或全部免征。敌占区和游击区，因为民众要多面负担，征收数目相应减少，原则上规定游击区比基本区减少 1/3～1/2，敌占区比基本区要减少 1/2～2/3，新开辟地区也要比基本区减少 1/3～1/2。某些灾荒较重的村庄，县政府要再减少些，或完全免去，甚至可给予必要的救济。据此，民众粮食负担比去年夏季减轻 25% 以上。②

胶东区的情况有所不同。该区 1943 年负担相对较轻，而 1944 年新的征收办法执行后，负担明显加重。③ 据胶东区党委调查研究室对牟平五区埠后村调查，该村 1944 年负担较 1943 年加重了 57.17%，公粮比 1943 年增加 23.02%，田赋增加 52.12%，木柴增加 151.8%，教育粮 1943 年包含在公粮以内，1944 年实际上是增加了公粮的 20%。调查显示负担加重的基本原因是土地等级整理工作有偏差，导致平均产量被人为拔高，相应地田赋及以公粮为标准的教育粮、木柴等亦增加；其次是累进率的跳跃太急；再者，反黑地斗争导致土地数目增加，如埠后村 1943 年 2833 亩，

① 王有山：《认真执行公粮负担政策》（1944 年 9 月 14 日），《山东革命根据地财政史料选编》第 4 辑，第 167 页。
② 《鲁南专署颁布夏季征粮办法群众负担比去年夏减轻四分之一》，《山东革命根据地粮食史料选编》第 1 辑，第 392～393 页。
③ 《胶东区三十三年秋季公粮、下期田赋征收决定》（1944 年 10 月 1 日），《山东革命根据地财政史料选编》第 4 辑，第 167～169 页。

1944 年 3026 亩，增加了 193 亩。① 尽管反黑地是正确的，这样可以使各户负担更加合理，但该村在整理土地等级时工作存在偏差：一是完全根据土质规定平均产量，不问实产量如何，不顾及该地的特殊情况；二是完全根据实产量来规定平均产量，结果使努力生产、实际产量增加的农民吃亏，必然使农民的生产积极性受影响；三是主观地规定标准地，不通过调查研究，使地级的规定很不合理。②

由于该村整理地级中以上问题的存在，作为该村征粮依据的平均产量被人为拔高，超过了实际产出。造成负担加重的层级分布中，中农最多，比去年增加 67.18%；其次是富农，比去年增加 53.59%；再次是贫农，比去年增加 45.33%。其他阶层（指小商人、自由职业者等）比去年增加 60.2%，仅次于中农，但比富农是多的。地主增加最少，为 21.17%，雇农增加极少。中农负担加重最多的主要原因是土地等级提高，总平均产量加大，又加征 1% 的田赋。另外还因中农土地增多，富农土地减少。③

据对埠后村的调查，该村募捐行为此时仍旧存在，募集的粮食几乎等于田赋的数目，募捐太多，也是中农负担加重的原因。中农负担的公粮田赋占其收入的 10%，村里募捐又占其收入的 6%。④ 募捐的存在绝不限于这一个村，"各村乱筹乱募乱捐现象是很严重的，花样名目也相当多，名义是募捐实际是摊派，因而人民实际负担加重"。⑤ 胶东是较早实施粮食统筹统支的地区，1944 年仍不能禁绝摊派行为，至抗战胜利前夕，"乡村的零碎负担方法仍旧很多，尤其是乱筹乱募"。⑥

胶东区 1944 年的征粮办法从一种平均主义观点出发，违反了奖励生

---

① 《一个村的负担政策调查（节录）》（1944 年 12 月），《山东革命根据地财政史料选编》第 4 辑，第 170~172 页。

② 《一个村的负担政策调查（节录）》（1944 年 12 月），《山东革命根据地财政史料选编》第 4 辑，第 181~182 页。

③ 《一个村的负担政策调查（节录）》（1944 年 12 月），《山东革命根据地财政史料选编》第 4 辑，第 176~178 页。

④ 《一个村的负担政策调查（节录）》（1944 年 12 月），《山东革命根据地财政史料选编》第 4 辑，第 181~184 页。

⑤ 《一个村的负担政策调查（节录）》（1944 年 12 月），《山东革命根据地财政史料选编》第 4 辑，第 192 页。

⑥ 胶东区行政公署：《胶东区八年来抗日民主政权工作报告》（1945 年 7 月 21 日），山东省档案馆藏，档案号：G031-01-0228-001。

产的原则。① 由于办法复杂，计算困难，加之村干部不完全熟悉政策政令的精神及每条具体规定，所以执行起来存在机械、不彻底及错误等问题。例如当年调查时选择的 10 户人家，其中便有 5 户计算错误，并有很多应奖励及照顾的办法没有执行，所以有的负担太重，收入不够负担的；有的不应负担的负担了，应少负担的多负担了。群众中 99% 的人只知村里要负担，而不了解自己应负担多少，错了还不知。所以，因为各种因素的制约，一项政策的制定与落实有较大的差距。

胶东区一个村子的负担情况反映着中共在山东部分地区获取粮食的具体情形和对村民的实际影响，表明合理负担政策的真正落实在战时环境下尤为艰难。边沿区的情况更糟。1945 年 3 月 2 日，山东省政委会在关于改进边沿区工作的指示中即指出："在征收公粮田赋时候没有充分照顾边沿区人民的特殊困难，没有适当减轻边沿区人民的负担，没有好好领导群众进行反资敌的斗争。"又由于边沿区基层政权大多未经过真正改造，调查研究与布置缺乏等，"因此在征粮中便必然会发生许多非常不公平和不合理的现象"。要求"各地政权机关应派专人去做边沿区征粮办法的调查研究，制定适合于边沿区的征粮办法，务求公平合理、简单易行，解除人民困难"。② 要使各个地区民众的粮食负担尽量公平合理，还需要种种努力。

为给即将到来的麦季征粮工作以具体指引，4 月 21 日，山东省政委会公布《山东省征收公粮条例》，以"公平合理及奖励生产"为原则，规定："暂按土地收入征收救国公粮，优救粮亦在救国公粮中附带征收，其数额按公粮总数百分之十为准"，"救国公粮按照收入多少累进征收。最高负担，农民不得超过其土地收入百分之三十，地主不得超过其土地收入百分之三十五"，根据收支情况，各地可酌量临时稍微提高或降低比例。③

---

① 《一个村的负担政策调查（节录）》（1944 年 12 月），《山东革命根据地财政史料选编》第 4 辑，第 185 页。

② 《山东省战时行政委员会关于改进边沿区工作的指示》（1945 年 3 月 2 日），《山东革命历史档案资料选编》第 14 辑，第 198 页。

③ 《山东省征收公粮条例》（1945 年 4 月 21 日），《山东革命历史档案资料选编》第 14 辑，第 296 页。

上述改进措施及新条例应该说得到了较好执行。黎玉在总结报告中指出：1945 年"粮食一般征收顺利了，并且保证了供给。在发动群众与双拥运动后，人民缴纳公粮踊跃，且有自愿多缴的模范行动，大村三天至五天，小村半天即可完毕征收工作……人民负担减轻了。在征粮办法上逐次改进，走上更加公平负担，大生产与整个经济的发展，群众更加相对的减轻了，再加以工商新的收入，所以群众对抗日负担在实际上比以前大大减轻了"。虽然如此，中共仍清醒地认识到："我们的公粮负担政策还有倚轻倚重、每年一变二变不便于民的地方。我们一切负担还有不少同志习惯于堆到农民身上的老一套，而不去想更好的办法扩大合理的社会负担。……我们的村财政随便自由的给群众摊派，超过正税……我们的粮食柴草还不够引起普遍的爱惜与注意，多报、多领、偷卖、滥用、腐烂、贪污在许多个角落里、岗位上或多或少存在。"财粮制度"还有很多漏洞，还有很多不够完善科学细致，在过去分散的游击战争分割自主的局面，更形成了独立分散的倾向，破坏制度"。"我们已经有不少材料，将毫不讲情面的行将公布，以引起党内的注意。"①

认识问题是解决问题的必要前提。抗战时期中共山东地方党政负责人对征粮工作中存在的问题一直有着清醒的认识，勇于正视并面对。在关于财政工作的总结中，又毫不隐讳、坦率检讨了征粮工作中的不足，其中特别强调实际工作中群众观念的缺乏与群众路线的贯彻不力。如"在征收上只知完成任务，不择手段，不讲方式；只知道强迫命令，不知教育说服；只顾自己需要，不关心群众疾苦。群众反映重了，而我们怕麻烦，不知反求诸己。更不调查研究，实事求是，反埋怨群众落后，甚至愿意群众落后，便于自己强迫征收"；在负担政策上"千篇一律""一成不变"，"如对敌游区的负担问题，目前随意捐罚的现象虽然停止了，但不知领导敌游区人民进行对敌各种经济斗争，以减轻人民负担，只是呆板地执行减轻三分之一或三分之二的规定"；在减轻群众负担上，"不知积极开源增加收入"，"只是着眼公粮、田赋，而没有更多想办法从开发实业、开发

<hr>

① 《大反攻前夜的经济工作（草案）——一九四五年七月十七日黎玉在财经委员会扩大会上的报告提纲》，《山东革命历史档案资料选编》第 15 辑，第 135～136 页。

税源中求得收入增加，因而加重了人民负担，而且在执行负担办法中不知创造经验，深入研究，致负担政策不稳，忽左忽右，影响了人民的生活"。① 积极发现问题，努力纠正偏向，是抗战时期中共在一切工作中的基本态度，粮食工作也是如此。萧华郑重指出，一些问题"是我们值得严重指出而必须纠正的"。② 抗战胜利前夕的征粮工作，就是在这种不断纠正各种失误的努力中向前推进的。

由于旧中国农村经济落后，尤其是抗日根据地所在的地区，多是偏远贫瘠之地，又逢战乱，工商业凋敝，因此，农耕是民众主要的生活来源。这就决定了合理负担政策下救国公粮的征收在一些地区是唯一的税收。从抗战时期负责筑先县中共抗日政权财政工作的谭启明的回忆中，可以具体了解中共在鲁西北根据地一些地方实行合理负担征收救国公粮工作的实际过程和运作细节。从中可知征收救国公粮时，并非完全征收粮食，也有以粮折款的情形存在。现将其回忆节录如下：

征收抗日公粮是当时唯一的税收。农村的手工业和小商贩，都是穷买卖，贫下中农土地少不够吃，才无奈奔波，获利甚微，地主经营的酿酒厂、粉房等较大企业，因慌乱都不干了，所以未征收工商税。

征收抗日公粮是以粮为标准，包括部分以粮折款。粮款的比例根据需要与当时情况而定。需要钱多，就多征收些钱；上年征收的粮多，下年就多征些钱；敌占区或敌我边沿地区，粮食不宜运输，也多征收钱。但总起来说是粮多钱少，大致是八二或七三比。

……

征收抗日公粮的办法，首先由县根据需要和各区的土地多少及可能条件，将任务下达各区，再由各区下达到各村。然后由各村分配到各户。

各村对户按累进办法征收公粮。土地很少者免征；土地较少者征

---

① 《山东省第二次行政会议财政组总结报告》（1944 年 12 月），《山东革命历史档案资料选编》第 13 辑，第 283~284 页。

② 《关于对敌斗争问题——肖华同志在全山东政治工作会议上的总结报告》（1944 年 5 月），《山东革命历史档案资料选编》第 12 辑，第 56 页。

收的比例少；土地较多者征收的比例较多；土地最多的征收的比例也最大。实施情况大致是：以户计算，每人平均有土地一亩以下，免征；一亩以上为起点，一至三亩者，每年每亩征收一到二斤粮；三至五亩者，每年每亩征收二至三斤粮；五至七亩者，每年每亩征收三至五斤粮；七至十亩者，每年每亩征收五至七斤粮；十亩以上者，每年每亩征收八九斤甚至十斤以上的粮。①

在征收抗日公粮时，对鳏寡孤独，抗日烈军属都实行减和免。除对少数有较多土地者减少征收外，一般的免征。

对有些农民一部分土地受灾时，也实行减免。对暂时困难的农民，实行缓征。

上述是一股情况，具体到各村有很大差别。旧社会的土地数是不准确的，我抗日政府也难于查实。黑地多的村，征收粮数相对减少；有的村干思想后进故意少报土地，在未纠正时，也相对征收的公粮少；有的村对缴纳抗日公粮认识不清，有意拖拉，少征、慢征、少外送，在形势变化，人员变动中，有时缴纳的少，落后沾光的情况也存在；村干对累进办法不理解或贯彻不认真，在划分等级上，各村有所不同，在征收时也就存在差异。每人平均三亩地的农户，在这个村每亩负担一斤公粮，在另一个村就可能每亩负担二斤公粮。

筑先县每年征收的抗日公粮总数，随着形势的发展逐年增多。一九四〇年，由于抗日政权刚建立，征收的总数大约六七十万斤（均以市斤计）；一九四一年至一九四四年，每年大约一百万斤到一百五十万斤；一九四五年，形势好转，建立了五六个区政权，征收的总数二百万斤左右。

全年征收抗日公粮总数，每年一定。丰收年征收的较多，灾荒年如一九四三年征收的少；上年完成任务好，库存多，下年就征收的少些；抗日根据地扩大，需要与可能征多，则征收的多些。

为了落实征收任务，每年夏秋两季开征前，县长都召开各区长会

---

① 谭启明：《抗日战争中筑先县财政工作的一些情况》，《聊城市党史资料》第 3 期，第 154 页。

议，具体确定本季的征收总数并分配到各区。当时的二区即八大寨、孙堂、八大香坊、八大庄、军屯、王官庙一带，是筑先县抗日根据地的中心，群众基础较好，完成征收任务量也一直很好。一九四四年前，二区每年完成的征收公粮数，大体占全县总数的百分之四十到五十。[①]

……

征收公粮时以粮折款的现金，一般逐级上缴。有时也由村暂时保管，等待区的通知分期上缴。县区收到现金暂时不用时，委托一些村庄代为保管，随用随取。

由于抗日游击的机动性，党政军民各单位有时领不到现金，在没有现金，不需吃菜时，由各单位以粮换菜，或由各村代购，以菜顶粮。只要有各单位的盖有公章的证明，区里认账，事后结算。以保证各单位菜的供应。但党政军民各单位及任何个人都不能向村索要现金。[②]

筑先县的征粮情况表明，山东根据地获取粮食的方式灵活多样，而大的原则是一样的。

总之，考察抗战时期中共在山东获取粮食的实际进程可知，在 1940年山东抗日根据地迎来大发展之前，募集与摊派是解决粮食问题的主要方式，之后也一直存在；1941 年后，以合理负担、救国公粮与田赋等形式征收粮食，但游击战争的特性、战时环境的复杂多变以及根据地与国民党控制区、日伪占领区的交错并存，加之征粮工作本身的繁杂，尽管山东各战略区在不同时期不同地区实施了各自不同的征收办法，征粮工作仍难以如期普遍推行，各种或"左"或右的偏向难以避免。

中共的征粮工作以抗日民主政权的建立为前提，在具体推进过程中极力避免强制色彩。这体现在派出工作队、在征收前有组织地开展细致的宣传动员工作上，充分发动群众，运用会议、座谈、演剧、张贴海报等宣传方式向民众解释纳粮抗日的义务。这种对乡民自主意愿的引导，是根据地

---

① 谭启明：《抗日战争中筑先县财政工作的一些情况》，《聊城市党史资料》第 3 期，第155~156 页。

② 谭启明：《抗日战争中筑先县财政工作的一些情况》，《聊城市党史资料》第 3 期，第157 页。

排除中间人直接向村民征粮方式的重要特点。在制定具体的征粮办法和征收数量时特别顾及军政、民用两方面的需要，其中的纠结自可想见。这种纠结与战时根据地对村民的高度依赖密切相关。

征粮方法的不断改进，一方面，使村民的公粮负担趋向合理而公平，既照顾了各阶层民众的生活，基本满足了军需民用，又体现了中共的统一战线及新民主主义经济政策要求；另一方面，征粮方法的复杂多变，农民文化水平的低下，增加了实际执行的难度，影响了征粮办法的广泛推行。

抗战时期的山东，跟华北其他省份一样，仍然是小农社会，农村生产力落后，粮食产量较低。由于资料限制，无法完整统计中共在山东的征粮数目，但可以确定的是，"公粮……占政府财政收入的数倍"。① 黎玉明言："抗战八年，完全依赖农民供给吃烧"，"我们应该感谢农民，报答农民"。② 山东抗日根据地的生存、发展和壮大与当地村民的支持密切相关，其中军政人员的粮食供应绝大部分来自当地村民，足以表明山东民众对抗战做出的牺牲和无可替代的巨大贡献。

---

① 《山东省政府关于粮库工作的指示》（1946 年 5 月 5 日），山东省财政科学研究所、山东省档案馆编印《山东革命根据地财政史料选编》第 6 辑，1985，第 566 页。

② 《大反攻前夜的经济工作（草案）——一九四五年七月十七日黎玉在财经委员会扩大会上的报告提纲》，《山东革命历史档案资料选编》第 15 辑，第 148 页。

第六章　根据地军民的粮食保卫战

中共在山东敌后建立的根据地与日伪占领区、国民党控制区交错并存，三方对当地都有粮食需求，或明或暗的争夺不可避免。而且，日伪经常性的"扫荡"、"清剿"和"蚕食"，以及国民党军的"摩擦"，对中共获取粮食构成直接威胁。因此，要真正使粮食到手、切实完成征收任务，保障军食民用，还不得不应对征收工作之外的种种危机。从粮源的保护、应对日伪及国民党军的征购与封锁，到征收后的妥善收藏等，有一系列工作要做，这些工作如何进行，效果如何，直接关系到根据地军民获取粮食的多寡和成败。

一　保卫与反抢粮的军事斗争

武力抢掠和行政收购是日伪攫取粮食的主要方式之一。因而从源头上防止敌人的抢掠，武装保卫粮食收割，帮助农民速收速打速藏并开展反抢粮斗争，在1940年山东抗日根据地迎来大发展并开始重视统一粮食征收后，成为中共抗日武装经常而重要的任务。

为使党政军民都认识到协同保护粮源反对敌人抢粮斗争的紧迫性和重要性，中共在山东注重运用党刊媒体进行宣传动员。1940年9月19日，《大众日报》在头版头条发表题为《展开藏粮节约与禁止运粮资敌的斗争》的社论，提出为应对敌人"抢粮、烧粮，高价收买我占区粮食，严密封锁我抗日根据地粮食"，实行其"以战养战"阴谋并借粮食统制陷根据地军民于饥饿境地以控制全华北的图谋，"粮食问题应成为目前亟需注意与急待解决的问题"，是"目前各军各党各界迫切的任务"。① 《大众日报》作为中共山东分局的机关报，刊载的文章

---

① 《展开藏粮节约与禁止运粮资敌的斗争》，《大众日报》1940年9月19日，第1版。

具有重要的导向作用，该文的发表显然意在使党政军民切实重视、保护并珍惜粮食。

1941年4月28日，山东省战工会财政处处长艾楚南明确提出："在麦收时应动员各级机关部队团体帮助民众速收速藏，尤其靠近敌伪顽地区应实行武装保护麦收，以防敌伪顽固派抢掠与破坏。"① 武装保护收割任务的提出，与根据地环境恶化，游击区增加密切相关。

自1941年开始日伪在华北连续发动五次"治安强化运动"，根据地处境日益艰难，征粮工作面临更多的困难和挑战。太平洋战争爆发后，由于运输道路受阻及战线延长，华北日军所需粮食不得不更多地求之于当地，日伪加紧了对华北粮食的行政收购和武力征讨。1942年麦收前，日伪在各据点修筑仓库，准备乘机抢粮，而国民党军也有乘机抢粮的企图。因此，为切实保卫麦收，应对各方抢粮，战工会于5月28日专门就麦收工作做出决议，明确必须做深入的动员工作。首先要求各县"召开麦收动员会议，由政府召集参议会、部队、群众团体、士绅、报馆、剧团等机关团体代表及各区区长参加。在会议上首先要说明麦收工作的重要意义，介绍速收速打速藏的方法并加以详细讨论，并邀请出席人员回到各区有组织地召开各该区麦收动员会议，再由各区分配人员到各村召开村民大会，深入动员。各村应一律召开村民大会一次。但为不影响工作，应在晚饭后，时间亦不应过长"，如此自上而下力求贯彻会议精神。在政府系统之外，战工会还提出"由本会及各主署专署致函各部队、机关、学校、团体在驻地进行速收速打的宣传动员"，"由教育处通知各主署专署县府教育科通令小学进行宣传，并动员学生参加麦收"，"致函各报刊出刊动员麦收专号，剧团编演动员麦收的戏剧"。② 可见，从行政机关到学校，从部队到群众团体，从党刊媒体到演艺组织都被动员到进行速收速打速藏、保护粮食的宣传工作中来。

关于速收速打速藏的方法，战工会决议要求各地必须根据当地情形进行具体讨论和研究，并提建议如下。关于速收，除了部队、机关团体

① 艾楚南：《怎样征收救国公粮》，《大众日报》1941年4月28日，第2版。
② 《山东省战时工作推行委员会关于执行"三十一次常会关于麦收工作的决议案"的通令》（1942年5月28日），《山东革命历史档案资料选编》第8辑，第306~307页。

要在驻地帮助贫苦抗属和缺乏劳动力的农户收割外，并须发动农民组织互助组，互帮互助，谁的麦子熟了，先帮谁割。为了预防敌人焚烧，在一时收割不及的地方，可实行"间割"的方法。关于速打，部队、机关团体在驻地帮助群众夏种，使群众专心打麦并尽量用牲口帮助群众打麦，并提倡铡麦穗的办法，以便速晒速打，预防敌人焚烧。关于速藏，注意分散、隐蔽的原则，并采用掺沙等方法。采用掺沙方法时，必须将沙先用筛子筛好，然后将筛下之细沙掺入粗粮，筛上之粗沙掺入细粮，食用时仍用原筛子筛出。所掺沙粒必须达 2/3 以上，以防敌人焚烧及运走。对基本巩固的根据地要进行藏粮宣传，说服群众藏粮，并加以督促检查。在游击区、接敌区，要动员群众藏粮以反对敌人的配给制，"并尽量动员其存粮入我占区之亲友家"。① 总之，尽一切可能防止粮食被日伪抢掠。

为防备敌人抢粮，在进行防御性的隐藏之外，决议还提出了灵活主动的干扰措施，要求各地必须加强准备工作：加强自卫团、游击小组的领导，准备截击敌人抢粮车辆及牲口，并特别注意破坏接敌区道路，以阻碍敌人抢粮车辆的行进，以便截击；在敌占区、接敌区，要号召群众改造巷口，使敌人迷惑不便出入。②

如此，反对敌人抢粮成为中共抗日武装反"扫荡"斗争的重要目标。1942 年 7 月 5 日，战工会接一一五师师部通知："二日临沂增敌，滋阳公路敌运输繁忙，费县、平邑共增敌千余，日、莒一带之敌八百余二日与百十一师接触，估计敌有于'七七'前后向滨海区及抱犊崮山区'扫荡'、在我根据地大肆抢粮可能。"为粉碎敌人"扫荡"，展开对敌反抢粮斗争，发出紧急训令，要求各该主署、专署及其县政府并转各区村公所迅速动员，准备粉碎敌人的"扫荡"，对训令立即展开讨论，并根据当地具体情况做出反"扫荡"计划。③ 同年夏，战工会在关于救济旱灾预防粮荒的指

---

① 《山东省战时工作推行委员会关于执行"三十一次常会关于麦收工作的决议案"的通令》（1942 年 5 月 28 日），《山东革命历史档案资料选编》第 8 辑，第 307 页。

② 《山东省战时工作推行委员会关于执行"三十一次常会关于麦收工作的决议案"的通令》（1942 年 5 月 28 日），《山东革命历史档案资料选编》第 8 辑，第 307~308 页。

③ 《山东省战时工作推行委员会为粉碎敌人"扫荡"展开对敌反抢粮斗争的紧急训令》（1942 年 7 月 5 日），《山东革命历史档案资料选编》第 8 辑，第 413~414 页。

示中，重申前述反抢粮斗争的各项措施，军政携手，把反"扫荡"斗争和反抢粮斗争结合起来。①

1942年华北普遍的自然灾害使粮食歉收，并影响到下一年的军食民食。1943年的收割对于解决严重的粮食危机就显得尤为重要。因此，麦收前的4月24日，罗荣桓与黎玉联名向山东各军区发出关于保卫夏收与反"蚕食"战役的命令，指出："我山东各地区几乎普遍发生粮荒，尤以泰山、鲁南、冀鲁边为最，粮食斗争已成为目前严重问题。但敌人对我根据地的蚕食紧缩未曾稍懈，根据地日渐缩小，再加敌人经济掠夺，'扫荡'摧残，若不警惕，有力的给敌伪蚕食和掠夺的部队以必要的打击，将使我渡过艰苦的四三年发生严重困难，因此今年保卫夏收，应成为党政军民的中心任务之一。"武装保卫夏收受到了中共山东军政负责人前所未有的重视，命令提出保卫夏收应和反"蚕食"、坚持边沿区斗争密切联系，并要求"各地区在夏收前十日内，将主力与地方武装确实部署，面向敌区活动；民兵在不脱离生产原则下，劳力与武力结合起来，配合主力打击敌人抢麦行动；同时主力、县区武装亦应根据边沿区群众的要求，以分散的主动的爱民的姿态，不妨碍（与）民兵共同劳动，共同作战，确保夏收完成"，要求把具体研究部署情形上报。② 武装保卫麦收作为一场战役层层布置下去。

4月30日，山东省临时武装委员会又向山东基干队、游击小组、青抗先及自卫团发出关于保卫夏收的号召，称鉴于去年敌人抢粮造成严重的春荒，"今年麦收的时候，为了不致落场空，为了自己全家老小不致眼看着饿死"，要求接受下面的任务："武装保卫夏收，不让敌人抢去一粒粮食！坚决为保卫一口粮、一块煎饼、一碗糊涂而斗争！"为此，必须做到：（1）中心根据地应立即实行抗日戒严，防止敌探、奸细、土匪的活动，特别加紧岗哨，加紧盘查行人。民兵应分班轮流集体睡觉，夜晚应经常与邻村民兵实行会哨，随时准备援助边沿区的民兵；敌人出动时，应配合中共主力、地方武装，坚决打击敌人的抢粮队。边沿区的民兵，应坚决包围据点，掩护附近村民抢收抢割，加紧看护，防止敌人偷割、偷场。（2）多创造劳力与武力结合的具体办法，一方面要不失时机地打击敌人，同时还要同心协力地多干活。各地区的民兵可以班或小队为单位（没有分班或小队的地方，可以基干队、游击小组或青抗先为单位），实行劳力互助，建立联防制度。（3）民兵应不分贫富，保卫全体人民的粮食、牲畜；希望各界各阶层人士多关心民兵的战斗力，充实民兵的装备，并动员自己的子弟也参加民兵，与贫苦民兵进行借粮互助。（4）勇敢地锻炼自己，提高自己，发展自己，在斗争中建立与健全各级武委会，以民兵发展民兵，以村庄发展村庄，或以村庄帮助村庄。总之，要把工作做在前面，从源头上保证粮食不外流。① 从主力军到地方武装，从正规部队到民兵自卫团等群众武装，都被动员到保护粮源的行动中来。

　　在各种武装力量的掩护下，反抢粮斗争取得显著成绩。伪政权在1943年7月底所做的调查显示，日伪合作社、采运社等在山东各县的小麦收购工作"并不顺利"，"治安状况""影响小麦收购工作甚巨"。② 黎玉在施政报告中总结："本年在军民一致配合下，麦收没有损失。如滨海区临沭县醋大庄，在武装保卫下，一天一夜就把在敌人据点周围严密监视下的几百亩全部割完。在麦收中我伤亡二百人左右，是用我们的鲜血保证了麦收的胜利。并研究与创造了藏粮的技术，如分散埋藏、掺沙掺灰等办法。"而粮食斗争较好的"是鲁中区，不但收割的快，而且藏的也彻底，虽在敌人百般抢掠与破坏下，仍能供给军民食用、坚持斗争"。③ 从中可见，为保护粮源，许多人付出了生命的代价。

　　武装保卫粮食作物的收割和进行反抢粮斗争在抗战的最后两年仍然是

---

① 《山东省临时武委会关于保卫夏收的号召》（1943年4月30日），《山东革命历史档案资料选编》第9辑，第455~457页。

② "中央"派遣调查员杨允章、沈恩才：《小麦收购情形实况调查资料》第2辑，中国第二历史档案馆藏，档案号：2005-4990，第34~36页。

③ 《山东抗日民主政权工作三年来的总结与今后施政之中心方案——一九四三年八月二十日山东省战时工作推行委员会黎玉主任委员在省临参会一届二次大会上的施政报告》，《山东革命历史档案资料选编》第10辑，第272页。

中共部队的重要任务，不仅以军事行动来保护，而且直接参与收割。1944年5月25日，山东军区政治部发出关于帮助群众麦收的指示，称"五月九日大众报社论，已对加强边沿区对敌斗争、武装保卫麦收详细论及。各部队应坚决执行并立即检查其执行程度"，并就部队帮助群众麦收劳动的对象及如何帮助等具体问题，做出了非常详细的指示。明确指出武装保卫麦收的主要帮助对象是：抗属（友军在内）、抗工属、村级干部、民兵英雄、劳动模范、老弱鳏寡无劳动力者，及一般贫苦群众等。规定在帮助麦收期间，部队一律停止操课三天至五天，以全力帮助群众收割运输；调查（根据麦田登记及访问）、动员（部队、群众）、组织（划分地区、小组，分配对象）、准备（磨镰刀）工作，须于开工前三日做完；提倡各班、排、部门、个人自订计划，实行竞赛，提倡突击前后主动帮助房东、群众收割、打场；要求每人最少帮助割一亩。要求部队完全服从群众自己的计划，与其作息吃饭时间完全一致；尽量利用群众原有劳动互助组织，以小组加入推动领导；无此组织者，应尽力帮助群众组织，合伙割麦，军队予以援助，或以民兵农救小组帮助，务使加强其团结互助，增强效能；技术上应完全听从群众指导，虚心向其学习生产劳动知识，不取任何报酬，表现军队劳动作风与爱民本色。关于不同地区帮助麦收的准备工作、助收方式或侧重点，指示也提出了具体建议：新地区应特别强调对群众的宣传动员；边沿区应特别注意互收与助收的结合，掩护是主要的，但除直接警戒部队外，必须全副武装率领与配合民兵下湖助收，并可随时准备进入战斗，打击敌人，必要时应以战斗掩护群众至据点、公路及敌区附近抢收；敌游区除在边沿区注意事项之外，应以分散隐蔽方式尽力助收，宣传与协助群众抵制与破坏敌伪征粮计划。指示还提出各军区、兵团、连队、县区武装党政，直接根据此指示讨论布置，及时检查报道，确实统计，详细总结。① 上述举措的提出，旨在保证指示的切实贯彻，确保粮食尽量不落入敌手。1944年6月，日军华北特别警备队（简称"北特警"）命令负责鲁西南一带秘密战的第七大队适时向菏泽至少派出两个分队，伺机破坏中

① 《山东军区政治部关于帮助群众麦收的指示》（1944年5月25日），《山东革命历史档案资料选编》第12辑，第175~176页。

共在曹州一带的征粮活动。① 北特警主要在重要交通干线附近活动,对中共征粮进行干扰是其工作目标之一,中共对粮食收割的武装保护和细致部署就显得尤为必要。

除正规部队协助参与村民收割外,民兵在分散游击保护粮食方面也起到了很大作用。1944 年冬日伪"扫荡"北沂蒙时,大崮区即被敌人占据,姚家堂子 15 名民兵分成三组,在队长姚洪禧领导下,实行白天插枪分散,夜晚起枪集中,连夜掩护本庄及周围各庄群众临时空舍清野,并分批护送群众向邻区转移。在日伪"清剿"大崮区时,他们白天转到"清剿"圈外,夜间则进入"清剿"圈内,一面坚决打击剔抉搜索的特务奸细,一面掩护群众将政府存的 4 万余斤公粮完全运出,并夺出敌人的给养 7000余斤,部分地解决了民兵在反"扫荡"中的给养,并拿出大部救济了大崮区逃亡在外的难民。民兵还在敌伪据点及附近各庄彻底实行空舍清野,掩护所有耕收等工作完全在据点以外趁夜晚进行。以区为单位或与邻区联合起来,以一定数量脱离生产或半脱离生产的民兵作为骨干,坚决打击敌伪的抢掠和袭扰。②

1945 年,在保护粮食斗争上,所有武装力量被统一动员起来。中共山东分局在关于夏季对敌政治攻势的指示中即提出:"主要应采取群众性的武装反抢粮斗争。以主力、地方武装、民兵很好结合,组成保粮大队,并以武工队突入敌区,到处打击扰乱敌伪征粮人员及抢粮武装。只有武装斗争的胜利,才能有效的保护人民的粮食少受损失。其次实行打乱及逮捕伪政权人员,使敌人无法利用。"③ 在反抢粮斗争中,机动灵活的武工队发挥了突出作用。武工队以自己主动积极的活动保卫敌占区群众利益,真正成了敌占区人民的救星与对敌斗争的领袖。如鲁南武工队,1944 年打

---

① 北支那特別警備隊司令部「北支那特別警備隊命令 特警作命第六三号」(昭和 19 年 6月 10 日)、『4. 各時期に於ける作戦経過部署並に理由主要なる命令/特警作命綴』、アジア歴史資料センター:C13032072600。

② 朱则民:《一年来山东人民武装之战斗与爆炸经验——一九四五年山东人民武装工作汇报之一部》,《山东革命历史档案资料选编》第 14 辑,第 347~348 页。

③ 《中共山东分局 山东军区政治部关于夏季对敌政治攻势的指示》(1945 年 6 月),《山东革命历史档案资料选编》第 15 辑,第 53 页。

击敌伪，减轻群众对敌负担粮食450万斤。[1] 滕县武工队因"坚持反抢粮斗争，减轻群众对敌负担粮食二百五十万斤"，而受到山东军区奖励。[2]

总之，为应对日伪及国民党军对粮食的抢掠和征收，中共抗日武装进行了多种形式的反抢粮斗争。时人回忆："在麦收、秋收季节，我军常常主动外线出击，粉碎敌人扫荡于其行动之前，使敌人陷于被动，避免麦收秋收中遭受损失。对根据地边缘外的游击区征收公粮，也抢在敌人之先，由部队将敌人据点包围，组织根据地内的人力车马，配合游击区工作的人员和武装，以突然的行动，一夜之间即将征集公粮运至根据地内分散存储。群众基础好的游击区，常诈称为敌伪征粮，公开将粮食集中，至夜晚由群众配合当地游击队主动将公粮送至根据地内，假装被我军截去，向敌人报告损失，以合法斗争形式减少对敌人的供应。"[3] 中共以武装力量保护粮食尽量少的被敌伪抢掠，也能确保自己有粮可征可用。

二　反抢粮的政治斗争

为保护军食民用粮源，除武装掩护收割，用军事行动干扰敌人抢夺收购粮食之外，中共山东地方党组织还领导群众反对资助敌人等，开展多种形式的政治斗争。

因1942年山东普遍发生旱蝗灾害，粮食危机日重，各方争夺更趋激烈，日伪抢夺粮食的手法更加多样。以清河区为例，"今秋敌人在羊角沟、周村、北镇、利津城、下洼已安设大规模的粮栈，集中大量法币，准备高价收买粮食"。为加强对敌粮食斗争，清河主署特别指示，在积极开展军事斗争武装保卫秋收，普遍领导、动员、帮助群众速收速打速藏速交公粮的同时，采取几项反资敌的具体措施，其中第一项就是：在敌占区、游击区或游击根据地边沿区，领导群众展开反资敌斗争，"办法是拖延、少交、掺杂、交钱不交粮。为达此目的，就需要配合武装，捣敌蒙蔽敌

① 肖华：《一年来山东的对敌政治攻势——为纪念抗战八周年而作》（1945年7月11日），《山东革命历史档案资料选编》第15辑，第125页。

② 《山东军区奖励模范武工队》，《解放日报》（延安）1945年2月2日，第1版。

③ 《伏伯言同志的回忆》，《山东革命根据地粮食史料选编》第2辑，第105页。

人，即用村长去交、游击队截的办法"。① 把反资敌斗争重点引向根据地之外，表明在抗战最艰难的时期中共控制区域缩减，中共活动区域伸向敌后之敌后，从而边沿游击区增多，粮食的获取也更多向这些地区延展。

1943 年 10 月，中共山东分局发出关于反对敌人新建设运动之指示，其中要求开展的工作重点即是以政治斗争反对资敌、夺取粮食。针对敌人在山东的夺粮计划，要求"必须展开广泛群众性反敌粮食斗争。在敌区，广泛向群众宣传敌要粮食即是要老百姓的命，敌之鼓动收粮就是公开抢掠，敌统治粮食配给是要老百姓活活饿死；号召敌占区人民反对敌之贬价强买，反对粮食配给，捣毁汉奸征粮机关，反对灌食，没收敌粮食合作社、粮食仓，把粮食分回老百姓，并设法运用革命两面派合法与非合法斗争的配合，尽量少报粮食收获量，设法拖延与减轻对敌负担。号召边沿区群众将粮食运到根据地保存，同时各地工商局应设法收买敌占区粮食，破坏敌低价收买政策。在根据地、游击区，向群众指出：青纱帐倒后，敌'扫荡'将以粮食为中心。接受过去教训，迅速埋藏粮食，坚壁清野，完成公粮计划，加强民兵活动，配合主力打击一切敌伪出动抢粮部队"。此外，还提出开展边沿区、敌占区武工队、小部队的游击活动，深入敌占区展开政治攻势，扰敌社会秩序，摧毁敌粮食机关与捣毁其征粮设施，协助敌占区群众与两面派斗争，同时在破坏敌人"扫荡"计划上也必须如此。并指示"各地在最近期间，对外报纸、刊物等均应以反敌新建设运动为中心"，宣传队深入宣传，召开座谈会、讲演会，以打破敌人的抢粮计划，广泛地动员组织群众反对敌人秋季"扫荡"。② 要求反资敌反抢粮的政治斗争与反"扫荡"密切结合。胶东区委宣传部在 1943 年《反扫荡宣传大纲》中详细提出反抢粮的宣传内容，"对中年以上农民，则应强调叫鬼子抢去粮，明春没法过，对青年，则应强调我们要参加民兵，武装保护粮食，对妇女，则不仅要强调保存粮食，而且要强调掩藏纺织工具"，③

① 《清河主任公署关于对敌粮食斗争的指示》（1942 年 9 月 15 日），《山东革命根据地粮食史料选编》第 2 辑，第 100 页。

② 《中共山东分局关于反对敌人新建设运动之指示》（1943 年 10 月），《山东革命历史档案资料选编》第 11 辑，第 88~90 页。

③ 中共烟台市委组织部、中共烟台市委宣传部、烟台市档案局编《红色记忆》，黄海数字出版社，2013，第 213 页。

因人而异，以收成效。

由上可见，粮食斗争成为中共反资敌斗争的中心。胶东区黄县的反抢粮斗争，"以十二区最有成绩"，十二区北部中共占优势的文南乡"南六村一点未给敌人拿"，中共占劣势的"北十二村只拿了一部（约半数）"。斗争方式有两种：一种是区干部"到各村去动员群众，让缓交或不交，并提出适合群众切身利益的口号，如：我们的粮被鬼子夺去我们就将饿死，交了这回还得拿那回等"，党员起了不小的作用，党员在村里一面起宣传引导作用，另一面能发现谁领头资敌以及敌人征粮的时间、运送路线等；另一种是用区中队去截，乘敌收好粮食没送出之际抢回，"再秘密的交给群众，或者补充到公粮（未交上公粮的村子），并镇压坏分子"。①

萧华在关于政治工作的总结报告中，对1943年的反抢粮斗争给予了充分肯定，认为该斗争"是有了不少的收获，如鲁中在十五县的部分统计，减少了八百四十一万一千二百零四斤，平均减轻群众负担百分之六十以上。滨海莒中敌占区减了三十一万斤。鲁南运河区，每亩征收二十五斤小麦，实收三斤。清河区减了五分之四，平均送粮不达五分之一，如长山×区和×区，敌人要九十万，只交了一万斤"。② 减少对日伪供应数量，一方面使群众负担大为减轻，另一方面也使中共的征粮计划有了完成的空间。

粮食斗争在抗战最后两年成为中共在山东全面展开对敌政治攻势的重要内容。③ 因为华北普遍天旱歉收，日伪为了对付盟军反攻，计划囤积半年以上之用粮，大肆抢掠与收买，甚至敌占区也在抢掠之列，对粮食的争夺更趋激烈。中共预计日伪"抢粮方式可能比过去更凶恶，过去先以伪军来抢，今年可能直接由日军来抢；过去专搜粮食，今年则可能大肆捉人要粮；不仅对解放区更加凶恶，今年则对敌占区抢粮也将更加凶恶，必须及时研究对策"。鉴于此，1945年6月，中共山东分局、山东军区政治部

---

① 《黄县敌游区工作报告》（1944年2月），山东省档案馆藏，档案号：G024-01-0206-004。

② 《关于对敌斗争问题——肖华同志在全山东政治工作会议上的总结报告》（1944年5月），《山东革命历史档案资料选编》第12辑，第134页。

③ 《中共山东分局、山东军区政治部关于夏季对敌政治攻势的决定》（1944年6月14日），《山东革命历史档案资料选编》第12辑，第215~216页。

决定于7月、8月、9月三个月发动全山东对敌伪全面政治攻势，以迎接反攻局面之到来。把"开展群众性的反抢粮斗争，保证军食民食的充足"，作为"准备迎接反攻的物质基础"，要求"必须在我党政军民及武工队民兵中深入的反抢粮斗争动员"，"一般的在根据地则是动员速打速藏，工商部门收买与贮存一定的粮食备荒。边沿区则是支持群众反对敌伪出扰抢粮，严防敌伪突然包围搜抢一空，开展反资敌与缉私斗争。在敌占区则应将粮食向解放区偷运寄存及拖延少缴，合法斗争与非法斗争结合，应付敌人，破坏敌伪征粮计划"。在采取军事及经济措施的同时，"广泛掀起藏粮运动，在游击区、敌占区则组织荫蔽的'藏粮大同盟'、'保粮齐心会'，提出'保粮如保命'、'齐心围鬼子，准备大反攻'等口号，动员伪村长装病辞职拖延，动员有声望的人士向敌请求，以灾荒为借口不缴或少缴"，并"通过伪军工作，要关系不抢粮、不替鬼子征粮，或包围喊话，予以警告"等，提出在"反抢粮斗争中一定要掌握敌占区、边沿区各种政策，防止混乱及殖民地观点的产生。对富农、地主要多用说服方式，动员他们粮食不要外运。在敌占优势地区，斗争方式不可过于突出暴露，而要听从群众的意见，以免遭敌人无情镇压摧残"。①

从抗战中期开始一直持续的反抢粮的政治斗争，在各地反复实践中积累了丰富的经验。1944年5月萧华在全山东政治工作总结会议上的报告中对此做了详细总结。其一是充分动员群众，团结各种力量参加斗争，不仅做到了保守秘密，而且利用各种组织，有计划地进行了分头动员。如：某区及时分配武工队队员到敌人的征粮村庄去具体地指导反抢粮斗争，给群众想办法；地下党的支部秘密动员每个党员要团结五名群众，仇恨敌人，能够参加斗争，保守秘密；及时将敌人的征粮计划，用流言的方式进行散布，揭穿敌人的欺骗宣传，公开展开宣传攻势，以"食粮是命，交粮等于交命""交粮养活日本人，饿死中国人"等口号去激发群众的斗争情绪。还通过士绅、知识分子进行分别动员，与之讨论对付的方法，提出：教育伪庄长，多熬时间；要求八路军写信警告汉奸

---

① 《中共山东分局、山东军区政治部关于夏季对敌政治攻势的指示》（1945年6月），《山东革命历史档案资料选编》第15辑，第52~53页。

少做坏事；迅速动员群众藏粮。最后在全村的公议会上提出了具体行动口号"逼急了把犁耙交上去""过不了搬家到八路地去"，坚定了群众斗争的信心。经过这些动员准备，大家分头做工作，即产生了协同行动的力量。

其二是及时想出对策，善于破坏敌人抢粮的花样，坚持斗争，取得胜利。日伪常采用欺骗、镇压两种方式软硬兼施，如声称："保存粮食不让八路军抢走"，"不是日本军要，是新中央要的"，"早交早配给，晚交晚配给"。采取分步骤地交，到处造谣"扫荡"、抓人、逼粮等，以及组织采运社等方式购粮。在中共反抢粮斗争开展后，最初敌人因村民拖延少交，"也用过下面两种办法：奖励有功庄长；派伪军催粮，不交即到庄上吃上数千斤"。对此，中共提出对策：各庄协同一致，反对突出妥协，并打击一个坏分子"活阎王"，以此警告其他伪军政人员。

其三是利用敌伪之间、伪军据点之间、伪政权和伪军之间的矛盾与空隙，制造各种借口，来应付拖延和少交。如滨海某区借口伪组织的秤太大（24两）打官司，以拖延时日。又如某村假借土匪抢劫，庄长被掳去了，来应付敌人。敌人工作计划有时间性，过了时间，又有新任务，就放松了旧任务，因此要熬时间，到敌人实在急了，再少送一点，以求缓和。

其四是尽可能地利用一切"合法"形式，来达到少交慢交的目的。首先，"合法"请愿。如边联到区公所去请愿，区长说："慢慢交吧。"群众以此为借口，说区长说慢交。其次，夸大灾情，叫百姓将粮食全部埋藏起来，然后向敌人请求少交，泰山区在报纸上刊登×区没饭吃，饿死人等消息，故意叫敌人看到。或者隐瞒"黑地"，少报粮食产量。总之尽可能多制造一些困难，推诿少交。但有时又可少送一点，以取得"好感"，如用赶集的机会，送一点去，说八路军活动厉害，平时不能送，乘赶集送一点给日军，结果伪沂水县政府发出虚假通报，说"老百姓冲破八路封锁送公粮"。"合法"斗争即使毫无结果，"也可暴露敌人的凶恶面目，给人民以政治经验，逐渐走入非法斗争，乃至武装斗争的阶段"。

其五是要有"非法"斗争的配合，如进行舆论攻势，封锁敌伪活动，使其不敢大胆外出催粮。"或以我军名义警告日军、伪政权，打击个别坏分子。"必要时破坏敌伪的统治机构,大批逮捕伪政权人员,使其无法收粮。① 再如政府划分"资敌界",给群众制造借口反资敌;设伏半路截回;打击征收人员、抢粮部队;等等。这些"非法"斗争需要依靠军事力量,不过于刺激敌人而又能打击敌人,在反抢粮反资敌胜利下也容易扩大我们的地区,便于组织联防线,不至于孤立无援。同时组织反资敌小组联盟,以减少资敌。②

其六是根据鲁中经验,在组织领导上,有组织地分配地区,"每十个村庄有一个干部去领导,替群众想办法,并由群众民主的产生一种灰色的指导组织,如博莱区的'保护粮食联盟'"。善于掌握上层,如士绅等,动员全体,一切会议由群众自己主持,组织者不必公开出面,避免暴露,引敌注意,但必须照顾基本群众的利益,团结一切中国人一致对敌。在斗争艺术上讲求隐蔽,此起彼落,麻痹敌人,同样的一个斗争要使用各式各样的办法,不能死板,真正动员群众主动与敌斗争,充分发挥其能动性与创造性。③

中共采取积极主动的多种形式的斗争,常能干扰敌人的抢粮图谋。如中共在滕县建立的两面政权在反抢粮斗争中发挥了积极作用:"敌人曾三次下令催粮也无用,就抓去了好多抗粮的伪村长,并威胁交粮换人,否则就把他们送到东北去出苦力",因此有的村抗粮斗争受阻,中共就与这些村长商议假送粮应付敌人、中途截回仍旧送还群众,"而村上的人则装出很惊慌的样子,跑到据点向敌人报告说,送来的粮食在半路上叫八路军截去了,还抓走了送粮的人,敌人听了也无可奈何,后来把抓去的村长也放出来了"。④ 再如,1944 年 5 月,鲁南日伪企图在麦收期间进行强征抢掠,每亩小麦强征 60 斤。铁道游击队配合地方武装,在鲁南敌占区、接敌区

---

① 《关于对敌斗争问题——肖华同志在全山东政治工作会议上的总结报告》 (1944 年 5 月),《山东革命历史档案资料选编》第 12 辑,第 134~138 页。

② 《民主思想　民主政策　民主作风——黎玉主任委员在山东省第二次行政会议上的总结报告》(1945 年 1 月 7 日、8 日),《山东革命历史档案资料选编》第 14 辑,第 48~49 页。

③ 《关于对敌斗争问题——肖华同志在全山东政治工作会议上的总结报告》 (1944 年 5 月),《山东革命历史档案资料选编》第 12 辑,第 134~138 页。

④ 汪亚民:《滕县革命斗争片断回忆》,中共滕县县委党史资料征集研究领导小组办公室编印《滕县党史资料——庆祝抗日战争胜利四十周年》(专辑),1985,第 74~75 页。

发动了一次规模较大的打击敌伪组织、抵抗资敌运动。在滕沛峄地区，他们将伪村长、保长、乡长集中起来（名为请客），带到山区进行教育，对少数罪大恶极者实行镇压，对一般伪组织人员则通过教育，订立协定，然后释放。从而打破了敌人的强征抢掠计划，保护了群众利益。①

萧华在报告中谈道，1944 年夏季敌人宣布"食粮征购只完成百分之六十，有些地区只完成百分之二十"；如鲁中经过斗争，即减轻了 776 个村群众的对敌负担，共 840 万斤粮；"为了打击敌人抢粮征粮计划，一年来我有计划的逮捕伪政权工作人员将近五千名，混乱了敌伪统治机构，不仅使敌寇统治安顿呈混乱，而且给敌抢粮以极大打击"，如莱阳敌小川俊次郎的调查报告书中说："目前被八路军逮捕受训的乡保长在一千人以上，给县政以极大障碍。"②

三　争夺粮食的经济斗争

中共在山东以经济措施争夺粮源，一方面是反经济封锁的要求，另一方面出自配合反对敌人抢粮的政治斗争的需要。

抗战时期，中共在山东经济上受到的封锁来自日伪及国民党两方面。为应对这些封锁，确保军民食用粮源，中共山东军政负责人一方面动员社会力量冲破封锁；另一方面实施反封锁，出台相应规定，禁止根据地粮食外运，并奖励粮食入境。

日本自侵入华北后，就对占领区实施封锁政策，只是抗战初期，尚无余力真正落实。抗战进入相持阶段，日军回师巩固占领区的统治，经济封锁政策也开始实施。

1940 年山东各地春荒极为严重，日伪及国民党军加紧封锁粮食。为冲破封锁，中共胶东区政府曾向北海银行无息借贷 10 万元，计北海区 3.5 万元、西海区 6.5 万元，作为各县调剂基金，并发布县、区、村各级调剂委员会条例，动员各地绅商运用游资向海外大批购买粮食，救济粮

---

① 济宁军分区：《铁道游击队》，《山东党史资料》1983 年第 6 期，第 98 页。

② 肖华：《一年来山东的对敌政治攻势——为纪念抗战八周年而作》（1945 年 7 月 11 日），《山东革命历史档案资料选编》第 15 辑，第 126~127 页。

荒。"当时招掖普遍成立调剂委员会发动游资购粮，为数颇巨，即捐资办理平粜者，每村有数百元到数千元者，由海庙后、石虎嘴、山后等海口，从安东、营口、利津、天津、沾化进粮达 20 万斤。"①

为调剂农村生活，禁绝食粮资敌的行为，青救团员还曾发起缉私禁运活动。如在清河区、泰山区，青年一旦查着奸商走私及运粮资敌者，即一律没收，运送县府充公。这一工作博得不少的社会好评。"鲁西的一个儿童，他的大爷也是运粮资敌的。他就布置好了，与几个儿童在村口把他大爷查住，把牲口拴起来，并且和他大爷争执很久，结果他的大爷失败，承认了错误。"②

1942 年日伪在华北发动的第三次"治安强化运动"即以经济封锁为重点，在山东自然也不例外。为应对日伪的经济封锁，山东抗日根据地积极出台具体措施，奖励粮食入境并禁止粮食出口。

1942 年 6 月 3 日，战工会公布《关于奖励粮食入境及严禁粮食出口资敌暂行办法》，要求："凡接近敌占区之抗日民主政府，应大量的发动民资、游资或低利贷款给贫民，使民众集体或私人到敌占区贩运粮食，政府及群众团体得发动民众武装、民兵等给予帮助掩护"；为鼓励敌占区粮商把粮食大量贩运至根据地内，给其发放通行证、免税，以及政府按市价收买、帮助其解决各种困难或以土货交换，发动靠近大道之居户、店户不收或减收其房价等；"凡根据地内之民众，购粮自用在百斤以内者，可以自由流通；超过百斤者，须有本村村长及农救会长之证明文件，保证确非资敌者，方许其流通；再多须经过区公所及县政府"；"凡粮商在根据地内贩运粮食在一百斤以上二百斤以下者，首先要有本村村长介绍到区公所登记，领取登记证，然后再向购粮区区公所登记，领取运销证；超过二百斤以上者，须向所在县县政府领登记证，再向购粮县领取运销证，方许其自由购置运销"。登记证与运销证由各专署统一制定，上面须注明起货与卸货地点和日期；无证或证明有涂改之粮商即予以扣留，须于 24 小时内

①　胶东区行政主任公署：《胶东区一九三八年至一九四二年五年来财政经济建设工作总结》（1943 年 2 月），《山东革命根据地财政史料选编》第 1 辑，第 257 页。

②　《抗战以来山东青年运动的总结及其发展的新方向——一九四〇年八月十三日刘居英在联合大会上的报告》，《山东革命历史档案资料选编》第 5 辑，第 177 页。

送交县政府考查。处理原则如下：确系资敌者或有意资敌者，应将其粮食全部没收充公，确系罪大恶极或连犯不改者得加倍处罚，如涉及政治问题应交司法机关或公安机关处理之；确证无资敌之嫌者，发还其粮食并劝其补证后方可运销；贫苦小贩盲从无知者，视情节没收少部或不没收而予以劳役处罚。各抗日民主政府协同群众团体、当地驻军进行广泛宣传，并发动群众武装及团体经常地、有组织地检查粮食的登记证与运销证。该办法还特别提出对于原查获人或告发人，可从相应没收之粮食中抽 10%予以奖励，而对出口之粮商纵容包庇或从中舞弊者，则予以刑事处分，政府工作人员加倍处罚。①

　　日伪在以行政手段限制粮食等物资流通的同时，还利用欺骗手段及经济杠杆攫取粮食。胶东区财经建设工作总结记载，1942 年，"敌人在麦收前以 2000 万元伪钞办理'官仓'、'公库'及'组合'、'配给'，在烟台、黄县、龙口、招远、蓬莱、牟平、莱阳、栖霞、水道……各大小据点，修补空房庙宇作为抢粮仓库"。中共采取以下办法应对：向民众提出："自己粮自己藏，反对交到公仓"；"种什么吃什么，反对不合理的粮食配给"；"自己粮食自己处理，有权自由买，有权自由卖"。"并动员敌区人民报灾报债不交，迫不得已时，晚交、少交和交秕的等。在我加强敌区人民对粮食的私有观念，与揭（穿）敌人抢粮阴谋下，为广大人民所拥护，政府同时亦前后拨款 4756439 元购买军粮，保存根据地食粮，因此空嚷一时的'官仓'、'公库'终被粉碎。"②

　　日伪在经济上争夺粮食的另一重要手段是高价购粮。胶东区日伪为吸收粮食，"以大批法币向我根据地内倾销，提高敌区粮价一倍以上"，"因此各地妇人小孩多为利诱，利用各种伪装偷向敌区贩粮，甚至三斤、五斤、十斤、八斤敌人均在欢迎"。③ 另据《大众日报》报道，1942 年，"敌三井洋行最近在罗密庄（太石路北）安设分行，并

①　《山东省战时工作推行委员会关于奖励粮食入境及严禁粮食出口资敌暂行办法》（1942年 6 月 3 日），《山东革命历史档案资料选编》第 8 辑，第 352～354 页。

②　胶东区行政主任公署：《胶东区一九三八年至一九四二年五年来财政经济建设工作总结》（1943 年 2 月），《山东革命根据地财政史料选编》第 1 辑，第 258～259 页。

③　胶东区行政主任公署：《胶东区一九三八年至一九四二年五年来财政经济建设工作总结》（1943 年 2 月），《山东革命根据地财政史料选编》第 1 辑，第 258 页。

在周围各据点设立土产收买交易所，大肆收买粮食、花生、棉花、五金等物。相公庄、汤头、夏庄等各据点，亦设立粮库，专收买我根据地的食粮。青岛新浦等地，敌亦利用奸商收买我根据地食粮土产。最近由台潍公路和陇海路上外流的食粮土产等很多。对我根据地民生的影响相当厉害，必须引起我们严重的注意"。① 可想而知，这种高价购粮行为比较普遍。

同年夏，鉴于"目前敌人正以高价向我根据地购买各种粮食，一般奸商亦正在偷运粮食出口"，7月18日战工会发出《关于救济旱灾预防粮荒的指示》，明确要求"必须采取严格禁粮出口（任何粮食）政策，如有违犯，一经查觉，即全部没收"，规定具体的禁粮办法如下：（1）减少自由运输数量。在根据地内运输食粮自用者一般每人每次50斤以下。（2）严格运粮手续。50斤以上不足100斤者，须由村或区公所具条证明；100斤以上200斤以下须区公所或县政府证明方准运输。各机关之证明须负绝对责任。（3）奖励缉私，奖励侦缉人员及告发者提成粮额的10%～50%。（4）指定专地、专人成立粮食交易所。具体办法由各专署或各县按实际情形订定之。并提出大量向外购粮的方法：（1）由政府筹拨专款，贸易局布置购买。（2）通过盐运路线，提倡以粮食换盐，奖励粮食输入。（3）奖励群众贩运粮食，由银行贷款协助。② 禁粮的力度加大。

上述战工会指示由各主署或专署予以落实。以清河区为例，看其执行情况。清河主署于9月15日发出《关于对敌粮食斗争的指示》与《禁止粮食走私实施办法》。前者为反对日伪高价购粮，在政治军事行动之外，提出经济上反资敌的具体措施如下："健全缉征带，在我根据地内外卫［围］加强粮食缉私。非有政府及税贸总局的许可证者，不论多少，一概禁止外运。为了加强这一工作，各县可从群众中提拔积极分子参加缉征带，并临时把民兵脱离生产，配合缉征带，专任粮食的缉私，查获者按百

---

① 《一个刻不容缓的斗争》（1942年12月25日），《山东革命根据地财政史料选编》第1辑，第189页。

② 《山东省战时工作推行委员会关于救济旱灾预防粮荒的指示》（1942年7月18日），《山东革命历史档案资料选编》第8辑，第430～432页。

分之五提成奖励";"为了反对敌人倾销法币收买粮食,我们可集中公营资本,动员根据地内商人,实行购买粮食囤集"。后者则更加详细地规定了在强有力的缉征带的配备下,禁止粮食资敌、统制粮食、禁粮出境的具体措施。① 胶东区缉私行动也颇具成效,"在我之动员普遍缉私——提奖10%归缉私人员——与伪装粮贩的扰袭下,造成了敌人与粮贩间的矛盾,后走私情形冷静[落]下去"。②

　　1943 年山西、河北等华北诸省均遭旱灾,唯山东秋收较好,故山东又成为日伪抢夺粮食的中心地区。山东省日伪征购小麦紧急实施办法规定,征购期限定为自当年 8 月 15 日起至 9 月 15 日止,"征购县份定为青州、兖济、济南、泰安、曹州、沂州、登州、莱潍等八道所属各县","征购县份应按照另表规定之责任征购数量为标准,由各县知事饬令各区乡镇长负责照数征集送至各县指定之集中地点,交由采运社、合作社发价收买","采运社收买全数三分之二,合作社收买三分之一"。要求"各县应在期内按照责任征购数量征集完竣,并于每旬将征购数量列表呈送省公署备查"。上述伪属八道计划征购的小麦总额为 18 万吨。③

　　日伪大规模的征购计划无疑会威胁到根据地军民粮食供应,中共在山东各地进行反资敌的政治军事斗争的同时,采取了相应的经济上的反制措施。1943 年 9 月 21 日,滨海工商管理局颁布《保护根据地经济办法》:(1)严禁粮食资敌,凡各边沿地区之粮食市场,一律停止自由交易,由工商管理局设立公营商店,统一调剂。(2)如查获粮食出境者,不论多少一律没收,群众机关部队人员皆按 30% 提奖。④ 奖励的对象和额度大大扩展和增加。9 月 30 日,省政委会进而发出关于半年工商管理工作的指示,指出贸易管理之目的在防止敌人掠夺粮食及重要物资,保证军民生活必需

　　① 《清河主任公署关于对敌粮食斗争的指示》(1942 年 9 月 15 日),《山东革命根据地粮食史料选编》第 2 辑,第 99~102 页。
　　② 胶东区行政主任公署:《胶东区一九三八年至一九四二年来五年财政经济建设工作总结》(1943 年 2 月),《山东革命根据地财政史料选编》第 1 辑,第 258 页。
　　③ 《山东省民国三十二年度征购小麦紧急实施办法》,《伪华北政务委员会关于禁粮出境、征购小麦等事项的文书》,中国第二历史档案馆藏,档案号:2005-5012。
　　④ 《滨海工商管理局颁布保护根据地经济办法》(1943 年 9 月 21 日),《山东革命根据地粮食史料选编》第 2 辑,第 102 页。

品之供给，奖励土产输出，限制非必需品输入，支持货币斗争，保护生产建设。粮食尤应注意保护，严禁偷运资敌，如有剩余输出清河，则应由工商管理局专卖。① 10月，中共山东分局发出的关于反对敌人新建设运动之指示即特别指出，严禁资敌走私，并由工商管理局大量收买一批粮食储存，以准备对敌贸易斗争与次年春荒之用。②

上述经济上的反制措施起了不小的作用。日方有评论称："在确立华北粮食的自给体制之际，极力妨碍其成果之向上者，实系中国共产党。华北方面日军虽日夜不懈续行剿灭战，但共党仍以执拗之炸弹，盘踞于各边区中，对我粮食对策采用直接妨碍方策：（一）对收买工作之各种妨碍；（二）对我经济封锁之施行逆封锁；（三）妨碍交通线。"萧华直言："粮食恐慌直接威胁了敌伪统治，人心动摇。今后我们如果能更好的展开粮食斗争，将会重重的打在敌人的痛处。"③

抗战胜利前夕，根据地为争夺粮食，对经济手段的运用更加娴熟。1945年6月30日，中共山东分局财委会在关于今后对敌经济斗争的指示中指出，"争夺物资是我对敌经济斗争的主要目的。应当利用敌区商人抛售存货、贮存本币机会，大量吸收敌区物资，即向敌区扩张本币，换回各种有用物资。要善于利用有利时机，采取敏捷手段与敌进行物资的争夺战。如在麦收后大量吸收敌区小麦，秋收后大量吸收敌区生米、棉花等，均应列为重要工作。尤其是粮食的争夺，今后将更激烈，应按前发指示积极进行"。"秋冬时期应当大量吸收内地重要农产，如粮食、棉花、生米、生油等，防止敌人利用农产跌价机会廉价掠夺。此项农产除保证军民生活需要外，应以剩余部分争取高价输出，换回各种军需品和必需品。且应掌握农产秋冬贱、春夏贵的规律，大部贮存，待至明年春夏输出，争取更有

---

① 《山东省战时行政委员会关于半年工商管理工作的指示》（1943年9月30日），《山东革命历史档案资料选编》第10辑，第408页。

② 《中共山东分局关于反对敌人新建设运动之指示》（1943年10月），《山东革命历史档案资料选编》第11辑，第89页。

③ 《关于对敌斗争问题——肖华同志在全山东政治工作会议上的总结报告》（1944年5月），《山东革命历史档案资料选编》第12辑，第41~42页。

利的交换。"①

为应对日伪大规模的"强征、强购、强夺粮食"计划，中共山东地方党组织除用市场行为吸纳粮食外，还强化了以行政手段封锁粮食的力度。如1945年7月，鲁南主署训令严禁粮食出口。具体办法如下：（1）划清粮食封锁线。凡封锁线以内的粮食，不准出口；封锁线以外在内地有粮食的老百姓，如佃户的粮食、雇工的粮食和确实不是出卖而系自用的粮食，有区以上政权机关的证明文件，才能出口。（2）边沿地区老百姓在内地的存粮，经证明的，可以自由拿回。（3）任何机关、部队、团体或个人，如有走私或包庇走私的，一经查出，全部没收。（4）任何人都有查私的责任。查出走私粮后，按一半提成奖励。（5）查私是全体党政军民的任务，没收粮食则是各事务所、卡、站的责任，不准乱没收。为了照顾敌占区、游击区同胞吃粮食的困难，如果他们要向根据地买粮食吃，可由区以上政府和武工队介绍，直接来商店买，由商店发给出口的执照。但一律不能超过50斤。② 可见，中共经济上反封锁的力度进一步加强，缉私奖励占比提高至50%，同时也适当照顾敌占区、游击区乡民吃粮的需求。

四　粮食的收藏与保管

因日伪和国民党军队对粮食的争夺，公粮的收藏是中共征收粮食后面临的首要问题，也是切实获取粮食的重要一环。战时游击环境下粮食的收藏更是完全依靠民众才能解决的问题。山东根据地对公粮的保存经历了不断完善的过程。

开始时是就地征收，就地储存，依靠群众分散各户储存。在以游击战为主，根据地刚创建，粮食管理机构还不健全的情况下，保证战争的需要是没有问题的。但随着主力部队的扩大，除了游击战以外，还要集中优势

---

① 《中共山东分局财委会关于今后对敌经济斗争的指示》（1945年6月30日），《山东革命历史档案资料选编》第15辑，第47~48页。

② 《我鲁南主署训令严禁粮食出口》（1945年7月19日），《山东革命根据地粮食史料选编》第2辑，第103~104页。

兵力打运动战，根据地也日益扩大和巩固，粮食需要适当集中，根据地内更要集中保存一部分粮食。粮食集中后如何保管，才能既合乎对敌斗争的要求，不被敌人抢去，又不霉烂变质，保证及时供应，中共不断总结群众的保粮经验，采取了以下措施：

挖山洞。在干燥的山坡和悬崖挖洞，铺垫沙席，装满粮食后堵塞洞口，进行伪装，洞口外埋放手雷或地雷，以防敌人破坏。

挖地窖。在干燥的平地或丘陵挖一深井，井底铺沙，四周围上草或席，粮食填满后，窖井封口。这样的保存法，能保存几年不变质，也不易被敌人发觉。

室内存粮。在室内地面铺土坯，墙周围用草和席，粮顶盖细沙或土坯，也可以避免虫蚀和霉烂，可以保存一年左右。①

具体是在山洞、地窖还是室内收藏，一般依本地的地形地势特点而定。如胶东区是丘陵地带，就多挖山洞或地窖保存。胶东区工作总结记载："公粮的掩藏，经过集中而分散到各村各户。二十八年'六一'扫荡后，强调人民执行空舍清野与掩藏公粮，在水平线高的平原区，用粮掺砂办法，免遭焚烧。二十九年检查根据地公粮，能以挖洞掩藏的，以大泽山为好，不完整的统计，挖了360个石洞。加上艾崮山区，因人民习惯用窖〔窖〕保存地瓜，经过动员彻底空舍清野掩藏公粮后，百分之七十以上公粮约三百万斤存在山洞里、地瓜井里。"②

为掠取粮食，日伪"扫荡"时常常在中共活动的村庄进行特别严密的搜索，一般的空室清野时遭破坏。1941年，战工会就粮食的收藏做了两次指示。1月，决定"选择适当和条件好的地区集中收藏，派员管理之，专供大部队及长期驻防人员之需用"；"分别存储民间，责成乡村政权管理，专供往来人员、部队及零星之需用"；"在长期抗战中，一切要做长期打算，尤其在敌人不断的封锁与掠夺当中，对食粮更应有充分的准备。各县在征集公粮时，每期要有三十万至五十万的屯粮。选择巩固地区

---

① 《孟庆禹同志关于救国公粮工作中几个问题的回忆》，《山东革命根据地粮食史料选编》第3辑，第11~12页。
② 胶东区行政主任公署：《胶东区一九三八年至一九四二年五年来财政经济建设工作总结》（1943年2月），《山东革命根据地财政史料选编》第1辑，第255页。

存储，作将来战争中的准备，这是坚持长期战争不可疏忽的工作"。① 要求集中收藏，但没有明确集中收藏的比例。4月，在关于救国公粮的指示中提出："粮食之保管不应集中一地，每村不得超过一万斤，分别交与工作有基础地区之群众保存。要晒干，防止腐烂及浪费。"② 从集中保存改为分散保存，应是出于降低风险的考虑。

1941年4月28日，艾楚南在《大众日报》发表关于征收救国公粮的专论，谈及公粮的保存，提出："公粮既征集起，各县粮秣科要根据地区环境有计划的设立粮食仓库。在敌后方保存食粮不外两个办法，一是选择巩固地区集中存储；二是分散存于民间。集中存储者，要经常翻晒流通空气，及注意鼠窃虫蚀等。分存民间者，每家不得超过五千斤，并注意保守秘密，避免暴露目标。"并强调，为了食用及保护的便利，征起的公粮可分别保存，军队的交由军队来管理，机关团体的由政府来保存。既有专人负责，食粮即不易损失。③ 什么情况下集中收藏，什么条件下分散储存，并没有特别明确的规定。其中所提军队管理及政府保存，也是出于便利用粮的考虑，在游击战环境下，粮食的实际保管还是依赖民间。

5月6日，山东全省粮食会议决议，公粮的储存"要灵活的集中与分散，集中只到区为止（过大而未取消乡的区，可以只集中乡，或以几个乡为单位集中），分散则需要分藏于各村庄（必须找可靠的群众和村政权共同负责）。粮食的储存应顾及到军队经常往来驻在的地区的供给便利，同时也不能过多集中在交通便利的地区，以防敌寇的抢掠烧杀。"同时，提出"各区（或乡）设粮库，各部队在一定地区设粮站（随部队移动），粮库与粮站之间得酌设运粮站。这样对于粮食的保管、供给和运输都较便利，同时也可以避免浪费粮食与多耗人力"。④ 粮食集中或分散收藏的数量比例，没有一定之规，这其实是顺应战时环境给了各地粮食收藏与使用

---

① 《山东省战时工作推行委员会关于粮秣工作的决定》（1941年1月10日），《山东革命历史档案资料选编》第6辑，第256页。
② 《山东省战时工作推行委员会关于征收救国公粮的决定》（1941年4月27日），《山东革命历史档案资料选编》第6辑，第365页。
③ 艾楚南：《怎样征收救国公粮》，《大众日报》1941年4月28日，第2版。
④ 《全省粮食会议关于粮食与征收救国公粮的决议》（1941年5月6日），《山东革命历史档案资料选编》第6辑，第375~377页。

以相当的机动权。

战时社会动荡，粮食的保存实在难以做到万全。如 1941 年夏季，鲁中区"对公粮的收集保管工作还不完善，致有被敌伪投降派抢去及腐蚀现象"。① 8 月 30 日，战工会再次提出储存粮食的原则为：（1）随收随存，在比较有基础的地区应原地收原地存，不应集中在一个地区，以防敌人烧抢；（2）在敌占区或靠近敌占区征收的，应集中到巩固地区分散保存；（3）设立绝对秘密之粮库，由地方可靠之同志负责秘密运输保存，以做长期之用。② 可见，粮食还是以分散、秘密收存为主。

胶东区在 1941 年办事处成立后，为避免敌伪搜索，就公粮的收藏制定更具体的办法，原则是："1. 应存在山洞里和地窖里。2. 不在大村庄掩藏。3. 不在我工厂、医院、后方机关、指挥机关经常驻在村庄掩藏。4. 不在敌人可能建立据点的村庄掩藏（可能建立临时据点在内）。5. 不在公路附近及公路上村庄掩藏。6. 不在无群众组织的村庄掩藏。7. 不在空房庙宇里掩藏。8. 不在于我之作战有利地形的附近村庄掩藏。9. 不要集中一起掩藏。10. 要严守秘密，提出时避免公开。11. 与临时支拨的粮食不要在一起。"③ 存在山洞里和地窖里是以往就有的，后面增加的具体原则，显然是出于有乡民可依、规避战事、不易引敌关注等的安全考虑。

为使不易获得的粮食得到有效保管和使用，便于对储存的粮食进行管理，1942 年 6 月 23 日，战工会发出《关于建立粮食仓库之决定》，④ 称"为达到粮食的统筹统支，有计划的储存保管，减少损失与浪费，保证军粮的供应，特决定建立粮食仓库"。县设县仓库，县仓库以下得在县境各地按实际情形酌设若干分仓库，选择条件较好之村庄分散存储，责成村财政委员会负责。县仓库设主任及会计员各 1 人，由县政府推荐，呈报专署

---

① 《山东省战时工作推行委员会关于鲁中区秋季粮食会议的决议》（1941 年 8 月 30 日），《山东革命历史档案资料选编》第 7 辑，第 233 页。

② 《山东省战时工作推行委员会关于鲁中区秋季粮食会议的决议》（1941 年 8 月 30 日），《山东革命历史档案资料选编》第 7 辑，第 238 页。

③ 胶东区行政主任公署：《胶东区一九三八年至一九四二年五年来财政经济建设工作总结》（1943 年 2 月），《山东革命根据地财政史料选编》第 1 辑，第 255~256 页。

④ 《山东省战时工作推行委员会关于建立粮食仓库之决定》（1942 年 6 月 23 日），《山东革命历史档案资料选编》第 8 辑，第 381~383 页。

批准，并呈主署备案；分仓库设主任、会计员、出纳员各 1 人，由县政府
直接委派，呈报专署备案。县仓库在粮食开支上受专署粮食科之领导，并
受县粮食科之监督与指导；分仓库在粮食开支上受县仓库之领导，并受所
在地区公所之协助、监督与指导。粮食之收入与支出，粮食保管与储藏的
计划、检查与监督，以及协助政府检举浪费粮食等，都属仓库的工作范围。
公粮之征收属于各级政府；仓库收入公粮必须给予正式收据，并须按时向
上级汇报；粮食之开支属于各战略区最高政府（主署或专署），其他下级政
府及各级仓库不得随便支配。由此，对公粮的管理开始走向制度化。

　　抗战时期公粮的保管需要依靠乡民的协助。为确保村民真心实意帮助
存粮，战工会就仓库人员之待遇及经费做出规定：（1）县、分仓库工作
员之待遇，与同级政府工作员之待遇同。（2）虽无给职，但对藏粮工作
成绩卓著者，得予以精神及物质之奖励。（3）县仓库之办公费每月 3 元，
分仓库之办公费每月 5 元，由同级政府统一编造预算发放。（4）无办公
费，其因工作必需之纸张，由分仓库酌量发给之。① 如此，给帮助存粮的
村民以"公家人"同等待遇，自然能增加对村民的吸引力。

　　要完好保存粮食，则村民掌握上述藏粮办法与原则至为关键。1942
年春胶东区在准备反"扫荡"时，藏粮办法尚未被村民全部接受。资料
显示，由于"干部麻木与检查不严格，加上人民马虎大意，虽然百分之
七十以上的公粮均被掩藏，春季'扫荡'被敌搜去和坏分子告密而被破
的洞子很多。本年共计损失公粮达 29 万斤，民粮虽无统计，当超过公粮
十倍以上。且敌投在'扫荡'时共同特点，无论是抢粮和烧粮，均以八
路之粮的名义，欺骗民众，不同点是敌伪多半遇粮就烧，多以破坏；投降
派多半是遇粮就抢，进行掠夺。如赵保元［原］之三十一年春季乘机出
击于山一带，公粮抢去达七万斤，东海丁福庭等抢去 14000 斤。后经政府
查出向投顽告密与驮送公粮资敌投者，均依法惩处，枪毙者两名，并令分
别补赔公粮 4172 斤"。②

---

① 《山东省战时工作推行委员会关于建立粮食仓库之决定》（1942 年 6 月 23 日），《山东革
　命历史档案资料选编》第 8 辑，第 382~383 页。
② 胶东区行政主任公署：《胶东区一九三八年至一九四二年五年来财政经济建设工作总
　结》（1943 年 2 月），《山东革命根据地财政史料选编》第 1 辑，第 256 页。

　　数十万斤公粮及数百万斤民粮的损失不可谓不大，暴露了掩藏方面的懈怠和方法上的纰漏，必然引起胶东区军政负责人的重视。1942年9月1日，胶东区行政主任公署颁布《胶东区管理救国公粮暂行办法》，规定抗日军粮、地方公粮均依该办法管理。关于粮秣的保存，规定抗日军粮、地方公粮均由政府设立粮站统一保存，各部队机关团体支领的粮秣非经主署许可或临时备用者，不得私自保存。提出有下列情形之一者，政府得随时没收保存之：（1）存粮无人管理者；（2）转移地区在一月以上不向管粮机关办理交接手续者；（3）存粮半年以上不动用者；（4）吃细粮时期存粗粮不交者，吃粗粮时期存细粮不交者（临时支领者例外）。强调在保证供给的原则下，政府粮站与部队依据下列规定办理之：（1）在战斗时期部队供给机关得协助粮站共同分配战时粮食，旅级以上供给机关得统一指挥之；（2）部队到达防区在两天以上者，须找粮站取得联系；（3）一团以上，经常驻军在30里以内的，由政府分配粮秣。① 由此，强化了对公粮的统一保管。

　　胶东区吸收春季"扫荡"粮食受损的严重教训，在冬季敌人大"扫荡"前，组织干部下乡动员与检查，各中心地区藏粮较为彻底。"但只因敌投数量较多，'扫荡'时间较长，特别是搜索空舍清野的残酷，敌投运用疏开式的队形，很仔细的瞭望山坡，注视土色，砂河中则用马队跑与踏，田野里用铁锥（把锄头去掉）向地里探，在光滑的场园上用脚踩、用耳听，在屋里用水灌地，因此有藏在田里，麦苗均已长出者被其发觉出来，还有藏在山坡梯田里面被其发现的，还有一部分是人民怕麻烦藏在草堆里，一火而焚的。"造成"公粮损失达23万余斤，牟海一个区损失民粮60余万斤。根据不完整的统计，这次损失民粮510万斤"。再往前追及，"由于藏粮秘密不够，离村庄很近，用草堆藏粮与集中藏伪装不好，而五年间损失公粮达52万斤，民粮损失大约七百余万斤。（民粮只是部分的统计）"。② 显然，藏粮中的疏漏导致粮食损失数量较大。

---

① 胶东区行政主任公署：《胶东区管理救国公粮暂行办法》（1942年9月1日），《山东革命根据地财政史料选编》第6辑，第547~549页。

② 胶东区行政主任公署：《胶东区一九三八年至一九四二年五年来财政经济建设工作总结》（1943年2月），《山东革命根据地财政史料选编》第1辑，第256~257页。

　　另外，群众还创造了小型集中藏粮于地下的办法，比较成功。清河区广北、垦利、沾化的根据地，地广人稀，有条件实行小型集中藏粮，由村干民兵负责，将公粮秘密挖坑埋藏在村外地下，在坑的周围垫以杂草，上面用土覆盖摊平，种上小麦。次年麦收之后，粮食仍不变质。1943年11月，敌人3万人对上述地区进行大"扫荡"，时间近一个月，在地下埋藏的公粮未受损。①

　　抗战后期，随着根据地的巩固和扩展，集中收藏公粮的条件形成，因此更注重集中存放粮食。1945年4月21日，政委会颁布《山东省保护抗日公粮办法》，其中关于存放数量指出，一般村户存放公粮之数量，应根据村户之大小具体规定。在原则上，每村不超过5万斤，每户不超过1200斤（分300斤、600斤、900斤）。存户必须有人力及政治保证，边沿区及靠近交通要道的村庄不得存放公粮。向存户存放公粮时，应与各该村村长商定存粮民户与存粮数量。凡未经商同村长而自行直接向民户存放者，村长不负责任。对于存放及支取的手续都做出了详细而严格的规定。②

　　同时，鉴于敌人增兵山东，中共山东负责人预见今后战事可能更加频繁，意识到应特别注意粮食储藏问题，且"我们只有依靠群众，才能完成粮食的贮藏工作"，提出各地可以试行"民办公助"方式，建立粮食仓库，即由公家贷款扶助村民采用合作社的方式建立粮库，将来粮食涨价所得盈利一部分按资金分红，一部分按运销合作原则分给卖粮农民。只有公私合作组织藏粮，才能更有力地保护粮食，防止敌人掠夺。③ 这就意味着中共山东负责人开始考虑更多以经济杠杆介入粮食的管理，开启了粮食收藏与保管的组织化、制度化之路。

　　综上可见，虽然统一征收公粮是中共在拥有一定规模的武装并建立抗日民主政权后获取粮食的主要方式和核心环节，但囿于战时环境以及中共与日伪、国民党三方控制区交错并存的局面，要真正使粮食到手，征收前

---

① 《伏伯言同志的回忆》，《山东革命根据地粮食史料选编》第2辑，第105页。
② 《山东省保护抗日公粮办法》（1945年4月21日），《山东革命历史档案资料选编》第14辑，第299~304页。
③ 《工商管理工作的方针和政策——一九四五年五月薛暮桥在全省工商工作会议上的报告》，《山东革命历史档案资料选编》第14辑，第420~421页。

后的一系列工作也是必不可少的。

为保证有粮可征，从源头上防止日伪与国民党军的抢掠，武装保卫或参与收割成为中共抗日武装的重要任务，不仅有正规武装、基干武装，而且民兵与自卫团都被动员到这一行动中来。武装保卫粮源是粮食征收工作开展的基本前提。

充分动员民众，发起政治攻势，开展政治性的反抢粮斗争，利用各种"合法"或"非法"的形式对敌伪的粮食征讨进行拖延、少交甚至不交，与敌争夺粮源，也是中共在山东为获取粮食经常开展的重点工作，有时甚至成为党政军民的中心任务。

针对日伪及国民党的经济封锁，中共要获得粮食，经济上的反封锁及反制措施也至关重要，其中凸显的是对经济法则的灵活运用，同时行政力量和军事力量的配合也不可或缺。

战争环境下，粮食征收后的收藏与保管是中共在山东获取粮食的最后一道关卡，若收藏与保管不力，就有使征粮工作前功尽弃之虞。收藏时中共一方面善于利用自然地理条件，如藏粮于山洞或地窖；另一方面以群众的充分支持与协助为前提和保障。因为游击战环境下难以建造和保有专门的粮库，都是借用民舍，或直接藏粮于村民房屋中。据相关人员回忆，"我们是采取'藏粮于民'的方针的，将征收的公粮分散在群众中分户储藏。在整个抗日战争年代里，我们从没有粮食保管和保管机构。如果说有粮食保管员的话，那就是广大的农民群众"。①

山东平原、山地与丘陵并存，抗战年代生产力落后，加之社会动荡，自然灾害频发等因素影响，粮食产量非常有限。中共山东地方党组织为争取有限的粮食，同日伪、国民党进行了军事、政治、经济等多种形式的斗争。而且，前述多种形式的斗争也不是独立进行的，相互间的配合成为常态。在中共山东地方党组织领导下，抗日武装、民主政权、群众团体及广大乡民都参与了争夺粮源、保卫粮食的斗争，这种为获取粮食进行的全面的对敌斗争，实际体现了抗战时期中共党政军民一体化的高效行动机制，这种一元化体制大大提高了中共各项工作的贯彻实效。

---

① 《伏伯言同志的回忆》，《山东革命根据地粮食史料选编》第2辑，第104~105页。

第七章 北海银行与根据地的货币政策

抗战时期，中共为解决军需民用，保障物资供应，不得不同时进行生产建设，发展经济。有条件的抗日根据地都根据对敌斗争和经济发展需要，设立了自己的银行，独自发行货币，山东抗日根据地就是其中之一。作为中共在山东抗日根据地创立的银行，北海银行最初设立于胶东，后发展至全省。北海币的发行，既要顾及抗日民族统一战线框架下法币的法定货币地位，又要适应抗战形势的变化，经历了从辅币到主币的转变过程。根据地的货币政策也有相应调整。中共充分运用经济法则和行政力量等，在与法币和伪联银券的货币斗争中，为保持北海币币值和根据地物价稳定，做出了有益的尝试和努力。

一 北海银行初创与维护法币政策

日本全面入侵中国后，刘少奇主持的中共中央北方局，根据党中央洛川会议精神，做出《华北决议》，号召党员"脱下长衫，到游击队中去"。中共山东省委根据当时形势，开始把一批一批党员派向农村。① 由此山东各地党组织逐渐恢复，领导力量得到充实和加强。1937 年 12 月 24 日，中共胶东特委发动民众，在胶东之天福山树起"山东人民抗日救国军第三军"的民族解放大旗，② 动员群众，发展党组织，武装队伍，抗击日本侵略者。胶东各地抗日武装在此前后不断建立。1938 年，中共掖县县委组织的抗日游击队于 3 月 9 日光复掖县县城，13 日，成立胶东抗日游击第三支队（简称"三支队"），郑耀南任支队长。当时支队的主要工作是以抗日为中心，扩充兵员，充实武器，筹集粮款。

---

① 张加洛：《峥嵘岁月——胶东抗日游击第三支队的成长》，烟台地区行政公署出版办公室编《胶东风云录》，山东人民出版社，1981，第 246 页。
② 《胶东抗日烈士纪念塔序文》，《胶东风云录》，第 1 页。

正在此时，受七七事变后战乱影响而停业的青岛中鲁银行经理张玉田带着钱款等回掖县老家，途经平度时，被国民党第五战区第十六支队司令张金铭抢去钱款和汽车。张玉田回到掖县黄山后村老家，张金铭又派人三番五次上门逼迫张玉田与其子到他那儿工作。张玉田迫不得已，逃到掖县县城，请求三支队让其避难。支队领导了解到张玉田及其子是属于有爱国心的民族资产阶级，可以争取到抗日民族统一战线中来，就表示欢迎他来掖县定居，并赠送 200 元法币，以纾解其生活之难。张玉田深受感动，专门到三支队道谢，并表示愿为三支队和家乡父老效力。其间，他开门见山地提到筹建银行一事，引起支队领导的极大兴趣。之后，支队领导又集体做出筹建银行的决定，并在党内外对创建银行一事做了说明和动员。后又经过具体商讨，银行定名为北海银行①，并委任张玉田为银行行长。② 以上是郑耀南当时的政治助手、机要秘书李佐长的回忆，应该较为可信。

时为胶东特委成员的林一山在回忆中说，"在胶东，最初建立北海银行，党委没有专门开会讨论"。③ 可见，北海银行的设立有偶然因素。

胶东并不是中共在山东抗日并建立政权最早的地区，北海银行之所以能在胶东首创，与胶东的经济条件有关。胶东半岛地理位置优越，沿海有渔业、盐业，山区有花生、水果和蚕茧，平原产粮食，彼此需要交换产品，互通有无，因此集市贸易比较发达，作为商品交换媒介的货币当然必不可少。

抗战爆发前，山东各地市场上流通的货币主要是法币，韩复榘主持的山东省政府发行的"山东民生银行"纸币，也散布于山东各地。七七事变爆发后，当时分驻于山东的国民党部队，随即各自在驻防区大量印发地方流通券，强迫群众使用，计有胶东的赵保原、蔡晋康、苗占魁、郑维

---

① 关于"北海"的寓意，一说是"北临大海"，是地理位置的象征；一说是取当地民众最常见的春联"寿似南山松不老，福如北海水长流"中的"北海"二字，以使银行名称吉祥响亮，以及其货币乐于被民众接受。

② 李佐长：《北海银行的初创与发挥党外人士的作用》，《党政论坛》1987 年第 1 期，第 44~45 页。

③ 中国人民银行金融研究所、中国人民银行山东省分行金融研究所编《中国革命根据地北海银行史料》第 1 册，山东人民出版社，1986，第 20 页。

屏、秦毓堂、张金铭、陈昱、李德元、姜黎川、高玉璞、丛镜月、王兴仁，鲁北的何思源、刘景良、张景月、杜孝先、周胜芳、朱仲山、王馨堂、张景南，鲁中的吴化文、秦启荣、张天佐，鲁南的申从周、周侗、李以锦、李子赢、荣子恒，鲁东南的许树声、尹鼎五、董玉佩等大小司令、专员、县长以至团、营长，发行了 50 种以上的地方流通券，如再加上各地地主上层趁战乱私自发行的各种辅币，在抗战爆发初期，山东各地流通的货币数量之多与种类之复杂，则更难以计算。这些五花八门纸币的滥发，使当时山东省各地的金融市场陷入极端混乱状态。当时在胶东文登、荣成一带，老百姓都把郑维屏、王兴仁发行的地方流通券称为"破被单子"（意指该种纸币票版很大，票纸不好，又不值钱）、地瓜票（即用地瓜也可做票版），"活人使冥票"成了群众常说的新俗语。① 华北伪临时政府发行的"联银券"当时只能在日本占领的大城市和铁路沿线流通，还没有进入农村腹地。

　　三支队领导根据以上情况，为保证军需供应，稳定当地金融市场，发展经济，改善民生，便采纳了张玉田的建议，决定创建掖县抗日民主政权自己的银行，发行自己的货币。三支队财委会领导银行的筹建工作，请张玉田组建银行班子。张玉田根据需要邀约了熟悉银行业务的数人，有王荑村（负责发行）、王复生（负责会计和存贷）、方德卿（负责出纳）、刘翊书（负责文书）、杨崇光（负责庶务）、邢松岩（负责业务方面的辅导工作）、邢述先。② 北海银行以股份有限公司的形式招股集资，并设有董事会。行址设在掖县县城大十字路口南路西一座四合院里（今为莱州市公安局）。票版上的"北海银行"四个字由邢松岩书写。票样请掖县沙河镇小学校长邓振元（字文卿）设计绘制。邓振元能写善画，七七事变前曾在青岛光华制版社工作。他以掖城南关火神庙阁、掖城鼓楼、玉皇顶、掖县政府大院等名胜为主景，分别绘制了一角、二角、五角、一元等票样，还在一角、五角、一元票样主景右下角签上了设计者的名字。采购票纸和刻制票版的工作，都是张玉田请人秘密到日军占领下的天津和青岛完

---

① 《中国革命根据地北海银行史料》第 1 册，第 412 页。
② 《中国革命根据地北海银行史料》第 1 册，第 28~29 页。

成的。由掖县县城的同裕堂印刷局承印，银行派人监督。最后由银行工作人员打号盖章，加印"掖县"地名。孙守源等认为，1938 年"7 月，银行筹备工作基本完成。8 月，第一批北海银行券开始投放市场，立即受到人民的认可和欢迎"。① 作者没有注明史料依据。而据时任掖县县委书记张加洛的回忆，"五月份国顽张金铭四路进攻掖县三支队，我们打了一个月的仗，顾不上此事（指成立银行事——引者注），六月初在反顽作战结束后，内部矛盾突出了，七月四日我们将为首叛乱分子六名全部处决，出票子的事又放下了。八月份三支队与胶东特委领导的抗日救国军第三军合编，后改番号为八路军山东纵队第五支队。这时出票子的事获得胶东区党委及五支队的支持，着张玉田继续抓紧筹备"。② 可见，8 月份银行筹备工作还在进行中。直接参与银行筹备工作的邢松岩回忆："经过七、八个月的筹备，于十二月一日开始营业，从这一天开始发行。"③ 北海银行于12 月 1 日正式成立，还有重要的史料依据，可以互为印证，那就是胶东抗日武装创办的《海涛》半月刊，在 12 月 10 日出版的创刊号"半月大事记"一栏中记有"十二月一日　北海银行开幕"。④ 开业的这一天，在县政府门前搭了台子，山纵五支队司令员高锦纯发表讲话，表示祝贺和支持，还表扬了张玉田。大会宣告：北海币为掖黄蓬抗日根据地通用货币，与法币等价流通，随时可以兑换，禁止使用伪联银券和日币，违者没收。会后，三县各地张贴此布告，并分发《北海银行浅说》，宣传介绍北海银行及北海币。

银行正式成立时，改为公私合营。经议定，银行资本金 25 万元，公股由五支队司令部出股金 7.5 万元，其余私股由三县招募，掖县经济委员会应出股金 6.5 万元，黄县经济委员会应出股金 5.5 万元，蓬莱经济委员会应出股金 5.5 万元。各县股金的募集，采取动员派购的方式，由各县工商界认购一部分，其余大部分通过各区行政机构向所属各村摊派，各村再

①　孙守源、季评：《北海银行的创建及其最初印发的纸币》，《中国钱币》1993 年第 2 期，第 57 页。
②　《中国革命根据地北海银行史料》第 1 册，第 23 页。
③　《中国革命根据地北海银行史料》第 1 册，第 29 页。
④　《中国革命根据地北海银行史料》第 1 册，第 28 页。

摊派到各户认购，认购书以村为单位而不发放到各户，凡认购者，开给临时收据，村公所造入股花名册。最后股金没有集足，其中掖县认购的最多，为55672元；黄县次之，为45664元；蓬莱因敌人进攻没能募集。五支队司令部因战事频仍，军费支出多，没能按原方案认购公股金。所以，北海银行成立时，资本金只有掖、黄两县民众募集的10余万元，发行北海币9.5万元。①

由于银行筹办者有银行从业经验，又有抗日民主政权的支持和抗日武装力量的保护，所以北海币发行后，能获得民众信赖，很快就在蓬、黄、掖一带流通起来。但是，1938年冬，伪军张宗援等率军攻打蓬黄掖抗日根据地，所以，1939年1月前后，胶东区党委及其领导的抗日武装陆续撤离，转入山区坚持游击战争。北海银行也随军转移，但由于局势紧迫，在群众的帮助下，把银行的账册、票版和剩下的一部分票子隐藏在蓬莱北沟。北海银行职员离散，银行工作终止。

北海银行毕竟是中共领导的山东抗日根据地自己创立的银行，它的存续，意义重大。1939年4月，中共中央在《对山东问题之处置办法》中批评山东在统一战线政策下对国民党"退让太多"，如"接受取消"北海银行。② 5月，中央又在《关于山东工作方针的指示》中明确指出："山东今后磨擦会更多，更厉害，我们应准备长期磨擦，坚持我们在敌后抗战的路线与政策，反对顽固分子的错误路线，不要设想让步可以解决问题"，"在财政经济问题上，已得的财源决不应放弃，公开说明八路军及游击队打仗不能不吃饭"，③ 强调拥有自己的银行对坚持抗日斗争、发展抗日武装之重要。由上可知，北海银行实际是迫于国民党军驻山东部队压力而停止工作的。中共山东分局据此指示胶东区党委必须重建北海银行，要求"北海银行努力经营，保持在我们手里，必须成为全省的金融调剂

① 《中国革命根据地北海银行史料》第1册，第29~31页。
② 《中央对山东问题之处置办法》（1939年4月），《山东革命历史档案资料选编》第4辑，第60页。
③ 《中央关于山东工作方针的指示》（1939年5月19日），《山东革命历史档案资料选编》第4辑，第70页。

机关"。① 转移到莱阳城北与招远交界处张格庄的胶东区党委据此加紧了恢复筹建北海银行的工作。同年 8、9 月间，北海银行重建，陈文其任行长。② 开始没有银行机构，只是几个人管印发票子，先由胶东大众报社代印，银行的工作人员验收打号码。是年冬在转移到掖南草庵时，印钞工作从报社分出来，报社给了一部印机和一个脚镫子（号码机）以及几名工人，银行才有了印钞机构。但报社后被敌人包围，受了很大损失，印机被报社要回。直到 1941 年胶东抗战打开局面，北海银行才得到印刷机，建立了自己的印钞厂，有了银行机构。③

　　重建后的北海银行，处于山区游击战争环境，条件十分艰苦，印钞条件很差，一副票版用不多久就要更换。还要去敌区制版，为避敌人耳目，特意在票版上刻了"冥府银行"字样，回来再抠掉，换上"北海银行"字样。票纸、油墨等也要到敌区购买。在印钞纸等紧缺的情况下，只好有什么型号的纸就用什么型号的纸，有什么颜色的油墨就用什么颜色印刷。所以印的票子，往往同一种票版，纸型不一，颜色不一。为便于流通，就分别加上"发""展""农""村""经""济"等字样，以示区别。④

　　在抗战非常艰难的情况下，北海银行也没有乱发纸币，而是一直很慎重，开始只印发一元以下的辅币。到 1940 年秋，胶东抗日根据地情况好转，根据地扩大后，成立了北海专署，财政上建立了预算、审批等各项制度，财政状况向好，对发票子更起到了控制作用。当时市场上流通的主要是法币，北海币只是少量，物价比较稳定，法币贬值不大。⑤ 这说明，这一时期，尽管中共领导的山东抗日武装力量与国民党的抗日部队时有摩擦，但中共还是坚持抗日民族统一战线政策，努力维护抗日大局，在货币政策上，仍尽力维护法币的法定货币地位。

①　《山东分局对胶东今后工作意见》（1939 年 5 月），《山东革命历史档案资料选编》第 4 辑，第 72 页。
②　陈文其、刘涤生：《抗日战争时期的北海银行》，《胶东风云录》，第 444 页。
③　《中国革命根据地北海银行史料》第 1 册，第 34 页。
④　陈文其、刘涤生：《抗日战争时期的北海银行》，《胶东风云录》，第 444 页。
⑤　《中国革命根据地北海银行史料》第 1 册，第 35 页。

二　北海银行总行及分支机构的设立 与北海币的分区推行

从北海银行创建过程可见，它是抗战爆发后中共领导的山东军民自营之银行，信用素著，在胶东妇孺皆知。"北海银行"已经成为一种象征。鉴于此，中共山东分局为保证各抗日根据地的支出所需，决定扩大北海币使用范围。1940 年 2 月底，中共山东分局和八路军第一纵队向山东各抗日根据地军政领导发出指示，"整理北海银行"，"筹办鲁西、鲁北、清河三银行，扩大及整理泰莱区流通券，发行曲泗宁自治区流通券。上述银行及流通券一切业务、收支管理统归分局财委会及财政部"。① 根据以上指示，以小清河以南、胶济铁路以北的邹平、长山、桓台、益都、临淄、寿光、广饶等十几个县的抗日游击根据地为依托，1940 年 6 月 1 日，北海银行清河分行在寿光县根据地成立，行长由清河专员公署财政处王泽民兼任。印发票面为五角、二角、一角、五分的辅币和一元面额的本位币即北海币。② 为维持根据地的金融秩序，4 月 1 日，中共北方局发出指示，要求各根据地"必须正确认识银行的作用，积极运用银行去开展生产事业（农村中主要的是农业生产）。树立自力更生的基础，反对眼睛望到印刷机，把无限制发行新钞当作解决经济困难唯一办法的错误观念"，"各银行新钞发行额，应随时具报北方局，不得自由增发"。③ 由此，加强对北海银行货币发行额的监管，以防止滥发纸币。

10 月，战工会财政处在鲁中抗日根据地的沂南青驼寺，正式成立了北海银行总行。财政处处长艾楚南兼任行长，洒海秋任副行长，下设发行、会计、营业三科。11 月，山东省财委会发出《关于发行北海银行辅币的通知》，强调"本会为保护法币、稳固金融与粉碎敌寇'以战养战'

---

① 《山东分局关于统战、政权、战略、财经工作的指示》（1940 年 2 月 29 日），《山东革命历史档案资料选编》第 4 辑，第 165 页。

② 崔景璋：《北海银行清河分行印刷所创建始末》，《春秋》2000 年第 4 期，第 20~21 页。

③ 《北方局关于财政经济政策的指示》（1940 年 4 月 1 日），《中共中央文件选集》第 12 册，第 363 页。

之经济侵略、争取最后胜利之到来起见，爰拟发行'北海银行'辅币，以资周转而利抗战，其意义之重大，实关整个战略。此'北海银行'之辅币计分一角、二角、五角等三种（计有二十七年度及二十九年度），十足兑换（凑足十角换法币一元）"。要求中共山东"各地民选政府、部队及附属机关、合作社等，均得负责兑换"，① 以便利北海币在根据地的流通使用。从此，在中共山东分局和战工会的统一领导之下，鲁西北等主要抗日根据地加快了北海银行分行的筹建步伐。胶东的北海银行也在翌年7月全省财经大会后，改名为北海银行胶东分行。但由于各根据地被敌分割包围，出于对敌斗争需要，北海银行总行成立初期与胶东分行、清河分行及其他分行彼此独立，分区发行货币。

1941年初皖南事变发生后，国共双方摩擦加剧。中共坚持抗日民族统一战线中的独立自主原则，强调要有理、有利、有节地同发生摩擦的国民党军作斗争，既维护抗日民族统一战线大局，又注意不断壮大自身力量。在金融方面，就是维护法币的同时，加大力量推行北海币的使用。4月1日，北海银行总行发出《推行新钞宣传大纲》，解释发行新钞一是为人民谋福利；二是保护法币，抵抗伪币，巩固游击区的经济基础。提出山东游击区有大量的法币、白银硬币、金银首饰和现金，有着坚固的经济基础、政治保障等"绝大的保证"。要求"新钞发行以后，山东各界人民应遵守政府的规定，迅速将所有法币在各处设立之兑换所兑换新钞"；"新钞发行后，山东各界人民关于完粮、纳税、交易、存款等，应一律使用新钞"。号召"要遵守政府的推行新钞通告与规定"。在宣传新钞上，注意利用农村传统的信息传播网络，要求"每一个人要负责向自己的亲友、邻居、街坊、同乡扩大宣传发行新钞的意义，鼓励并说服他们兑换新钞，使用新钞"。同时，"每一个人要负责防范、告发奸商走私，汉奸破坏，维护新钞的信用，保证新钞的顺利流通"。"明了发行新钞就是发挥抗日力量。"《宣传大纲》并附上"宣传推行新钞办法""推行北海银行纸币的标语口号""对付假造本币的办法"，对如何宣传推广使用北海币，做

---

① 《山东省财委会关于发行北海银行辅币的通知》（1940年11月22日），《山东革命历史档案资料选编》第6辑，第99页。

了非常具体细致的规定。如"宣传推行新钞办法"一项规定："召集区长及区级群众会议"；"分别召集村长、士绅、群众团体会议"；"召集县级群众团体会议"；"召集士绅代表会议"；"由县或区政府联合群众团体、士绅，组织新钞推行队到重要市集宣传"；"分组作家庭访问、商号访问"。制定的"标语口号"计有三大类共27条。① 把使用北海币与抵抗日本经济侵略、稳定山东金融、保护山东抗战民众经济利益、保证抗战胜利紧密相连，宣传推行力度大大加强。

1941年5月，日伪加强了对抗日根据地的军事、政治进攻和经济封锁，滥发伪联银券，致使抗日根据地物价日益上涨，军民生活受到很大影响，"为坚持敌后长期抗战，保证抗战经费，稳定金融与发展农村经济，彻底打破敌人经济掠夺与封锁"，山东省战工会决定"继续印发胶东区民国三十年度北海一元票币，以期维持金融之流通，抵制伪钞之行使"。② 同年10月，又发行五元新钞。③ 1942年后才印十元的。到抗战胜利时共印发了二角、五角、一元、二元、五元、十元、五十元、一百元和二百元面额共30多种版别的纸币。

1941年后，各主要根据地也陆续设立了北海银行分支机构。北海银行胶东分行先后设立南海、东海、北海、西海支行，然后在重点县设办事处，没有银行机构的县，由县金库代理，然后再由金库分设出来，直到1944年才普设县以下银行机构。④

1941年春，清河分行先后建立了寿光、益北、临淄、广南、广北、高苑、博兴、蒲台、邹平、长山、桓台等11个办事处。同年秋，清河专署改为行政公署，下设清东、清中、清西三个专署，银行也随之在专署驻地建立支行，清东支行设在寿光，辖昌邑和四边两个办事处；清中支行设在博兴，辖临淄、蒲台、广北三个办事处；清西支行设在邹平，辖高苑、

①　山东北海银行总行：《推行新钞宣传大纲》（1941年4月1日），《山东革命历史档案资料选编》第6辑，第320～326页。
②　《山东省战时工作推行委员会关于发行北海银行一元新钞的通知》（1941年5月），《山东革命历史档案资料选编》第6辑，第403页。
③　《山东省战时工作推行委员会关于发行北海银行五元新钞的通知》（1941年10月18日），《山东革命历史档案资料选编》第7辑，第415页。
④　《中国革命根据地北海银行史料》第1册，第35～36页。

长山两个办事处。支行是以办事处为基础组建的，所以在其驻地兼一个县的工作。1942 年春，清河分行又在垦利及沾化设办事处。①

1941 年 6、7 月间，鲁西北与河北交界的冀鲁边区划归山东分局领导，根据上级指示，建立北海银行冀鲁边分行，发行冀鲁边的北海币。1943 年底至 1944 年初，随着清河区与冀鲁边区合并改称渤海区，北海银行清河分行与冀鲁边分行也合并改称"山东北海银行渤海分行"。合并后的渤海区所属各个分区都有支行。各县也相继设立办事处。②

1941 年 7 月，北海银行在滨海地区设办事处。办事处设立后，业务极简，当时主要工作是协同政府整理土杂钞，推行本币，并由总行拨给部分资金，办理手工业及商业贷款。1942 年 9 月正式成立滨海分行，下设莒县、莒南、沭水、赣榆、日照、海陵、临沭等办事处。1943 年春，总行随山东党政领导机关东迁滨海区，滨海分行并入总行。与此同时，总行原驻地鲁中区设立分行。鲁中分行下辖泰山、泰南、沂蒙三个支行。县级设有若干办事处。之后因环境紧张，银行精简机构，支行及办事处撤销，业务合并到财政局、工商局，分行并入财政处。到日本投降前夕，总行又由滨海迁到鲁中，原鲁中分行的职员则又加入总行，鲁中分行自行撤销。③

鲁南区在 1942 年才开始建立北海银行机构，当时称鲁南支行，隶属滨海分行领导，下辖边联、双山、滕峄等五个县办事处。1943 年冬，国民党军李仙洲部入鲁，鲁南形势恶化，县银行机构随即撤销，支行工作内容极少，即与专署财政科合署办公。1944 年春，鲁南建立工商局，银行即由专署财政科划出，与工商局合署办公。7 月，北海银行鲁南分行宣布成立。④

由上可见，1941 年后，山东几大战略区先后建立了北海银行的分支机构，为全面推行北海币打下了组织基础。1941 年 12 月 8 日太平洋战争的爆发，客观上为推行北海币提供了有利时机。

---

① 《中国革命根据地北海银行史料》第 1 册，第 107~108 页。
② 《中国革命根据地北海银行史料》第 1 册，第 109~111 页。
③ 《中国革命根据地北海银行史料》第 1 册，第 115~119 页。
④ 《中国革命根据地北海银行史料》第 1 册，第 121~122 页。

三　停法拒伪、北海币法定货币地位的确立与统一发行

太平洋战争爆发后，上海、天津等地租界的英美银行被日本没收，对日伪来说，法币已失去利用价值，外汇投机者也急于把手中的法币抛出。因此，大量法币流入大后方和中共领导的抗日根据地，法币币值的下跌已确定无疑。《大众日报》报道："敌寇现正大量将法币倾入我根据地，尤以五十元百元一张之大票为多，致使我集市上的物价飞涨。据赣榆敌占区来人谈，敌寇以法币大量高价收买我根据地麦子，现奸商从事私运渔利者，日必有千余大车。"① 对山东抗日根据地军政领导来说，改变以往维护法币的货币政策，把北海币作为本位币推广使用的时机来临。

1942 年 1 月，战工会财政处在关于 1942 年财政工作的指示中，就金融问题提出，"为提高北票信用，巩固我抗战金融，各地区应迅速确定以北票及民主政权所发行之纸票为本位币，对法币实行七折、八折、九折等使用。对伪杂钞在我占区流通者，一律禁止使用（如民生银行、平市官钱局等票）"，但为保护民众利益，又强调"必须通过各级机关、团体、部队向民众宣传动员后方限期执行，反对不加解释强迫执行的办法"。② 根据地发出了停用法币的信号。

5 月 29 日，中共山东分局财委会专门做出《关于法币问题的指示》，"宣布以北海银行票为我山东各地之本位币"，规定"自七月一日起，所有军政民间之来往账目、借约契据，一律以北币计算。北币与法币则应以北海银行规定比价折合使用"。要求"健全各级银行组织，有计划的发行、管理北钞，提高信用，扩大我钞流通范围，逐渐达到取消法币"。③ 明确提出了取消法币的目标。

---

① 《粉碎敌倾销法币毒计　滨海各县反经济蚕食》，《大众日报》1942 年 8 月 16 日，第 1 版。
② 《山东省战时工作推行委员会财政处关于一九四二年财政工作的指示》（1942 年 1 月），《山东革命历史档案资料选编》第 8 辑，第 122 页。
③ 《中共山东分局财委会关于法币问题的指示》（1942 年 5 月 29 日），《山东革命历史档案资料选编》第 8 辑，第 310 页。

中共山东分局从维护法币的法定货币地位到明确提出取消法币,这一货币政策的转变与刘少奇的到来有很大关系。1942年春,刘少奇途经山东回延安,奉命在山东根据地检查指导工作。刘少奇批评山东分局在统一战线工作中犯有原则错误,缺乏独立自主精神。[①] 山东分局财委会接受这一批评,才一改以往维护法币的态度,明确提出了在根据地取消法币。

由于中共领导的抗日根据地与国民党统治区、日伪统治区呈交错并存的状态,随着战事进展及彼此势力消长,统治区域经常处于变动之中。法币作为国民政府的法定货币,原已有流通基础和民众认知;日伪极力推行伪联银券的流通使用,使伪钞在农村腹地也有了一定市场。因此,折价使用法币,逐渐达到停用法币的目标,实际是一项十分艰巨的任务。各地推行北海币、排挤法币、禁用伪杂钞情况也有所不同。

1942年9月前,胶东北海地区流通的货币,有北海币、地方流通券以及法币、私钞、投钞、伪钞,共6种。在总流通量中,北海币占15.56%,地方流通券占5.4%,法币占32.88%,私钞占0.88%,投钞占9.2%,伪钞占36.08%。各县情况如表7-1所示。

表7-1   1942年9月前胶东北海区货币流通情况

单位:%

	北海币	地方流通券	法币	私钞	投钞	伪钞
蓬莱	10.5	5	25	0.8	12	47
黄县	10	10	10			70
栖霞	30	12	35	3		20
福山	5		25		31	39
栖东	22.28		69.4	0.9	3	4.42
全北海	15.56	5.4	32.88	0.88	9.2	36.08

注:蓬莱县各币种流通量占比原文献数据有误。

资料来源:《中国革命根据地北海银行史料》第1册,第259页。

从表 7-1 可见，对法币折价使用前，在胶东半岛的北部沿海地区，流通的主要货币是伪联银券和法币。但之后，情况有了很大变化，比如"福山在三月以前，仅一区通行北钞、地券，其余各区都公开拒用，目前则大不相同，除不例外的加价而外，很多民众拿着法币到处兑换北钞"。再如"栖东一个卖猪的在集上卖了些北钞，欢喜地说：'今天可卖了几个好钱'"。还有蓬东敌区刘家旺、泊儿沟一带渔夫，喜欢把鱼卖给带北钞的鱼贩，甚至贱卖都行。① 可见，北海币在胶东已取得民众的信任，得以取代法币广泛流通。具体情况如表 7-2 所示。

表 7-2　1942 年下半年胶东北海区货币流通情况

单位：%

	北海币	地方流通券	法币	私钞	投钞	伪钞
蓬莱	40		5.8			54.2
黄县	15	15	4			66
招北	30		40			30
栖霞	75		15		1	9
栖东	61		26			13
福山	24		10		6	60
全北海	40.8	2.5	16.8		1.2	38.7

注：法币、投钞与伪钞在全北海货币流通中的占比原文献数据计算有误，已做相应修订。
资料来源：《中国革命根据地北海银行史料》第 1 册，第 264 页。

从表 7-1 和表 7-2 可见，最明显的变化是北海币流通比重的上升和法币流通比重的下降，北海币的流通比重增长了 25.24 个百分点，流通比重超过了四成，法币下降了 16.08 个百分点，流通比重还不到两成。胶东半岛推行北海币取得了显著成效。1943 年 8 月黎玉在省临参会一届二次大会上的施政报告中谈道："在金融斗争中以胶东最好，不但贬低与停用了法币，肃清了土杂钞，而且打击了伪币，提高了本币，降低了物价。"关于胶东停用法币取得良好成绩的原因，黎玉指出："A、群众基础好，自动抬高本币价格，停用法币。B、胶东外汇内流甚多，形成货币入超。

① 《中国革命根据地北海银行史料》第 1 册，第 260 页。

C、胶东有大量金子及出口的土产，调剂了外汇。D、胶东财政收入大，能及时紧缩货币流通。"① 北海银行最初在胶东创办，在根据地内早已为民众熟知，胶东半岛物产丰富，经济较为发达，对外联系便利，都是中共推行北海币、停用法币、禁用伪钞的有利因素。

但是，山东内陆根据地对法币的使用仍持放任态度。且推行一种货币，亦须顺应市场规律，以经济法则，稳定其币值，确保其购买力，才能形成社会流通，单靠政府行政命令难以奏效，加之机械执行"以货易货"方针、拒绝买卖外汇等，有些地方折价使用法币令发出后，法币仍在暗中原价流通。1942 年 9 月 7 日《大众日报》报道："据记者亲在莒南土沟、沟头、良店等区集市上与民间所见，法币仍一元按一元，一毛按一毛畅行流通。群众如此，我地方党政军民各界亦复如此。恶果的影响，造成物价激烈波动，最近四五个集以来，麦子从十八元，下集飞涨到二十八元，现又渐降为二十二元；在三集前白布每匹四百七十元，今日已飞涨到六百多元，每集上下悬殊由数元至数十元不等。"② 这是因为法币能在全国流通，北海币只能在山东根据地流通，加上一经折价感觉吃亏了，就不愿意执行政府法令。在清河区，"法币折价的命令不但老百姓不愿意执行，就是团体机关政工人员、公营企业、商务团体也不坚决执行，形成了官折民不折，上折下不折，买折卖不折，明折暗不折，在市面交易货币行使上，不但没有提高本位币的价值，反而提高了物价"。③ 黑市上法币的比值反而高于北币。在沦陷区的黑市上，伪币比值又高于法币。在游击区，三种货币同时流通，伪币比值最高，法币次之，北海币最低。

黎玉在 1943 年 8 月省临参会一届二次大会的施政报告中，就此时货币斗争的问题总结如下：（1）货币发行数量太少，不够市场流通需要，同时又没有充分的准备金，无法调剂发行数量、调剂外汇。没有

---

① 《山东抗日民主政权工作三年来的总结与今后施政之中心方案——一九四三年八月二十日山东省战时工作推行委员会黎玉主任委员在省临参会一届二次大会上的施政报告》，《山东革命历史档案资料选编》第 10 辑，第 273 页。

② 《法币照常畅行流通　造成物价波动恶果》，《大众日报》1942 年 9 月 7 日，第 2 版。

③ 《清河行政区主任公署关于法币折价的补充指示》（1943 年 2 月），《中国革命根据地北海银行史料》第 1 册，第 290 页。

基金就无力量与人斗争（鲁中、鲁南均因缺乏准备金而无力斗争，滨海亦因此非常困难）。（2）斗争方法的主观主义，不合市场规律，孤立地看问题。如不管市价高低，强定一元兑一元；不顾贸易需要，不去负责调剂外汇，以致黑市流行无法控制。清河、滨海均因此遭受过失败。（3）执行上的官僚主义。不动员自己支配下的经济力量造成有利形势，对民众的宣传解释不够，甚至颁布禁令而不严格执行，使民众视法令为儿戏（滨海人民甚至一些部队机关多作此想）。（4）领导的不统一，自己破坏自己的政策。交易所、合作社、机关所经营的商店，只求自己赚钱，不顾政府禁令。① 这实际道出了内陆地区根据地推行北海币不力的主要原因。

　　著名经济学家薛暮桥和在太行抗日根据地从事过对敌经济斗争的石英到来后，山东内陆根据地推行北海币、排法拒伪的工作才得以改观。

　　1943 年初，薛暮桥奉命从华中前往延安，途经山东抗日根据地，被山东分局领导留下协助解决山东的经济问题，主要是北海币在货币斗争中的劣势问题。薛暮桥同负责山东财经工作的艾楚南，负责北海银行工作的洒海秋反复讨论，大胆提出，"要稳定根据地的币值、物价，唯一办法只有驱逐法币，使抗币能够独占市场"。② 薛暮桥对农村经济问题素有研究，了解货币和物价规律，认识到纸币所代表的价值取决于它的发行数量，只要不发生通货膨胀，就可以保持物价的稳定。如果准许法币在市场流通，法币大量涌进，就无法消除市场上已出现的通货膨胀，无法避免物价猛烈上涨。为此，北海银行总行所在的滨海专署发出布告，决定自 7 月 21 日起停用法币。中共山东分局也专门发出关于停用法币的指示，提出了保证停用法币令实行的具体办法：第一，自政府宣布停用法币之日起，全体党员均不使用法币，不收受法币，看到使用法币者依法没收，交给政府；政府财政机关和部队供给机关不准再向下级发放法币，并通令各级机关、部队，把过去公家和私人所保存的

① 《山东抗日民主政权工作三年来的总结与今后施政之中心方案——一九四三年八月二十日山东省战时工作推行委员会黎玉主任委员在省临参会一届二次大会上的施政报告》，《山东革命历史档案资料选编》第 10 辑，第 296~297 页。
② 《薛暮桥回忆录》，天津人民出版社，1996，第 164 页。

法币，限 7 月 20 日前送到银行按市价去兑换北币，若过期不换，则照政府法令办理；防止向市场收买法币，送到银行里去兑换北海币的投机行为，有此行为者按贪污论罪。第二，所有公营商店及机关和部队的生产贸易工作人员应恪守政府法令，对外贸易所得或对外采购军需器材所需法币、伪币，必须依政府所定比率到银行兑换，不准私自买卖，更不准到黑市交易。领导机关要尽到检查督促之责，违者将受到法律和党纪的制裁。① 同时，动员根据地人民拿法币到北海银行兑换北海币，或到敌占区换回物资。北海银行也把原来用作发行准备金的法币，到敌占区换回大量物资，以免因法币跌价而受损。停用法币的法令一经公布，法币兑北海币的比值不断下跌，到年底，6 元法币才能换 1 元北海币。排挤法币又能从敌占区换回大量物资，能够用于支持北海币，在物价上涨时，抛出物资用以回笼货币，提高北海币的币值，物价自然就回落。

但并不是币值越高、物价越低就越好。币值太高不利于开展对外贸易，突破敌人的封锁获取重要物资；物价太低，生产者获利微薄甚或赔本，不利于生产建设的良性发展。为使北海币的币值和物价维持在一个适当的水平，在薛暮桥和石英的建议下，政委会决定加强工商管理处及各地新成立的工商管理局的职能，主要采取以下两项措施。②

一是按季节发行货币，并将发行额的一半交给工商局。因为根据地地处农村，秋冬时节农产品大量上市，应增发北海币，大量收购农产品；到春荒时期，则应抛售农产品，回笼货币，这样来保持物价的常年稳定。工商局可以用持有的北海币收购各种农产品，根据物价的涨落，随时吞吐物资，调节货币流通数量，以保持币值和物价的稳定。也就是控制北海币发行数量，使其与市场需要量保持一定的比率。

二是管理对敌占区贸易，按根据地和敌占区物价的变化和各种货币的供求情况，灵活规定北海币与法币和伪币的兑换比率。因为敌占区流通的是伪币和法币，与敌占区进行贸易就要用到伪币和法币，因此必须规定它

---

① 《中共山东分局关于停用法币的指示》（1943 年 7 月），《山东革命历史档案资料选编》第 9 辑，第 541~542 页。
② 《薛暮桥回忆录》，第 166~169 页。

们同北海币的适当兑换比率。强压法币和伪币的比率，引起贸易入超，法币、伪币供不应求，兑换比率反倒回升。因此，要尊重客观规律，根据对外贸易情况的变化规定兑换比率，不能主观行事。1942年以前为保护物资曾经盲目禁止土产出口，引起入超。现改为鼓励有剩余的土产出口。食盐和花生油是两大出口资源，根据地政府利用输出食盐所取得的大量法币和伪币，不但从敌占区换回根据地所必需的各种物资，而且用来压低法币和伪币的比价。北海银行印钞用的纸张、器材和部分军用物资，就是用出口花生油的收入从上海采购来的。加强对外贸易管理，用经济力量保持币值和物价的稳定，保证军民物资供应。

以上措施收效显著。1944年春，滨海、鲁中、鲁南等区基本成功停用法币，消除了法币膨胀所造成的经济危机。过去市场流通着的几千万元法币差不多已全部排挤出去，换回根据地所需要的各种物资。北海币已成为市场上的唯一流通货币，流通范围已逐渐扩展到游击区和敌占区，而且币值不断提高。停用法币以前北海币实际上与法币等价交换，到1943年12月，北海币1元已能兑换法币5元。与伪钞的比值，也从北海币七八元换1元伪钞涨至北海币1.5元换1元伪钞。随着币值的上涨，一般物价跌落。滨海区自停用法币以来，四个月内各种物价平均跌落一半。在物价的下落中，除少数投机商人亏损外，大多数人，特别是贫苦人民的生活逐渐改善。停用法币后，敌人和敌区商人再也不能用法币来换取根据地的粮食和其他物资，他们为获得食盐、花生油等物品，不得不搜罗根据地所需要的东西，甚至军工原料来交换。[①]

胶济路以北，与滨海、鲁中、鲁南相隔较远的清河区停用法币情况如下。

清河区行政主任公署决定自1943年11月30日起，根据地内一律停用法币，为避免人民利益受损，从10月10日起，各家所存法币，允许到各地银行兑换所按市价兑换成北海币，如有违法行使法币者，在10月20日前，按300元限令予以处罚；自10月20日起，只允许100元以下的法

---

① 薛暮桥：《滨海区半年来的货币斗争》（1944年3月），《中国革命根据地北海银行史料》第1册，第318~319页。

币在市面流通，超过者即应到银行兑换所换成北海币使用，如违法行使，处以 30% 的罚金。① 由于根据地统辖范围不断变化，停用法币并不顺利。所以到 1944 年初，清河主署又发出关于停用法币的指示，令于 2 月底停用法币，由政府及工商管理机关在各村张贴标语与布告（村村贴到），并利用春节期间的各种会议及娱乐活动，广泛进行宣传。② 下属各县具体规定了停用法币的步骤和方法。如广北、垦利相继成立停用法币委员会，并召开全县各机关主要干部会议，讨论对敌货币斗争，提高北海币价格等问题，决定停用法币的步骤与方法如下：先发动宣传攻势，从县到区、村成立停用法币委员会，统一在党的领导下进行工作；对干部及工作人员进行教育，对群众进行广泛宣传，形成群众性运动；其他工作密切配合起来。同时组织法币向外推销，用所有法币到敌占区买东西；加紧兑换；严格禁止法币入境；停用后严格检查，行使法币者轻则没收，重则惩罚。加强外汇并严格物资管理。③ 动用了政府机关和群众力量的威力，并以经济法则相配合，取得了明显效果。广北六、八区，广南九区等地市场于 3 月 1 日完全停用法币，物价逐渐降低，牛家庄、西高等集市上，一周前 100 元北海币买大豆 11~12 斤，买白菜 40 斤，此时可买大豆 15 斤，白菜只用 80 元就能买 40 斤。人们都说："法币停用了，物价不涨了"，"这样日子就渐渐好过了"。④

　　根据地物价的跌落成为一种普遍趋势。1945 年 2 月，中共山东分局在关于山东一年来货币斗争主要情况的报告中总结道："去年根据地物价，胶东稍涨，其他地区普遍跌落，滨海、鲁中均跌百分之二十，粮食跌价一半（近已上涨），棉花涨价一倍。其他物价鲁南、渤海因开始停法，物价均跌一倍上下，均较稳定。"⑤

　　从表 7-3、表 7-4 便可看出鲁中根据地与敌占区物价的变化情况。

---

① 《中国革命根据地北海银行史料》第 1 册，第 328 页。
② 《中国革命根据地北海银行史料》第 1 册，第 337 页。
③ 《中国革命根据地北海银行史料》第 1 册，第 338 页。
④ 《中国革命根据地北海银行史料》第 1 册，第 338~339 页。
⑤ 《中共山东分局关于山东一年来货币斗争主要情况的报告》（1945 年 2 月 21 日），《中国革命根据地北海银行史料》第 1 册，第 360 页。

表7-3　1944年1月至1945年1月鲁中根据地内北海币物价指数

时间	1944年1月	1944年2月	1944年3月	1944年4月	1944年5月	1944年6月	1944年7月
指数	100	104.4	92.74	86.67	85.92	86.71	90.07
时间	1944年8月	1944年9月	1944年10月	1944年11月	1944年12月	1945年1月	
指数	95.85	92.66	84.32	88.80	72.65	69.31	

资料来源：《中国革命根据地北海银行史料》第1册，第346～347页。

表7-4　1944年1月至1945年1月敌占区伪联银券物价指数

时间	1944年1月	1944年2月	1944年3月	1944年4月	1944年5月	1944年6月	1944年7月
指数	100	43.6	34.9	47.68	134.5	164.07	166.78
时间	1944年8月	1944年9月	1944年10月	1944年11月	1944年12月	1945年1月	
指数	211.49	249.84	277.5	429.94	602.8	939.6	

资料来源：《中国革命根据地北海银行史料》第1册，第346～347页。

　　表7-3、表7-4显示，1945年1月与一年前相比，鲁中根据地物价下降了约30%，而敌占区物价则上涨了8倍多。根据地物价的下降，标志着货币斗争的胜利，打击了奸商囤积居奇，促进了根据地生产建设的发展，扩大了北海币流通范围，从而使根据地物资来源更为广泛。由于北海币币值和物价的基本稳定，在根据地成功驱逐法币和伪币的同时，也带来了山东根据地市场的繁荣。以莒南县十字路大集为例。据1944年7月30日《大众日报》报道：过去每集只上两三千人，12点就散集。现在每集有2万人次，直到夕阳西下才散。去年这时候，布市上洋布占80%以上，而今老百姓自织的土布和公营工厂生产的布匹已占80%以上。每集棉花上市量由3月的300～500斤增至2000斤，棉线也由一二百斤增至1100斤左右。①

　　1944年秋，随着滨海、鲁中、鲁南三根据地连成一片，为便利物资

---

　　①　转引自申春生《山东抗日根据地保持币值和物价稳定的措施》，《山东社会科学》1995年第3期，第37页。

交流，三地的北海币开始统一发行，自由流通。胶东和渤海根据地因北海币币值稍低，交通不便，仍分区发行。中共山东分局拟提高这两地的北海币币值，求得全省币值一致，逐渐达到全省货币统一。[①] 1945 年 5 月，薛暮桥在全省工商工作会议上所作《工商管理工作的方针和政策》的报告中，分析了全省统一货币发行的可行性。他认为统一发行的条件已经成熟，具体表现在以下三个方面：（1）敌人对根据地的分割封锁已经部分被打破，各地区物资已能自由流通。只有胶济路的封锁比较困难，但也不是不能克服。（2）各地货币斗争均已取得胜利，各地北海币币值大体上已一致。即使稍有高低，也并不大于同一地区中各专区或各县间的差额。在统一发行，自由流通后，这种差额还能够通过自动调剂逐渐缩小。（3）各地区均已建立货币斗争的强有力的领导机关——工商管理局，且在斗争策略上有相当经验。在全省统一的斗争方针下，即使有若干困难，也可用主观力量克服。在报告中，薛暮桥还预见了统一发行面临的困难，如各地区间输出入不平衡；各地票版不统一，种类太多，有些票版印刷技术太差，难辨真伪，难防假票；全省财政不统一，工商管理机构仍不健全，不能领导各地进行货币斗争。但他认为上述困难通过主观努力都能克服。[②] 可见，全省统一货币发行已经指日可待。

随着根据地的不断扩大，山东地方党组织利用与法币斗争的经验，1945 年又把几十亿元伪联银券从根据地排挤出去，换回同等价值的敌区物资，这对山东根据地军需民用的供应无疑起了重大作用。[③] 在根据地市场上，法币、伪币几乎绝迹，许多游击区也变成北海币的市场，就连某些敌占区的人民也乐于接受北海币，以便随时购买根据地的各种物资。

1945 年 8 月，随着全国抗日战争胜利的日益临近，山东各根据地也打破了过去分割封锁状态，货币斗争已普遍胜利。为今后便于全面调剂物资，稳定金融，统一步调，更有力地开展对敌经济斗争，8 月 1 日，政委

---

① 《中国革命根据地北海银行史料》第 1 册，第 361 页。
② 《工商管理工作的方针和政策——一九四五年五月薛暮桥在全省工商工作会议上的报告》，《山东革命历史档案资料选编》第 14 辑，第 406~407 页。
③ 薛暮桥：《抗日战争时期和解放战争时期山东解放区的经济工作》，人民出版社，1979，第 88 页。

会以"财字第二十二号"向各地党政军民各机关发出《关于统一本币流通的通令》，"特决定全省各地区发行之本币不分地区统一流通，同时过去各地北海银行及工商管理局所发行之本票与流通券等，应立即停止在市面流通，并限期由各发行机关负责兑回"。可能出于政治方面的考虑，"全省本币统一流通，政府暂不公开宣布"。① 之后，随着日本宣布无条件投降，山东解放区军队向大城市、交通要道胜利进军。8月29日，山东省政府②以"财字第二十四号"发出布告，"决定北海银行本币在全省统一流通"。③ 至此，初创于胶东的北海银行及其发行的北海币，历经艰难曲折，扩展到山东各地，成了山东解放区法定的金融机构和流通货币，继续为保证山东根据地军民的物资供应，为根据地经济发展、媒介交换，调剂余缺，融通资金。

四　北海币成功发行与币值稳定的主要因素

自1943年下半年起，北海币在与法币和伪联银券的较量中，之所以能逐渐将法币和伪币驱逐出根据地，并保持币值和物价的基本稳定，与抗日形势的好转和抗日根据地的发展壮大等密切相关；同时，中共善于把马克思的经济学说与中国革命的具体实际相结合，认识客观经济规律，提出了独特的货币"物资本位"论；巧妙利用自身的各种力量，也是重要因素。

首先，基于客观环境的变化等，中共一改北海币与法币等价流通政策，决定驱法禁伪，建立独立自主的北海币市场，这是货币斗争胜利的关键。抗日形势的日益好转，根据地的日益巩固和扩大，国民党反共部队入鲁的失败，使得伪币动摇，法币失去依托，面临崩溃境地，北海币成为唯

① 《山东省战时行政委员会关于统一本币流通的通令》（1945年8月1日），《山东革命历史档案资料选编》第15辑，第181页。

② 1945年8月13日，经山东省出席中国解放区人民代表会议之全体代表联名建议，将山东省战时行政委员会改为山东省政府。参见《山东革命历史档案资料选编》第15辑，第200页。

③ 《山东省政府布告——决定北海银行本币在全省统一流通》（1945年8月29日），《山东革命历史档案资料选编》第15辑，第300页。

一可靠的交换贮藏手段。山东根据地普遍实行减租减息，农民的生产积极性大大提高，粮食、棉花、油料等都能自给，有些地区还有剩余产品可以输出。另外，山东海岸线长，产盐十分丰富，津浦、胶济铁路两侧和路西的广大地区需要根据地的食盐，根据地政权实行食盐专卖，不但形成对敌贸易的出超，而且取得大量的财政收入支援抗日战争。上述政治和经济条件为建立独立自主的北海币市场提供了可能。

其次，善于把马克思的货币经济学说与山东根据地的具体实际相结合，大胆提出了"物资本位"论，适度适时发行货币，并保有一定物资，这对保持北海币的币值和物价的稳定至关重要。在薛暮桥来山东根据地之前，许多经济工作干部受"金本位""银本位"观念的束缚，认为金银是纸币不可缺少的保证，如没有金银，就必须用"金本位"的美元、英镑等外汇来作保证。因而对既无金银又无外汇作本位的北海币信心不足，推行起来缩手缩脚。薛暮桥根据马克思主义理论中货币是各种商品的一般等价物及货币流通数量必须符合市场流通需要的规律，结合根据地货币斗争的经验，指出货币不一定同金银联系，也可以同其他商品联系。根据地持有北海币的人民关心的不是北海币能换回多少金银，更不是能换回多少美元或英镑，他们关心的是能换回多少粮食、棉布等生活必需品。拥有粮食、棉布等日用必需品就是北海币的最可靠的保证。因此，只要适当控制北海币的发行数量，勿超过市场流通需要，并掌握充分的物资，能够在必要时用来回笼货币，平抑物价，就完全可以保持币值和物价的基本稳定，取得民众的信任。[1]

再次，善于利用政治力量和经济力量，这是货币斗争胜利的重要保证。政治力量包括政府的力量和群众的力量。政府颁布法令停用法币，严禁法币、伪币流通，检查市集，查禁黑市，统制重要物资的输出输入，严禁违法走私。群众团体宣传动员群众排挤法币，协助政府查禁黑市，缉拿走私，拥护政府颁布的一切经济法令。所谓经济力量，即掌握货币或物资，通过市场规律，去左右市场和民众的经济活动。如用收买或抛售物资的办法来提高或抑低物价，提高北海币来排挤法币、伪钞，掌握输出物资

---

[1]　薛暮桥：《抗日战争时期和解放战争时期山东解放区的经济工作》，第83~87页。

来吸收外汇，影响物资输入等。建立工商管理局来统一领导对敌经济斗争，充分利用经济力量，如银行、公营商店、交易所、合作社，通过它们来调剂外汇（指根据地以外的货币，下同），管理贸易，平抑物价。其中管理外汇，统制对外贸易，掌握重要物资，是货币斗争的重要武器。

由上述考察可知，北海银行的创立，起源于中共统战对象、有银行从业经验的张玉田的提议，是一种偶然，但从中共在敌后发展根据地的需要看，又是一种必然，因此，这既是中共历史上偶然性与必然性相统一的事件之一，也是历史长河中，中共善于把握机遇的一个成功例证。

在抗日民族统一战线旗帜下，抗战初期的山东抗日根据地尽管出于自身生存需要，设立北海银行发行北海币，但在货币政策上坚持维护法币的法定货币地位，只是后来因客观环境的变化和巩固发展根据地的要求，才停用法币。在发行北海币及与法币和伪币的斗争过程中，中共把马克思的货币经济学说灵活运用于中国革命的具体实践，独创"物资本位"论，并善于运用经济法则和政治力量，使北海币保持了币值和物价的稳定，赢得了人民的信任，取得了对法币和伪币斗争的胜利。这使山东抗日根据地市场繁荣，经济不断发展，民生得以改善，有利于根据地社会稳定并动员民众参加和支持抗日斗争；同时，北海币的推广使用，打破了日伪的经济封锁，扩大了根据地的物资来源，增加了根据地的财政收入。因此，北海银行及中共在山东抗日根据地推行的货币政策，不仅为山东抗日军民提供了资金融通之便，稳定了根据地金融，保障了军需民用，而且发展了生产，改善了群众生活，使中共领导的山东抗日武装获得了广泛的群众基础和坚实的物质保障，对山东抗日根据地的巩固与发展做出了巨大贡献。

第八章　乡村两面政权

中共深入敌后，宣传、动员、组织民众，联合一切抗日力量，发展武装，建立政权，抗击日军入侵和日伪统治。其中特别重视利用和建立基层乡村政权，在中共实际控制区建立抗日民主政权，在敌占区或游击区，对日伪建立的乡村基层政权由完全敌对转而区别对待，通过各种方法尽量争取利用，使之成为表面上属日伪组织，暗中支持中共抗日的"白皮红心"的两面政权。① 因关乎在敌后立足、发展，争取伪基层乡村政权从一面转向两面成为中共对敌伪工作的重要组成部分。随着抗战局势变化，中共抗战战略的调整，乡村两面政权增多，并呈现多种形态。

一　中共策略变化与抗战初期两面政权的出现

1937 年 10 月初，日军占领鲁西北重镇德州后，又沿津浦、胶济铁路南移、东下，攻城略地。每占领一地，日军"宣抚班"便展开宣传"安抚"工作，迅速组织建立"维持会"等汉奸组织。到 1938 年 6 月，山东全省日伪省、道、县伪行政组织基本建立，县以下的伪区、乡公所等也陆续组成。深入敌后游击抗日的中共组织与武装由此面临直接威胁。正所谓"我们逐步推进，敌人逐步恶化，我们发展到哪里，敌人伪化到哪里"。② 在力量足够壮大之前，怎样应对这种威胁，成了中共在敌后抗日必须面对和解决的问题之一。

日军兵力有限，又急于攻打下一地方，因此，在占领一地后日军

---

① 本章考察的乡村两面政权，是指对日伪与中共两面而言。由于中共坚持抗日民族统一战线中的独立自主原则，因此也存在表面上是统战形式而实际执行中共政策的乡村两面政权，此类政权是对国共两面而言，不在本章的探讨范围。

② 赵淳：《我对于开辟德平临邑的一段回忆》，中共临邑县委党史资料征集委员会编印《临邑党史资料》第 4 集，1984，第 41 页。

只留少数兵力靠发展伪军维持占领地的统治，而且这些有限的兵力也主要驻守在县城和据点里，村庄防卫主要依靠伪乡村政权和伪军协助。出于民族义愤，一开始中共对这些伪政权组织一概采取"逮捕处理罚款"等敌对办法，但造成了"伪组织中的人完全与游击队对立起来"。他们在敌人占领区内不让任何人参加游击队、供给游击队东西，压迫游击队队员的家属，污蔑造谣游击队是土匪，并"报告游击队消息给日寇、带领敌人袭击游击队以及采取许多办法来阻碍和困难游击队"；同时，使敌占区和中共控制区域完全对立起来，经济往来受阻，村民不能调剂余缺，生活困难而逐渐产生不满，形成经济上的自我封锁。[1]更有甚者如冀鲁边的乐陵县，"有些领导由于愤恨汉奸分子，把群众被迫应付敌人的行动当资敌，或者当汉奸严办，因而一些人被迫跑到敌人那边去了"，[2] 反倒加剧了中共自身在农村的孤立和困难处境。由此，中共认识到一律严惩伪组织及民众的被迫资敌行为，并不利于抗日力量的生存与发展。

其实，早在1938年2月，中共领导上层即注意到了这个问题，并提出了初步的应对政策。如刘少奇在抗战初期总结华北游击战争经验时即指出，不应禁止乡村政权及民众的被迫资敌行为，更不应把他们当成汉奸来处置。中共在敌后，必须用一些特殊的方法，以争取日伪乡村政权和敌占区民众在情报、购物、带路、送信与掩护宿营等方面对游击队的帮助，同时还应替他们保守暗中抗日的秘密，以免遭敌人报复。[3] 据此，再结合抗日斗争实践中的教训，中共地方领导意识到调整对日伪基层政权敌对政策的必要，开始对地方日伪政权进行深入调查与分析，对它们分门别类，并在政策上区别对待。而且认识到乡村伪政权组织大多是在迫不得已的情况下为自保组成的，参加伪政权或武装的人员其实并不是清一色的汉奸。因此，对于日伪乡村政权及伪军等，应着重加强政治

---

① 程子华：《对敌占领区的工作》，1938年7月13日，第3~4页。

② 周令阁：《血染徒骇水　功载史册中——马学全烈士传略》，中共惠民县委党史资料征集研究委员会编印《惠民党史资料》（1），1988，第131页。

③ 刘少奇：《关于抗日游击战争中的政策问题》（1938年2月5日），《中共中央文件选集》第11册，第844~845页。

工作，如"争取能够抗日救国者或中立动摇的分子，打击真正的汉奸"。① 中共山东地方基层领导人也接受了这种工作方针的转变并付诸实践。如当时的乐陵县委书记马学全"深知群众的具体困难，只要不是死心塌地的汉奸分子，他总是尽力争取"。"他还用灰色政权的办法，教育伪乡、保人员表面应付敌人，而实际忠于我党。"② 这样的"灰色政权"，就是应对日伪和中共两方的两面政权。可见，两面政权在抗战初期的出现，是中共基层领导贯彻上级指示，对民众境遇给予理解，从而调整对敌伪政策的结果。

能否争取伪乡村政权从一面转向两面，关键还在于中共教育争取工作采用何种方式、方法。在具体斗争实践中，对怎样争取利用伪基层政权，开展对敌伪工作，中共总结出了一些具体经验和指导办法，强调进行伪组织工作要隐秘、有计划、有步骤、有耐心、灵活地去做，争取与打击相结合。

首先是确定争取与打击的对象。一是利用敌伪矛盾。抓住伪组织人员受辱、苦恼的时机，给予正面的安慰与诚恳的同情，但又不要显示出自己是有意宣传。二是在敌人惨无人性的烧杀后，在他们也受刺激，良心发现时，劝导他们。再就是将中共游击部队大大小小的胜利，与敌人的屡次失败，用疑问的方式，引导他们反思。这样，抓住一切机会与事实，用启发的方式，看他们的态度如何来判定其立场，以确定对之争取还是打击。③

其次是怎样争取与如何打击。选择好时机，如游击队打了胜仗时，伪组织人员就会对日伪前途产生忧虑和动摇，教育争取易于见效。临邑县一位抗日连长的经验颇能说明这一点。他说："这些地主、保长都有两面性，我们仗打胜了，他们就靠我们近点，我们受挫折时便离我们远点，什么时候都给自己留着条退路。我们要抓住他们这个特点，充分利

① 程子华：《对敌占领区的工作》，1938 年 7 月 13 日，第 3~4 页。

② 周令阁：《血染徒骇水　功载史册中——马学全烈士传略》，《惠民党史资料》（1），第131 页。

③ 贯一：《关于进行敌占区工作方法方式的几点意见》，太行《战斗》第 52 期，1941 年 6 月 15 日，第 4 页。

用他们。"① 中共地方组织采取以个人名义交朋友的方式，对伪方人员逐渐提出一些协助或配合中共抗日工作的要求。如让他们打听消息、给被捕干部送东西等，从小事做起，随交情的加深促使其民族觉悟逐渐提高，然后逐渐提高工作要求，如让他们保护群众利益，保证抗日干部安全与提供情报等。同时，对他们进行经常性的实际教育，并以事实证明使之相信抗战必胜及战争的长期性。对于那些死心塌地的汉奸分子，则采取"以毒攻毒"的方式来孤立与打击他们，如利用敌人的怀柔政策，向敌方揭露其罪恶，经常反复地暴露其恶行。或者将抗日政府给他们的密信，故意在根据地泄露出去，引起敌方的疑忌，使其被敌伪孤立或除去。②

　　由于抗战时期政治和社会情况异常复杂，将乡村伪政权改造成"白皮红心"的两面政权并非易事，需要极其细致耐心的工作。据时任聊（城）、阳（谷）、阿（东阿）三县敌伪工作团团长，具体组织和领导各县对敌工作的梁仁魁回忆，争取东阿县刘集伪村长刘义路成为两面村长，就是通过反复研究、周密布置、耐心说服才成功的，关于对敌伪争取工作之困难，他深有体会："象我这样一个习惯于带兵跟敌人刀对刀、枪对枪拼杀的人，去和敌伪人员、地主士绅坐在一条板凳上，交朋友做工作，确实是一件陌生而不容易的事。"③ 此外，为便于对敌斗争，在党的组织基础、群众工作开展较好的地方，中共乡村党支部指定党员或能与敌人周旋的干练可靠人士去当"伪村长"或"伪乡长"，使该乡村政权成为中共实际控制的两面政权。抗战时期曾任中共益都、寿光、临淄、广饶四边县行政委员会副主任、县委委员、临淄县委书记的李玉轩回忆道："在1938年冬到1940年春期间，日寇占领了县城之后，又在各区一些重点村子安了据点。当时临二区的日寇据点有石槽、店子及东面的朱良镇。敌人常到各村活动，除少数村外，多数村子都得向据点送粮送钱。为了便于和敌人斗

　　① 宋安温：《血战王楼后的十八天》，中共临邑县委党史资料征集委员会编印《临邑党史资料》第8集，1985，第87页。
　　② 贯一：《关于进行敌占区工作方法方式的几点意见》，太行《战斗》第52期，1941年6月15日，第4~5页。
　　③ 梁仁魁：《聊、阳、阿三县边界敌伪工作片段》，《光岳春秋》，第408~412页。

争，各村党组织都让能与敌人周旋的干练人员当了'伪村长'（即两面村长），他们当中不少是隐蔽在群众中的特别党员。'伪村长'是我们安排的，明着为敌人干事，暗着为我们服务。"① 临淄县泄柳店村党支部让党员张宗孟当"伪村长"，他在同敌人的交往中，获取了不少重要情报，还骗过敌人，营救了不少被捕的中共抗日工作人员。②

抗战初期，中共在冀鲁边区深入敌后发展抗日力量，在建立自己的抗日政权之前，"不管驻乡、驻村，都是依靠所谓'白皮红心'两面乡长、两面村长"。但是，除中共实际控制的两面政权外，一般的乡村两面政权能否长期协助中共抗日、成为稳定的"红心"政权，则有很大的不确定性。"这些人除一小部分是真'红心'，而大部分是靠不住的，往往在形势恶化时就成了'白皮白心'，倒向了敌人方面。"如"平禹县前后卢家村有一个姓卢的两面乡长，平时对我抗日干部，又是点头，又是哈腰，毕恭毕敬"，可是，一次鬼子同伪军前来"扫荡"合围，"这个所谓的两面乡长，不仅不出面保护，反而象一条叭儿狗一样主动向敌人讨好献媚"。敌人退走后，应抗日民众的一致要求，平禹县委书记邓林华报请地委批准带领区中队的几个人将其击毙，以儆效尤。③ 由此可见，在武力威胁面前，有的两面政权又会倒向日伪一面。中共在敌后开展游击战争的初期，在日军的强力进攻和"扫荡"面前，真正"白皮红心"、可以持续依靠的乡村两面政权的数量非常有限。在日军意识到中共的威力，加紧"扫荡""清剿""蚕食"，特别是 1941 年至1942 年在华北连续五次实施"治安强化运动"后，数量本就有限的乡村两面政权更是不断减少。

二　中共战略调整与反攻前夕两面政权的再次出现

1941 年开始，山东同全国一样，抗战进入了最艰苦的时期。中共抗

---

① 李玉轩：《抗日战争时期在临淄工作的回忆》，淄博市临淄区政协文史委员会编印《临淄文史资料》第 9 辑，1995，第 134 页。

② 郭川：《临淄县抗战岁月的片段回忆》，《临淄文史资料》第 9 辑，第 122 页。

③ 邓林华：《在开辟平禹的日子里》，《临邑党史资料》第 4 集，第 15 页。

日游击队已不可能在敌占区公开活动，1942 年中共在敌后的发展出现严重的"敌进我退"现象。原本就为数有限的乡村两面政权大多退回日伪一面，中共难以在敌后方立足。日军观察："中共鉴于 1940 年以前军事抗战战略的失败，于是，展开了积极的'政治攻势'，采取使新政权（日伪政权——引者注）两面化的政策"，"中共此种战略的目的，显然在于加强'利用新政权充实抗战力量'的程度，使新政权在平常执行政务时，形成抗战的外围力量，以弥补自身独立抗战力量的不足，而在所谓'总反攻'时，要使新政权的部队、公务人员与民众成为'反攻友军'"。[1] 如果说抗战初期中共争取利用伪政权只是出于策略上的变通，那么，现在对敌占区工作就被提到了整个抗战战略的高度。

中共山东军区积极调整战略部署，重点开展对敌占区工作，加强政治斗争攻势。一方面，1942 年底实行"敌进我进"的"翻边"战术。正规武装力量进入敌占区，扰乱敌人后方，给敌人"兵力不足、前紧后松、前实后虚以有力的打击，使敌的'蚕食'兵力不得不实行分散，不得不再回师敌后之敌后"，由此，"在开展敌占区工作中，也大大的扩大了我党我军的影响，便于我在敌占区生息力量"。[2] 另一方面，山东分局领导将正规武装力量化整为零，选拔精干武装组成"敌后武工队"（有的地方称游击小组或特务大队，名称不一），潜入日伪控制区，采取隐蔽、昼伏夜出的方式，反击日伪的"蚕食"，并打击敌特的破坏活动。同时建立与统一了敌工部、对敌工作团等各级对敌斗争组织，强化对实际工作的检查督促；宣传组织群众，向群众宣传现在是黎明前的黑暗，鼓舞群众坚持斗争。[3] 能否把伪政权争取过来，变一面政权为两面政权，成为中共能否在敌占区站住脚、扎下根的关键，因此中共特别重视改造伪政权，向伪军、伪职人员进行宣传，以促使他们利用"合法"身份做抗日工作，或待机反正。从 1942 年冬到 1943 年麦收前，中共对伪政权争取工作的强化，使

---

① 日本防卫厅战史室编《华北治安战》（下），天津市政协编译组译，天津人民出版社，1982，第 391 页。

② 《关于对敌斗争问题——肖华同志在全山东政治工作会议上的总结报告》（1944 年 5 月），《山东革命历史档案资料选编》第 12 辑，第 60 页。

③ 《中共山东分局对敌斗争委员会关于山东半年来对敌斗争工作的检讨与今后工作意见》（1942 年 11 月 16 日），《山东革命历史档案资料选编》第 9 辑，第 123 页。

山东农村的两面政权又陆续出现。

　　具体而言，发生这种变化，客观上是因为日伪在华北连续推行"治安强化运动"，抽调兵力致使其后方兵力空虚，为中共实施"敌进我进"政策打开了空间。更主要的原因在于中共山东分局对敌斗争方针的调整。从技术上来说，在很大程度上要归功于武工队①等化整为零的中共武装。"武工队是政治攻势与武装活动相结合，是公开工作与秘密工作的配合"，② 其一项突出工作，就是凭借艰苦细致和卓有成效的对敌工作，采取打击和教育争取、分化瓦解相结合的斗争策略，催生革命的两面政权。如奔赴莱芜东部地区活动的莱东县武工队从 1941 年下半年开始，就展开对伪政权的争取工作。他们首先"处决了一批死心塌地为敌人服务的坏分子，如在盘龙村处决了南冶据点谍报队的陈××；在芦城村处决了向敌人告密的魏××；在蛇沟村处决了向敌人告密致使我区中队遭到严重损失的亓××；在响马湾据点打死了伪乡长张××；在三山据点打死了宪兵特务吕××等人"。这种对铁杆汉奸的严惩，"在汉奸、伪组织内部引起了很大的反响，大大震慑了汉奸和伪政权人员"，使一些汉奸和伪政权人员的资敌行为有所收敛，有的甚至捎信表示不做坏事或托人找武工队表达抗日意愿。同时，武工队还注重对伪方人员的教育争取工作。如对当时群众反映不好但有些活动能力的朋山区麻善乡的伪乡长刘典，武工队来到"伪乡公所，对几个伪乡人员先进行了集体教育，然后分别进行争取工作。经过争取，刘答应以伪乡长之名掩护我抗日活动，以后刘在敌伪工作上确实做了不少工作，在他家中还为我们挖了地窖［窨］"。严惩与教育争取两方面的结合，使得该地争取伪政权的工作进展迅速。"到 1942 年底，我们已争取了 9 个乡 100 多个村的伪政权为我服务。"同时莱东县武工队"还与一、四、五三个区的伪区长建立了联系，使其保持中立"。③中共对乡村伪政权争取工作成效显著。到 1943 年下半年，新泰西部地区

---

① 关于山东敌后武工队的由来、组织形式、活动情形与特点、作用等，将在第九章详细探讨。

② 《关于对敌斗争问题——肖华同志在全山东政治工作会议上的总结报告》（1944 年 5 月），《山东革命历史档案资料选编》第 12 辑，第 61 页。

③ 尚克东：《威震敌胆的莱东县武工队》，中共泰安市委党史资料征集研究委员会编印《泰安党史资料》总第 16 期，1989，第 36~37 页。

的两面政权，"由开始的点滴几个，逐渐发展到近80%是革命两面派伪政权，两面派的伪政权不到20%，反革命的伪政权仅极少数"。"其中在比较好的村，我们化装成群众后，可以进行公开半公开的活动。"①

对乡村伪政权的教育争取工作有时会结合半强迫的方式。如1942年冬，活动在枣庄峄县一带的文峰游击队根据中共鲁南区党委的部署和峄县县委指示，陆续用"武装请客"的方式，把一些伪乡保长"请"到抱犊崮山区集训，对他们进行形势教育，要他们做到"身在曹营心在汉"，表面应付敌人，暗地里要真心为抗日军队工作。经过集训，收效很好，伪乡保长们都有了一定转变。石家庙伪乡长马景章被强制受训两个月后，改变了原来对日伪和中共都假意应付的态度，暗地里为八路军游击队做了些工作。"他所管辖的以褚楼为中心的铁佛沟、纸坊等十几个村庄，成为文峰游击队隐蔽的游击区，可以半公开的活动了。"附近韩庄据点内的敌人有什么活动，他便派人"秘密地向文峰游击队报告"。②

中共军政组织中的本地干部和地下党在争取利用伪政权方面也发挥了积极作用。如与莱芜同处鲁中的新泰县中共党政军领导多出生于当地，熟悉周围环境和各种社会关系，他们利用这一优势，积极开展细致有效的改造伪政权工作。时任中共新西工委委员、新西行政办事处主任的曹礼琴回忆说，他们当时"几乎是天天对伪政权进行'排队'，及时掌握、了解哪些伪政权是拥护我们而对敌人采取应付态度，即革命的两面派；哪些是应付我们而效忠敌人，即反革命两面派；哪些是对我们和对敌人都采取应付态度，即中间两面派。我们采取的对策是：对革命的两面派要团结和大胆使用，可以给他们布置一些任务；对中间两面派加强改造工作，尽力把他们争取到革命的两面派这方面来；对反革命两面派进行教育、斗争，个别忠于敌人作恶多端的则予以严厉打击"。③ 即根据伪政权及其组成人员的不同表现，区别对待。有的派地下党担任伪职以控制伪政权。据抗战时期

① 李春之：《新西抗战情况片断》，中共泰安市委党史资料征集研究委员会编印《泰安党史资料》总第18期，1991，第29~30页。
② 张东明：《变一面政权为两面政权》，政协枣庄市委员会文史资料委员会编印《枣庄文史资料》第10辑，1991，第56~58页。
③ 曹礼琴：《敌进我进　开辟新西》，《泰安党史资料》总第18期，第34页。

中共新西工委书记李春之回忆，新泰二区"有孙、曹二庄、圈里及前后羊村"，三区"有天井峪、斗沟（三五户人家）、北官村、石河庄"，四区"有张庄、司家庄、东车庄、高孟庄、前高佐、东韩庄"，这些地方都是通过地下党掌握着伪政权，算革命的两面派。① 中共泰西县委也先后选派了一批共产党员、进步人士，设法使其担任两面区、乡、村长，县大队也抽调人员打入伪军。如共产党员李鹤年担任四区"两面区长"，直到抗日战争胜利。"这期间，他为县委、县府、县大队做了大量工作。有时党员会就在他那里开，县大队员凭借他的保护，可在敌人鼻子底下活动，他还为我们提供了不少紧缺物资。"②

　　鲁西南地区也有中共控制的两面政权。如金乡县二区化雨镇伪镇长王福祥就是中共以"合法"手续安插进去的。而且"经过一番工作，伪二区的乡政权基本上控制了。各乡伪乡长，有的是我们派进去的共产党员、干部，也有的是被争取过来的社会进步人士和有抗日觉悟的中青年知识分子，他们都成了抗日两面政权的骨干人员。他们利用各种合法身份，在伪政权的机关内监视敌人，侦察敌人的行动，掩护群众，为我们进行工作"。③

　　清河区的益都、寿光、临淄、广饶四边县委和临淄县委，为在敌伪据点林立的艰难环境中立足，在公开场合应付敌人，选派优秀党员或可靠群众中能说会道的人来担任伪乡、村长。如临淄县南卧石"伪村长"李民源、郑家六端村"伪村长"郑德修等，都是中共方面的人员。他们"公开给敌人办事，暗中为我们服务，为了保证我军供应，保护烈军属起到了一定的作用"。④

　　上述情况表明，这一时期随着中共在农村抗日宣传组织工作的深入和与群众关系的日益密切，其控制的两面政权数量增加。在可能的地方，中共甚至还主动派人建立乡村两面政权。如中共泰西县三区区委、

---

① 李春之：《新西抗战情况片断》，《泰安党史资料》总第18期，第29~30页。
② 张魁三：《重组泰安（西）县大队》，《泰安党史资料》总第16期，第49页。
③ 王福祥：《抗战时期化雨镇的"两面政权"》，政协山东省济宁市委员会文史资料研究委员会编印《济宁文史资料》第2辑，1985，第80页。
④ 张德润：《抗日战争中的"两面政权"》，淄博市临淄区政协文史委员会编印《临淄文史资料》第7辑，1992，第118页。

区政府派张高显任张家楼村"伪村长"，直接建立"两面政权"，在保护抗日力量的同时，应付日伪。张高显"一方面在张家楼村建立了党支部，在恶劣的环境下坚持宣传抗战"；另一方面"又以'两面政权'村长为掩护，保护了许多地方干部，特别是保护了武圣域县长的家属一直安全地隐居在张家楼"。①

再如日伪在泰安县境内建立伪区公所时，"抗日政府针锋相对，采取以敌制敌的策略，选派我党部分身份合适的干部参加各区选举，求得合法出任区长。一区泰城，区长孙干臣，后贾清源；三区北集坡，区长任化治；四区范家庄，区长赵新民，敌'沃野'任顾问，称泰莱特别实验区；五区徂徕，区长苏玉苓；六区楼德，区长陈克光；七区石莱，区长李景章；八区汶口，区长芦志来；九区东向，区长左子珮，被我处决后翟修德继任"；十区安驾庄，区长房业良。如此在九个区建立了两面政权，只有二区夏张未能建立。中共泰西县委也没有放过二区政权这个空隙，而是充分利用敌伪政策变化，争取建立倾向抗日的政权。因为"当时泰安县伪政府在敌人的第五次强化治安的压力下，不经选举，直接派任区长。我泰西县委敌工部得知此情报后，敌工部长崔子明同组织部长李正一共同研究决定，派人到二区十二个乡做工作，由十二个乡长出面，要求伪县府派人到夏张进行选举区长。通过选举，我党组织预先准备的干部马东同志当选，后伪县府签发了委任状，并兼任夏张小学校长，新民会主任，取消原五乡办事处，成立二区区公所，配备了工作人员，由我党夏张村地下书记，范京云同志任二区自卫团长，并选拔了二十名青年组成自卫团，派李子魁同志任情报员，文书、事务、收发等一切安排妥当，按伪县府要求设了据点，第五警察所，保安队各一处，开始办理敌、我两面工作"。② 这些由中共主动建立并控制的伪基层乡村政权，对日伪当然是完全应付，办理日伪交付的工作实际是为掩护政权的抗日性质，从而保存和发展抗日力量。

由上可见，在日军连续的"清乡""扫荡""蚕食"面前，中共利用其后方兵力空虚之机，"敌进我进"，把武装力量化整为零，潜入乡村，

① 聂其华、吴品三：《沉痛祭奠张高显同志》，《泰安党史资料》总第18期，第91页。
② 马东：《忆抗日时期我泰西县组织人民对敌斗争的情况》，政协泰安市郊区委员会文史资料研究委员会编印《（泰安市郊区）文史资料选辑》第6辑，1989，第37~38页。

对伪政权既争取又打击，政治攻势与军事打击相结合，还通过各种策略、方式，或派共产党员担任伪政权的负责人，甚至主动参与伪基层政权的选举，使敌占区或游击区乡村倾向抗日的两面政权重又出现。特别是泰安、新泰、莱芜所在的鲁中区，山地较多，活动空间、回旋余地大，应是中共对伪组织工作开展较好的地区，出现了不少革命的两面乡村政权。但从整个山东情况来看，在1943年时，有革命两面政权的村庄并不普遍。萧华在工作总结中谈道："泰山区××县三八一个村政权中，革命两面派不过四三个村；三一个乡政权中，革命两面派只有四个。"① 再如冀鲁边区，1943年春，由于日伪的分割封锁，中共处于极端艰苦的分散的游击战争环境，能开展活动的50余块马蹄三角地带，仅剩10个村庄不资敌，虽然"村政现已百分之九十九以上是两面派，只其小部分是真正的革命两面派"。这种形势不到反攻时难以改变。② 因此，从总体上来看，在中共力量还处于弱势时，真正可以依靠的革命的两面乡村政权数量仍非常有限。为此，在反攻到来之前，中共在敌占区农村的主要工作之一就是将绝大部分一般的两面派政权争取为革命两面派。日本华北方面军虽对中共的战略调整了如指掌，并采取了"清军清政"等举措，但难说奏效。1944年春，日本华北方面军根据观察判断：中共在"治安地区农村的两面工作，过去是以'使我方村政权通敌'为目的，现在则要更进一步，实现象冀东及东进纵队管区内的那种'村公所共有化'。由于我方县、乡政权的无力，不能改变这种局面，村公所难免陷入敌人操纵之中"。③

三　两面政权的作用

整体而言，日伪占领区乡村的两面政权，一面应付日伪，一面协助中共，为中共在敌占区或游击区开展抗日斗争，扩大影响，组织与动员群

---

① 《关于对敌斗争问题——肖华同志在全山东政治工作会议上的总结报告》（1944年5月），《山东革命历史档案资料选编》第12辑，第130~131页。

② 《对冀鲁边区工作的检讨与今后工作意见》（1943年5月20日），《山东革命历史档案资料选编》第9辑，第478页。

③ 《华北治安战》（下），第393页。

众，打击日伪军，创建抗日根据地，做出了一定贡献。具体表现在以下几方面。

第一，掩护或救助抗日工作人员及其活动。抗战时期活动在临邑一带的八路军永兴支队战士、后任区委书记的陈玉奇在回忆抗战经历时说："在敌战［占］区活动，主要是宿安镇附近我区的村子。伪军经常有小股或侦探出来活动，进行敲诈。我们的村长基本上能保护抗日工作人员。有的村都有二个办公地点，一是接待伪军，一是接待抗日军政工作人员，设法对付伪军。这样，我们在村子里找基本群众建立耳目，了解敌伪活动情况，对伪军家属进行教育，让其子弟不要做坏事，要为抗日军政机关送情报，立功赎罪，否则就要受到人民的惩罚。"① 两面政权的这一作用最为普遍。中共泰西县委敌工部部长崔子明曾回忆："我们的革命两面政权，是一张无形的天罗地网，束缚住鬼子、叛徒、特务的手脚，使他们有耳听不见，有眼看不着。"② 日伪下乡"扫荡"，抓捕中共干部或工作人员后，抗日两面政权的负责人就会出面营救。如临淄"西二区区委书记刘保文被王家六端的伪军抓去，'伪乡长'刘鸿儒千方百计地把刘保文保了出来。青年干部崔英智被石槽盛据点的伪军抓住，'伪村长'郑德修趁着敌人还未回据点，半路上送给伪军一些钱，并说崔是好人，便把崔英智留下了"。③ 再如冀鲁边区宁津县马头孙庄两面村长孙秀良就曾巧妙掩护当地中共妇救会民运工作干部李芳林逃脱日伪的"清乡"搜查。④ 同县时集乡大曹庄中共支委杨福领和青抗先负责人杨长会被日伪逮捕，经党员刘进德劝说，该"村杨长平、杨省山、王俊增三个保长，带着不少钱，在东头一个小铺里，把敌人两个队长和五个正副班长都请上，大吃大喝一顿，并抽了白面，杨福领、杨长会才被放了回来"。⑤

---

① 陈玉奇：《临邑一段战斗生活的回顾》，《临邑党史资料》第 8 集，第 62 页。
② 崔子明：《革命的两面政权》，泰安地区出版局编《徂徕烽火》，山东人民出版社，1981，第 288 页。
③ 张德润：《抗日战争中的"两面政权"》，《临淄文史资料》第 7 辑，第 118 页。
④ 李光远：《"抗日堡垒"——记宁津抗日军民克敌制胜几件事》，政协宁津县委员会文史科编印《宁津文史资料》第 9 辑，1988，第 10~11 页。
⑤ 刘进德：《抗日时期我村党员对敌斗争的片断回忆》，政协宁津县委员会文史组编印《宁津文史资料》第 6 辑，1986，第 85 页。

第二，掩护伤病员疗伤治病。前已述及，新泰西部的莲花山区，有不少的伪乡、保长就是地下党员或抗日骨干分子，他们明里资敌，暗中协助抗日。中共方面的伤病员，由这些伪乡、保长做掩护，安置到老百姓家里养伤治病。每当日军、汉奸进村时，伤病员已隐蔽好，由伪保长等与敌人周旋，一次次地把敌人骗走。经过在老百姓家养伤治病，伤病员得以痊愈，返回机关或部队继续抗日。①

第三，提供日伪情报或诱敌上钩。对于伪职人员，凡曾给日伪送情报者，一律进行登记，教育其改邪归正，令其以"合法"身份给八路军送情报。这样，日寇什么时候来"扫荡"，什么时候来逼粮等情报，八路军都了如指掌。或者以假情报迷惑日伪军，使他们经常扑空。② 中共抗日武装抗击日伪、锄奸等活动，经常借助"白皮红心"的伪乡、保长的情报。如1941年夏临邑县五区中共抗日武装的伏击伪军行动大获成功，就是因为大梁家伪乡长向中共临邑五区区长刘润吾和临邑抗日武装八大队副队长路有水报告了伪军的行踪，事先做了周密布置。③ 抗战时期负责筹建并领导临淄县中共抗日武装青年中队的韩连祯回忆："县委指示县青年中队住河沟、白兔丘、东西姬王一带。河沟村的两面村长当的相当出色，鬼子每次出动的消息，都是通过他在呈羔据点伪军中了解到后立即告诉我们的。我们得到情报后首先报告县委。县委便可根据情况进行活动。"④ 临淄县南卧石村伪村长李民源曾用苦肉计诱敌出动，成功伏击日伪。⑤

第四，破坏日伪征粮拉夫等活动。莱芜县寨里区两面政权在给日伪送物资前，先向中共报告，经批准后方能少量应付，或在运送途中有意让中共拦截，或中途扔手榴弹，再派人向敌人报告说"八路军来抢粮食了"，

---

① 朱杰、杨在春：《在艰苦的岁月中——忆鲁中第三、四军分区的建立与卫生工作片断》，中共泰安市委党史资料征集研究委员会编印《泰安党史资料》总第17期，1990，第46页。
② 罗俊：《尖刀插入敌人心脏里——忆山东纵队四旅敌后武工队》，《泰安党史资料》总第19期，第46页。
③ 刘润吾：《回忆我在临邑五区工作的几个片断》，中共临邑县委党史资料征集研究委员会编印《临邑党史资料》第10集，1986，第31页。
④ 韩连祯：《临淄县青年中队的创建及其活动》，《临淄文史资料》第9辑，第66页。
⑤ 张德润：《抗日战争中的"两面政权"》，《临淄文史资料》第7辑，第115页。

制造假象，使敌征粮计划落空。① 时任金乡县二区化雨镇伪镇长的王福祥回忆："一九四一年冬，敌人征集大批民夫集中到城西玉皇庙一带修碉堡，挖封锁沟。化雨镇也去了不少民夫。在他们到达敌人指定的地点后，我随后也去啦。在工地烤火的时候，我对他们说：'只要你们听到枪声就往回跑，不给敌人挖壕沟。'工地监工汇报我们镇上的民夫跑光了，我坚持说没回来。隔几天我又向伪区公所谎报说：'我镇民工被八路裹走啦！'又向伪区长表示处境困难。"② 由此可见，抗日两面政权的对敌斗争坚决而巧妙。

第五，缴纳抗日公粮。1943 年麦收，泰南专署原未计划征收公粮，后来由于形势变化，需要征收 8 万到 10 万斤公粮，结果新西完成了 15 万斤以上，加上当地抗日武装自己用等，全区共收公粮 20 多万斤，有力地支持了抗战。③ 临淄县沟南武工队曾深入临淄城周围，争取葛家庄成为两面政权，为抗日武装筹集了大批粮款。④

第六，协助瓦解伪军。争取伪军反正协助抗日，也是中共对敌工作的重要方面。为此，中共对敌工作人员对伪军家属进行登记，伪军作恶的记黑簿，做好事的记红簿，区别对待。利用两面政权伪公职人员的"合法"身份，给伪军捎送传单、劝降书、投诚证、通行证等。曾深入莱芜敌占区抗日的武工队队长罗俊回忆：这些伪公职人员在把传单等交给伪军时，伪军不敢收，伪乡长说："你不收不行，武工队都有你们的名单，谁好谁坏都知道，他们有'红黑簿'，凡是做坏事的都点了黑点，将来当了俘虏不得了。"伪军听后才把传单收下，然后说："我们有机会就投八路军，请你转告他们。"⑤ 可见，这些伪乡、保长，在中共争取、瓦解伪军工作中，起到了重要的桥梁作用。中共控制的两面政权利用"合法"身份，更是做了大量工作争取、瓦解伪军。如金乡县化雨镇以北郑庄、袁集、郭七楼

① 张贯中：《莱芜县寨里区抗日斗争的历史回顾》，中共莱芜市委党史资料征集研究委员会编印《莱芜党史资料》第 7 辑，1985，第 50 页。

② 王福祥：《抗战时期化雨镇的"两面政权"》，《济宁文史资料》第 2 辑，第 81 页。

③ 李春之：《新西抗战情况片断》，《泰安党史资料》总第 18 期，第 31 页。

④ 张建平：《战斗在敌人心脏里的沟南武工队》，《临淄文史资料》第 9 辑，第 75 页。

⑤ 罗俊：《尖刀插入敌人心脏里——忆山东纵队四旅敌后武工队》，《泰安党史资料》总第 19 期，第 59 页。

等据点，从 1942 年开始，经过两面政权一年多的工作，基本被中共控制。"抗日政府的工作人员经常赴鱼北、孙桁、胡楼等地开辟工作，经过这些碉堡封锁线，不论白天还是夜里，碉堡上的伪军头目都给我们方便。有时事先给他们打招呼，他们还派人员接送我们。"①

中共争取或掌握的乡村两面政权，之所以取"两面"形式，有保护其免遭报复之考虑。但这种报复仍难以避免。如临淄县"西上村（现属北羊乡）'两面'村长王志义，原在四边县政府工作，党派他回村任'两面村长'，不幸于 1941 年暴露，被店子的伪军抓去惨杀在西上庄西北的大洼里。南卧石村'两面村长'李德亭，1945 年 3 月被伪保安团王兰田部逮捕，押到皇城营村杀害"。② 又如鲁西北德县夏庄的村政权也是两面政权，"当时村长是村西头的高瑞和村东头的温玉泉，这两个村长对敌伪方面是假意应付与抵制，对我党和政府则是真心支持和拥护。在那艰苦危难的岁月里，他们都无数次的遭受敌人的毒打和折磨"。③ 1944 年 9 月，日伪军进行"清军清政"，以破坏中共的两面政权工作。据相关人员回忆，"驻泰城日军宪兵队到夏张区伪区公所、区队和警察所清洗，将我党组织派在伪军政内的内线——自卫团长范景云、乡长任建宝等 7 人扣押"。中共泰安"县委、县大队决定消灭敌人。当夜，在崔子明指挥下，一团攻下据点，处决了伪保安长，小队长任长清带 80 余人投诚，一部分参加了一团，一部分参加了县大队"。④

有的两面政权负责人在日军的武力威胁下会出现摇摆，甚至退回到日伪一面。如临淄县皇城乡伪乡长陈象坤、郑郭乡伪乡长李子纲、曹村伪村长王兴年，由于他们没有认清形势，只看到日军一时强大，便背叛抗日，从两面服务，转向与共产党八路军为敌，罪恶深重，抗战胜利后受到了正义的审判。⑤

中共主动建立的两面乡村政权，由于所配干部和工作人员成分、思想

---

① 王福祥：《抗战时期化雨镇的"两面政权"》，《济宁文史资料》第 2 辑，第 81 页。
② 张德润：《抗日战争中的"两面政权"》，《临淄文史资料》第 7 辑，第 119~120 页。
③ 华英民：《原德县夏庄小学抗日活动片断》，政协山东省德州市委员会文史资料研究委员会编印《德州文史》第 3 辑，1985，第 74~75 页。
④ 张魁三：《重组泰安（西）县大队》，《泰安党史资料》总第 16 期，第 49 页。
⑤ 张德润：《抗日战争中的"两面政权"》，《临淄文史资料》第 7 辑，第 119 页。

相当复杂，除中共选派部分人员外，多数是敌伪人员，身份不明，关系不清。一旦局势恶化，经不起考验，叛变为敌，对抗日工作危害极大。对此，经上级指示，清理革命队伍，查清身份，有罪恶确系坏人者，交上级处理。如泰安九区正副区长都为中共所派，1943年，"区长翟修德被泰城特务邱树生抓去，关在宪兵队，次日经我区内线李和年同志出面，花九千元伪币买通特务邱树生，保释翟区长出险。并从邱口中得知，此事是付区长苏达三叫抓的，还准备抓李和年送宪兵队处理，经县委研究决定，派人到苏达三家中，将其抓获，押送县委处决"。[①]

四　两面政权产生的原因与特点

抗战时期山东农村两面政权的出现，初期是中共变通抗日策略的结果，后来成为中共调整抗战战略的产物。中共军队与日军力量悬殊，在实力足够壮大之前，使基层乡村政权取两面形式，是在日军威胁下的求存之举。

客观上敌强我弱，但日军兵力有限，日伪难以控制广大的基层乡村。伪基层乡村政权并不是日军在占领区"维持治安"可以依靠的力量。在对汉奸进行惩治的威慑面前，"挥动太阳旗的敌占区村民，即使遵守亲日新政府的法令，他们也不接近县政府"，因为"如此就会被断送性命"，[②]"为恢复治安，方面军一直对县警备队寄予最大的期待和关心"。[③] 日伪对沦陷区农村的控制薄弱，客观上为中共争取乡村伪政权由一面变为两面或直接建立、控制乡村两面政权，提供了空间，这也是两面政权产生的重要条件。两面政权并不是冀东农村特定环境的产物。

中共深入敌后，对伪职人员细致耐心而又灵活多样的教育争取工作，以及严厉打击与分化瓦解相结合的斗争策略，这种灵活性与原则性的统一，使两面政权的出现成为可能。

---

① 马东：《忆抗日时期我泰西县组织人民对敌斗争的情况》，《（泰安市郊区）文史资料选辑》第6辑，第42页。
② 《华北治安战》（上），第151页。
③ 《华北治安战》（上），第239页。

　　中共争取伪政权协助抗日，为使其免遭报复，也考虑其自保诉求，让愿意协助抗日的伪乡村政权取"两面"姿态，做到"皮白心红"。但两面政权面对日军的武力威胁时，会摇摆不定，时白时红。中共真正可以持续依靠的两面政权数量非常有限。尽管如此，仍不可否认，伪区、乡、村或保长心中是否存有民族大义，也是中共能否成功争取其协助抗日，变一面为两面的重要因素。他们中的多数并不愿背负汉奸的骂名。正如有的伪乡长所说："我们是中国人，哪能忘记了祖宗？给日本鬼子干事，不得不应付罢了。"①

　　在中共争取的两面政权之外，还有地下党员或可靠进步人士进入伪政权从而实际控制的两面政权，甚至还有中共为争取"合法"斗争而主动建立的两面政权。由此也可以说，两面乡村政权成为反攻到来之前中共在敌后或游击区的一种生存方式。

　　尽管由于资料等限制，无法统计山东乡村两面政权的数量，但可以确定的是，中共之所以能在环境险恶的敌占区或游击区落脚、扎根，坚持抗日斗争，并不断壮大抗日力量，离不开乡村两面政权提供的掩护、救助、情报、粮款筹集、给养供应等多种协助。因此，乡村两面政权作为潜在的抗日力量，成为中共在敌后立足、积聚力量并得以发展壮大的重要依托之一。与此同时，更可体现出因支应两面而负担加重的两面政权村庄的百姓做出的巨大贡献。

---

① 罗俊：《尖刀插入敌人心脏——忆山东纵队四旅敌后武工队》，《泰安党史资料》总第19期，第44页。有论者认为："农民没有参与过国事，因此十分缺少民族意识。"（参见马场毅《抗日根据地的形成与农民——以山东抗日根据地为中心议题》，南开大学历史系中国近现代史教研室编《中外学者论抗日根据地——南开大学第二届中国抗日根据地史国际学术讨论会论文集》，档案出版社，1993，第96页）这种认识与实际情形有差异。尽管中国农村曾长期处于专制统治下，但通过戏曲或评书等深入乡村的传统艺术形式，中国历史上岳飞、杨家将等忠烈形象深入人心，可以说，农民并不缺乏朴素的民族情感。

第九章　敌后武工队

敌后武工队因冯志的同名长篇小说以及改编的同名影视作品而广为人知。文学作品展示更多的是武工队在敌后农村袭敌扰敌等军事斗争的一面，其实中共向敌后派出的武装工作队承担着多种任务，它是中共对敌占区工作的突击队，既是战斗队，又是工作队，将军事打击与政治斗争相结合。山东敌后武工队对于中共在敌后的立足和根据地的坚持与发展有着重要意义，其组建过程、组织形式、活动的方式方法、承担的任务、工作开展情形以及类型变化等，都体现着中共抗战战略的变化，亦可从中窥见中共的革命机制与行动特点。

一　武工队的普遍出现及组织形态

敌后武装工作队，是抗日战争进入相持阶段、日军回师华北加紧控制占领区、中共在敌后生存遭遇严重困境而采取的新的对敌斗争形式，是中共在抗日游击战争的实践中灵活应对形势变化的产物。彭德怀曾总结："武装工作队的组织，是在实际斗争中逐渐发展成功的。当敌封锁分割加紧时，我各地区曾有便衣队、便衣侦察组的组织活跃于敌我边沿地区，主要是刺探情报，破坏交通。这些侦察队员三五人一组，深入敌交通要道和据点附近，隐蔽活动，可达数日之久。因此，引起我领导机关的注意，认为这些经验很可宝贵。"1941 年日伪"治安强化运动"开始以后，为打破根据地退缩与被封锁局面，晋察冀于1941 年夏，曾有"武装宣传队"的组织，在武装掩护下，深入敌占优势地区工作，侧重在争取人心。"至一九四一年冬，北方局始正式提出建立武装工作队，并大体规定其任务、组织、活动方式等。对其要求，不同于侦察队及武装宣传队，较二者为繁重。"① 以上概括简要道出了武工队的由来，只是，北方局正式提出组建武装工作队的准确时间，应该是 1942 年 1 月。资料显示，北方局在 1942 年 1 月的会议上正式提出选派武装工作队，并发出《关于武装工作队的指示》，肯定各抗日根据地涌现的武工队这一新的组织形式和斗争方式。②

中共特别善于从实践中总结经验并加以创新推广，1942 年初北方局关于组建武工队的决定就是综合各根据地的对敌斗争经验做出的。中共提出组建武工队加强对敌占区工作，与 1941 年日伪在华北发动"治安强化运动"后根据地面临的生存困境直接相关。中共中央依据各抗日根据地严重紧缩的实情，提出新的"敌进我进"的游击战争方针，强化对敌占区工作，向日伪控制区寻找生存空间。1941 年 8 月，中共中央即提出目前敌后抗战的总方针是熬时间储力量，要强化对敌伪军伪组织工作。③ 12 月 13 日，结合太平洋战争爆发的新形势，又提出："鉴于 1941 年根据地受到很大损害，应乘 1942 年敌人忙于太平洋而对中国取战略守势之际……发展民运，发展敌占区工作……对敌伪以政治攻势为主，以游击战争为辅。"④ 武工队便成为中共开展敌占区工作的突击力量。

事实上，山东敌后武工队性质的组织早在 1940 年就已经出现。⑤ 据相关人员回忆，1940 年下半年，冀鲁边的商惠公路以南地区逐步被敌"蚕食"，中共县、区机关被迫全部撤出。为迅速转变这一局面，商惠县

① 《武工队的组织与斗争》（1943 年 1 月），《彭德怀军事文选》，中央文献出版社，1988，第 157~158 页。
② 《中共中央北方局、中央军委华北分会关于对付敌人大规模"清乡"的指示》（1942 年 2 月 25 日），《中共中央北方局·抗日战争时期卷》上册，中共党史出版社，1999，第 375 页；《中共中央北方局大事记（1924~1945）》，《中共中央北方局·综合卷》，中共党史出版社，2002，第 261 页。考虑到当时一般惯用农历，彭德怀认为北方局正式提出建立武工队的时间在 1941 年冬，很可能用的是农历，北方局文件记载的 1942 年 1 月应该是阳历，这样在时间上并没有大的出入。
③ 《中央关于敌伪军伪组织的工作决定》（1941 年 8 月 4 日），《中共中央文件选集》第 13 册，第 182~187 页。
④ 《中央、军委关于一九四二年中心任务的指示》（1941 年 12 月 28 日），《中共中央文件选集》第 13 册，第 272~273 页。
⑤ 柳茂坤认为山东军区在 1942 年夏季组建第一批武装工作队，不确。柳茂坤：《抗日战争时期的敌后武工队》，《抗日战争研究》1993 年第 2 期。

县长王宗仁要求地委派一支小部队前来协助工作。地委书记李广文当即派自己的警卫员陈士奎，组织了一支30多人的武装力量——七小队到商河开展反"蚕食"斗争。七小队一直活动在无棣、阳信、沾化、惠民、庆云、乐陵、商河等县，在敌人的眼皮底下神出鬼没，袭击乡村伪政权，打击民愤极大的投敌分子。① 从七小队活动的方式方法和承担的任务来看，其与后来正式的武工队相似，因此可以视作山东最早出现的敌后武工队。

　　冀鲁边区地处华北大平原的南端，一马平川，便于日军机械化部队行动，是日军回师"扫荡"的重要目标之一。自1939年1月起，日军为巩固占领区统治，开始派重兵"扫荡""蚕食"冀鲁边。与此同时，从1939年初开始，为缩小目标便于行动，也为支援鲁南、鲁西根据地建设，八路军总部和一一五师师部根据山东战场形势变化，命令萧华率领的东进抗日挺进纵队主力分批调往鲁南、鲁西，只留小部分兵力在冀鲁边坚持。冀鲁边根据地建设由此失去重要依托。② 冀鲁边区局势恶化相对早于山东其他战略区，这是武工队性质的组织较早在这里出现的主要原因。1941年9月，清河区党委书记景晓村在工作总结中指出："敌占区的工作是长期的，而且是斗争复杂的，并且是日益困难的。""我们的组织基本上应短小精悍，反对一切轻视忽视这种方针的观点，反对急性病。"③ 由此可知，清河区在1941年秋季之前已有了武工队性质的对敌斗争组织，只是没有得到重视和普及。

　　1942年春，中共山东分局为应对日伪"治安强化运动"对根据地的严重"蚕食"和打击，贯彻中央指示和北方局决定，开始检讨对敌占区工作，意识到："我们山东党政民方面（尤其是党方面）尚未引起充分的注意，所以在各种工作上都存在着严重的和平主义的倾向。表现在对敌伪军工作、敌占区工作，对敌伪军、敌占区政策的注意不够，党政军民对敌

---

① 李兆吉：《抗日战争和全国解放战争时期商河县地方武装的建立与发展》，政协商河县文史资料委员会编印《商河文史》第5辑，2001，第80~81页；封明亚：《回忆我在商河县的抗日斗争》，《商河文史》第5辑，第157页；孙玉山：《七小队在商河》，《商河文史》第5辑，第206~207页。

② 周贯五回忆，杜文和整理《艰苦奋战的冀鲁边》，第70、114~120页。

③ 景晓村：《清河区八个月工作总结》（1941年9月），山东省档案馆编《渤海抗日根据地档案汇编》（1），中华书局，2019，第47页。

斗争没有统一的领导，联系与配合，长期间形成单纯的孤立的军事抗战。……某些地区的日形缩小，正是对敌斗争工作没有很好开展的结果。"为纠正这一问题，分局决定"把开展对敌的政治攻势当作目前山东全党一切工作的中心，其他工作都要围绕着这一中心，并决定区委、地委成立对敌斗争委员会，县成立对敌工作部"。① 这就意味着各战略区以下要逐级建立对敌占区工作的领导机构。开展敌占区工作，"面向敌人，面向据点，面向交通线"，克服"对敌麻木和平恐惧的心理"，改变"在敌安设据点后即向后退缩的保守现象"。② 即设法向日伪控制区渗透力量，争取立足之地。

山东各战略区自 4 月起相继成立对敌斗争委员会。各级对敌斗争委员会的书记由党委指定专人担任，副书记一般由军队干部担任。③ 实际上各地县级敌工部或敌工科的建立更晚，因为中共山东分局和一一五师师部所在的滨海区在 6 月中旬还没有建立，分局要求"各县在七月终一定把敌工部或敌工科建立起来"。④ 鲁中区的淄河县委迟至 10 月才成立对敌斗争委员会和敌工部，干部配备也很少。⑤

随着对敌占区工作领导机构的逐级建立，敌后武装工作队陆续普遍建立。因各地情况不同，组建时间有早有晚。武工队的较多出现应该是在1942 年夏季之后。时任清河区党委书记景晓村的工作汇报和回忆即谈到了武工队的组建和活动情况：1942 年清河区伪化严重，中共主力部队化整为零的同时，寿光、临淄、桓台、邹平、长山等地党政机关以小股武装工作队形式进行活动，开展敌伪工作；⑥ 至 1943 年底，清河区党委和军

---

① 《中共山东分局关于组织对敌斗争委员会的决定》（1942 年 3 月 28 日），《山东革命历史档案资料选编》第 8 辑，第 218 页。

② 《中共山东分局关于开展对敌政治攻势的指示》（1942 年 4 月 10 日），《山东革命历史档案资料选编》第 8 辑，第 255 页。

③ 《中共山东分局关于开展对敌政治攻势的指示》（1942 年 4 月 10 日），《山东革命历史档案资料选编》第 8 辑，第 255~256 页。

④ 《中共山东分局、一一五师政治部对滨海区对敌斗争的指示》（1942 年 6 月 14 日），《山东革命历史档案资料选编》第 8 辑，第 366 页。

⑤ 《淄河一年半对敌斗争总结》（1944 年 2 月 27 日），泰安市档案馆编《泰安市档案馆藏抗战档案选编》，中华书局，2019，第 200 页。

⑥ 景晓村：《关于清河区的工作汇报》（1943 年 4 月 29 日），《景晓村文集》，中共党史出版社，1995，第 82 页。

区在以小部队坚持游击战争的同时，组织了若干个武工队，坚持小清河被"蚕食"地区的斗争，深入黄河以北敌占区，袭扰敌人后方，发展抗日武装，开辟新的游击区，团结群众，打击与瓦解敌伪军。如沾（化）、利（津）、滨（县），蒲（台）、利（津）、滨（县）两个边区，清西地区的青城和青滨边区都组织了武工队进入敌占区。① 清东地区武工队利用挖抗日沟、建抗日墙以及同日伪军开展麻雀战、地雷战，搞得敌人不得安宁。② 可见整个清河区都有武工队深入敌占区开展各种形式的对敌斗争。

　　鲁中区自 1941 年夏秋之交，益（都）临（朐）淄（川）博（山）四县一带即伪化严重。冯毅之曾任益临淄博四县联合办事处主任兼益都县大队长，他在 1941 年 8 月 28 日的日记中写道："因为环境愈来愈恶化，斗争愈来愈艰难，又加敌伪加强了政治宣传攻势，一个月来就有两个区长叛变投敌，一个是洪山区翟某，一个是盘龙区邹某。他们的投敌给我们的工作带来了极大的破坏和困难……"9 月 3 日的日记开头便是"没想到淄河区孙某也投了敌"。10 月 25 日又记："环境越来越恶化，工作越来越困难。投降派的进攻，敌伪的扫荡还比较好对付。危害工作最严重，最使人头痛的是干部的叛变投敌。前淄川县政府的秘书，一个区的指导员和一个区的中队长又投敌了。"淄川县"过去是根据地，现在完全变成了敌占区"。③ 这些极大动摇了民众对中共军政机关的信任和抗日信心，迫切需要向敌占区派出武工队，惩治"铁杆汉奸"，重振乡民的抗敌士气。1942年 8 月，新的鲁中军区成立后，从区党委、鲁中军区到各地、县委、军分区及县大队都大量组织武装工作队，深入敌后打击敌人。④ 到 1943 年冬，鲁南各区均以武工队组织形式进行隐蔽活动，短枪和手榴弹插在腰里，身穿便衣和群众一样，并配合精干小型长枪队进行活动。⑤

---

① 景晓村：《山东纵队第 3 支队、第 3 旅与清河抗日根据地的创建》，《景晓村文集》，第307 页。
② 王信一整理《战斗在清河平原——杨国夫副司令员回忆录摘编》，中共滨州市委党史研究室等编《渤海烽火——滨州纪念抗日战争胜利六十周年专辑》，中国文史出版社，2005，第 48 页。
③ 冯毅之：《抗战日记》，中共淄博市委党史资料征集研究委员会编印，1984，第 124、132 页。
④ 高克亭：《我所知道的鲁中抗日根据地的发展历程》，《山东抗日根据地》，第 351 页。
⑤ 汪亚民：《滕县革命斗争片断回忆》，《滕县党史资料——庆祝抗日战争胜利四十周年》（专辑），第 69~70 页。

　　山东各地普遍出现的武工队名称不一，有的沿用武装宣传队之名。1942年8月罗荣桓在对冀鲁边的对敌斗争指示中即提出："各分区各地区队组织武装宣传队，展开对日伪政治攻势，并派得力干部领导，展开对敌占区广大社会人士的统战工作，开展反特务、反'清剿'、反敌顽的斗争。"① 这里的武装宣传队其实就是武装工作队。清河区的武装工作队有的最初名为军政工作团。②

　　再如胶东区。时任胶东军区司令员兼政委的许世友回忆，1942年，为粉碎敌人的"扫荡"、"蚕食"和"囚笼"政策，胶东军区决定不同地区采取不同的政策："在敌占区，组织精悍的武工队，主动灵活地袭扰和打击敌人，扩大我党我军的政治影响。"③ 区党委在1943年1月20日关于加强对敌斗争的指示中，总结过去对敌伪宣传工作时写道："组织了武装宣传队深入敌区揭破敌人欺骗宣传，团结敌区广大人民，扩大了我党我军的政治影响"，"加强武装宣传队的组织与活动，并定出具体计划使之成为开展敌区工作的尖兵"。④ 这里的武装宣传队其实也是侧重对敌宣传的武装工作队。6月25日又提出："组织武工队，每军分区二个，主力团一个，配合党政军民干部，动员地方武装参加政治攻势，主力以五分之一兵力组织精干小队伍，配备宣传人员深入敌占区工作，每月总结武工队工作。"区党委另组织20人的武工队，到福山地区工作。⑤ 可见，在冀鲁边和胶东区，武装宣传队与武装工作队名称并用，都是对敌占区工作的先锋，承担着宣传、组织民众、军事打击敌伪等多种工作任务。

　　关于武工队的组织形式、规模及成员条件及领导归属，彭德怀提出："①每队以五十人为原则，队员必须是政治上可靠，身体强健的，真能负起光荣的宣传员、组织员、战斗员的工作任务。②每队由三人至

① 《对冀鲁边区坚持斗争的估计和今后的任务》（1942年8月31日），《罗荣桓军事文选》，第143页。
② 景晓村：《依靠人民坚持清河、渤海平原抗日游击战争》，《山东抗日根据地》，第300~301页。
③ 许世友：《在胶东反"扫荡"的岁月里》，《山东抗日根据地》，第266~267页。
④ 《中共胶东区委关于加强对敌斗争的指示》（1943年1月20日），山东省档案馆编《胶东抗日根据地档案汇编》（1），中华书局，2020，第187、192页。
⑤ 《中共胶东区委、胶东军区政治部关于秋季对敌政治攻势指示》（1943年6月25日），《胶东抗日根据地档案汇编》（1），第325页。

五人成立党的委员会，负责领导一切工作。行政方面可设队长及政治委员各一人。政治上一般的应受地委领导，军分区指示其军事行动。③每队配备之干部，至少要有一两个等于地委或县级的坚强干部，要能确实掌握政策，特别是敌占区政策，每队要有知识分子干部，如能有一会日文或日语的干部更好。"① 他强调："所有队员，均须有较高政治质量，真能担负宣传、组织、武装斗争三位一体的任务。目前，尤须适当增加地方工作干部，特别是本地干部。"② 可见，武工队规模较小，去敌占区活动几乎是独闯虎穴，因此对武工队队员的要求相对较高，必须是有勇有谋、政治军事素质过硬的，为便于尽快熟悉地方情况展开工作，尤其注意选拔本地干部。

具体到各根据地，因情况有别，武装工作队的规模不一，但组织形式、队员条件大同小异。如冀鲁豫要求以分区为单位，按各该地区特定情况、斗争对象、工作需要及可能抽出的干部数目，组织 2~3 个武装工作队。原则上以 15~25 人为一队，设队长、政委，队员以现在之部队连排军政干部、地方县区干部，要政治坚定，有社会经验，勇敢机警，最好是本地干部来充任。武装工作队下不分班，可按工作类型分组。③

山东武工队大致按上述要求组建。选拔成员时看重军政素质，"工作队队长、队副、政委，应选择县级及军队营团级以上与本地有社会联系的干部"。④ 如 1942 年 10 月鲁中区泰历县敌工部组建的武工队，成员"都是从县大队、军分区抽来的骨干、班排干部，武器装备也比较好，每人一支长枪、一支短枪"，县敌工部部长徐毅民兼任武工队指导员。⑤ "武工队的成员全是敢打敢拼又机动灵活的人。"⑥ 淄河武工队的高奋即是益都县大队的教导员，临朐县人，在大队长冯毅之眼里，他不仅"在战场上很

---

① 《开展全面对敌经济斗争》（1942 年 1 月 7 日），《彭德怀军事文选》，第 137~138 页。
② 《武工队的组织与斗争》（1943 年 1 月），《彭德怀军事文选》，第 161 页。
③ 《冀鲁豫区小部队建设问题——苏振华政治委员在区党委高干会议上的报告》（1942 年 12 月），《中共冀鲁豫边区党史资料选编》第 2 辑《文献部分》（中），第 408~409 页。
④ 《中共山东分局关于敌伪工作组织领导的决定》（1943 年 7 月 1 日），《山东革命历史档案资料选编》第 9 辑，第 527~529 页。
⑤ 徐毅民：《回忆抗战时期泰北地区的对敌斗争》，《山东党史资料》1991 年第 2 期，第 107~109 页。
⑥ 武冠英：《回忆党在泰安的三个建设时期》，《山东党史资料》1984 年第 1 期，第 59 页。

勇敢，遇事不急不躁沉着，生活艰苦，工作细心，是个很好的同志"，而且很有远见；① 临朐靠近淄河，高奋属于本地干部，作为县大队的教导员，政治上自然可靠，加上他胆大心细，能吃苦，是武工队队员的最佳人选。然而受多种因素制约，参加武工队的人员并不个个都是精兵强将。渤海区在工作总结中甚至提到"武工队的质量也低，成分不加选择"的问题。②

山东武工队的组织形式与规模比较灵活，有的武工队成员经常处于流动之中，人数也增减不定。如山东纵队四旅 1941 年 12 月在蒙阴县八区草沟村成立的武工队，开始只有 20 余人。③ 而淄河武工队 1942 年 11 月刚成立时只武均 1 人，后来人员陆续增加，到 1943 年 3 月共 15 人，10 月高奋调任临朐县县长，带去武工队队员 8 名。④ 胶东区的北海武工队在 1943 年下半年时队员达 30 人。⑤ 另据相关人员回忆，武工队"不是固定组织，有任务就马上集合，没任务就分散到区里帮助工作。领导人临时指定，比较重要的任务，就要指定一个比较重要的干部去领导。当时五区区委书记高峰同志就多次被指定临时去承担这种领导任务"。⑥

武工队组织的过度灵活并不利于工作的开展。1943 年 7 月，山东分局要求"工作队要有固定组织，在一定地区进行长期工作"。特别提出"以战略分区（即地委区）为单位组织两个武装工作队，直接受敌工科领导，并在地委总的指示后，专门作为开展敌占区工作与敌伪工作的突击力量"。⑦ 此后，山东对敌工作组织领导得到强化，武工队有了相对固定的组织和活动区域，受地方党委和军区敌工部门双重领导。各战略区的武工队数量由此增加，力量配备加强。1943 年，"共组织了四十三个武工队，

---

① 冯毅之：《抗战日记》，第 121~122 页。
② 渤海区党委：《渤海区一九四四年军事斗争总结》（1945 年 6 月 14 日），山东省档案馆编《渤海抗日根据地档案汇编》（3），中华书局，2019，第 179 页。
③ 罗俊：《战斗在敌人心脏里——忆山东纵队四旅敌后武工队》，莱芜县政协文史资料委员会编印《莱芜文史资料》第 5 辑，1989，第 1~3 页。
④ 《淄河一年半对敌斗争总结》（1944 年 2 月 27 日），《泰安市档案馆藏抗战档案选编》，第 200 页。
⑤ 刘香之、贾杰：《北海武工队》，《胶东风云录》，第 413~417 页。
⑥ 武冠英：《回忆党在泰安的三个建设时期》，《山东党史资料》1984 年第 1 期，第 59 页。
⑦ 《中共山东分局关于敌伪工作组织领导的决定》（1943 年 7 月 1 日），《山东革命历史档案资料选编》第 9 辑，第 528~529 页。

干部六二六人（小部队与地武不在内）"。①

　　山东敌后武工队的组建过程显示，中共向敌占区派出武装工作队，是根据地环境艰险寻找立足空间的应变之举。日伪的严密控制造成沦陷区百姓境遇的日趋恶化，客观上也给武工队的进入和工作的开展提供了可能和空间。日伪"治安强化运动"实施以后，人民负担特别是劳役负担普遍加重，加以农村青壮年被大量抓捕充当伪军，或输送出关。种种暴行引起乡民普遍的、极端的愤恨，打破了多数落后群众苟且偷安思想——"只要完粮纳税，不问谁来当官"。各个阶层都意识到"敌人是喂不饱的狼"。再则日军为了巩固内部，对伪军伪组织中所谓"动摇分子"（即同情抗日分子），又实行"清洗"与镇压，使许多人感到"汉奸也不是好当的"，更促成两面派分子的产生。所有这些，均给武工队活动准备了客观有利的基础和条件。②

二　武工队的工作对象、斗争目标与战术应用

　　武工队承担的任务，决定其不仅要深入敌占区进行军事斗争，③还要以武力为依托，利用多种方式宣传组织民众，引导其开展对敌政治、经济、文化斗争，以及争取瓦解日伪军政组织、获取情报、建立隐蔽的游击根据地等。

　　1942年初北方局提出建立武装工作队时，即规定其任务：除一般宣传、调查工作外，兼负锄奸、发动群众、争取知识分子、打击敌"配给制度"、破坏敌伪统治秩序之责。④彭德怀把武装工作队的任务细化，即通过宣传锄奸等活动使敌占区民众树立抗日信心，阻碍日伪经济掠夺，团结乡绅与知识分子，争取动摇分子，调查敌占区情况等。⑤

---

①　《关于对敌斗争问题——肖华同志在全山东政治工作会议上的总结报告》（1944年5月），《山东革命历史档案资料选编》第12辑，第128页。
②　《武工队的组织与斗争》（1943年1月），《彭德怀军事文选》，第158~159页。
③　关于武工队深入敌后打击敌伪、破坏其统治秩序的军事行动，文学作品已有较多展现，此处不再赘述。
④　《武工队的组织与斗争》（1943年1月），《彭德怀军事文选》，第157~158页。
⑤　《开展全面对敌经济斗争》（1942年1月7日），《彭德怀军事文选》，第136~137页。

　　实际上山东敌后武工队因为出现较早，不同时期对敌斗争侧重点有所不同，斗争任务有不断变化丰富的过程，活动方式也在灵活调整之中。武工队进入敌占区首要的是开辟落脚点，所以争取瓦解伪组织，尤其是变乡村政权和地方势力为革命的两面派或同盟者，可以说是山东敌后武工队最突出的工作。

　　如前述较早成立的冀鲁边商河县的七小队即侧重对伪组织工作。一是震慑伪组织人员，争取其为革命的两面派。七小队为了在敌后站稳脚跟，迅速打开局面，首先开辟十排甲（展家集、赵家一带），采取突然袭击的方式，抓住伪乡、村长进行训话教育。并为他们建立"生死簿"记黑红点，黑点多者予以惩处。经过七小队的工作，有不少伪乡、村长成了革命的两面派，部队得以立足。二是干扰阻止日伪的抢掠。1941年农历九月三十日在刘呈基村战斗中，在民兵的配合下，七小队全歼日军的抢粮队，瓦解伪军，缴获武器百余件。[1] 莱东县武工队自1941年下半年起，凭借其艰苦细致和卓有成效的对敌工作，争取不少伪乡村政权成为革命的两面政权。[2]

　　再如1941年12月中旬山东纵队四旅组建鲁中区敌后武工队，这支武工队在临行前上级交代的具体任务中，第一条任务就是："打烂伪政权、伪组织，建立革命的两面政权，重建各抗日民众团体，扩大游击根据地，使来犯日军耳聋眼瞎，失去依托。"[3] 为便于隐蔽，站稳脚跟，武工队的活动采取时而集中，时而分散，声东击西的灵活方式。每到一地，武工队都是夜晚悄悄进入村内，一般进入的是房舍宽敞的大户。这些大户有的是地主，有的与敌伪有亲戚关系。武工队队长罗俊回忆："我们进门后，将其全家人召集在一个房间内，讲明我们党的抗日民族统一战线政策，让他们负责掩护，不准给敌人通风报信，如有差错，以汉奸论处。同时表明我们保护他们的生命和财产的安全，要求他们协助武工队，共同抗日。"经

　① 李兆吉：《抗日战争和全国解放战争时期商河县地方武装的建立与发展》，《商河文史》第5辑，第80~81页；孙玉山：《七小队在商河》，《商河文史》第5辑，第206~207页。
　② 尚克东：《威震敌胆的莱东县武工队》，《泰安党史资料》总第16期，第36~37页。
　③ 罗俊：《战斗在敌人心脏里——忆山东纵队四旅敌后武工队》，《莱芜文史资料》第5辑，第1~3页。

过宣传教育，这些房东都说："咱们都是中国人，都有爱国之心，只要有要办的事，我们一定尽力去做。"武工队在当地大户人家隐蔽住下后，渐渐与当地的共产党员和群众取得联系，宣传山东纵队四旅派武工队前来，要惩治汉奸，搬掉压在群众头上的石头，打开对敌斗争的新局面。① 有了地方党组织的帮助和群众的支持，武工队很快在敌占区站住了脚。然后就是争取各级伪政权和伪组织，有拉有打和分化瓦解相结合，建立革命的两面政权，使它们不再一心只为敌效劳。②

罗俊领导的武工队的活动情况显示，他们是秘密进村，出没无常，出其不意地到地主或与敌伪有亲戚关系的大户人家住宿，以直接劝说来进行团结争取工作，然后再联系当地党组织和群众，进行抗日宣传，扩大声势和影响，有了这些准备，争取伪政权和伪组织人员就有了社会基础。清河区的武工队更是"隐蔽活动，昼伏夜出，利用敌人的'灯下黑'，在设据点的村庄建立秘密联络点，搜集情报，开展各种活动，避免暴露自己，麻痹敌人，积蓄力量，伺机打击敌人"。同时，对开明士绅、抗日民主人士，以及伪军、伪组织人员的家属，武工队坚持做教育、团结、争取的工作，并借用他们的影响进行"合法"斗争。③

鲁中区泰历县敌工部带领武工队普遍做争取伪政权的工作，效果也比较好。据时任县敌工部部长兼武工队指导员的徐毅民回忆："在山口，伪区长孟子钧都能按我们的命令行事。"黄前"据点的伪乡长叫刘逢涛，他长期在黄前当伪乡长，敌人对他比较信任。我们对他做了工作后，他白天应付鬼子，夜间按时出来接受我们的任务。据点及其附近地区对抗日的捐助、抗日的公粮，都能按我们的指标完成任务。敌人出来'扫荡'，他都随时送出消息。""在省庄和其他地区，不同程度存在着这种伪政权——

---

① 罗俊：《战斗在敌人心脏里——忆山东纵队四旅敌后武工队》，《莱芜文史资料》第5辑，第5~6页。

② 罗俊：《战斗在敌人心脏里——忆山东纵队四旅敌后武工队》，《莱芜文史资料》第5辑，第6~8页。

③ 景晓村：《依靠人民坚持清河、渤海平原抗日游击战争》，《山东抗日根据地》，第300~301页。

两面政权。他们白天应付敌人,晚上为我们工作。"①

1943 年 7 月,中共山东分局具体规定了武工队的任务为:(1)深入敌区活动,进行对敌伪及敌区群众宣传活动;(2)整理各种关系,寻找线索,打通敌伪关系,建立工作网站;(3)调查敌伪与敌区情况,进行争取两面派与革命两面派工作,争取青年学生、社会名流与伪军家属;(4)打击对敌伪死心塌地的汉奸与特务分子的活动。② 上述四项任务其实都与对敌伪的争取与打击瓦解工作有关。8 月,中共山东分局在五年工作总结及今后任务的文件中,更是把争取敌占区革命两面派工作作为对敌斗争总的中心任务。总结指出:开展争取革命两面派,巩固及发展革命两面派的工作,"是一种灰色形式的工作。它主要的对象是争取坚决的反革命的一面派为动摇的两面派,争取动摇的两面派为坚决革命的两面派。这一工作不是在我游击区,也不是在'扫荡'中随便在根据地内布置,主要是深入敌区,深入敌伪组织内部的最基本的工作方针之一。这一工作的成绩如何,不但对今天克服困难、坚持阵地有重大关系,且为反攻为战后做准备的一种重大工作,必须引起全党的注意,必须成为对敌斗争工作中的中心工作任务"。更重要者,是"对敌斗争工作中应教会敌区广大人民学习两面应付敌人,积蓄力量。这是革命两面派斗争之最基本的阵地,可靠阵地,必须以最大力量进行"。③ 去敌占区尽可能争取合作者,引导民众应付敌人,减少损失,这是中共在危机中努力求生的重要一步。

在武工队工作方式上,山东分局进一步要求"集中与分散灵活运用,隐蔽与公开适当配合,并专门保持几个人不公开出现,专门进行秘密工作"。工作队到一定地区后,在执行上级的总任务时,县委有权力布置、指示、检查其工作,也有责任从各方面配合,给予工作上的便利与帮助。④

---

① 徐毅民:《回忆抗战时期泰北地区的对敌斗争》,《山东党史资料》1991 年第 2 期,第 113~114 页。

② 《中共山东分局关于敌伪工作组织领导的决定》(1943 年 7 月 1 日),《山东革命历史档案资料选编》第 9 辑,第 527~529 页。

③ 中共山东分局:《五年工作总结及今后任务》(1943 年 8 月 19 日),《山东革命历史档案资料选编》第 10 辑,第 66~67 页。

④ 《中共山东分局关于敌伪工作组织领导的决定》(1943 年 7 月 1 日),《山东革命历史档案资料选编》第 9 辑,第 528~529 页。

中共山东分局专门就武工队的任务和工作方式做出具体指示，表明敌占区工作受到进一步的重视。此后武工队数量又有增加，对伪组织的争取与瓦解活动更加活跃。据抗战时期先后任北海武工队队长的刘香之、贾杰回忆，为了加强对敌占区工作，配合主力部队粉碎敌人的战略阴谋和"蚕食"政策，1943年8月，北海地委和军分区决定组织北海武工队。为便于开展工作，招北县委决定，从县大队中抽调12名战士，组成长枪队，参加武工队。① 为完全打通龙招公路，争取沿线的伪乡长、伪村长，武工队决定以教育为主、打击为辅，通过各种关系，积极进行争取和教育工作，使不少伪乡长、伪村长依附抗日民主政府。他们表面上为敌伪办事，实际上为抗日民主政府工作。但也有少数死硬汉奸分子，武工队的对策是杀一儆百。在1944年1月17日夜枪毙九区川里乡伪乡长蒋仁斋后，伪政权中多数人的不法行为有所收敛，不少人向抗日民主政府靠拢。武工队的活动范围逐步扩大，龙招公路基本打通。"我方人员不但夜里通行无阻，甚至白天也可以安全通过了。"②

打击并争取瓦解伪军是武工队的另一重要任务。前述罗俊武工队对为害一方、甘心附逆的伪军给予坚决打击。如孝义区日伪的武装特务剔抉队活动猖獗，村村搞"清剿"，一天搜一个村，拂晓包围，挨家搜查，翻箱倒柜。一旦发现疑点，就威胁利诱，严刑拷打，逼其供出地下党员和相关工作人员，弄得人心惶惶。罗俊率领武工队即来此打击剔抉队，增强了群众的抗日信心。③ 这支武工队争取瓦解伪军有一套自己的做法：一是抓住敌伪矛盾，包围伪军据点（炮楼）进行喊话、散发传单、张贴标语，造成敦促伪军反正投降的强大攻势和声势；二是召开伪军家属座谈会，讲形势，讲政策，指出路，让他们规劝儿子、丈夫投降八路军，走光明大道；三是利用两面政权伪公职人员的"合法"身份，给伪军捎送传单、劝降书、投诚证、通行证，他们交给伪军时常以"红黑簿"来警示；四是在敌伪军据点，周围目标显眼的地方，竖立许多标语牌，上面写着醒目大

---

① 刘香之、贾杰：《北海武工队》，《胶东风云录》，第413~417页。

② 刘香之、贾杰：《北海武工队》，《胶东风云录》，第419~421页。

③ 罗俊：《战斗在敌人心脏里——忆山东纵队四旅敌后武工队》，《莱芜文史资料》第5辑，第14页。

字，如"放下武器一律优待""反正投诚八路军是生路""为敌效劳是死路""持枪投诚者有奖""逃跑回家者一律宽大"。① 上述工作收效显著，在八路军山纵四旅的军事胜利和优待俘虏政策影响下，各地的伪军或纷纷逃跑，或反正投诚。如莱芜县九区丁家屋等五个据点逃跑 60 余人；寨里、宜山两据点三天之内逃跑 20 余人；章莱公路娘娘庙附近三个碉堡的伪军三个班将伪中队长打死后，携带全部武器投诚中共。②

鲁中区泰历县武工队对伪军争取工作也颇有成效。徐毅民回忆，经武工队工作，燕家庄据点的伪军表示，绝不出来骚扰老百姓，绝不死心塌地执行敌人的命令。在这一带，武工队都可以夜间开展活动。在后省庄和祝阳地区，武工队成功争取伪军，中共军政人员一度可以顺利进行工作。③1943 年 8 月成立的北海武工队，依照县委部署，确定把地处龙招公路中段，北海至西海必经之地的张星据点作为分化瓦解伪军的突破口，有选择地进行打击。武工队通过进步人士段子才争取到张星据点伪中队长曲芳芝（曲是段的义子）。曲芳芝通过段子才和其他途径，向武工队报告了不少情况。"我工作人员也可以从张星据点安全通过。龙招公路的缺口初步打开了。"④

抗战中后期，由于中共分散游击战略的实施，总体上以政治攻势为主、游击战争为辅，所以武工队的又一个重要任务是开展对敌宣传战。1942 年 3 月 5 日北方局在对冀鲁边区的工作指示中，提出应连续不断地对敌展开政治攻势，"要组织强有力的武装工作队，深入敌区活动，将政治宣传与开展敌区的组织工作密切结合起来，将政（治）攻（势）与武装斗争结合起来，各个分散活动的部队都应起到武装宣传者与组织者的作用"。⑤ 4 月 10 日，山东分局专门做出关于开展对敌政治攻势的指示，指

① 罗俊：《战斗在敌人心脏里——忆山东纵队四旅敌后武工队》，《莱芜文史资料》第 5 辑，第 32~34 页。
② 罗俊：《战斗在敌人心脏里——忆山东纵队四旅敌后武工队》，《莱芜文史资料》第 5 辑，第 37 页。
③ 徐毅民：《回忆抗战时期泰北地区的对敌斗争》，《山东党史资料》1991 年第 2 期，第 112~113 页。
④ 刘香之、贾杰：《北海武工队》，《胶东风云录》，第 413~417 页。
⑤ 《中共中央北方局对冀鲁边区今后工作的几点意见》（1942 年 3 月 5 日），《中共中央北方局·抗日战争时期卷》上册，第 385 页。

出加强对敌政治攻势，是敌后党政军民首先是山东斗争的中心任务，山东工作应在"一切为着对敌政治斗争的胜利，一切服从对敌政治斗争的胜利"的口号与行动中开展起来。① 中央军委、总政治部提出："对敌政治攻势应多组织武工队，扩大对敌的宣传战，并有计划的暴露敌暴行与扩大敌伪的矛盾。"② 前述罗俊武工队出发去敌占区前，部队政委交代的第三项任务就是"宣传我党抗日救国的方针、政策和当前对敌斗争形势及任务"。③ 宣传的方式、方法除印发宣传品外，还有召开"小规模的座谈会，个别的对群众宣传"，并对敌伪据点进行喊话和上夜课等。④

胶东区委在 1943 年 6 月关于开展秋季对敌政治攻势的指示中明确武工队的任务是："动员群众反对敌人抢粮买粮收粮，宣传群众不交少交，晚交，袭击敌人仓库粮店，合作社，半途截击等，没收的粮食应发还群众，打击敌人特务活动。"⑤ 因此，反抢粮斗争也是政治攻势的一部分，在反抢粮斗争中，机动灵活的武工队发挥了突出作用。⑥ 前述北海武工队在进行武装斗争的同时，还积极开展政治攻势，每隔半个月到二十天，就对各据点伪军喊话一次，宣传抗日形势，鼓动伪军弃暗投明。对伪军家属，武工队队员经常走家串户，进行说服教育，对动摇伪军军心起到了一定的作用。如槐树庄据点的伪保安队三班长刘绍武，听了喊话，便请长假回家。⑦

宣传与组织民众，建立秘密基层党组织和政权，变敌占区为隐蔽的游击根据地，是武工队对敌占区工作的重要目标。

在敌占区建立隐蔽的游击根据地，是武工队深入敌后工作一段时间后

---

① 《中共山东分局关于开展对敌政治攻势的指示》（1942 年 4 月 10 日），《山东革命历史档案资料选编》第 8 辑，第 255~256 页。

② 《军委、总政对全山东政治工作会议的指示》（1944 年 2 月 5 日），《中共中央文件选集》第 14 册，第 168 页。

③ 罗俊：《战斗在敌人心脏里——忆山东纵队四旅敌后武工队》，《莱芜文史资料》第 5 辑，第 2 页。

④ 《景晓村日记》，1944 年 1 月，第 527~531 页。

⑤ 《中共胶东区委、胶东军区政治部关于秋季对敌政治攻势指示》（1943 年 6 月 25 日），《胶东抗日根据地档案汇编》（1），第 325 页。

⑥ 肖华：《一年来山东的对敌政治攻势——为纪念抗战八周年而作》（1945 年 7 月 11 日），《山东革命历史档案资料选编》第 15 辑，第 125 页。

⑦ 刘香之、贾杰：《北海武工队》，《胶东风云录》，第 419 页。

才认识到的。在 1942 年之前，武工队并不善于根据工作的发展形势改变斗争方式，使自身逐渐地方化，领导已经初步发动的群众变敌占区、敌占优势游击区为隐蔽根据地或游击根据地，不了解在敌占区活动可以有破坏和建设两个方面。① 同时，对敌占区工作缺乏长期规划，造成消极影响，1941 年要求予以纠正。② 自 1942 年春开始，冀南、冀中等武工队相继在敌后建立起隐蔽的游击根据地。鉴于此，1943 年彭德怀提出："为适应今天对敌斗争的需要，应确定武装工作队的工作目标是组织敌占区、游击区群众，变敌占区、游击区为隐蔽游击根据地、游击根据地或游击区。所有武装工作队的具体活动及任务，均应围绕这一基本目标，求得在各该地区生根。若果隐蔽游击根据地一旦形成，依据具体情形，必要时，该武装工作队即可成为当地的基干武装，继续发展为我占区，与我基本根据地互相打通，扩大我们的根据地。即使不能如此，也应留置部分人员在那里长期坚持。因此应更好地注意活动的方式方法，巧妙利用合法斗争与非法斗争配合，绝对避免突出暴露，以防敌寇摧残，弄到功败垂成。"③

山东敌后武工队因此在 1942 年较多建立后意识到应建立隐蔽的游击根据地。如景晓村于 1942 年 6 月主持召开清河区党委会议，研究部署反"扫荡"和加强小清河以南被"蚕食"地区的对敌斗争。会后抽调了一批得力干部，率领武工队，插入敌占区，组织群众，恢复党的组织，开展统战工作，建立两面政权，打击和牵制敌人，变敌占区为游击区，变"蚕食"区为隐蔽的根据。④ 发展党群组织，建立基点村，是变敌占区为游击区进而成为隐蔽的游击根据地的必要条件。垦区一带武工队积极开展边沿区和敌占区工作，"党的工作发展 47 个村庄，点线村庄 23，有支部的 27，群众工作发展 122 个村庄，基点村 9 个"。基点村的条件，是有党组织和群众团体，"村长为革命两面派，没有奸细，并有秘密建设"。⑤ 清河

---

① 《武工队的组织与斗争》（1943 年 1 月），《彭德怀军事文选》，第 157~160 页。
② 苏振华：《开辟敌占区工作初步总结》，油印本，1941 年 4 月 7 日于鲁西，第 19 页。
③ 《武工队的组织与斗争》（1943 年 1 月），《彭德怀军事文选》，第 161 页。
④ 《景晓村传略》，本书编辑委员会编《景晓村纪念文集》，中共党史出版社，1997，第 368 页。
⑤ 《景晓村日记》，1944 年 1 月，第 527 页。

区武工队在建设基层组织方面做了许多工作，为建立隐蔽的游击根据地积极创造条件。

又如山纵四旅政治部协理员罗俊在 1943 年秋又奉命组织起鲁中军区武工队，自任队长，这支武工队就是为开辟历城根据地组建的。他们确定的首要任务，就是与反动会道门展开斗争，启发群众觉悟，建立稳固的抗日根据地。经过一段时间的准备工作，他们进入历城南部山区。① 根据对敌情的初步分析，这支武工队决定先从商家庄下手。首先召开附近村庄的"三长"（乡长、村长、保长）会议，说明武工队的目的，宣传八路军的抗日主张，并向他们布置任务，随后又把《抗日救国十大纲领》《泰山日报》等宣传品发放给他们，让他们带回去传播。② 经过一段时间的工作，武工队在商家庄一带扎下了根。商家庄以北是泉沪乡和涝坡乡，这两个乡会道门势力比较大，工作难开展。下一步工作就是突破这两个乡。为了摸清敌情，武工队决定由三五人组成一个小分队，分头到各村活动。自武工队队员在白土岗痛打汉奸队后，这些地方势力才有所收敛。不久，涝坡、泉沪等村成立了以贫下中农为主体的抗日自卫团。而无极道等会道门组织则慢慢瓦解，名存实亡。抗日自卫团为八路军站岗放哨，传递情报，掩护抗日工作人员等，做了大量工作。从此，南部的泰历县和东部的章历县联结在一起，使西营、尚家庄、仲宫、大涧沟这四个敌伪据点孤立起来。1944 年春，武工队配合泰山军分区政委林乎加和章历县委书记胡寅率领的两个连，攻克了西营、商家庄两个敌伪据点。9 月 29 日，历城县委、县政府正式建立，这支武工队完成了任务，奉命调回。③ 他们的活动由秘密到公开，先文后武，文武结合，使中共的政治影响和抗日活动在敌占区扩展，并成功建立抗日政权，使活动地区成为隐蔽的游击根据地。

武工队向敌占区扩展生存空间的工作得到充分肯定。时任山东军区政治部主任萧华指出："一九四三年，开展敌占区工作，是我们对敌斗争中几个较有成绩的工作之一。开辟地区五万平方里，八千余村，人口有三百

① 罗俊：《开辟历城南部山区抗日根据地》，政协济南市历城区委员会文史资料研究委员会编印《历城文史资料》第 7 辑，1995，第 40~42 页。
② 罗俊：《开辟历城南部山区抗日根据地》，《历城文史资料》第 7 辑，第 42~43 页。
③ 罗俊：《开辟历城南部山区抗日根据地》，《历城文史资料》第 7 辑，第 44~49 页。

万，许多的敌占区并且变成了根据地。"① 武工队作为开展敌占区工作的突击队，其各种对敌工作的开展，为山东抗日根据地的恢复与扩大创造了条件。渤海区党委在总结1944年工作时指出："全区十二个武工队，开辟了千余敌占区的村庄，并建立了数十个伪军伪组织关系，对去年我之军事胜利有重大的贡献。"② 1944年9月，黎玉在新地区会议上的总结中讲到了开辟新地区的几个环节，他特别提出："由于武工队的积极活动，开展了对敌伪的政治攻势，配合了反'蚕食'、反'扫荡'的斗争，在边沿区开辟和整理了不少村的工作，这对稳定新地区的局面，争取我主力的必需的休整，及更早的布置发动群众斗争，都起了很大的作用，这是必不可少的步骤。"③ 武工队以武力为后盾，利用集中与分散、隐蔽与公开、"合法"与"非法"、军事与政治的巧妙结合，在开辟新区上发挥了重要作用，切实成为对敌占区工作的先锋队。

由于武工队深入敌占区经常是独自活动，其自身建设尤为重要。对武工队队员的政策教育应放在首位，比如要求"工作队出发前，至少须经过一星期以上的敌占区政策的教育。其经常工作每月终由地委检查总结一次，每两三个月区党委必须亲自检查一次，切实总结经验"。④ 同时，要求严格群众纪律，只有这样，才能得到群众的拥护，才有存身和工作的可能。⑤ 从前述山东武工队队员的回忆，可知武工队行前有不同形式的相关政策教育。一般情况下，出发前，部队和地方领导会专门跟队长和指导员进行谈话，有的也进行集训。由于武工队高度分散活动的特点，对每一个队员的决断力提出了更高的要求。1943年1月上旬，景晓村在听取益寿临广四边县委负责同志的工作汇报后做总结发言，强调："要教育每一个武工队的队员，搞好单兵作战，做孤胆英雄，独立自主的去处理问题。遇事要从

---

① 《关于对敌斗争问题——肖华同志在全山东政治工作会议上的总结报告》（1944年5月），《山东革命历史档案资料选编》第12辑，第128页。

② 渤海区党委：《渤海区一九四四年军事斗争总结》（1945年6月14日），《渤海抗日根据地档案汇编》（3），第179页。

③ 《加速建设新地区为巩固的抗日根据地——黎玉在新地区会议的总结》（1944年9月），《山东革命历史档案资料选编》第13辑，第3~4页。

④ 《开展全面对敌经济斗争》（1942年1月7日），《彭德怀军事文选》，第138页。

⑤ 《武工队的组织与斗争》（1943年1月），《彭德怀军事文选》，第162页。

政策的高度出发。一个武工队员，既是工作队员，又是宣传员，经常是处于单兵作战状态，就要求一个队员发挥一个坚强干部的作用。这个要求是不是高了？不是，而是应该教育他们努力这样去做。"① 可见，中共不仅重视武工队队员的政策和纪律教育，也关注武工队队员非常状态下独立决断能力的培养。但在现实中武工队独立活动，违反政策的行为难以避免。景晓村在日记中记载："武工队纪律不好，违反群众纪律，因此不能和群众密切联系。"② 萧华直言，敌占区工作在照顾群众利益、争取群众方面还不能令人满意，侵占民众财物的现象严重，要求"今后必须完全根绝"。③

彭德怀也指出：在敌占区、敌占优势游击区活动的同志特别是武装工作队，对于损害群众利益、破坏革命纪律的行动，必须严格纠正。工作中主观主义作风和违反敌占区、游击区具体政策的问题和现象等，④ 在山东或多或少也存在。

上述山东敌后武工队的活动状况显示，武工队分散即可开展政治工作，集中则能打击敌人的特务武装，及抓捕敌伪工作人员。中央曾总结出晋绥军区武工队有三种较好的类型：一种是阵地式正面推进，以公开为主的武工队；一种是深入敌人内部，掌握"合法"斗争，以秘密为主的武工队；一种是钻入敌占区争取群众取得阵地，逐渐发展为半公开的武工队。⑤ 在抗战形势好转以前，山东武工队多属于后两种类型，总体上以隐蔽为主，或隐蔽与公开相结合，昼伏夜出，出没无常，声东击西，软硬结合，灵活运用多种方式开展工作，发挥了独特的战术作用。

三　抗战后期武工队活动区域的扩展与队伍建设的加强

抗战后期，日军大部兵力南调，在华兵力向城市及近郊、交通要道、

---

① 参见李荆和《永生难忘的教诲——深切悼念景晓村同志》，《景晓村纪念文集》，第87~90页。

② 《景晓村日记》，1944年1月，第535页。

③ 《关于对敌斗争问题——肖华同志在全山东政治工作会议上的总结报告》（1944年5月），《山东革命历史档案资料选编》第12辑，第128~129页。

④ 《武工队的组织与斗争》（1943年1月），《彭德怀军事文选》，第159~160页。

⑤ 《中央关于武工队工作给华中局、五师、东江纵队的指示》（1945年1月25日），中央档案馆编《中共中央文件选集》第15册，中共中央党校出版社，1991，第13~14页。

矿山等集中，对战略要地严加防守，实行九分政治一分军事，中共山东军政负责人也随之调整应对之策。

自 1943 年抗战形势向好，山东分局就认识到，开展敌占区工作，"特别对于若干有重要意义的战略支点，要求我党的组织在这些地区生长与坚持起来。这是有战略意义的严重任务，必须坚决从今天开始做起"。[①] 1944 年又提出："一方面以武工队突击战略要点，与交通要道上的工作，一方面派出小部队，与地方武装开展广泛的游击战争。没有武工队，敌人坚固的阵地就不能突破；没有广泛的小部队与地方武装的活动，敌占区的开展就不能是普遍的与全面的。"[②] 在山东分局的应对之策中，武工队的地位更加凸显。所谓战略支点，主要指大城市、交通要道和重要矿山，这就意味着武工队的活动区域由敌后腹地农村即敌占之面向敌占之点和线扩展。

胶东区委、军区政治部在 1944 年 10 月关于对敌伪军工作的指示中即明确："武工队的活动地区，着重应放在大城市近郊矿山铁路附近，与配合大股伪（军）工作顽军工作。"决定各区配备武工队数量与活动区域如下。东海一个武工队，向威海市近郊活动，并求得逐渐从海上向刘公岛发展。北海两个武工队，一个是原有的武工队仍在金矿附近活动（干部可多些），另一个是以蓬莱的海上游击队化为武工队，着重向长山岛发展。西海三个武工队，一个由沙河向西并西南发展，一个在平西活动向西发展，一个以蒙山为依托向李德龙区开展工作。南海四个武工队，一个在即墨以工人大队为基础成立武工队沿铁路向青岛发展；一个在胶县路南活动，另分一股向西往高密发展；一个在胶县路北西迄高密城，沿铁路活动；一个重新成立向高平路西高密西部发展。另外，军区建两个直属武工队，一个以十六团的武工队为基础由王村向崂山发展，一个由烟台大队抽调一部重新成立武工队在烟台近郊活动。胶东区委要求各地除根据以上规

① 《一九四二年敌我斗争形势的检讨及今后一年敌我斗争形势与对敌斗争的任务——一九四三年三月十三日朱瑞在山东军政工作会议上的报告提纲》，《山东革命历史档案资料选编》第 9 辑，第 312 页。

② 《关于对敌斗争问题——肖华同志在全山东政治工作会议上的总结报告》（1944 年 5 月），《山东革命历史档案资料选编》第 12 辑，第 129 页。

定立即进行干部调整、补充、调动外，应即检查与总结武工队的工作及经验，重视与爱护武工队，明确分配任务，解决生活问题，加强思想教育，尽量避免与减少伤亡。① 以上具体工作部署显示胶东武工队的工作区域确实向青岛、烟台、威海等大城市近郊及胶济铁路沿线和矿山转移，同时也透露出之前武工队的伤亡情况不容忽视。

中共所受损失与国际形势有利滋长麻木轻敌观念有关，但更主要的是"对敌人的九分政治一分军事，重点主义下之政治攻势的新方针自上而下认识糊模，研究教育不够深刻，对敌伪之小股频繁出动及特务活动未给予有力打击"，对武工队重视不够，"武工队未能发挥其应有的作用"。② 也就是说对日军的新方针与新战术缺乏认识与研究，应对乏策，而日军的新战术恰与武工队的战术相似。萧华指出："敌寇实施重点主义以来，所谓以'武工对武工'，即是由于受到我武工队予以打击的经验而得出的对策。"③

日军于 1943 年 8 月改组华北派遣宪兵队而成的华北特别警备队，即是其"武工"及特务活动的主要执行者。北特警编组完备时有 1.1 万余人，编为 10 个大队、1 个教育队，④ 大队下面设中队，中队下又设小队，另外还有特别侦谍队和特别情报队等，经常以小队为活动单位，人数在 10 人左右，与武工队类似。北特警便衣出行，隐匿行踪，以侦破瓦解中共的秘密组织和秘密活动为主要目的。⑤

1944 年 6 月，为加强情报搜集和重点地区的防卫工作，北特警向华北派出重新编组后的 9 个大队、蒙疆特别支队和 9 个特别侦谍队以及特别情报队，至翌年 1 月初执行第二期作战计划，"特别致力于查明敌人的政

① 《中共胶东区委、胶东军区政治部关于夏季军事政治攻势以后敌伪军工作的指示》（1944 年 10 月 23 日），《胶东抗日根据地档案汇编》（2），第 77~79 页。
② 《中共胶东区委、胶东军区政治部关于加强对敌斗争与武工队组织领导的指示》（1945 年 4 月 7 日），《胶东抗日根据地档案汇编》（2），第 141 页。
③ 肖华：《一年来山东的对敌政治攻势——为纪念抗战八周年而作》（1945 年 7 月 11 日），《山东革命历史档案资料选编》第 15 辑，第 126 页。
④ 北支那特別警備隊司令部「北支那特別警備隊編成表」（昭和 19 年 6 月 10 日）、『3. 彼我の兵力敵組織名重要なる敵幹部の氏名敵の編成秘密戦法（1）』、アジア歴史資料センター：C13032072300。
⑤ 北支那特別警備隊司令部「第七乃至第九特別偵諜隊ニ関スル計画　特警作命第六三号　別冊第一」（昭和 19 年 6 月 10 日）、『4. 各時期に於ける作戦経過部署並に理由主要なる命令/特警作命綴』、アジア歴史資料センター：C13032072600。

治攻势情况，同时不断摸清其政治军事活动情况，密切应对情势变化"。①其中在山东的部署如下：第二与第七大队分别在鲁西北与鲁中、鲁西南一带活动，其重要任务之一即是以秘密战确保津浦铁路与胶济铁路的畅通以及重要资源的生产；第八大队主力二中队驻守青岛，四中队负责侦察胶东区、鲁中区中共活动情况，并以秘密战抑制中共的活动，使胶济铁路畅通；②第七特别侦谍队在山东金岭镇和张店附近活动，守卫金岭铁矿区及南定发电所的正常生产，并搜集金岭镇附近及张店、博山间胶济铁路两侧地区中共对民众的宣传情报，密切协助第二、第七大队行动；第八特别侦谍队在青岛一带活动，以秘密战守住青岛制铁所，切断中共青岛地方组织与东北地区、山东滨海区、上海方面的海上联络线，搜集中共青岛市委与胶东区委情报，密切协助第八大队四中队及第二特别情报队。③以上部署清楚地反映出，北特警重点防守的大城市、铁路沿线与重要矿山正是抗战后期中共武工队要突破的重点活动区域，敌后武工队的活动自然在其防范之列。北特警在其发出的第63号作战命令中特别提出，第七大队本部驻守济南，强化对济南市的侦谍，清除该市附近的敌方势力，并以秘密战确保负责区域内的津浦线畅通与重要资源生产，积极进行谋划等。④显然，日军不仅加强了大城市及铁路沿线、矿山等战略要地正规军团的兵力配备，还派出北特警这样的秘密武装，小规模秘密出动，企图破坏中共的游击战及武工队的行动。在北特警开始第二期作战一个月后，第二大队即于7月23日"捕获9人，射杀市委书记"，8月15日，分别在乐陵和宁津突

---

① 北支那特別警備隊司令部「第二期作戦ニ於ケル北支那特別警備隊情報戦闘計画　特警作命第六三号　別冊第二」(昭和19年6月10日)、『4. 各時期に於ける作戦経過部署並に理由主要なる命令/特警作命綴』、アジア歴史資料センター：C13032072600。

② 北支那特別警備隊司令官「北支那特別警備隊命令　特警作命第六三号」(昭和19年6月10日)、『4. 各時期に於ける作戦経過部署並に理由主要なる命令/特警作命綴』、アジア歴史資料センター：C13032072600。

③ 北支那特別警備隊司令部「第七乃至第九特別偵諜隊ニ関スル計画　特警作命第六三号　別冊第一」(昭和19年6月10日)、『4. 各時期に於ける作戦経過部署並に理由主要なる命令/特警作命綴』、アジア歴史資料センター：C13032072600。

④ 北支那特別警備隊司令官「北支那特別警備隊命令　特警作命第六三号」(昭和19年6月10日)、『4. 各時期に於ける作戦経過部署並に理由主要なる命令/特警作命綴』、アジア歴史資料センター：C13032072600。

袭中共抗日武装，致伤亡数十人。① 可以说，抗战后期由于北特警的秘密行动，中共的抗日活动仍然面临严重的威胁。

再以北特警第七大队为例看其活动情况。1944 年 6 月 25 日，北特警第七大队队长高桥种一为实施第二期侦谍作战计划发出第三号作战命令，决定：第一至第五中队队长分别驻在兖州、新泰、泰安、张店、博山，第一中队的主力在汶上、宁阳、曲阜及泗水以南地区活动，第二中队主力在泰安南部、新泰附近活动，第三中队主力在肥城、莱芜及泰安北部一带活动，第四中队主力在胶济铁路以南地区活动，第五中队重点活动区域在博山南部。② 各中队驻在地既是铁路重镇，又有重要矿山，其行动意图显而易见。一中队"主要负责侦破摧毁汶上、宁阳、曲阜及泗水以南地区敌之秘密组织与秘密活动，积极行动，防卫针对铁路及重要国防资源设施的秘密战，同时，根据形势变化，随时集中或分散兵力到需要之地。强化侦察剔抉，努力压制摧毁敌之策略行动"。③ 由此可见，北特警活动方式也是灵活机动，或集中或分散，图谋破坏武工队在重要市镇、铁路沿线及重要矿山的秘密活动。这使武工队的活动难度增大，无形中展开与北特警的"秘密较量"，行动计划受阻，人员伤亡增加。北特警第七大队的活动报告写道：特别是第三中队发现泰安县城内中共的城关支部与情报机构等人员 43 名，冲击了中共在这些区域内秘密工作的扩展。第四中队进驻新泰地区以来，破坏了中共进入该地区进行游击战的计划，抑制了中共在该地区铁路及重要资源地带的活动。④ 可以说，北特警的秘密行动对中共的敌占区工作造成了不小的影响。这样的现实困境对武工队建设提出了更高的

---

① 「北支那特別警備隊第 2 期作戦　戦闘詳報　昭和 19 年 6 月 10 日–20 年 1 月 4 日」、『4. 各時期に於ける作戦経過部署並に理由主要なる命令』、アジア歴史資料センター：C13032072500。

② 第七警備大隊長高橋種一「北支那特別警備隊第 7 警備大隊　第 2 期作戦戦闘詳報　昭和 19 年 6 月 10 日–20 年 1 月 4 日」、『第 2 期作戦戦闘詳報　自昭和 19 年 6 月 10 日至昭和 20 年 1 月 4 日　北支那特別警備隊第 7 警備大隊/本文』、アジア歴史資料センター：C13032083800。

③ 『戦闘詳報（第 2 期作戦）昭和 20 年 1 月 31 日　甲第 1480 部隊関谷隊/本文（1）』、アジア歴史資料センター：C13032086200。

④ 『第 2 期作戦戦闘詳報　自昭和 19 年 6 月 10 日至昭和 20 年 1 月 4 日　北支那特別警備隊第 7 警備大隊/本文』、アジア歴史資料センター：C13032083800。

工作要求。

　　为应对日军战术的变化，武工队切实发挥骨干作用。1945 年初中共山东分局与山东军区政治部专门召开武工队会议，历时两个月，总结经验，决定加强配备以下几种特殊的武工队。（1）铁路两侧武工队，主要开展铁路工人、伪军、伪警察工作，打入交通要道，并且在任何情况下都能坚守阵地。（2）城市近郊武工队，以建立隐蔽的游击根据地为目标，并扶助大城市内部工作之发展。（3）矿山、沿海以及其他各种重要资源地区的武工队，主要开展矿工、盐民、渔民工作，广泛组织张瑞式合作社（与敌伪争购粮棉）。①

　　会议上的决定不仅增加武工队的类型，而且相应强化武工队的组织领导、调整活动方式等。在武工队会议召开期间及会后，中共山东分局和山东军区做出一系列对敌斗争指示。2 月 8 日，提出各地应研究敌人重点主义与执行统一的对策："实行以重点打击敌人的重点，加强武工队的骨干作用。"② 确定武工队的活动仍以秘密行动为主。

　　2 月 15 日，中共山东分局、山东军区又就武工队的任务、组织领导、建设等做出了详细具体的指示。武工队活动区域的延展及新的对敌斗争任务，对其组织形式与干部配备、成员条件、活动方式及自身建设等提出了更高的要求。关于武工队的组织，指示明确："要根据不同地区采取不同形式。对大股伪、顽军，在边沿区活动一般以三十人至六十人为适宜，三分之一的干部。对城市交通线，深入敌区的则以十五人至四十人为好，干部要二分之一，战士要班长或模范战士，年富力壮，能说能打。"各地应根据当地情况，重新配备以强化武工队干部，干部要有军事干部与政治干部，以纠正之前武工队多军事干部，能武不能工，有些则能工不能武等配备不恰当的问题。同时，各地武工队都应配备地方干部，以便加强与地方联系，熟悉地方情形。特别要注意吸收城市工人、市民、矿工、铁路工人予以培养，以便做内应时成为指挥行动的干部。要求武工队队员："要有

　　① 《中共山东分局、山东军区关于武工队组织领导的决定》（1945 年 2 月 15 日），《山东党史资料文库》第 13 卷，第 128 页。

　　② 《中共山东分局、山东军区关于对敌重点主义的对策》（1945 年 2 月 8 日），《山东革命历史档案资料选编》第 14 辑，第 170 页。

鲜明的政治立场，纪律严明，秋毫不犯，每一个成员都能进行宣传鼓动与组织群众工作"；"准确掌握党的各种政策，运用策略，依靠基本群众，团结各阶层一致对敌。要善于进行非法与合法斗争，独立自主，机动灵活的打击敌伪"；"军事上活动要灵活机警，大胆勇敢，神出鬼没，飘忽不定。要成为一种袖中利剑、怀里匕首，使汉奸寒心，敌特丧胆。对于敌人兵站、仓库、'合作社'、交通、司令机关，有随时可捣毁的本领与准备"。①

指示还对新形势下武工队的工作方式与武器装备、活动经费、生活待遇等做出了具体规定。如要求"公开工作与秘密工作要分别开来，秘密训练的人员与进入敌据点的干部要十分注意保持秘密"。武器装备应力求精良，短枪、长枪、机枪都可以配备，但必须适合活动地区之情况。②

在武工队的领导方面，由地方党委和军区敌工部门双重领导改为主要由军区、军分区直接领导，但"县委工委有责任检查与布置武工队工作，帮助武工队解决一些问题"，"干部队长及枪枝之抽调，须得军区、军分区批准"。武工队"必须与地方党、政权、军队密切联系"。军分区要及时帮助武工队进行工作总结，解决困难，予以鼓励和关心。立即纠正"目前各地使用多，照顾少，特别在物质上保证差的现象"。

为加强武工队的自身建设，在肯定有些武工队每月能总结一次工作，搜集群众诉求，定期开小组会或上党课、讨论时事的同时，规定"武工队本身应建立自己的工作、学习、会议制度，加强支部工作与小组长活动，不能强调环境特殊就一律取消"。强调"只有很好的执行各种制度与会议，才能保证全队的健全，才能很好的开展工作"；"只有不断的学习与自我批评，才能克服不良倾向"。

适当的调整休养和教育会增强战斗力，山东分局与军区提出武工队

---

① 《中共山东分局、山东军区关于武工队组织领导的决定》（1945 年 2 月 15 日），《山东党史资料文库》第 13 卷，第 128~129 页。

② 《中共山东分局、山东军区关于武工队组织领导的决定》（1945 年 2 月 15 日），《山东党史资料文库》第 13 卷，第 129 页。

"要保持三个月的敌区活动中有一星期到十天的休整时间",目前必须教育之队员、干部,可抽调一部训练,再另补充一部。休整期内帮助总结工作,报告时事与当前任务。克服不良倾向,主要采取说服教育,不应随便处罚,应检讨领导责任。

因为武工队之前一直偏重做争取伪组织工作,照顾敌占区民众利益不够,因此要求"走群众路线,克服单走上层的坏倾向。克服工作不深入、强迫命令方式与走'乡保长路线'",不能依赖上层。武工队应更多关心敌占区民众疾苦,并"紧紧的掌握隐蔽政策,力戒暴露与过分突出"。

为使敌占区工作全面铺开,除前述要特殊加强的武工队外,山东分局与山东军区特别指示:"各县如仍有敌游区,可由县抽调地方干部与战士,成立小的武工队,直接归县领导,开辟一个区或几个区工作,开辟后即为该区政权干部。""务求在今年内要做到所有靠我边沿或突出敌游区均开展工作。"①

2月20日,中共山东分局、山东军区政治部关于坚持边沿区对敌斗争对策的指示明确:"武工队是坚持边沿开展敌占区城市交通工作的有力武器,它的作用已由过去的战术地位提高到战略的作用上去。"但实际上,"有些党委、政治机关并未重视这一工作,一般的使用多,教育少,甚至让其自流,不加检查,不加指导,不能发挥其高度威力"。因此,要求对"这次武工队会议所指示的缺点与经验必须加以重视。各地区应根据敌我斗争的情况与开展城市交通工作、打击敌人重点主义的方针上,重新的予以配备、充实与加强,必须使武工队真正能为团结敌占区广大人民对敌斗争的一面旗帜。有些成分太复杂、不称职的武工队,应予以改造,加强干部领导,以有效的完成对敌人的政治攻势的任务"。② 武工队工作受到前所未有的重视。

3月6日,山东分局关于加强武工队组织领导的上述举措得到中央批

---

① 《中共山东分局、山东军区关于武工队组织领导的决定》(1945年2月15日),《山东党史资料文库》第13卷,第130页。

② 《中共山东分局、山东军区政治部关于坚持边沿区对敌斗争对策的指示》(1945年2月20日),《山东革命历史档案资料选编》第14辑,第188页。

复并"转发各地照办",① 表明山东武工队工作得到中央的高度认同。

山东分局上述系列指示迅速在各战略区传达部署。如渤海区决定派武工队进入交通干线附近及敌占区和大中小城市之近郊开展工作。要求各分区必须下决心建立武工队,"根据分局军区指示,除了各县之开辟地区建立武工队开展外,各分区应根据各种工作性质设各种专门武工队……今各分区无论如何要各培养百人以上的武工队员,分别按照任务组织三个至五个武工队"。②

同时,渤海区党委结合本区实际情况,总结武工队以往经验,在武工队干部配备与领导、队伍建设、活动方式与工作目标等方面提出了具体要求和任务。鉴于全区敌占区范围较大并有两条铁路干线,"但才有十二个武工队,且现已大部分变成了地方武装,或分配了工作,武工队的质量也低,成份不加选择,甚至成了反正伪军的收容所,经常分散于敌占区,极易发生腐化违反群众纪律,甚至被敌特勾引发生问题","有的还把武工队当作一种单纯的军事上的侦察队,没有明确的政治任务,而且调动频繁,在工作上不能作出系统的工作,而对武工队之政治教育书报文件各种教材的供给亦很少,光使用不教育,放出去即听之任之的现象亦不少"。因此要求在"成份的配备上,必须保证每个成员的政治条件与工作能力能文能武",在武工队的领导与使用方面,完全按分局指示加以强化与调整,强调"武工队在外活动必须与当地党政军民取得密的联系,并置于当地党的一元化领导之下,接受当地党的领导,结合当时当地的工作方针,并且善于和当地党政军民的力量结合起来,统一步调发挥更大的力量",争取将敌占区变成游击区或游击根据地。③

战略区党委的布置要靠各分区来执行。以下德州武工队的组建及活动情况,表明渤海二分区基本践行了上述指示精神。1945 年 2 月,二分区决定从德县、陵县两个县大队各抽调一个步枪班,作为建队的基础,在德

---

① 《中央转发山东分局、军区关于武工队组织领导问题的决定》(1945 年 3 月 6 日),《中共中央文件选集》第 15 册,第 52 页。

② 渤海区党委:《渤海区一九四四年军事斗争总结》(1945 年 6 月 14 日),《渤海抗日根据地档案汇编》(3),第 187~188 页。

③ 渤海区党委:《渤海区一九四四年军事斗争总结》(1945 年 6 月 14 日),《渤海抗日根据地档案汇编》(3),第 179~181 页。

县八区小官辛庄正式组成德州武工队。①

这支武工队建立后，鉴于成员由德、陵两县的人员组成，相互之间比较生疏，又是到新区工作，人地两生，任务艰巨，因此首先进行了思想整顿工作，组织学习，明确形势任务，稳定思想情绪，提升士气。3月初，武工队开进德县二区段庄一带，逐步展开对敌斗争和群众运动工作。② 武工队曾配合地方部队击退向尹庄进犯的上岛寺据点的伪军。4月，田龙庄公路上截获日本江商洋行的六轮大卡车1辆、物资一批。③ 这些行动政治影响很大，从此德州武工队可以公开开展工作。每到一村就召开群众会、座谈会及乡、保长会，进行抗日宣传；动员各界人士和广大群众积极投入抗日活动。同时全体武工队队员一面做好武装斗争，一面在群众中访贫问苦，扎根串联，宣传组织群众，物色建党对象，开展建党工作；为反奸诉苦斗争做好准备，为武工队活动打下群众基础。随着上述工作的开展，这支武工队的活动区域和规模不断扩大。从1945年5月开始，武工队逐步由德县城东北段庄一带向城北田龙庄一带活动，后来扩至百余个村庄，围绕德州城，南到黄河涯，北至许官屯，西临运河岸，东至尹庄一带；到8月初，已发展到50余人，组成了三个步枪班和一个手枪班（兼管侦察任务）。④ 德州是铁路交通枢纽，德州武工队主要在德州近郊及铁路东侧活动，表明渤海二分区切实执行了山东分局与山东军区增加特殊武工队的指示。德州武工队的活动表明，抗战后期的武工队，除进行政治宣传、打击特务外，更重视开展地方党务和群众组织工作。⑤

再如胶东区。1945年4月7日，胶东区委、军区政治部在总结对敌斗争与武工队工作经验的基础上，要求各级党委与军队政治机关在干部及部队中进行深入普遍的动员教育，使全党全军对敌人重点主义下之政治攻

---

① 张龙：《德州武工队历史简况》，政协山东省德州市委员会文史资料研究委员会编印《德州文史》第2辑，1984，第28~29页。
② 张龙：《德州武工队历史简况》，《德州文史》第2辑，第30~31页。
③ 郭新中：《德州抗日英雄谱》，政协德州市德城区委员会文史资料委员会编印《德州文史》第12辑，1995，第93页。
④ 张龙：《德州武工队历史简况》，《德州文史》第2辑，第30~33页。
⑤ 《中共胶东区委关于一九四五年胶东形势与任务的指示》（1945年2月1日），《胶东抗日根据地档案汇编》（2），第113~114页。

势的新方针有明确认识与了解，加强斗争观念，并自觉地将各方面的工作与对敌斗争结合起来，纠正和平观念与麻木轻敌思想。同时，整顿健全所属武工队组织，增加干部和武器配备，纠正其军政工作上的缺点，解决其目前存在的实际问题，使之真正成为在敌后积极活动打击敌伪的有力武器。此外，让各县视情况皆组织类似武工队性质的便衣队，积极对敌进攻，边沿区党政民应与区中队结合，以武工队形式进行工作。关于武工队的任务，除机动灵活、神出鬼没地打击敌伪，经常进行政治攻势，扩大党的影响，宣传党的政策外，特别强调开展地方党与群众工作，借以团结组织广大群众，运用一切可能运用的力量进行对敌斗争，用群众组织和一切工作包围缩小敌伪活动区，保卫群众利益，并以此作为武工队考绩的主要标准。在活动方式上，要求武工队的活动"要大胆积极，并与党政民很好结合起来，反对孤立现象"。①

胶东区切实加强了对日军之战术变化的观察与了解。如 5 月详细报告日伪在边沿区活动方式变化如下：

1. 行动诡密，避实就虚，无一定规律，有的晚饭后或半夜出动包围村庄捉人抢掠（如烟、蓬）；有的半夜出动，埋伏于我经常活动村庄之周围山头路口，拂晓时以小部兵力进村搜索，将我地方武装及工作人员赶出后即包围捕歼（如烟、福、南墅）；有的则逢集期庙会半夜出动秘密荫蔽于数家民户内，白天即突然出动捉人抢东西（如南墅）；有的夜间秘密上船开至一定地点，白天突然登陆包围村庄捉人（如蓬莱）。

2. 便衣武装小股神出鬼没，有的经常二三十人到据点周围二三十里村庄活动（如黄城集）；有的化装各式各样人物带枪混至边沿村庄侦察，遇我个别工作人员或武装同志即逮捕而去（如年、福）。

3. 伪装我工作人员找人或假装给我送粮款，假装老百姓找我办事，诱捕我工作人员。

---

① 《中共胶东区委、胶东军区政治部关于加强对敌斗争与武工队组织领导的指示》（1945年4月7日），《胶东抗日根据地档案汇编》（2），第141~143页。

4. 强化特务组织与活动，利用叛徒成立政治突击队（蓬莱）或特务队，对外镇压抗日份子，对内检举不稳份子，并积极扶持利用会门（如黄北一带之黄天党，北马一带之龙华会）反对我们，同时利用我之宽大政策雇用难民或贫苦群众出来侦察，被捉住即坦白，教育放回去下次还来。

5. 加紧欺骗宣传，抓住我群众斗争中的个别缺点及过火行动编写剧本（如黄县编"一个鸡蛋的故事"，写为一个鸡蛋反复算账致地主倾家荡产）到处排演，致造成个别地主逃亡现象。①

以上是中共观察到的北特警的活动片段，印证了前述北特警采取的新战术及秘密活动的特点。胶东区委据此决定立即加强武工队的组织与活动，健全据点周围区中队及民兵联防组织，统一对敌斗争领导，大胆深入敌区，实施飞行爆炸，主动打击逮捕敌特便衣（如蓬莱环城武工队成立后一个月即捕敌特便衣 8 人，毙敌伪 16 人），争取主动，运用偷、摸、抢（如莱西抢南墅铅矿）及不断小规模地袭击伪组织的办法，使敌伪经常陷于被动与自顾不暇，以达封锁围困相机打击敌人之目的。② 在应对日军重点主义的新方针和北特警的新战术中，胶东区武工队的组织领导、干部武器配备等都得到加强，斗争更有针对性，在党政军民的全力配合下，真正发挥了突击队的作用。

6 月，中共山东分局、山东军区政治部决定于 7 月、8 月、9 月三个月发动全山东对敌伪全面政治攻势，以迎接反攻局面之到来，再次强调武工队在反抢粮、坚持沿海地区斗争的战略意义，具体要求：（1）坚持并强化沿海地区的武工队，大胆向敌占城市、交通要道，尤其是沿海地带推进。各级军事部门，对武工队必须高度重视，及时研究指导其战术，解决各种困难，要把武工队建设提到战略意义高度，以求得武工队在新形势下战略作用的更大发挥。（2）武工队必须将敌伪重点圈内地区视作自己的家乡，尤其是新被敌人分割封锁的地区，必须担负起坚持斗争的光荣任

---

① 《中共胶东区委关于敌在边沿区活动之花样特点及我应采取积极进攻方针的指示》（1945 年 5 月 21 日），《胶东抗日根据地档案汇编》（2），第 149~150 页。

② 《中共胶东区委关于敌在边沿区活动之花样特点及我应采取积极进攻方针的指示》（1945 年 5 月 21 日），《胶东抗日根据地档案汇编》（2），第 150 页。

务。要联合群众，支持群众斗争，组织领导群众的秘密游击小组或民兵，实行埋雷、飞行爆炸，封锁与袭扰围困敌人，从政治上巩固并提高群众斗争情绪，消除脱离群众、武而不工的现象。（3）为敌重新分割伪化的地区，抗日民主县区政权应即以武工队形式进行坚持，短小精干，灵活机动，求得自己的存在发展，并以一强的武工队来支持这些"武装区（乡）"的活动。① 武工队因其战术的灵活多样被运用于反攻前战略部署的多个环节，其作用更加凸显。

中共山东分局、山东军区指示要把武工队建成打击日伪重点主义准备反攻的骨干。② 各分区积极行动起来，在武工队建设和对敌斗争中取得了突出成绩。7月，萧华总结1944年工作："武工队在山东已成为开展敌占区抗日工作的先锋，成为坚持敌人分割封锁地带的支柱，是军事、政治斗争结合对敌的最好的组织形式。在'敌进我进'的方针下，深入敌后之敌后，已起其重要的战略作用。"经过一年的建设，"山东武工队已由四十八队发展到七十队以上，完全分布在铁道沿海与边沿地区"。武工队在对敌占区政治攻势中建树了突出功绩。"如在扩大解放区中，武工队单独开辟了七千余村，以武工队为主配合军队而开辟村庄有五千二百余村，共一万二千村，面积五万平方里，人口五百万，建立七个县政权"。再如"鲁南铁道武工队，一年中即开展了四百零六村，建立一个县政权"。在宣传工作上，武工队"宣传人数达三十万人以上，包围据点喊话一一五二次，发展地方武装二一五四人，逮捕敌人特务五〇八人"。"至于瓦解伪军，配合战役单独攻克炮楼及据点，袭击城镇车站海岸，炸破敌人桥梁，翻倒敌人列车，捣毁敌人洋行仓库，扰乱敌伪统治的后方，声东击西迷惑敌人，调动敌人部署，则是极平常的事情。"③ 武工队的深入活动与小部队的不断派出活动，配合全面对敌政治攻势的开展，给日伪的"治安强化"及"治安区"以极大的打击，致使敌伪所谓"治安地区"大部

① 《中共山东分局 山东军区政治部关于夏季对敌政治攻势的指示》（1945年6月），《山东革命历史档案资料选编》第15辑，第51~54页。

② 《罗荣桓、黎玉、肖华关于目前山东情况的报告》（1945年6月27日），《山东革命历史档案资料选编》第15辑，第44~45页。

③ 肖华：《一年来山东的对敌政治攻势——为纪念抗战八周年而作》（1945年7月11日），《山东革命历史档案资料选编》第15辑，第124~125页。

分已成为游击区或完全解放区，建立起配合盟国收复大城市的前进阵地。① 在"敌进我进"的方针下，武工队深入敌后，在粉碎日伪重点主义施策，巩固与扩大根据地，配合部队军事反攻等方面，发挥了突出作用。

此外，武工队又以自己主动积极的活动保卫敌占区群众利益，扩大了中共的政治影响和群众基础。如鲁南武工队，1944 年"争取敌占区士绅二百四十五名，教育敌占区小学生千余人，争取教员百人"。滕县武工队在津浦路两侧活动，百姓都说："自从你们打了土匪后，我们这里好了年景了。"武工队能以小的武装插入强大的敌伪顽匪区中活动，求得存在发展，既依靠了群众，又受到了广大群众的拥护与掩护，不少敌占区的老百姓称武工队为"救命恩人"。②

正因为武工队获得了民众的广泛支持，成为"控制与坚持战略地带，尤其坚持沿海地区，插入敌人占领腹地的一把利刃"，所以日伪对武工队的进攻与"清剿"、逮捕一直没有放松。萧华谈及，在伪报纸上经常可以看到专门对武工队作战的报道，有的以数万元之悬赏逮捕武工队队员。而胶济路武工队坚持活动在铁路与公路之间，1944 年"半年中即遭到敌十五次的合击，半年中我作战三十七次。敌人曾调动了一千伪军，六百余日军，在这周围不到五十里的狭小地区，举行了大规模的拉网'清剿'。我武工队却仍屹然坚持，终未退出阵地一步"。日人三谷浜太郎在胶东蓬莱的调查报告中说："县保安队分遣修筑据点十处之中，为采莹［萤］石的有四处，但共产党的工作人员即二三人仍能以手榴弹的爆炸声而使采掘工人受显著的障碍，因而就有采掘及运输上的困难。"这即描写了武工队分散不断地袭扰敌占矿区的一般情形。武工队军政攻势的结合使日军深感"头痛与畏惧"。伪十军高级顾问高木国雄在报告中说："中共军仍继续顽强的袭击我据点与兵站线，对于沂州道的治安情况实在是不容乐观的。"③ 日军感叹："中共势力乘国际战局剧变之机，

---

① 肖华：《一年来山东的对敌政治攻势——为纪念抗战八周年而作》（1945 年 7 月 11 日），《山东革命历史档案资料选编》第 15 辑，第 126 页。

② 肖华：《一年来山东的对敌政治攻势——为纪念抗战八周年而作》（1945 年 7 月 11 日），《山东革命历史档案资料选编》第 15 辑，第 125 页。

③ 肖华：《一年来山东的对敌政治攻势——为纪念抗战八周年而作》（1945 年 7 月 11 日），《山东革命历史档案资料选编》第 15 辑，第 125~131 页。

积极巧妙谋划策动伴以武力行动，逐渐向治安区渗透，打入新政权机构内部，颇堪忧虑"；① 中共对伪军伪组织争取瓦解工作活跃，"采用里应外合战法屡获成功"。②

抗战胜利前夕，武工队更成为大反攻和城市工作的前导。在中共中央要求迅速发展造成控制全山东力量的六个注意事项中，第三项即是"加强武工队"。③ 8 月 12 日，山东军区司令员兼政委罗荣桓、副政委黎玉、政治部主任萧华联名发出山东军区政治部动员令，命令即刻紧急动员起来，完成对敌人之最后一击，迫其迅速投降。其中提出政治攻势"与军事威胁密切结合，双管齐下，创造更多里应外合夺取城市、交通要道的范例。……武工队人员更应以紧张的工作，作夺取大城市与交通要道的向导"，减少伤亡，求得最大之效果。④ 胶东区委即要求："武工队干部战士凡可能者一律设法混入敌伪城市内部，相机行事，各武工队一律服从这一任务，归当地城工部调用"，在军事上造成里应外合、声势浩大的形势。⑤

为配合以上行动，8 月 16 日，中共山东分局指示各区党委城工部加强城市工作，要求："铁路两侧我工作薄弱的地区和城市，必须加强武工队的工作，扩大武工队，插入城市内，控制铁路的大小各站，割断敌人的联系，宣传组织群众，迫使或劝说敌伪投降，配合主力军的进攻。"⑥ 为审慎起见，对于进入城市后武工队的工作，中共山东分局又于 8 月 24 日指示各区党委：对大城市应做持久打算，不应强攻硬攻，对群众基础缺乏的城市，应"立即组织便衣武工队潜入城内，打击特务，发动工人，组

① 『第 2 期作戦戦闘詳報　自昭和 19 年 6 月 10 日至昭和 20 年 1 月 4 日　第 7 警備大隊第 2 中隊/本文(1)』、アジア歴史資料センター—：C13032085900。

② 『第 2 期作戦戦闘詳報　自昭和 19 年 6 月 10 日至昭和 20 年 1 月 4 日　北支那特別警備隊第 7 警備大隊/本文』、アジア歴史資料センター—：C13032083800。

③ 《中共中央准备发展控制全山东》（1945 年 8 月 8 日），山东省档案馆藏，档案号：G001-01-0104-001。

④ 《山东军区政治部战斗动员令》（1945 年 8 月 12 日），《山东革命历史档案资料选编》第 15 辑，第 196 页。

⑤ 《中共胶东区委关于目前形势与任务的紧急指示》（1945 年 8 月 14 日），《胶东抗日根据地档案汇编》（2），第 175 页。

⑥ 《中共山东分局关于加强城市工作的指示》（1945 年 8 月 16 日），《山东革命历史档案资料选编》第 15 辑，第 225 页。

织群众，暂不作攻击敌人之行动"。① 尽量减少伤亡，以武工队灵活多变的战术和卓有成效的工作准备反攻，创造夺取城市的基础和条件。

四　敌后武工队的特点与贡献

山东敌后武工队的组建与活动状况表明，武装工作队是抗战相持阶段根据地环境恶化后中共向敌占区开辟生存空间的突击力量，抗战后期成为坚持边沿区工作的一种组织方式和向战略要地渗透的尖兵。是党政军民结合的一元化组织，其成员包括军队中的中下级干部和模范战士、政府机关的负责人或工作人员、知识分子、敌工干部等，组织精干，纪律严明。要求每个队员都是战斗员、宣传员、组织员，既能打仗，又能独立进行政治活动，分合自如，出没无常，与敌人进行明的、暗的、文的、武的等各种斗争。

武工队的组织形式体现了中共革命军政密切结合的特点。这种密切结合不仅体现在组织上，还表现在实际行动中。武工队在组织系统上一开始即属于军队和地方双重领导，后期虽统一于军区军分区建制，但在工作和政治上仍受当地党委领导；在行动中，敌后武工队是中共革命武装斗争与非武装斗争结合的典型。在军事打击敌伪特务、"铁杆汉奸"及扰乱日伪统治秩序的同时，争取伪军政人员，瓦解其机构，争取更多的同盟者，建立两面政权；进行宣传战，展开政治攻势；组织民众，开展地方党务和群众工作，发展基点村，变敌占区为游击区进而为隐蔽的游击根据地，是山东敌后武工队的重要使命与行动目标。

由于山东独特的地理位置和战略地位，较之其他敌后根据地，山东武工队类型繁多，尤其在抗战后期，中共为向战略要地渗透力量，增加了不少在铁路两侧、城市近郊、重要矿山及沿海活动的特殊形式的武工队，其任务要比在一般敌占区活动的武工队艰巨复杂。在能灵活执行政策、有党务工作经验的领导者带领下，组织引导敌占区民众用各种隐蔽方法反对日伪的统治，争取一切可以团结的力量，以便落地生根，用细胞分裂方式发展；对

---

① 《中共山东分局关于占领大城市的策略的指示》（1945 年 8 月 24 日），《山东革命历史档案资料选编》第 15 辑，第 281 页。

日伪"以政治对政治"，"以特务对特务"，在敌占区生息力量，为反攻做准备。

中共向敌后派出武装工作队，是抗战时期灵活应对形势变化调整战略战术的表现，彰显出中共面对困境善于化解危局寻求生机的智慧和勇气。同时，也是中共欲突破某项工作而派出工作团或工作队之惯例在敌占区工作的特殊表现。中共对敌占区工作是根据地建设与扩展的重要一环，有着丰富的工作内容和多种多样的工作方式，是点滴的长期的工作，理论上对敌工作组织是主体力量，实践中需要党政军民的全力配合，而中共的一元化领导体制也使这种配合成为可能。武工队只是特殊时期中共为打开对敌工作局面，寻找、制造、利用缝隙，插入敌占区而采取的组织形式和斗争方式，承担的任务并非敌占区工作的全部。山东敌后武工队作为中共潜入日伪控制区的非常规力量，与时常潜入敌占区的小部队和地方武装相互配合，以政治攻势为主多方开展对敌斗争，争取并依靠民众，逐渐使日伪据点形同虚设，"有据点无敌区"，不断打破日伪的分割与封锁，敌占区变为游击区进而成为根据地已成不可阻挡之势。

彭德怀曾指出："开展伪军、伪组织工作，开展敌占区、接敌区的群众工作，坚持根据地工作"，是从各方面积蓄力量，准备持久抗战的三个基本中心工作。① 三者紧密相连，而前两个中心工作即是武工队工作的主要内容。尤其是抗战后期对日军严密防守的战略要地，武工队率先进入，成为配合反攻的先导。正如萧华所言，"开展敌占区工作，最好的方式是利用武工队。武工队是政治攻势与武装活动相结合，是公开工作与秘密工作的配合。政治攻势与武装斗争一旦结合，就威力无比"。② 山东敌后武工队在中共坚持持久抗战、恢复与扩大抗日根据地、准备抗日反攻等方面，做出了重要贡献。

---

① 《敌寇治安强化运动下的阴谋与我们的基本任务》（1941 年 11 月 1 日），《彭德怀军事文选》，第 111 页。

② 《关于对敌斗争问题——肖华同志在全山东政治工作会议上的总结报告》（1944 年 5 月），《山东革命历史档案资料选编》第 12 辑，第 61 页。

第十章　小部队建设

日本发动全面侵华后，由于中日军力的巨大差异，中共提出了基本是游击战的持久抗日战略总方针。随着敌后群众的广泛发动与组织以及民众抗日武装的组建，中共在山东的武装力量迅速兴起并不断壮大，经数期整编，逐渐向正规化、基干化、组织化发展。但从 1941 年到 1942 年，日伪在华北实施五次"治安强化运动"，不断的"扫荡""蚕食""清剿"使山东抗日军民的生存空间受到严重挤压，大兵团活动已不可能，中共不得不调整抗战战略方针及部队建设方向，实行主力军地方化，化整为零，转而采取分散性、群众性、地方性的游击战争，以小部队广泛深入敌后之敌后，积蓄力量，使山东抗日根据地"保存了自己，坚强了自己"。① 这种坚持依靠的是"斗理斗智斗力斗物的全体全面的斗争"，即党政军民合力进行的政治、军事、经济、文化、群众、锄奸等全面对敌斗争，以及战略指导方针的调整与斗争策略方法的灵活运用，② 其中小部队③建设的成功推进，提供了非常重要的助力和支撑。

一　根据地困境与小部队的出现

山东抗日根据地小部队的普遍出现，与根据地面临的困境直接相关，起初是根据地受到日伪严重压迫，主力部队难以大兵团活动时的

---

① 《一九四四年的过去和一九四五年的到来——一九四五年一月三日罗荣桓在山东分局、军区直属队干部会上的报告》，《山东革命历史档案资料选编》第 14 辑，第 6 页。

② 中共山东分局委员会：《五年工作总结及今后任务》（1943 年 8 月 19 日），《山东革命历史档案资料选编》第 10 辑，第 11 页。

③ 抗战时期，中共在敌后开展游击战争，有多种形式的小部队，如敌后武工队、武装交通队，还有专门为执行武工队任务临时派出的小部队等。本章探讨的小部队，专指主力武装迫于环境压迫化整为零实施分散游击战的小规模部队，是正规军，而非一般意义上的游击队。

不得已行为，后来成为中共新的抗战战略方针——分散游击战的实施主体。

1940 年，中共山东党组织于抗战爆发后陆续组建的抗日武装已经过四期整训，部队由分散走向统一，主力部队正规化，地方武装基干化，游击部队组织化。而 1941 年 6 月开始的第五期整训，因日伪的紧缩压迫而中止。

这种压迫源自日伪 1941 年至 1942 年在华北推行的五次"治安强化运动"。在日伪加紧进行"扫荡""蚕食"封锁下，华北抗日根据地受损严重，处境极为严峻，山东自然也不例外，根据地面积大为缩减，部队伤亡大增。据日军战史相关资料记载，1941 年 11 月 5 日，日军发动第二次鲁南"剿共"作战，"共军在开始时采取退避分散、空室清野的战术，因此很少得到捕获机会。但是，到 12 月中旬左右，由于天寒和饥饿，从潜伏状态，逐渐集结兵力开始游动。各兵团趁机在作战地区内外开始活动，继续扫荡"。①

冀鲁边的情况可以说是根据地所面临困境及中共应对情形的典型。自 1942 年春季开始，冀鲁边便遭受日伪连续反复的"扫荡"。至 5 月，为坚持抗战渡过难关，从主力部队中抽出部分兵力，组织"跨路"游击队，深入敌区活动，打击日伪，开展群众工作，稳定群众情绪。6 月，随着冀中根据地损失惨重，冀鲁边也由根据地逐渐变为游击区，中共主力武装由大兵团活动转为分散的游击状态。至 8 月，形势继续恶化，主力部队以营为单位活动已感困难，一夜要移动两次，白天要移动两至三次，稍一不慎即遭合击，部队伤亡极为严重。在敌人"扫荡""蚕食"之下，不仅部队损失重大，而且活动地区也大为缩小。冀鲁边中心区之德州、宁津、乐陵全境及商河、惠民、阳信之部分地区已被日伪完全占领。在南皮、东光、吴桥、平原、禹城边等地，中共已不能入境。②

日伪第四次"治安强化运动"后，山东各抗日根据地受到的包围和

---

① 《华北治安战》（下），第 8 页。
② 罗荣桓：《对冀鲁边区坚持斗争的估计和今后的任务》（1942 年 8 月 31 日），《罗荣桓军事文选》，第 139~140 页。

紧缩加重。如清河区敌人连续发动第四、第五两次"治安强化运动"（7月，集中"蚕食"益、寿、临、广四县边区；9月，6000个敌人"蚕食"清水泊，在临淄、广饶、博山边进行"蚕食"活动；12月，又对铁路至小清河间之长山、邹平、桓台地区进行"蚕食"），致使小清河南根据地全部伪化。敌人还在胶济路与小清河沿线分别大挖封锁沟，妄图切断整个胶东、清河、鲁中之间的联络。①

罗荣桓曾总结："清河原有地区大部为敌'蚕食'，变为分散游击地区。鲁南山区、冀鲁边亦如此。鲁中则受敌顽夹击，滨海区则在东海地区与沂沭两河之间均为敌'蚕食'。处于敌顽夹击，胶东的西南海已被'蚕食'，青烟路已被封锁"，致使"我根据地缩小，兵力减少，干部伤亡大，根据地人力物力损失甚大，财政收入减少"。②

根据地遭受的打击不止于此，各项建设工作被迫中止或出现倒退。中共领导人坦言："随着敌人紧缩地推进，不是各种工作塌台，便是往后向比较基本地区的退却。地方武装的溃散及个别的叛变，仍是异常严重。致使我们久已存在的某种战略基点遭到全部暴露和挫折。"③ 山东根据地的急剧萎缩和生存危机固然与日伪实施"总力战"直接相关，而中共山东军政负责人对日伪全面进攻的冲击力认识不足也是一个重要因素。罗荣桓直言："敌之'蚕食'成功还由于我们的麻痹。北方局与集总都已一再指示我们，但我们当时还是麻痹的，我们是自敌'第四次治强运动'时方开始注意。"他进一步强调："因为'蚕食'是逐步进行的，敌更容易麻痹我们。"④

面对根据地大量被"蚕食"，部队伤亡巨大的严重威胁，中共山东军政负责人根据上级指示，全面分析新情势，调整战略方针，提出实施分散游击战。由此，中共在山东"进入极端的分散游击战"，⑤ 主力武装暂停正规化建设和大兵团活动，以小部队分散开来。

---

① 景晓村：《关于清河区的工作汇报》（1943年4月29日），《景晓村文集》，第82页。

② 罗荣桓：《对敌对顽斗争形势的初步总结》（1944年底），《罗荣桓军事文选》，第308页。

③ 罗荣桓：《坚持我们的边缘游击区》（1942年8月1日），《罗荣桓军事文选》，第131页。

④ 罗荣桓：《对敌对顽斗争形势的初步总结》（1944年底），《罗荣桓军事文选》，第308页。

⑤ 罗荣桓：《在山东军区军工会议上的总结报告》（1944年10月1日），《罗荣桓军事文选》，第255页。

　　关于分散游击战的必要性与可能性，罗荣桓做过详细阐述。他认为：敌人的紧缩压迫分割封锁使我们不得不实施分散游击战，"由于敌人极力推行其伪化治安，强迫群众并村联防，威迫利诱群众自首，以破坏我们同群众之联系，并以掠夺收囤农产，打击我根据地人力物力，使我陷于无生存的余地，这就更需要我们分散游击战，去求得自主机动，保存自己力量"，同时，"分散游击战是以依靠群众及地方化为根基的，否则是不可能的。这就必须要更多的照顾群众利益，为坚持地方而斗争，切实的依靠群众及地方化"，获得更广泛的社会基础，这样才"能够击破敌人任何'扫荡'及其伪化治安与向我推行分割封锁之政策。而且使我们开展对敌政治攻势更占着优势地位，便利于我们行动和自主的战斗"。进而，"我们分散游击战的发挥，将会更加暴露敌人的弱点。因为敌人是异民族侵略者，兵力不够分布，伪化治安到处都有受我打击之威胁，必然牵制住敌人更大力量，而使敌人在整个作战上，会更加迅速地降为劣势"。① 中共党人善于从危局中找寻生机，对分散游击战的前景充满期待。

　　上述抗战战略方针的调整很快体现于斗争实践中。山东纵队于1942年7月24日发出训令，要求部队"必须适应这新形势，新的斗争任务，及新的组织形式和斗争方式，以达到积蓄力量，熬时间准备反攻之目的"。各战略区迅速做出部署，如清河军区结合本地区情况，决定从清东、清西、清中三个军分区的基干部队中抽调一部分连队，组成易于分散、机动灵活、能打善战的精干小部队，以适应战争需要。根据敌占区、游击区、"三角斗争"夹击区的不同特点，小部队的组成有所区别。在新开辟的地区与必须打通和坚持的交通联结地带，一般抽调成建制的连队作为小部队，开展活动，打开局面；在被"蚕食"的地区，一般由主力连队的三四个班与县区地方武装混合组成隐蔽作战的小部队；在被"蚕食"后较稳定的地区，则从主力连队中抽调部分干部和战士作为骨干（约二三十人），会同县区武装中熟悉当地情况的人员，一起组成能打能走的小

---

　　① 罗荣桓：《一九四二年的政治工作总结与一九四三年的政治工作任务》，《罗荣桓军事文选》，第165~166页。

部队；在边沿游击区，主要是从基干部队中抽调指挥作战能力强、善于灵活运用战术的军事干部和政治干部，协同地方党组织领导的县区武装，组成以地方武装为主的小部队。①

在主力武装分散为小部队活动的同时，为保存有生力量，适应艰难复杂的新环境，中共山东分局决定游击区、边沿区的党政军民的组织形式、工作方式方法，"一切以秘密、隐蔽、短小、精干、群众化、战斗化、职业化为主"，隐蔽工作，长期埋伏，积蓄力量。军事上则"尽量发挥分散性、地方性游击战的特点"，避免硬碰与消耗，但也不应过分保守。根据地及游击区彻底实行精兵简政，"一切以适应战争情况及减轻群众负担为主"。②

各战略区根据上述指示与各自的实际情况，迅速调整军政机关及军力配置编排，精简军政机关，以适应分散性、群众性的地方游击战争。如冀鲁边区，正规军全部地方化，十六团司令部与三分区合并，十七团司令部与二分区合并，十八团司令部与一分区合并，各以营为单位与地方武装编成地区队，团政治机关均与军分区合并。③

事实上，中共在山东敌后被迫转入极端的分散游击战，并不能迅速从之前建立正规战的意图中转变过来，有时在战争指导上陷入混乱，抗日力量受到很大损失。1942 年 9 月 27 日至 10 月 5 日，日军在东平湖以西地区对一一五师教导第三旅约 3000 人实施"围剿"作战，致使中共武装减员2/3 强，损失严重。④ 冀鲁边区"策略转变不够，损失很大，共部队损失二千多人，22 个连 28 个区队长以上干部损失 90 余个人"，一分区区以上的干部损失 200 余人。⑤ 对此，罗荣桓并不讳言。他坦承，之前"从主观

---

① 八路军山东纵队史编审委员会编《八路军山东纵队史》（上），山东人民出版社，2007，第 219 页。
② 中共山东分局委员会：《抗战四年山东我党工作总结与今后任务》（1942 年 10 月 1 日），《山东革命历史档案资料选编》第 9 辑，第 72~73 页。
③ 罗荣桓：《对冀鲁边区坚持斗争的估计和今后的任务》（1942 年 8 月 31 日），《罗荣桓军事文选》，第 142~143 页。
④ 「支那派遣軍の北支に関する報告」、『北支那方面軍電報綴』（昭和 17~18 年）、アジア歴史資料センター：C13070316200；仁集団司令部「東平湖西方剿共作戦経過概要」（昭和 17 年 10 月 20 日）、『東平湖西方剿共作戦経過　第 3 次魯中作戦経過　概要』、アジア歴史資料センター：C13070343000。
⑤ 《景晓村日记》，1943 年 12 月 25 日，第 429 页。

愿望出发"，"强调运动战的方针"，"使我们在一九四一年到一九四二年
造成了对战争的指导上的更加混乱，事实上已经是以我们主力兵团的分散
去坚持地方，完全束缚了机动性。而又没有全面地去建立游击战与分散游
击战所必需依靠的基础，如统一主力、地方武装、民兵的使用"，因此
"在对付敌顽作战与敌人更加严重'扫荡'、'蚕食'我根据地之下，给了
我们很大的损害"。①

可贵的是，中共善于从挫败中总结教训，在自省中纠正失误，在具体
的反"扫荡"、反"蚕食"等斗争实践中，逐渐摸索形成了一整套对敌斗
争经验和策略方法，完善了抗战战略方针。罗荣桓总结："敌以'三分军
事，七分政治'向我进攻，我以政治攻势为主，游击战争为辅对抗之，
敌以公开为主，隐蔽方式为辅，我则以隐蔽为主，而公开为辅对之；敌是
以紧缩合围、'清剿'、'扫荡'的办法对我；我则以分散的群众性的游击
战争反对敌之'扫荡'、'清剿'；敌以加多点线封锁，突入与纵深，进攻
我根据地，我则以发展两面派，打入工作，争取瓦解日伪军、伪组织；敌
以强大的全面的伪组织对我，我则以精兵简政对敌；敌以'拉网战术'
吞吃我边沿区，我则以'翻边战术'对敌。"② 可见，中共已有了一整套
从容对敌的斗争策略。

中共调整后的战略战术与日军战略指导方针针锋相对，并且日臻成
熟。山东分局书记朱瑞在 1943 年 3 月中旬山东军政工作会议上对此做了
进一步概括："敌以军事'扫荡'配合全面蚕食对我，我则对抗以分散性
游击战争及开展全面的对敌攻势；敌以深入农村、摧残力量对我，我则对
抗以发动群众，坚持农村，熬过时间，积蓄力量。"也就是从"乘敌占领
点线立脚未稳，争取大量发展，实行集中作战（运动游击战）"的方针，
一变而为隐蔽发展、分散活动、熬时间、积蓄力量的方针，并具体化为
"政治攻势为主，游击战争为辅"的战略指导方针。根据地及游击区、边
沿区的一切工作，"如分散性游击战争，对敌政治攻势、精兵简政、生产
节约、发动群众、开展民主文化运动等等"，都服从和围绕以上总的战略

---

① 罗荣桓：《在山东军区军工会议上的总结报告》（1944 年 10 月 1 日），《罗荣桓军事文
选》，第 263 页。

② 罗荣桓：《对敌对顽斗争形势的初步总结》（1944 年底），《罗荣桓军事文选》，第 309 页。

指导方针，以对敌斗争为依归，争取抗战胜利。①

在此次会议上，时任山东军区司令员的罗荣桓又就"分散性游击战争与对敌政治攻势问题"做了深入阐述，特别强调，分散性游击战争不仅是军事问题，而且是政治问题、反敌人特务斗争问题，要求"军事上要更加灵活机动，使敌人防不胜防，以形成我之主动。在政治上，更要求依靠群众自力更生"。要将公开斗争与秘密斗争结合，组织各方面力量，采取各种不同的斗争方式，反击日伪特务活动。"分散性的游击战争本身就是以政治攻势为主，从各种不同的斗争中去组织，而以游击战争为核心。"② 显然，分散性游击战是中共在日伪强力进攻下的灵活应变之举，其核心任务由小部队来具体实施。

二　小部队的组织形式与建设举措

小部队担负着实施新的战略方针的重任，它的组织与建设至关重要。它应采取怎样的组织形式，如何进行部队建设，以确保军队不失党的控制并保有战斗力，直接影响反"扫荡"、反"蚕食"、反"清剿"斗争的成效，关乎中共在敌后的生存与发展。同时，由于小部队到敌占区活动，所有军事政治工作和供给问题都变得极为复杂，比如怎样开展军事行动"就带着极复杂的政治问题"，此外，"如住房子、吃饭，怎样应付两面派村长，怎样从村长（那里）取得供给，怎样获得情报，怎样过党的生活，怎样进行政治工作、进行文化娱乐，怎样保持战士持（久的）政治情绪，怎样才能保证撤得出和收得回等等大大小小的问题，一点也不简单，都是新的一套"。③ 因此，中共山东军政负责人颇费思量，适时提出小部队建设问题。

---

① 《一九四二年敌我斗争形势的检讨及今后一年敌我斗争形势与对敌斗争的任务——一九四三年三月十三日朱瑞在山东军政工作会议上的报告提纲》，《山东革命历史档案资料选编》第 9 辑，第 300～302 页。

② 《分散性游击战争与对敌政治攻势问题——一九四三年三月十三日罗荣桓在山东军政会议上的报告》，《山东革命历史档案资料选编》第 9 辑，第 314～315 页。

③ 《边区的形势与任务——黄敬同志在区党委高干会上的报告》（1942 年 12 月），《中共冀鲁豫边区党史资料选编》第 2 辑《文献部分》（中），第 387～388 页。

自大革命失败以后，中共一直十分重视军队建设，并不断探索卓有成效的制度与方法。抗战时期更是如此，武装力量是中共在敌后开展游击战争的重要依托，甚至可以说是中共的生命。小部队的大量出现，活动地点的频繁转移，为中共向来重视的军队建设带来了种种困难。克服现实困难，探究新的方式方法，势成必然。抗战时期曾任鲁西军区政治部主任的曾思玉回忆："中国共产党领导下的八路军，在严酷的敌后抗日游击战争环境中，在军队建设上自有一些独特的做法。她既不能任其自流，像一群乌合之众。也不能照搬照套旧军队的办法，更不能硬搬外国军队的那一套，而是根据毛泽东同志规定的一些原则，紧密结合实际来带兵、练兵和用兵的。"① 在小部队建设上，山东各战略区在实践中摸索出了独特的经验与方法。

清河区为提高小部队分散作战能力，军区及所辖的三个军分区，都调配较强的干部和战士骨干，挑选一部分善于打恶仗、打硬仗的连队组建小部队。军区根据小部队分散性、群众性、游击性的活动特点，充实和加强小部队党支部，严格审查小部队的所有成员。规定小部队设立党的支部委员会，班设党小组，每个小部队的党员人数必须保持在部队总人数的25%以上，指导员和兼任党小组组长的战士负责思想政治工作和群众纪律教育。②

在各战略区小部队建设探索实践的基础上，1943 年 5 月，山东军区政治部主任萧华在山东分局召开的区党委书记联席会议上专门做了题为《小部队的建设问题》的报告，总结整理了几个地区小部队分散活动的初步经验，希望各级军政干部加以具体的讨论与研究，使之更加充实，以适应严酷的斗争环境，并把小部队建设作为"目前武装建设中的中心环节"。③ 报告内容全面，涉及中共开展分散性游击战争的一般原则、要求、组织形式和不同区域的工作任务及部队政治建设、活动准则等，可以作为了解小部队组织形式及建设举措的基本依据。

---

① 《八年抗战——曾思玉回忆录》，黄河出版社，1992，第 223 页。
② 《八路军山东纵队史》（上），第 219 页。
③ 《小部队的建设问题——肖华在分局召开的区党委书记联席会议上的报告提纲》（1943年 5 月），《山东革命历史档案资料选编》第 9 辑，第 562~563 页。

根据小部队的活动特点即战斗频繁、生活艰苦、高度分散性与隐蔽性、环境复杂与斗争全面、地方化和灵活性等，报告首先要求各级军政机关依据以上特点以及不同地区如游击区、敌占区、根据地及湖上、海上、铁道附近活动的小部队的不同特性，加以研究，运用和发扬优点，防止和克服偏向。关于小部队的组织形式，要求必须遵循以下原则："甲、适合于分散与游击战术的要求，适合于当时当地的具体情况。乙、力求精干，要有强的政治质量，减少繁杂的制度，重质不重量，重内容不重形式。丙、做到一元化的领导，并适合于集中领导与分散领导灵活运用的原则。"根据这些原则，确定"在平原及山地敌占优势游击区和敌占区，由主力派去之连队或地方武装一律采取小建制，每连最多五个班，取消排制"，有时也可设大班（人数不超过 20 人），各班直接由连指挥，"各级干部必须设副职（副政委、副连长等）以便分散活动"，政治组织要做到"每个小部队都设立支部，每班建立小组；党员必须占全连队百分之四十到五十的数字。各连应设立经济委员会（可三人或五人）。每班设立政治战士，必要时可设政治工作员，相当于政治指导员"。因为部队分散规模的不确定性，所以规定"连队干部党员应成立干部小组，在班为单位活动时，干部即加入班的小组生活，每班应适当的分配有一个党内的活动分子"。并提出应该减少"会议与会报的时间"，以能解决实际问题为准。①显然，上述规定旨在加强干部的坚强领导与党支部的作用，确保小部队活动的机动性与战斗力。

小部队分散活动，明确斗争目标尤为重要。因为部队分散不是消极躲避，而是转变斗争方式，以便保存力量，更有效地坚持抗日斗争。萧华在报告中规定了深入不同地区活动的小部队的主要任务。在游击根据地及根据地边沿区开展广泛的群众性的游击战争，围困据点，打击小股出扰之敌伪，镇压特务汉奸活动，打击敌人的"蚕食"政策，掩护抗日政权推行法令及党政民活动，长期坚持与巩固抗日游击根据地，以达积蓄力量熬过时间之目的。在游击区要带动民众自主坚持抗日斗争，处处照

---

① 《小部队的建设问题——肖华在分局召开的区党委书记联席会议上的报告提纲》（1943 年 5 月），《山东革命历史档案资料选编》第 9 辑，第 565~566 页。

顾群众利益与困难，帮助他们灵活对敌，减轻民众对敌负担，进行反资敌反"维持"斗争；坚决打击汉奸、特务组织与活动，创立游击区人民自己的抗日武装，使游击区经过长期活动争取变为游击根据地。在敌占区以精干隐蔽的游击战争，保护人民利益，减轻人民对敌负担，打乱敌人统治秩序，阻止敌伪对人民的摧残，维系人心，并配合革命两面派工作，团结各阶层对敌斗争，打击敌伪特务奸细活动，并在十分有把握不暴露自己的条件下，打击小股敌伪，以达在敌占区坚持积蓄力量的目的。以上任务可以从具体情况出发灵活转换与结合，开展对敌政治攻势，成为小部队的经常任务。①

为切实完成上述对敌斗争任务，小部队的政治工作必须加强，因为对中共而言，"政治工作是军队中的生命线"。② 尤其是小部队分散在敌后活动，"与社会各阶层以及伪军伪组织也容易直接接触，旧社会的一些恶劣影响，敌人的欺骗宣传，最容易影响小部队，甚至可能为某些政治不坚定的分子所接受，所以部队思想混乱，贪污腐化，军阀土匪主义等不良倾向最容易生长"，加之小部队"长期单独活动脱离上级直接领导，最容易发生闹独立性，本位主义，甚至不接受上级领导，不服从命令，不听指挥，自由行动等倾向"，而且"集中训练机会减少，管理教育容易松懈，易于产生游击主义倾向，不要纪律，松懈散漫，不爱惜公物，损失武器等现象"，由于缺少活动经验，一切都在实际工作中摸索创造，犯错误难免会发生。③ 因此，对于小部队而言，避免与克服上述问题与危险显得尤为重要，政治工作更是不可或缺。

关于小部队的政治工作，除基本的发挥支部堡垒作用，不断从政治上巩固部队、提高战斗力，加强政治教育，提高部队政治素质外，萧华在报告中还指出"小部队要与活动地区之群众建立血肉联系"，以达长期坚持的目的。怎样建立血肉联系，报告提出了非常具体的办法。在明确政策、

---

① 《小部队的建设问题——肖华在分局召开的区党委书记联席会议上的报告提纲》（1943年5月），《山东革命历史档案资料选编》第9辑，第566~567页。

② 彭雪枫：《游击队政治工作概论》（修正版），生活出版社，1938，第2页。

③ 《冀鲁豫区小部队建设问题——苏振华政治委员在区党委高干会议上的报告》（1942年12月），《中共冀鲁豫边区党史资料选编》第2辑《文献部分》（中），第418~419页。

严格群众纪律、保护群众利益、团结各阶层共同对敌的基础上，特别提出"建立到一村做一村、住一家做一家的工作方式，建立房东工作制度。要熟悉当地的社会情况，不断的揭破敌人的欺骗，向群众进行宣传与组织工作，建立群众荫蔽的游击小组与灰色群众武装。依靠群众作耳目，作荫蔽自己的活动"，同时"建立抗日基点与抗日家庭工作。在敌情严重的游击地区……每个战士要创造三个抗日家庭，与这三家的群众要特别熟悉、关系密切，以便在敌人清剿时依靠这些群众来掩护我们。因此在这些家庭里，要囤积一定数量的粮食，在这些村落各家要挖通地道"。① 总之，获取群众的掩护和支持，成为小部队政治工作的重要内容。罗荣桓一再强调，连队要有同群众联系的工作，要有同群众实际行动联系的宣传工作，并求得同群众建立血肉相连的关系。发动广泛的群众性的游击战争，是保证抗战坚持到底的中心环节。② 所谓分散性的游击战争，就是更加依靠群众，与地方密切联系起来，打成一片，以对付敌之全面压缩。而分散性游击战争的特点，就是依靠群众，密切联系地方。唯有如此，才能在敌后生存。③

从前述小部队的主要任务可知，军事活动仍是小部队的日常行动。报告要求小部队行动须遵循以下原则：注意时隐时现，声东击西，避强击弱，趋利避害，昼伏夜击，快打快走，灵活多变，争取主动；军事活动服从于政治任务，保护群众利益，避免敌人报复村庄；注意活动隐蔽，不过分刺激敌人；以武装斗争为骨干，与各种斗争形式相结合。在此基础上，小部队的军事活动主要是根据敌人活动规律，抓住其弱点，造成敌人过失，进行有力的伏击、扰击和破袭，同时应根据各地实际情况，发扬新战术，机动巧妙地打击敌人。④

小部队在隐蔽中灵活抗敌，要求行动绝对保密。报告提出：部队一律

---

① 《小部队的建设问题——肖华在分局召开的区党委书记联席会议上的报告提纲》（1943年5月），《山东革命历史档案资料选编》第9辑，第567~571页。
② 罗荣桓：《略谈连队政治工作问题》（1942年3月15日），《罗荣桓军事文选》，第123页。
③ 罗荣桓：《分散性游击战争与对敌政治攻势》（1943年3月13日），《罗荣桓军事文选》，第177页。
④ 《小部队的建设问题——肖华在分局召开的区党委书记联席会议上的报告提纲》（1943年5月），《山东革命历史档案资料选编》第9辑，第573页。

穿便衣；活动地区一律将狗肃清（在敌占区可通过"合法"方式，或叫老百姓在晚上将狗嘴巴拴住）；严禁休息时外出，严禁喧哗、吹号、吹哨及因娱乐而暴露自己；注意伪装，一律要用代字代号；一律采取夜间行动，避免白天活动；告诉群众守秘密；注意封锁消息，在敌占区主要封锁一家或封锁自己，不封锁群众；宁可疲倦一点，不要大意疏忽，因小失大；经常改变活动规律，使敌人捉摸不到。关于小部队的行军转移、侦察警戒、通信联络，要求不能和过去兵团活动一样，分别规定了细密的注意事项，以更加适应于分散复杂的敌后实际情况，确保抗敌行动的成功。冀鲁豫区对小部队隐蔽活动的伪装教育非常详尽，从中也可进一步了解中共主力军队分散后小部队衣食住行等方面需要做出的改变：着装除穿便衣外，要求剃光头或扎头巾；吃饭得自己做或请群众做，战士自己管理，同群众在一起，或在房子里吃，或在街头巷尾吃；要草料，得先调查村长是否有问题，后通过群众去要或向群众暂借；住宿得临时进村，要看群众条件与伪组织政治倾向如何再决定设营地点，化装成老百姓以放牛或拾马粪等方式在村外活动，发现敌情报告时也要用使眼色，规定符号等方式；行动方面变为指定地点，分批化装成群众行进，如装成种地的、小商人等，行军几乎都在夜间，走小路不留痕迹。总之，"由过去一整套纯粹的军人习惯"，"转变成完全群众化的习惯"。[1]

在分散、秘密条件下，精准及时的指导是小部队有效行动的关键。关于部队分散后的领导，萧华报告规定一如既往地实行党政军一元化领导，军事行动要与党政工作密切配合；强调领导集中与干部团结，并使小部队干部能独立掌握与运用党的政策，发扬干部的高度责任心，干部与战士同艰苦，共患难；上级领导机关要经常派人检查、指导与帮助小部队干部的领导工作与政策执行方式，给长期分散活动的小部队干部以轮训与休息机会。[2]

鉴于小部队常以班为单位分散居住或活动，难以统一进行教育，因

① 《冀鲁豫区小部队建设问题——苏振华政治委员在区党委高干会议上的报告》（1942 年12 月），《中共冀鲁豫边区党史资料选编》第 2 辑《文献部分》（中），第 404~405 页。

② 《小部队的建设问题——肖华在分局召开的区党委书记联席会议上的报告提纲》（1943 年 5 月），《山东革命历史档案资料选编》第 9 辑，第 577~578 页。

此，各班独立自主地开展工作十分必要。在加强班的组织与工作方面，则采取了以下几项措施。班实行集体领导，由正、副班长，以及政治战士等三人组成，每日商讨处理班内事务，计划工作，研究情况，决定行动等。班内普遍分为三个组，由正、副班长，以及政治战士分兼组长具体领导本组工作。日常分工是一组负责警戒，一组负责做饭，一组休息学习。建立财经委员会，用民主的方式选举三人组成，一切军需补给、财政支配均经过经委会。设立请假制度，避免家在本地的战士随意返家。鲁西区曾规定离家三里路内的战士，每日只准许一人回家，时间是白天 12 时后请假回去，以此避免自由回家的现象。建立院内或室内 45 分钟至 1 小时的学习制，加强机关教育与现实教育。小部队多在夜间活动，上午休息，下午学习，多利用行动转移与做各种勤务的实际工作进行教育。① 这些措施保证了极度分散下部队建设的正常进行。

要保持小部队的战斗力和凝聚力，军事训练等不可或缺。自 1942 年开始，中共山东抗日武装在极端分散游击战争中，改变部队训练方法，着重锻炼军事技术、战士体力等，尤其在发展攻围战斗与爆破技术等方面发挥了创造力。② 关于小部队的各项训练，曾思玉回忆，为了不断提高部队的战斗力，"在敌后的环境极其紧张和艰苦条件下，分散活动的小部队，也不放过机会以班排为单位进行训练。训练内容包括政治、军事和文化"。③

中共武装与旧军队的显著区别之一就是有严格的纪律，这也是提高部队战斗力的重要保证。部队分散后，丝毫没有放松纪律教育。曾思玉的回忆谈到了这方面的情况："我们部队在游击战争环境中，有时虽然是高度分散，甚至以班排为单位活动，但一直注意维护人民军队的荣誉，强调自觉遵守各项纪律，特别是战场纪律。对于表现好的，战场上勇敢杀敌的战斗英雄和各项工作中涌现出来的模范人物，均多方予以表

---

① 《冀鲁豫军区一九四三年军事工作总结报告》，《中共冀鲁豫边区党史资料选编》第 2 辑《文献部分》（中），第 922～923 页。
② 罗荣桓：《在山东军区军工会议上的总结报告》（1944 年 10 月 1 日），《罗荣桓军事文选》，第 265 页。
③ 《八年抗战——曾思玉回忆录》，第 225～226 页。

扬奖励。"①

上述内容显示，在分散的游击战争环境下，中共对小部队的各项建设丝毫没有放松，建设举措可以说是全方位的。

1943 年夏，抗战形势迎来转机，为准备即将到来的反攻，中共山东军区于 7 月 24 日发出训令，强调"敌后斗争形势，已处于严重发展中，在敌人稠密点线与封锁沟墙的分割之下，使敌我斗争更加形成犬牙交错，敌人的'扫荡'也愈益频繁残酷"。在这种形势下坚持斗争，"重要的问题，就在于能否及时改变组织形式与灵活的适应斗争方式"，"我军在新环境中，普遍开展分散性群众性游击战争的首要任务"，就是"小部队建设问题"，要求各军区从各方面重视这一建设，"达到蓄积力量、熬过时间、准备反攻之目的"。② 因此，在反攻到来前的过渡阶段，小部队建设仍是中共武装建设的重中之重，萧华报告中提出的小部队建设的各项原则与要求等，成为敌后普遍存在的小部队建设的重要指针。例如在山东各战略区区党委书记联席扩大会议召开期间，萧华与清河区党委书记景晓村谈工作时，即重点谈到了小部队建设问题，景晓村在 1943 年 8 月 7 日的日记中记下了谈话内容。他在强调采取小部队形式的必要性后，提出清河区应开展的相关工作部署如下：（1）清河的主力团可考虑实行小团制，把现有的直属团分编为两个小团；（2）在部队内展开关于小部队建设的思想教育与动员，并可抽调些干部专门进行小部队建设的教育训练；（3）党及军队的领导机关，应当随时注意吸收小部队活动的一切经验——战术、政治工作、一般工作，及时总结教育全军。③

三　小部队建设的推进与成效

虽然主力武装分散为小部队是迫于环境压力，但在中共调整抗战战略方针，实行分散游击战后，这种分散就是在有组织有计划中推进的，其中重要的前提是规避并克服以下偏向。其一，军事上的保守主义。负责干部

---

① 《八年抗战——曾思玉回忆录》，第 224~225 页。
② 《山东军区训令》（1943 年 7 月 24 日），《山东革命历史档案资料选编》第 9 辑，第 561 页。
③ 《景晓村日记》，1943 年 8 月 7 日，第 179~181 页。

留恋大兵团的集中，舍不得将部队暂时拆散，下层干部有依赖心理和畏敌情绪，不敢单独活动。其二，留恋大机关的工作作风，不愿深入基层，目光向下去钻研小部队建设与活动的办法，去加强连队工作的领导与解决连队工作的困难，只看到分散训练的困难，却看不到它的好处。① 只有克服军事上的保守性和大兵团、大机关活动惯性以及敌占区神秘的思想，才能使部队化被动为主动，敢于转入敌人点线间，敢于大进大退。② 这需要政治工作的教化，更需要部队活动的示范作用。如鲁西"自二分区以百余人的游击支队（昆张支队），以示范的行动，深入敌人统治数年的东平、汶上地区后，将该地区又恢复成我之游击区，始将一部分干部中大兵团主义与敌占区神秘的思想予以打破"。③ 由大兵团活动转为分散的小部队活动，由敌进我退变为敌进我进，是一个新旧战术思想斗争的过程，这类示范行动无疑起了正面的导向作用。

因各地情况不同，小部队分散的程度各异。在敌分割细碎、"蚕食"严重、"扫荡"频繁的地区，部队多以班为单位活动；在有大块根据地的地区，部队多以连为单位活动。为适应艰险的敌后环境，独立展开政治和军事行动，连队工作简化制度、去除形式主义，④ 以利行动的高效灵活。显然，这是前述萧华报告中所提减少繁杂制度得以贯彻的具体表现。

分散后的小部队以政治攻势为主、军事斗争为辅，因此在深入敌后的军事斗争中，始终自觉坚持军事活动服从于政治任务，打仗不得危害群众利益、不得损害地下党组织等原则。小部队的作战必须从开展群众工作、敌伪工作出发，要更加密切地依靠群众、依靠敌伪工作；必须活动分散，战斗集中。罗荣桓明确要求，在隐蔽的同时，分散游击战"又必须是聚

① 《冀鲁豫区小部队建设问题——苏振华政治委员在区党委高干会议上的报告》（1942年12月），《中共冀鲁豫边区党史资料选编》第2辑《文献部分》（中），第398~399页。
② 《冀鲁豫区党委关于湖西工作的讨论记录》（1943年2月26日），《中共冀鲁豫边区党史资料选编》第2辑《文献部分》（中），第520~521页。
③ 《冀鲁豫军区一九四三年军事工作总结报告》，《中共冀鲁豫边区党史资料选编》第2辑《文献部分》（中），第920页。
④ 罗荣桓：《在山东军区军工会议上的总结报告》（1944年10月1日），《罗荣桓军事文选》，第274~275页。

集与集中自己力量（直接的或间接的），麻痹松懈敌人，包围孤立敌人；而又必须是摆脱自己之不自主，争取自己之自主，束缚敌人之自主，使之成为不自主，使我们求得击无不利的目的。我之击必集中一点，要速打速决，而又要速分速散，不落入被迫的战斗，并准备再一次地自主与进攻"。① 也就是进退快速多变，主动灵活集中歼敌。

为做到战斗时能迅速集中队伍，确保小部队相互间的及时联系非常必要。如一个连以班为单位分散到一地区活动，在分散前建立秘密的通信联络点，规定每日联络时间（多在夜间），求得与各班保持密切联系，并根据当地敌情及行动规律定出各种情况下的作战计划，使各班长知道，一班发生战斗，各班即根据预定计划自动出来配合。这种作战方式使日伪不知中共兵力虚实，造成小部队分散活动的有利条件，弥补了小部队力量薄弱、分散作战的缺点。鲁西"开始小部队活动时，曾数次与敌发生战斗，由于各小部队相互没有联系，事先没有统一作战行动的计划，小部队相〔虽〕住一村或邻村居住，均互不相知，待战斗发生始互相发现，得不到很好的协同配合，致失掉不少胜利打击敌人的机会，这种分散活动，战斗中集中的战法，就是他们根据这一经验教训得来的"。② 分散与集中的有机统一，是小部队在敌后战斗实践中的独创，既能隐蔽自存，又能有效地袭扰打击敌人。

集中战斗，也不是硬打硬拼，小部队创造了多种机动灵活的抗敌战术。鲁中山区小部队，坚持开展以三三两两到处打冷枪的"麻雀战"和轮番与敌周旋的"车轮战"；胶东丘陵地带的小部队，则运用把敌人吓得坐立不安、进退两难的地雷战和迷惑敌人的"神经战"；滨海区的小部队与民兵坚守边沿区，与敌人兜圈子，实行"推磨战"，或采取一村打响、四方驰援的"蜂窝战"。此外，各地区小部队还创出了高苗地战术、跨沟战术、疯狗战术、劫车战术、搜捕战、水上战等抗敌方式。③ 如此，小部

---

① 罗荣桓：《在山东军区军工会议上的总结报告》（1944 年 10 月 1 日），《罗荣桓军事文选》，第 260 页。

② 《冀鲁豫军区一九四三年军事工作总结报告》，《中共冀鲁豫边区党史资料选编》第 2 辑《文献部分》（中），第 923 页。

③ 《小部队的建设问题——肖华在分局召开的区党委书记联席会议上的报告提纲》（1943 年 5 月），《山东革命历史档案资料选编》第 9 辑，第 573 页。

队作战打破成规，迷惑敌人，出敌不意，攻其不备，寻找并把握自主进攻的时机。这些结合各地实情与斗争经验创造出来的新战术，有效地打击了敌人，丰富了游击战的内容。①

由于当时的汇报总结材料中缺少对连队工作的全面统计，因此无法具体呈现其斗争实况，但从以下战绩的统计中，亦可想见小部队战术之多样、战斗之频繁。仅清河军区所辖的小部队，自 1942 年 8 月至 1943 年 3 月，就作战 269 次，毙伤日伪军 893 人，缴获长短枪 866 支、机枪 22 挺；② 从 1942 年夏至 1943 年夏的一年时间内，津浦路以东地区，中共山东抗日武装"就粉碎了敌人七十六次'扫荡'和百次以上的蚕食。这些'扫荡'和蚕食，最多的敌兵是两万，最少的也是一千，其中一万以上敌人的'扫荡'就有九次，一千敌人以上的'扫荡'三十次，其战斗之激烈、'扫荡'之频繁，就可想见"。③ 能应对如此频繁激烈之"扫荡"，反映了小部队的战斗力。

再如冀鲁豫"一分区即分散成 104 个小部队，以高度分散的游击战粉碎了敌人高度分散配备、细碎分割的统治占领，转变了 3 月前的危局，转变了指战员的情绪（坚持斗争的信心提高，进入敌占区不愿返回中心区），恢复了大峰、泰肥、平阿山区的根据地，开辟了广大的茌平、博平区，不仅恢复到（19）42 年'九·二七大扫荡'前的形势，且新扩大村庄 1117 个"，小部队之活动区域大为扩大，把许多敌伪限制于堡垒之内，使敌人由点到面的占领，又退回到点线的占领，敌伪对封锁沟、墙、堡垒的信心也大为降低。④

小部队在敌后分散抗敌，又以不过分刺激敌人为原则。"不过分地刺激的标准，就是不使敌再增加力量到这里来，而我们又可以自由地开展斗争和各种工作"，"不过分地刺激敌人而决定于时间、地点和条件，如在我基本区周围不要过分刺激，吸敌到我处来；我则要去刺激敌之侧后，把

---

① 《八路军山东纵队史》（上），第 220 页。

② 《八路军山东纵队史》（上），第 220 页。

③ 罗荣桓、黎玉：《我们能坚持，我们也能胜利》（1943 年 7 月 23 日），《山东革命历史档案资料选编》第 9 辑，第 552 页。

④ 《冀鲁豫军区一九四三年军事工作总结报告》，《中共冀鲁豫边区党史资料选编》第 2 辑《文献部分》（中），第 920~921 页。

目标转到其侧后，故对有些老敌区要去刺激它，必须要使其精神转移……敌区、游击区都要注意，超过力量所能担负之限度时，就谓之过分刺激敌人"。积蓄保存力量，是积极防御，主动地、积极地、有分寸地向敌报复与进攻。①

小部队建设的推进使中共与乡村民众的联系更为紧密。主力部队分散后，对地方、对群众的依赖进一步增强，更重视发展地方武装和保护群众利益。在发展地方武装方面，首先注重多方面帮助民众抗敌自卫。诸如派出数千名干部指导，分区负责，给予手榴弹和长短枪等武器支援，政府又多方奖励，改善人民生活，减轻人民负担，并颁布了优待民兵条例，民兵等地方自卫武装发展迅速。截至1943年夏，全山东（鲁西不计在内）已经有几十万的民兵自卫团英勇抗敌，创造了辉煌战绩。② 曾思玉回忆："在1942年底正规军实行地方化，一改县区武装为地方党直接管辖而隶属于军分区领导后，立即派出大批干部到县、区武装工作。同时规定了主力团的联系县，负责帮助地方武装建设。七团负责郓北、鄄西、鄄北等县，八团负责寿张县和抗日三支队等，使我们主力团摆脱了被动局面。与此同时，对民兵建设，也给予了应有的关注。"③ 因此鲁西在发展地方武装方面成绩显著。这就改变了之前"主力部队有相当发展，但地方部队比其他区是相当的薄弱"的局面。④ 地方武装的进步，不仅表现在干部配备的优化，武器装备的增强，而且战士质量提高，建立了供给制度、请假制度，加强了党政工作，由无教育达到了有教育。"在部队的巩固上，纪律上，战斗力的提高上，都有显著的进步，过去不敢对敌作战，现在不仅敢于对敌作战，而且有的县大队单独地拔除伪据点，缴获到轻机枪，在秋季大'扫荡'中已克服了象过去那样严重逃跑叛变垮的现象，而且都能坚

① 黄敬：《对敌斗争报告》（1943年11月），《中共冀鲁豫边区党史资料选编》第2辑《文献部分》（下），第11~13页。
② 罗荣桓、黎玉：《我们能坚持，我们也能胜利》（1943年7月23日），《山东革命历史档案资料选编》第9辑，第558页。
③ 《八年抗战——曾思玉回忆录》，第221页。
④ 《山东分局对鲁西工作的指示》（1940年5月），《山东革命历史档案资料选编》第4辑，第270页。

持其地区的斗争。"①

小部队对地方武装的帮助持续进行，到 1944 年，山东抗日根据地已有主力和地方武装十几万，民兵二十几万，较之 1942 年及以前大为进步。在统一地方化方面，主力、地方武装与民兵开始互相配合，各有发展。主力作战机动性增强，地方武装坚持能力提升，在保有分散游击战优势的基础上，成功地实现"敌进我进"方针，取得了一系列反"蚕食"、反"扫荡"的胜利。因而纠正了以往在武装斗争问题上的错误，诸如满足于主力的正规化，单凭主力打天下，而过于归并地方武装，以形式主义对待人民武装，甚至把人民武装与农会工作、一般的群众运动对立起来等。② 主力与地方、武装力量与民众的结合进一步密切，中共可以统筹调用的兵力增加，便于灵活机动地分散与集中，大大提高了抗敌能力。

在保护群众利益方面，中共山东负责人认识到群众在长期战争中承受着过重的负担和损失，开始注意改善群众生活，认真发掘问题，并细心谨慎地去解决。③ 从 1942 年开始山东真正落实减租减息政策，就是切实关注群众生活的表现。与此同时，为保护群众利益，小部队地方工作队化，宣传组织群众，领导协助群众，"采取各种方式方法，对敌伪进行斗争，求得群众对敌伪负担减轻，少受敌伪的摧残、蹂躏"。④ "扫荡"来时，带领群众突围；保卫夏秋收，打击敌伪抢粮；抗日武装切实遵行民主政权颁布的保障地权、人权、财权的法令。

以上种种举措的实施，使分散后的小部队赢得了乡民的真心支持。村民主动为抗日武装提供食宿、情报以及掩护、救助等的例子数不胜数，中共获得了在敌后农村立足扎根坚持抗战的广泛社会基础。

有了村民的保护和支持，中共抗日武装才得以以小部队形式深入敌后，实施新的反"扫荡"、反"蚕食"战略，隐蔽坚持斗争。中共总结：

---

① 《冀鲁豫军区一九四三年军事工作总结报告》，《中共冀鲁豫边区党史资料选编》第 2 辑《文献部分》（中），第 918~919 页。

② 罗荣桓：《在山东军区军工会议上的总结报告》（1944 年 10 月 1 日），《罗荣桓军事文选》，第 279 页。

③ 罗荣桓：《坚持我们的边缘游击区》（1942 年 8 月 1 日），《罗荣桓军事文选》，第 130 页。

④ 《冀鲁豫军区一九四三年军事工作总结报告》，《中共冀鲁豫边区党史资料选编》第 2 辑《文献部分》（中），第 921 页。

小部队"这种斗争形式减少了我之目标，迷惑与麻痹了敌人，分散敌人注意力，粉碎敌人'奔袭'、'合击'、'铁壁合围'消灭我军的企图，使我之有生力量得以保存和发展"。① 而日伪实施的"治安强化运动"固然扩大了其占领区，使中国抗战力量受到严重损害，但其先天的弱点和困境也日益凸显，中共在敌后抗日的社会基础则日益扩大。苏振华谈道："由于它占领区的扩大，而兵力更加分散与不够分配，因而形成的前实后虚，此紧彼松，顾此失彼不平衡的状态，使其统治更不容易巩固；在掌握与整理伪军伪组织上，也由于它培养出一批亲信汉奸，排挤与代替当地土著势力的缘故，而产生的当地派与外来派之间的重重矛盾，招致了内部的互相排斥、忌妒、仇视；更由于敌人对群众的空前的残酷摧残、掠夺与屠杀，普遍激起了群众对敌人的极大仇视，而对我们更加同情。因此，我们在敌占区、接敌区活动的社会基础更加广泛与雄厚，对我今后开展普遍群众性的游击战争也就更加有利。"② 这也是小部队能融入敌后乡村有效开展活动的不容忽视的社会因素。

小部队潜入地方群众之中，不仅保存了自己，也使敌后抗日军民的生存环境大为改善。首先，敌方兵力不足的弱点充分暴露并扩大。小部队深入敌后之敌后，造成了"此起彼落、此落彼起的形势"，"敌人很苦恼，分散则处处无力量，集中则照顾难周全。这个苦闷在边区敌伪中普遍发生，敌人的主动性逐渐消逝了，过去敌人可用小力守备，机动向我进攻，今天敌则处处要守备，这就是敌人最被动的时候，所谓瞻前顾后、左右为难，处处要顾，进攻的力量自然就少了"。其次，敌区、游击区发生了变化。小部队的到来，使敌区、游击区的群众抗日斗争得到武装力量的支持，加之两面政策与各种斗争的配合，有利于创建游击根据地和保持积蓄抗日力量。再次，遏制汉奸和伪军的活动。小部队的存在，使汉奸、伪军受到震慑，不再敢肆意对群众为非作歹，"且可争取伪军回头，这就顺利地打开了伪军工作的局面，叛徒也不敢疯狂了。人心思汉，敌之基础缩

---

① 《冀鲁豫军区一九四三年军事工作总结报告》，《中共冀鲁豫边区党史资料选编》第 2 辑《文献部分》（中），第 919~920 页。

② 《冀鲁豫区小部队建设问题——苏振华政治委员在区党委高干会议上的报告》（1942 年12 月），《中共冀鲁豫边区党史资料选编》第 2 辑《文献部分》（中），第 395 页。

小，异民族的矛盾暴露"。① 这样，日伪巩固统治秩序的企图受阻，中共在敌后的抗日斗争有了坚持和发展的广阔空间。

四　根据地危机的消除

在战时中日之间的对抗中，日本一直保有军力上的优势，中共主力武装分散为小部队活动之初，日军虽有关注但并未特别重视。1943 年，日军才开始重视中共抗战方略的变化，② 观察小部队的战法，认为中共"灵活运用以连为单位的小部队进行的分散游击战活跃"，"游击战术正渐趋巧妙"。③ 日本华北方面军参谋部 1944 年制定的《剿共指针》写道："中共的特点是以其卓越的政治工作、民众动员工作弥补其军事上的弱点，并以擅长的政治工作来策动我方"，"1942 年至今，特别是 1942 年夏季开始，中共对我方的政治攻势渐趋活跃，冬季开始，与政治工作相配合，有新式小规模袭击事件出现……并开始总反攻的准备工作与宣传等"，中共的反攻绝非以军事为重点，而是通过政治谋略分化、瓦解敌人政权、争取民众，实施中国自古以来的里应外合战术。④ 上述观察道出了中共以小部队为主体实施的政治攻势为主、军事行动为辅的分散游击战战略的切实推进。

然而，山东各战略区在实施新的抗战战略方针时也并非尽善尽美。时任清河区党委书记的景晓村就此做过深刻的反省和总结，认为在防御中寻求积极发展"这一点在清河也是不够的，对这一战略方针认识是不足的"，"所以保守退却（某些时期）麻痹"，以致"有的地区虽然战役战斗的指导进行非常积极，而且战术也很灵活，打了许多胜仗，但不向外发

---

① 黄敬：《对敌斗争报告》（1943 年 11 月），《中共冀鲁豫边区党史资料选编》第 2 辑《文献部分》（下），第 10~11 页。

② 防衛庁防衛研修所戦史室編『北支の治安戦』（2）、朝雲新聞社、1971、208 頁。

③ 『第 1 期作戦戦闘詳報　自昭和 18 年 9 月 20 日　至昭和 19 年 6 月 9 日/3. 彼我兵力敵組織名重要なる敵幹部の使命敵の編成秘密戦法』、アジア歴史資料センター：C13032068000。

④ 「第 8 編　最近に於ける中共の新動向」、甲集団（北支那方面軍）参謀部『剿共指針』第 1 巻、昭和 19 年 4 月、アジア歴史資料センター：C13070345200。

展，结果根据地仍被敌人蚕食，形成无家可归（当然，战役、战斗的胜利曾大大的推迟了敌人蚕食的时间）"，表示"我们应当检讨，当作血的经验教训而接受，有利于我们将来的工作"。① 在中共山东分局 1943 年 4 月至 7 月召开的区党委书记联席扩大会议上关于滨海区问题的讨论中，滨海区党委负责人谢辉也提出了滨海区存在同样的在思想上对抗战战略方针的转换认识不足的问题，他"指出了许多关于军队与地方党政民工作脱节的事实，尤其他指出与群众的联系、与民兵的联系、与地方武装之联系尤差，主要观念并未改变，没有充分的认识中央关于依靠群众，发挥分散的、群众性的游击战争，爱护群众利益，支持群众斗争"。景晓村直言："这不仅是滨海区的问题，而且是各个战略区的问题。"②

　　同时，小部队的组织和斗争形式虽适应敌情严重的新环境，但因暂停了部队正规化的建设方向和进程，在部队和根据地的总体建设上不可避免地带来一定的负面影响。1943 年冀鲁豫军区军事工作总结就详细列出以下方面的问题，如"改编小团小连制，取消营排两级，致连、团两级干部在边区今天的情况下无法培养、无法补充，成为边区部队中今日的一个严重困难问题"，加之机关干部比过去减少，质量并未提高，就使机关内各部门工作受到相当大的影响，"机关组织上比过去虽大为精干，工作人员减少近 3/5，但旧政未减，致一切工作经常陷于被动状态，什么工作都不易很好地完成"。③ 小部队分散活动，"虽然锻炼了不少的初级干部能独立自主的活动，对敌斗争的能力有了提高"，但仍有小部队"不积极地开展地方工作，组织群众发展地方武装，用各种方式方法对敌进行斗争"。此外，"由于初下级干部知能薄弱，或责任心的不够，在分散隐蔽的活动中，不能积极地采取一切方法、利用一切机会对部队进行教育工作。因此，散漫游击习气在部队中有了生长，军事技术及军事知能的提高受到相当的损失"。④ 山东小部队也不排除这些问题的存在。如清河区

---

① 《景晓村日记》，1943 年 5 月 21 日，第 39 页。
② 《景晓村日记》，1943 年 5 月 27 日，第 61 页。
③ 《冀鲁豫军区一九四三年军事工作总结报告》，《中共冀鲁豫边区党史资料选编》第 2 辑《文献部分》（中），第 916~917 页。
④ 《冀鲁豫军区一九四三年军事工作总结报告》，《中共冀鲁豫边区党史资料选编》第 2 辑《文献部分》（中），第 924 页。

"外线活动的小部队、单独活动的连队，堕落腐化的现象相当严重"。① 萧华曾总结，山东各地小部队与上级要求"相差很远"，"违犯纪律与敌占区政策的现象，各地都还严重存在……对于政治攻势为主，游击战争为辅的方针，没有明确的认识"。他还指出，各地在严格遵守隐蔽政策上"十分不够"，"有些部队以为已摸到敌人规律，便大张旗鼓的活动"。② 冀鲁边曾经"对敌进我进的方针认识不明确，消极防御多，积极主动少"，鲁南部队应更注意军事斗争与政治斗争的结合。③ 诸如此类问题的存在，势必影响小部队建设的有效开展及各项对敌斗争任务的完成。

　　日军针对中共抗战战略的变化调整战法，这也增加了中共对敌斗争的困难。北特警对华北抗日的秘密组织和秘密活动进行侦察、破坏等秘密战斗，④ 并以行动机动、有"治安工作"经验、经常进行特务活动的独立混成旅团接替正规师团，强化政治特务阴谋，⑤ 开始对民众采取攻心战术，以应对中共的政治攻势。其战术特点是：以把握民心为第一，由伪政权中方工作人员和保安队出面推进工作，日军作为后援，利用在政治、经济、报道等方面具有专门能力的人，负责情报搜集和部队内外宣传教育等工作。日军特务活动与军事"清剿"相结合，曾一度对中共山东各战略区地方组织与公私物资等造成较严重损害。⑥

　　由于日军秘密作战的加强，1943 年是"扫荡"与反"扫荡"、"蚕食"与反"蚕食"斗争异常尖锐紧张的一年。中共山东抗日军民结合整风积极改正前述问题，相应改进对敌斗争方法，尤以小部队切实采取分散的群众性游击战争与政治攻势相结合的方针，阻止了日伪的进一步"蚕食"，打破了敌人严重分割封锁的局面。如鲁中区拔除敌方新设据点 63

① 《景晓村日记》，1944 年 1 月，第 571 页。

② 《关于对敌斗争问题——肖华同志在全山东政治工作会议上的总结报告》（1944 年 5 月），《山东革命历史档案资料选编》第 12 辑，第 61~62 页。

③ 《关于对敌斗争问题——肖华同志在全山东政治工作会议上的总结报告》（1944 年 5 月），《山东革命历史档案资料选编》第 12 辑，第 81~82 页。

④ 《华北治安战》（下），第 360 页。

⑤ 《关于对敌斗争问题——肖华同志在全山东政治工作会议上的总结报告》（1944 年 5 月），《山东革命历史档案资料选编》第 12 辑，第 35 页。

⑥ 《关于对敌斗争问题——肖华同志在全山东政治工作会议上的总结报告》（1944 年 5 月），《山东革命历史档案资料选编》第 12 辑，第 45 页。

处中的 62 处，地区上除泰山区有所缩小外，基本根据地有相当的发展；滨海方面在南部保持了原来形势，破坏了敌人企图修沿海公路的计划，而在北部则有新的开展；清河地区经过夏季反"蚕食"战役后，摧毁了敌人沿小清河的封锁线；鲁南基本区已连成一片；胶东的大泽山逐渐恢复工作，南海方面较有开展，并策应了滨海地区向北发展；冀鲁边下半年亦有部分改善，若干地区已恢复 1941 年的形势。① 山东党政军民顽强地坚持抗日斗争，摆脱分散前的困境，发展了游击区，保持了根据地。正如罗荣桓所言："在坚持斗争上，我们是胜利的。"②

中共的这种坚持与国民党在山东的溃败形成鲜明对比。在经历 1941～1942 年日伪军的轮番"扫荡"后，国民党军人数锐减，士气低落，军心涣散，到 1943 年初由 17 万人减至约 9 万人。③

中共领导的山东抗日军民在顽强的坚持中，借李仙洲入鲁失败、于学忠出鲁之机，"顺利地收复了北沂蒙及日莒公路北山区，并获得了沂山及青沂路以东、台潍路北、汶河南、临安莒诸（日）间之新开辟区，总共面积约九千平方里，村庄一千五百个"，使鲁中、滨海两区进一步相连，并便利了与清河区、胶东区的交通，减少了建设战略中心区的困难。④ 到 1944 年夏，清河、鲁南两区已走出困局，滨海、鲁中两区有了一些新的发展，"一般地说，根据地的面积，恢复到一九四〇年的状况"。⑤ 10 月 1 日，罗荣桓在军工会议上总结：我们一年来战斗的结果是"解放土地七万六千四百四十六平方里、村庄八千二百一十八个、人口二百六十四万五千九百九十七"，"大部分是求得了自主与进攻的战斗。鲁中、胶东的攻围寨战有了发展；清河、冀鲁边在平原的小部队活动，积累了不少经验；鲁南与泰山区的奔袭、伏击战斗得到成功。在战斗上一般的有了灵活性与

---

① 《关于对敌斗争问题——肖华同志在全山东政治工作会议上的总结报告》（1944 年 5 月），《山东革命历史档案资料选编》第 12 辑，第 51 页。
② 罗荣桓：《纪念"七七"》（1944 年 7 月 7 日），《罗荣桓军事文选》，第 237 页。
③ 朱瑞、陈光、罗荣桓：《关于山东情形的报告》（1943 年 1 月 28 日），《山东革命历史档案资料选编》第 9 辑，第 249 页。
④ 《中共山东分局关于最近敌我变化及今后我之部署》（1943 年 8 月 31 日），《山东革命历史档案资料选编》第 10 辑，第 141 页。
⑤ 罗荣桓：《纪念"七七"》（1944 年 7 月 7 日），《罗荣桓军事文选》，第 238 页。

创造性，这是我们分散游击战的结果"。① 也就是说，到 1944 年秋，中共控制了山东省约一半的区域，山东抗日根据地终于从危机中走出，进入巩固与发展的新阶段。

尽管 1944 年 10 月下旬至 12 月中旬，日军在山东又发动秋季作战，企图以"肃正作战"应对中共的政治攻势，而"中共方面确实扩大了潜在势力，秋季以后对日本分散驻扎的部队也能进行袭击了"。② 显然，中共的发展已势不可挡。北特警高级参谋大森三彦回忆："北特警不单纯是进行反游击战的部队，但为了进行侦察剔抉地下活动，首先必须击溃公开活动的游击部队……但游击战本来是在民众协力下才能进行的一种战法，所以在异民族土地上进行游击战十分困难，肃清敌人的游击队已是不可能的事情。"③

五　小部队建设的启示与意义

在抗战最艰难的时期，在日伪"治安强化运动"的接连攻势下，为保存有生力量，以待反攻时机，中共由被动防御到主动调整抗战战略方针，实施分散游击战，主力部队化整为零，有组织、有计划地分散于地方和群众之中，深入敌后之敌后，分散与牵制敌人兵力，机动灵活集中歼敌，终于化险为夷，走出困境。因此，小部队在山东的普遍出现，可以说是中共顺势而为的产物。

从中共军队建设的历程来看，集团化、正规化是总的方向，抗战时期亦是如此。但在环境不允许军队规模化存在时，中共又能不拘泥于形式，以退为进，在新的条件下采取新的组织和斗争方式，灵活进行部队建设，以确保党对军队的绝对控制以及部队的战斗力、凝聚力。山东抗日根据地小部队建设的推进，是中共灵活应对困难与挑战的又一成功例证。

---

① 罗荣桓：《在山东军区军工会议上的总结报告》（1944 年 10 月 1 日），《罗荣桓军事文选》，第 253 页。

② 《华北治安战》（下），第 412 页。

③ 《华北治安战》（下），第 389 页。

尽管主力武装分散后客观上给部队建设造成阻碍和一些负面影响，各地小部队在实施分散游击战中也存在这样那样的不足，但总体而言，小部队潜入地方，既避开了日伪的"清剿"，又对敌占区民众进行了更为直接的抗敌宣传，实现了与民众的密切结合，扩大了坚持抗战的社会基础和空间，这恐怕是日伪"强化治安"始料未及的。与此同时，小部队在与基层干部、武装民兵等的互动中，帮助并促进了地方武装的发展，中共在敌后可机动统筹调用的兵力增加，部队基层干部和战士在独立活动与作战中得到充分锻炼。这既使中共武装具备了分散坚持和机动灵活集中抗敌的能力，又为后来的扩军储备了干部和兵源。

中共与民众的密切关系是小部队得以分散抗敌的重要保障，这让日伪时感束手无策。据日军观察，"中共游击战术的本质是秘密地将多数民众团结在自己周围，形成一个整体，采取'敌进我退，敌退我进，敌惧我扰'的方针，与民众一道反复进行顽强的战斗。敌人的武装力量并不仅是正规部队，其周围有层层的民兵和拥护者。民众具有两面性，他们是要看彼我力量如何而决定去从的。因此形成难以分清敌军和民众、敌方和我方这些错综复杂的现象，这种情况同正规作战完全不同"。日军进而慨叹："对付共军犹如割除根深蒂固的杂草，费尽力气毫无成效，真是无能为力。"①

中共山东抗日武装适时以小部队分散活动，挫败日伪"扫荡""蚕食"计划，熬过了时间，积蓄了力量，实现了在敌后坚持抗战与积蓄力量的有机结合，这对于山东抗日根据地的坚持乃至之后的发展，意义非凡。正如罗荣桓所言："一九四四年到一九四五年，山东各解放区已完全进到新的巩固的发展阶段了，依靠八路军主力、地方武装与人民自卫武装之普遍相结合，既具有坚强分散坚持的能力，又提高了灵活机动的能力"，由于山东的重要战略地位，"今后敌人将会以更疯狂的'扫荡'进攻我各解放区，首先是沿海地区，但这只不过是敌人迫近于死亡时期的挣扎，而我山东各解放区的坚持，已不同于一九四一年到一九四二年的情

---

① 《华北治安战》（下），第476页。

况，整个的形势是新局面的到来，处于总反攻的前夜，我各解放区经过了严重的考验而愈益强大起来了。我们将以更加兴奋的心情，坚定的意志，担负着历史赋予的任务，并坚决完成之"。① 从山东抗日根据地的顽强坚持中，中共党人获得了战胜日本侵略者的坚定信心。

---

① 罗荣桓：《学习〈论联合政府〉是实现党的任务的首要任务》（1945 年 7 月 1 日），《罗荣桓军事文选》，第 357~358 页。

第十一章 国共关系

山东战略地位极其重要，向为兵家必争之地。七七事变爆发后，日军迅速南下，韩复榘抗敌不力，1938 年初被国民政府处决，沈鸿烈继任国民党山东省政府主席，组织国民党武装在敌后抗日。1939 年初，鲁苏战区设立后，国民党军主力陆续入鲁，势力渐趋增强。因此，自抗战初期开始，国民党控制区与中共控制区就在山东敌后并存。由于国共第二次合作的达成，在抗战初期确有国共合作抗战的区域和战例。但中共为抗战必须发展自己，而国民党担心后患要抑制中共势力的增长，这使得双方的摩擦和冲突不可避免，并在抗战中后期不断加剧。1943 年夏季之后，国民党军主力被迫退出山东，而中共武装继续坚持游击抗战，抗日根据地进一步扩展。同在敌后游击抗战，国共力量此消彼长，个中原因耐人寻味。

一 抗战初期中共力避冲突与协同抗战

抗战爆发后，国共双方都在山东组织抵抗。中共山东地方党组织依据中央深入敌后开展游击战争的指示，制定全省各地发动武装起义的计划，利用日军立足未稳、韩复榘退却及其被杀后的权力真空，深入敌后农村，凭借统一战线，积极动员民众，从无到有逐步创建起独立的抗日武装，游击抗日。1937 年底至 1938 年 5 月，山东地方党领导的抗日武装遍及山东全境，在 10 多个地区建立了抗日游击根据地。①

国民党方面，控制山东省早在蒋介石的筹划之中，② 但因韩复榘不容国民党中央势力进入山东，蒋深感不安，认为"全部战略之弱点，乃在

① 《黎玉回忆录》，第 149 页。
② 《蒋介石日记》，1937 年 1 月 26 日、30 日。

山东，应设法补救"。① 在日军强势进攻面前，身为山东省政府主席兼第三集团军总司令的韩复榘迅速退却，山东省会及交通重镇很快陷落。对此，蒋介石决定"严惩撤退部队之主管"，② 于 1938 年 1 月处决韩复榘。青岛市市长沈鸿烈奉令率海军陆战队及地方团队转移到诸城、沂水一带，游击抗战。1 月 23 日，国民政府任命沈鸿烈为山东省政府主席，③ 并兼保安司令。同年春，沈鸿烈从山东省政府临时驻地曹县北上，经鲁西、鲁北的东阿、聊城、张秋镇、惠民、利津等地转赴鲁南，组织敌后抗战。同年夏季，他在聊城驻留，接受美国驻华使馆工作人员卡尔逊的采访时说道："这些天来，我把我的司令部装到我的裤子口袋里。山东有 107 个县，分成 12 个专区，我到处走，从这个专区到那个专区，组织军队，恢复交通，设法使人民增强，努力提高他们抗战的效力。"④ 其言辞有夸张之嫌，但奉命组织全省抗战的意图显而易见。

面对日本入侵，散处山东各地的国民党员如秦启荣、张里元、厉文礼等在鲁北、鲁中南等地建起一定规模的游击部队。作为蒋介石的嫡系，秦启荣与韩复榘素有矛盾，七七事变后不久即密派人去鲁北以"抗敌后援会"名义组织武装。济南陷落后，秦启荣在惠民公开打出"国民政府军事委员会别动总队鲁冀边区游击司令部"番号，自任中将司令，下辖两个游击区。刘景良任第一游击区司令，在鲁北、冀南一带活动；王尚志为第二游击区司令，在胶济沿线活动。秦本人则带着他的鲁冀边区司令部转到鲁中山区，以新泰、莱芜等县为活动中心，把当地的一些豪绅地主武装和保安团队纳入旗下。⑤张里元作为国民党山东第三区行政督察专员兼保安司令，没有随韩复榘撤

---

① 《蒋介石日记》，1937 年 8 月 8 日。

② 《蒋介石日记》，1938 年 1 月 5 日、11 日。

③ 徐友春等编《国民政府公报》第 61 册，河海大学出版社，1989，第 117 页。

④ 伊·福·卡尔逊：《在孔夫子故乡的战争（节选）》，李士钊译，《范筑先与鲁西北抗战资料选》，第 341 页。

⑤ 刘继礼：《"太河惨案"内幕》，《山东党史资料》1986 年第 2 期，第 171~172 页。莫岳云等的研究（《试论国共两党敌后抗日游击战争的关系》，《抗日战争研究》1997 年第 1 期）认为秦启荣组织的游击队留在了山东与河北的交界地区，其实从刘继礼的回忆看，留在冀鲁边的只是其中一部。

离，而是借助其沂蒙山辖区地利游击抗日。① 潍县县长厉文礼以抗日为名，在潍县、安丘一带组织起 2 万余人的武装，4 月被沈鸿烈委任为第八区行政督察专员兼保安司令，统辖昌潍及周边一带，继续扩充兵力达 3 万余人。②

此外，鲁西北有在中共推动下拒绝韩复榘南撤命令、坚决抗日的国民党山东第六区行政督察专员兼保安司令范筑先率领的抗日武装。鲁西南有接替韩复榘、统率国民党第三集团军的孙桐萱部。鲁南仅在抱犊崮附近山区中，打着国民党旗号的地方武装就有 1 万多人。③ 胶东有赵保原、蔡晋康、张金铭、姜黎川等人领导的多支国民党武装。同年 5 月徐州会战后，国民党在山东的部署又有改变，孙桐萱部第三集团军和庞炳勋部第四十军调往河南，鲁南由石友三部接防。

由上可见，虽然韩复榘消极抗日，但其被处决后国民党武装仍遍布山东。从抗战初期山东国共力量对比来看，因为中共是从无到有创建部队，八路军主力尚未入鲁，所以无论是军队数量还是装备，此时中共武装都与国民党军队有不小的差距。在 1938 年底前，国共在山东总体上合作较为顺利。最密切的合作为鲁西北中共与范筑先的统一战线。

中共也一度成功联合石友三抗日。据受中共中央派遣做石友三统战工作的张友渔回忆，抗战爆发前，中共即开始对石友三开展统战工作，抗战爆发后，"经过我党的积极争取，石友三表示愿意与我党合作，共同抗日，并主动派人与我党中央秘密联络，要求派干部改造他的部队。我党应石友三的邀请，陆续派了大批干部到石友三部队工作"，坚定了石友三坚持敌后抗战的决心。1938 年 5 月，石友三奉蒋介石命令率部挺进山东，进入鲁南、鲁中山地进行敌后游击作战，军部设于沂水县埠前庄，所属各部分驻沂水、日照、诸城、临朐、新泰、莱芜、泰安等地的山区。7 月，第六十九军扩编为第十军团，分驻鲁中新泰、泰安、莱芜山区及沂水、莒

---

①　狄井芗：《抗战初期我党对国民党张里元部统战工作片断》，《山东史志资料》1983 年第 3 辑，第 51 页。

②　张家升：《厉文礼部的覆灭》，《山东党史资料》1989 年第 3 期，第 109~111 页。

③　郭致远、张相钧：《鲁南地区人民革命斗争史片断（一九三二年至一九四〇年）》，中共费县县委党史资料征集委员会编印《费县党史资料》第 1 辑，1986，第 235~244 页。

县等地，石友三升任军团长，中共派遣的张友渔、匡亚明分别任军团政治部正、副部长。"从此，石友三部队的政治工作，便在政治部的统一领导下进行。在艰苦的战斗和行军生活中，政治工作人员和官兵同甘共苦，宣传党的抗日民族统一战线政策和《抗日救国十大纲领》，受到官兵欢迎，得到了石友三的赞扬。在上层，则由张友渔、袁也烈等同志进行工作，给石友三和他的高级军官宣讲国内外形势、党的统一战线政策，同他们个别谈话，帮助教育。经过这些工作，石友三部队的抗日情绪高昂，多次和我军协同作战，打击敌伪。"在中共推动下，1938 年 7 月，石友三以第十军团长和鲁南行政长官名义，在新泰县龙廷镇召集国共双方及民主人士参加协商会议，达成两项协议和三项"君子协定"。两项协议是：（1）成立联合参谋部，由石部参谋长王清翰和八路军山东人民抗日游击队第四支队司令员廖容标负责，以协调各部队的抗日行动；（2）建立民运指挥部，隶属第十军团政治部，共产党员赵濯华任部长，负责石友三辖区的政权建设。三项"君子协定"为：彼此不搞摩擦，不能互相瓦解部队，不许向友军扩张地盘。①

"龙廷会议"取得的成果坚定了石友三的抗战决心与合作意愿。他当众枪杀土肥原派来的说客；8 月，奉命与范筑先等部合力攻打济南日军，中共武装在外围打援；民运指挥部向新泰、莱芜等县派出县长和县民运办事处主任，他们行政上归石友三政治部领导，实际上归中共当地县委领导。双方合作有了实质性进展。一直关注山东抗战局面的中共中央因此对与石友三合作有了进一步的期许。9 月，毛泽东等致电郭洪涛："山东各党派军队与我们的关系进一步好转，已使我们有可能在黄河以东建立大块抗日根据地。"要求"根据我党十大纲领及敌后战区工作的基本原则与山东实际情况，和石友三议定共同建立山东抗日根据地的纲领，可不发表，但不得有刺激国民党中央的秘密条文"，"建立根据地的各方面的工作，可由石友三公开出面来做，我党在形式上暂时回避一些，石友三个人如能公开发表一坚持山东抗战纲领则更好"，恢复鲁中、鲁东南秩序的各项军

---

① 张友渔、于克、赵濯华：《我党对石友三部队的统战工作概述》，《山东党史资料》1984 年第 2 期，第 108~117 页。

政工作也尽量由石友三出面来做。① 于此可见抗战初期中共各项工作的小心谨慎。1938 年底之前，是中共与石友三合作抗日统战关系最好的时期。中共借此发展抗日力量；石友三也依靠中共扩大其政治影响与实力，增加其作为地方实力派与国民党讨价还价的资本。

在鲁中南，中共与张里元也建立了较好的合作关系。前已述及，刚成立不久的八路军山东人民抗日游击队第四支队即获得过张里元的武器支援。据曾被派往张里元部任政治部组训科科长的狄井芗回忆，1938 年春，中共在临沂县第七区车辋、大炉一带成立的四县（临、郯、费、峄）边联办事处，就是中共与张里元统一战线的产物。办事处工作人员形式上由张里元任命，实际受中共领导。为团结张里元共同抗日，中共苏鲁豫皖边区省委将早期在鲁南创建的抗日义勇队，在不改变建制和不变更人事的原则下，改称张里元的部队番号，成为他的直辖第四团（即后来的八路军苏鲁支队）。中共还数次派遣干部到张里元的政治部任职，受到张里元欢迎。1939 年 1 月，中共山东分局又派童陆生去张里元部任副司令，派张克辛、曹光彬分别担任张里元部队的政治部主任和宣传科副科长。中共鲁南地方党组织还派去董临沂任民运科科长。当时张里元的政治部下设四个科，即组训、宣传、民运和总务，除总务科外都有中共干部任实职，中共基本掌握了张里元的政治部。② 1939 年之前可以说是中共与张里元统战关系的蜜月期。

中共与胶东的姜黎川部也一度合作顺利。抗战前姜黎川曾任《青岛时报》编辑，沈鸿烈任青岛市市长时姜还在市府担任过科长职务。姜爱国思想浓厚，抗战爆发后，即在胶县、即墨一带举起抗日旗帜，组织武装，游击抗日。定番号为"山东省人民抗日救国军游击队"，与当时中共理琪为首的胶东特委在胶东地区发展的抗日武装"山东人民抗日救国军第三军"的名称略有相似，这与在胶、即一带工作的共产党员袁超、韩育民、姜谔生等的推动有关。1938 年 6 月，因姜部在胶、即边界沙岭一

---

① 《关于与石友三共同建立山东根据地的指示》（1938 年 9 月 7 日），山东省档案馆藏，档案号：G001-01-0047-007。

② 狄井芗：《抗战初期我党对国民党张里元部统战工作片断》，《山东史志资料》1983 年第 3 辑，第 51~53 页。

带与日伪作战，颇有缴获，威震青岛。中共胶东特委即派统战部的柳运光、交际处的侯林翼前去鼓励、慰问，并商讨联合抗日行动问题，姜黎川甚表欢迎，当即提出愿接受中共政治工作指导，并请求派政治工作人员帮助其进行部队建设。中共即派张逸民等20余人去姜部任政治工作人员。9月，"山东人民抗日救国军第三军"奉命改编为"八路军山东人民抗日游击队第五支队"。① 姜到第五支队掖县驻地，与支队司令员高锦纯协商去山东省政府谒见省主席沈鸿烈。五支队派交际处的陈迈千随行。此行争取到沈鸿烈勉强同意由省府委任孙端夫为蓬莱县县长、曹漫之为黄县县长、于烺为掖县县长。② 这样，中共在胶东建立的三个县级政权取得了合法地位。五支队也正式与姜部建立起统战关系。

因此，抗战初期山东大部地区国共武装基本能以友军相待，合作抗敌。然而，与政治对手联手抗日，蒋介石实感迫不得已，并非坦诚接纳异己力量的存在，只因外敌入侵"对共党宜宽缓"而已，③ 时而又觉"共党问题应速进行解决，此其时也"，④ 时而又定"对共党主感召而不主排斥"，⑤ 中共的存在仍是蒋介石的隐忧。受此影响，沈鸿烈对中共极为戒备，抗战初期虽无公开摩擦行为，但并不愿与共产党走得太近。

如沈鸿烈在聊城设立山东省政府鲁西行辕，让范筑先兼任主任，派去胡学仁担任副主任，实则是监视范筑先。沈鸿烈利用国民党省政府主席的身份和范筑先的正统思想，不断寻找借口，撤换范筑先委派的由共产党员任职的抗日县长，向范施加压力，对范筑先部"就近用釜底抽薪办法，培植该部稳健派暨非共产分子"，⑥ 意图使范部脱离中共影响，破坏鲁西北合作抗日局面。

---

① 侯林翼的回忆资料中，把改编后的番号记为"八路军山东纵队第五支队"，而八路军山东纵队1938年12月才成立，显然其记忆有误。

② 侯林翼：《抗战时期我党对姜黎川部进行统战工作的概况》，《山东党史资料》1986年第5期，第51~52页。

③ 《蒋介石日记》，1938年2月11日。

④ 《蒋介石日记》，1938年2月22日。

⑤ 《蒋介石日记》，1938年3月25日。

⑥ 《程潜电蒋中正呈具山东军政人事调整及解决八路军参政问题意见等文电日报表》（1938年11月11日），"蒋中正总统文物"，台北"国史馆"藏，档案号：002-080200-00504-059。

又如沈鸿烈曾令张里元将中共山东军政领导机关（先驻岸堤，后驻王庄）驱逐出张的辖区。张里元本人是地方实力派，有民族正义感，又经共产党员做工作，才顶住了沈的压力，没有即刻与中共决裂。①

沈鸿烈对石友三与中共合作抗战也非常忧虑。从 1938 年 11 月 11 日程潜给蒋介石的电报，可以看出沈与石友三存在冲突，沈上报国民党中央，请求调走石，调于学忠至山东。② 在蒋介石的诱迫下，反复无常的石友三开始右转，并于 1938 年 12 月奉蒋命离鲁，与中共渐行渐远。③

秦启荣对中共的敌意根深蒂固，百般阻挠中共组织民众武装抗日，制造摩擦。1938 年 3、4 月间，八路军山东人民抗日游击队第四支队先后七次与秦启荣等谈判无果，不得不在反摩擦中继续抗日活动。④ 8 月，秦部刘金环暗袭中共邹县游击队，击毙中共县委书记。此等阻挠和破坏中共抗日行动及抗日武装的事件在各处屡有发生。⑤ 因此中共中央指示："对于秦启荣须在联合抗日口号下，迅速去孤立他。"⑥ 但制造摩擦的还不仅仅是秦启荣。胶东的国民党第五战区第十六支队司令张金铭在 5 月就曾纠合莱阳、栖霞等县的国民党武装袭击掖县的中共抗日武装三支队，在胶东中共抗日武装的联合反击下，一个月后才败撤平度。⑦

与国民党的戒备和有限合作不同，中共坚决执行抗日民族统一战线政策，在抗战初期极力避免与国民党的冲突，迫不得已才予以反击。1937 年底王明主张，"一切服从统一战线"，"一切经过统一战线"，于是，在一些

---

① 狄井芎：《抗战初期我党对国民党张里元部统战工作片断》，《山东史志资料》1983 年第3 辑，第 53~54 页。
② 《程潜电蒋中正呈具山东军政人事调整及解决八路军参政问题意见等文电日报表》（1938 年 11 月 11 日），"蒋中正总统文物"，台北"国史馆"藏，档案号：002－080200－00504－059。
③ 张友渔、于克、赵濯华：《我党对石友三部队的统战工作概述》，《山东党史资料》1984 年第 2 期，第 117~120 页。
④ 亓象岑：《山东八路军第四支队一九三八年春同国民党顽固派秦启荣七次谈判情况》，《山东党史资料》1984 年第 2 期，第 124~132 页。
⑤ 《张经武黎玉关于国民党秦启荣等部破坏抗战问题的通电》（1939 年 4 月），《山东革命历史档案资料选编》第 4 辑，第 63 页。
⑥ 《关于与石友三共同建立山东根据地的指示》（1938 年 9 月 7 日），山东省档案馆藏，档案号：G001－01－0047－007。
⑦ 《张加洛文稿》，第 191~208 页。

共产党人心中"统一战线高于一切"。胶东地方党组织内"以国民党为主，蒋委员长领导抗战的正统思想厉害得很"，① "在统一战线中严重的存在着右倾思想，忽视斗争"。② 这在山东并非特例，以致被批评"退让太多"。③ 为避免摩擦，维护来之不易的统一战线，中共山东地方党组织更多的时候是委曲求全，甚至"脑里是没有国民党就不行"，"在执行政策上，是软弱的，右的"，对石友三"只有联合没有斗争"，"结果只是帮石友三抬了轿"；"不仅在口头上，而且在行动上拥护过沈鸿烈"。④ 因此，尽管沈鸿烈、秦启荣等或戒备或敌视中共，摩擦时有发生，但在抗战初期协同抗日仍是山东国共关系的主流。当然，这也与此时中共势力弱小，日军攻势凌厉，蒋介石先要应对日军直接威胁相关。

1938 年底，八路军山东纵队组建，中共山东抗日武装从无到有发展成 2 万余人的游击兵团。抗战局势与国内外形势变化及中共力量的迅速发展，使国民党倍感威胁，⑤ 国共双方在山东也迎来摩擦多发期。1939 年春，沈鸿烈巡视并基本整编完山东各地的抗日武装，"再移鲁南鲁村"，设立鲁西、鲁北、鲁东行署及 16 个专员公署，鲁西行署主任为孙良诚，鲁北行署主任为何思源，鲁东行署主任为李先良，"军政系统予以确立"。⑥ 之后，随着鲁苏战区的设立，国民党军主力入鲁，国民党在山东的军力增强，沈鸿烈等对中共发展的限制升级，国共间的摩擦加剧已在所难免。

---

① 《张加洛文稿》，第 285 页。

② 胶东区行政公署：《胶东区八年来抗日民主政权工作报告》（1945 年 7 月 21 日），山东省档案馆藏，档案号：G031-01-0228-001。

③ 《中央对山东问题之处置办法》（1939 年 4 月），《山东革命历史档案资料选编》第 4 辑，第 60 页。

④ 《朱瑞同志在党的第七次代表大会上关于山东问题的发言》（1945 年 5 月 10 日），山东省档案馆藏，档案号：G001-01-0105-001。

⑤ 杨奎松：《论抗战初期的国共两党关系》，《近代史研究》1996 年第 3 期，第 146 页。

⑥ 《鲁省当前之危机》（1943 年 1 月），台北中国国民党党史馆藏，档案号：特 9/32.13；李继昶：《八年抗战之山东》（一），《山东文献》（台北）第 1 卷第 4 期，1976 年，第 65 页。

二　于学忠入鲁

1938 年底，国民政府最高军事当局做出了设立鲁苏战区的决定。这一方面因为广州、武汉失守以后，抗日战争进入相持阶段，日军开始调集兵力"扫荡"后方，企图剿灭抗日力量。而国民党敌后力量有待加强。另一方面由于中共深入敌后，进行游击战争，建立了抗日根据地，开辟了广大的敌后游击战场，无疑对坚持抗战的国民党人是一种鼓舞，而对国民党统治来说却是潜在的威胁。于是，国民政府军事当局也提出了在正面战场应以正规战同游击战相结合，在沦陷区开展游击战争，袭扰敌人的方针，把游击战提到了战略高度，并做了进一步部署。① 1938 年 11 月 25 日，国民政府军事委员会在湖南南岳召开军事会议，蒋介石在会议上提出"政治重于军事，游击战重于正规战，变敌后方为其前方，用 1/3 力量于敌后"，② 并下令各战区划分若干游击区，于次年春变更战斗序列，增设冀察、鲁苏战区。鲁苏战区的辖区为山东旧黄河以南、江苏长江以北和津浦路以东地区。国民政府军事委员会明确该战区的任务为"消耗敌人兵力，完成神圣抗战之目的，除阻敌深入外，并必须领导华北游击"。③ 从该战区的战略形势来看，因陇海铁路阻隔，明显地分为山东、江苏两部分。1939 年 1 月 14 日，国民政府军事委员会任命于学忠为鲁苏战区总司令，沈鸿烈为副总司令，2 月 7 日任命韩德勤为副总司令。④ 蒋介石又在给程潜的电报中，让程转告于，"务希从速入鲁推进党政军一切工作"。⑤ 2 月，蒋介石在洛阳主持召开军事会议，正式决定由于学忠率第五十一

① 李隆基、王玉祥主编《坚持抗战　苦撑待变（1938~1941）》，上海人民出版社，1995，第 354~355 页。

② 何应钦：《日军侵华八年抗战史》，台北，黎明文化事业股份有限公司，1982，第 265 页。

③ 《鲁苏战区成立目的及作战经过概要》（1943 年 11 月），中国第二历史档案馆藏，转引自戚厚杰《鲁苏战区的兴亡——国民党敌后战场再探》，《民国档案》1996 年第 3 期，第 119 页。

④ 韩信夫、姜克夫主编《中华民国大事记》第 4 册，中国文史出版社，1997，第 377、385 页。

⑤ 《蒋中正电程潜转于学忠速入鲁推进党政军工作并与沈韩同心奋勉杀敌》（1939 年 1 月 13 日），"蒋中正总统文物"，台北"国史馆"藏，档案号：002-010300-00019-020。

军、第五十七军进入鲁南敌后抗战。

于学忠，祖籍山东蓬莱，原为东北军重要将领，深得张学良信任，西安事变后，张学良将东北军交给他统率。抗战爆发后，于学忠曾率第五十一军入鲁，驻防于青岛、诸城、胶县、高密等地，直至 11 月初撤离青岛地区，在此期间与沈鸿烈有过短暂的共事经历。10 月，韩复榘部第三路军、于学忠的第五十一军和沈鸿烈的青岛守备队合编为第三集团军，韩复榘任总司令，于学忠、沈鸿烈任副总司令。1938 年 1 月韩复榘被免去本兼各职，蒋介石令于学忠接任第三集团军总司令兼山东省政府主席，但于学忠不愿兼任山东省政府主席，只愿接任第三集团军总司令，并举荐沈鸿烈接任山东省政府主席。[①] 于学忠率领的第五十一军虽原为东北军，但该军的许多高级军官皆为山东籍，如副军长兼一一四师师长牟中珩、一一四师副师长方叔洪、一一三师师长周毓英等。第五十一军、第五十七军在抗战初期都有在鲁南地区作战的经历。第五十七军当时驻苏北淮安、淮阴、泗阳、宿迁一带，第五十一军驻安徽立煌县（今金寨县）一带，与远在大后方的其他国民党部队相比，这两个军距鲁南敌后相对较近，入鲁的困难要小一些。此外，第五十一军自武汉会战结束后即在大别山区坚持游击战，第五十七军自徐州会战以后在苏北地区进行游击战，都有一定的敌后游击作战的经验。[②] 因此，蒋介石任命于学忠率第五十一军、第五十七军进入山东敌后游击抗战与上述因素密切相关。

1939 年 3 月初，于学忠率第五十一军从大别山区开赴安徽阜阳，做入鲁前的准备。到 4 月初，第五十一军、第五十七军分批进入鲁南。4 月 7 日，于学忠率一一三师抵达费县东北部一带，[③] 然后继续北进，将鲁苏战区总司令部设在上高湖村（今属沂南县），并随即主持召开战区高级将领会议，做出战略部署如下：第五十一军担任鲁南北部地区的游击作战，在诸城、安丘、穆陵关、鲁村、蒙阴一带地区，向胶济路、津浦路和胶东

---

① 牟中珩：《我所接触的沈鸿烈》，政协山东省委员会文史资料研究委员会编《山东文史资料选辑》第 7 辑，山东人民出版社，1979，第 103~104 页。

② 孙宗一：《于学忠与鲁南敌后抗战》，硕士学位论文，南京师范大学，2011，第 7~8 页。

③ 《于总司令抵鲁　所属部队继续北上》，《大众日报》1939 年 4 月 13 日，第 1 版。

发展，并与第五十七军联系；第五十七军担任鲁南南部地区的游击作战，在莒县、蒙山以南，费县、梁邱、向城、柞城、沙墩一带地区，向津浦路、陇海路发展，并与驻苏北的第八十九军联系；新编第四师主力驻鲁村一带机动使用，一部向鲁西平原活动，各地方游击部队协同所在地的正规军作战。① 于学忠入鲁，加强了山东国民党的武装力量。

三　摩擦频发冲突升级

1938 年，中共在敌后迅速发展，特别是在华北敌后取得的优势地位，和渐向华中敌后推进的态势，无疑对国民党形成了强烈刺激。蒋介石在1939 年 1 月 6 日的日记中写道："目前急患不在敌寇"，而在"共党到处发展"。② 10 天后又记："共党发展甚速，其势已浸凌日泅。"③ 蒋在 1 月中上旬的日记中时常把"共党动态"列入"注意"事项，谋划"防制策略"成为此时蒋心中的大事。1 月下旬国民党五届五中全会即确定了"溶共、防共、限共"方针，并决定设立"防共委员会"，之后陆续秘密颁布了一系列反共文件，国共摩擦由此频发并升级。国共在山东的合作抗战局面不可避免地出现波澜。

在国民党做出设立鲁苏战区决定的同时，1938 年 12 月，国民党山东省政府秘书长雷法章率省政府部分人员到达鲁南的鲁村镇（今属沂源县）。1939 年 1 月，沈鸿烈也到达鲁南地区，暂住沂水县刘家上庄，不久移住鲁村；3 月初，在东里店镇（今属沂源县）营建的省政府房舍完工，沈鸿烈率省政府机关进驻东里店。

1939 年 1 月 13 日，沈鸿烈在沂水出席鲁南各地军政代表欢迎会，并在会上就整理军事、发展民运、调整财政等发表讲话。④ 随后，沈公布了"山东省政府之八大政策"作为施政纲领，内容包括政治、军事、经济、

---

① 蒋纬国主编《国民革命战史》第 3 部《抗日御侮》第 6 卷，台北，黎明文化事业股份有限公司，1978，第 75~76 页。
② 《蒋介石日记》，1939 年 1 月 6 日。
③ 《蒋介石日记》，1939 年 1 月 16 日。
④ 《沈主席发表重要谈话》，《大众日报》1939 年 1 月 25 日，第 4 版。

教育等方面。"八大政策"在阐述国民党山东省政府抗战主张和施政计划的同时，又强调"统一军令政令"，限制中共发展的意图暴露无遗。①

沈鸿烈迅速向各地派出"工作团"，挑拨离间，限制中共活动。2月5日，沈鸿烈在鲁村召开鲁南军政联席会议，国共军政代表及民主人士等百余人与会。沈鸿烈在开幕词中强调要做到"军事统一，政治统一，军政统一"，提出反共限共的诸项措施："统一划分防线"，"人不离枪，枪不离乡"，②"统一行动，军不干政"，③意在将中共防区划到日伪实际控制区，限制中共发动群众组建武装、建立政权，阻止中共军政力量发展。此后，不断散布反共、防共言论，"经常扣留八路军的通讯员及马匹武器"，"扣运输队及工厂机件，驱逐交通站人员"，甚至"扣留往返政治干部，擅拆公文信件"，变本加厉"干涉抗日言论出版集会结社及民运工作之自由，查禁'大众日报'，干涉小孩唱抗日歌曲，八路军干部与士兵家属与共产党员家属屡被威胁诈财"。④宣传"八路出鲁抗日，八路是客军"，"甚至有时竟大造谣言，说中央（国民党——引者注）每月发给八路军几百万，八路都拿来买枪，发展自己，不抗日，吃粮食不给百姓钱，鼓动群众断绝八路军的供给……"更有甚者竟密令各级政府、各地官民，如有供给八路军粮食者，依资敌论罪。⑤显然，沈鸿烈欲从根本上限制中共的发展。

针对沈鸿烈反共限共政策给中共在山东抗战造成的极大困难与危险，中共山东分局根据上级指示，决定一方面促使沈进步，同时坚定党的立场，拒绝接受其无理限制，要求军政合一，发展游击小组和自卫团，既得

① 《山东省政府之八大政策》，《大众日报》1939年2月26日，第2版。
② "'人不离枪'的解释是，各人保障自己的枪，莫被八路'劫'去，或者反过来说，有枪才算兵，八路枪少，当然算不得游击队，结论是应该编遣。'枪不离乡'的解释是，所有的枪，均属地方，应由地方掌握，换句话说，均由地方有钱有势的人家掌握，保身保家，拿出去抗日不允许的。"参见《又是一种扫荡——朱瑞同志在集总随校的演讲》（1940年2月），《山东革命历史档案资料选编》第4辑，第144~145页。
③ 《鲁南军政联席会议志略》，《大众日报》1939年2月15日，第1版。
④ 黎玉：《为争取山东抗战胜利的关键》（1939年3月11日），山东省档案馆藏，档案号：G001-01-0049-010。
⑤ 《又是一种扫荡——朱瑞同志在集总随校的演讲》（1940年2月），《山东革命历史档案资料选编》第4辑，第145页。

政权绝不放弃，行政人员不能让其随便调换，秘密"扩大党的组织，加强军事、政治之干部独立工作能力"。① 为减少摩擦和对国民党的刺激，强调工作方式的秘密性、合法性，同时又要求不放过任何可以利用的机会和可能，争取生存和发展空间。

一直敌视中共的秦启荣，此时不仅公开宣传反共，② 而且还于 3 月 30 日指示所部武力袭击围攻中共部队，制造了"太河惨案"。③ 由此，山东国共间的摩擦从政治、经济发展至军事层面。

"太河惨案"是秦启荣授意王尚志部对经过博山县太河镇的中共军政人员进行的有预谋的伏击。④ 惨案的发生，一方面是秦启荣根深蒂固反共意图的进一步显露和反共行动的升级；另一方面表明，在一些中共干部心中，还是"统一战线高于一切"，对国民党极力妥协、退让，以致"政治上迟钝、军事软弱"，"让步，怕斗争"。⑤ 如惨案中被杀的八路军山东人民抗日游击队第三支队政治部主任鲍辉面对国民党军队枪击，仍令部下克制，不许还击。怎样应对国共间的军事冲突，考验着中共中央和山东军政负责人的胆识和智慧。

尽管中共六届六中全会已批判了王明在国共合作中的右倾错误，强调统一战线中的独立自主原则，1939 年 3 月下旬，罗荣桓率八路军主力进入鲁南后又当面传达了中央精神，⑥ 但山东分局领导人还是非常谨慎，没有马上下令反击。⑦ 惨案发生次日，郭洪涛、张经武、黎玉即联名致电中共中央，报告事件经过及应对办法。⑧ 中央领导在复电中批评山东过去退

---

① 《山东分局对苏鲁工作的决定》（1939 年 2 月 23 日），《山东革命历史档案资料选编》第 4 辑，第 51~52 页。
② 《又是一种扫荡——朱瑞同志在集总随校的演讲》（1940 年 2 月），《山东革命历史档案资料选编》第 4 辑，第 135 页。
③ 参见中共淄博市委党史资料征集研究委员会《太河惨案始末》，《山东党史资料》1986 年第 2 期，第 3 页。
④ 刘继礼：《"太河惨案"内幕》，《山东党史资料》1986 年第 2 期，第 171~178 页。
⑤ 朱瑞：《山东工作报告》（1940 年 11 月），《山东革命历史档案资料选编》第 6 辑，第 127 页。
⑥ 《郭洪涛回忆录》，第 147~148 页。
⑦ 冯毅之：《太河反顽战》，《山东党史资料》1986 年第 2 期，第 142 页。
⑧ 《郭洪涛、张经武、黎玉关于秦启荣在淄河太河伏击我军给中央的电报》（1939 年 3 月 31 日），《山东党史资料》1986 年第 2 期，第 35~36 页。

让太多，强调"如上述情形不加改变，山东创造根据地与坚持抗战是要受挫折的"。关于惨案的处置，指示如下："分局搜集的秦启荣历次袭击我军材料，一面电告朱、彭转电蒋介石，要求严惩此等汉奸行为；一面公开在山东发表，并宣布秦启荣为汉奸，号召民众及友军反对"，在政治上、组织上瓦解秦部，同时在军事上"采取坚决消灭秦启荣的行动"。要求教育党员坚持与国民党长期合作，多方争取友党友军之进步的同时，"对于一切顽固分子之无理攻击，必须以严重态度对待"。① 警示全党遇有攻击必须自卫，以政治、组织、军事手段并用反击秦启荣。4 月 10 日，中共中央北方局又提醒山东军政负责人："只打击秦部，尽可能分化争取或孤立其他数部"，"在有利条件下打击并歼灭其一部，作此事谈判之优势根据，一般不宜扩大"；山东抗日武装今后在提高战斗力及警觉性的同时，再遇此类挑衅行为，应予坚决还击并对外公布，"除说明八路军将以最容忍与镇静之态度，粉碎顽固分子破坏团结之阴谋外，将不惜采取一切自卫手段"。② 可见，面对摩擦升级，中共一改之前委曲求全之态，主张坚决进行有限度的自卫反击。

有了上级指示，中共山东军政负责人迅速做出部署，进行适度反击。首先发起政治宣传攻势。惨案发生不久，八路军山东纵队指挥张经武、政委黎玉，即通电全国各政党、团体和爱国同胞，申明真相，并致电蒋介石和国民党中央政府，要求惩办祸首秦启荣；山东纵队三支队全体指战员分别致函各抗日友军和王尚志部士兵，表明中共严正立场；中共驻国民党山东省政府代表赵笃生，当面向山东省政府提出抗议；淄川、益都民众 72 人联名致电国民党山东省政府，要求查明事实，严肃处理；博山县推举王寿卿等 7 名代表，赴沂水县东里店向国民党山东省政府请愿；蒙阴、沂水等县许多区乡的群众组织及各界爱国人士，分别举行"太河惨案"烈士追悼会；山东分局机关报《大众日报》增发"太河惨案"专版，揭露事件真相，猛烈抨击秦启荣的反共罪恶。然而，国民党山东省政府非但对各

---

① 《中央对山东问题之处置办法》（1939 年 4 月），《山东革命历史档案资料选编》第 4 辑，第 60~61 页。

② 《北方局关于对山东顽固派斗争策略的指示》（1939 年 4 月 10 日），《山东革命历史档案资料选编》第 4 辑，第 61~62 页。

界呼声置之不理，对惨案的罪魁祸首和实施者不予惩办，反而扎松坊、贴标语，庆祝所谓"太河战斗大捷"，沈鸿烈的反共态度毫无收敛。鉴于此，4月上旬，山东纵队三支队、四支队和一支队协同作战，对王尚志部进行了坚决打击，收复了太河、峨庄等广大地区。① 为准备此次反击战筹粮过程中，三支队争取到国民党益都县保安团王葆团部大量的粮食支援。② 可见，秦启荣制造摩擦不得人心，中共在适度反击中扩展了活动区域。

随着1939年春于学忠率领的东北军进驻鲁南，山东省国共双方军政核心机关均在鲁南驻扎，双方控制区相互交错，国共间的关系变得更为复杂。于学忠并非蒋介石嫡系，中共对之极力争取，以"孤立沈鸿烈"，"彻底打击与分化秦部"，"确定对不同对象在不同时间与空间灵活的统战对策"。③ 5月19日，中共中央专门就山东工作方针指示："山东今后磨擦会更多，更厉害，我们应准备长期磨擦，坚持我们在敌后抗战的路线与政策，反对顽固分子的错误路线，不要设想让步可以解决问题。"在防区、政权、财源问题上绝不让步。要求对东北军本着短小精干、隐蔽埋伏的方针去影响其将领，促其政治上的进步与觉悟。对待国民党之无理要求，以态度强硬为原则。同时指示山东分局要努力发展地方党组织，并"应严重注意团结党的干部及提拔山东本地干部和群众领袖到各级领导机关中来，这对今后斗争有极重大意义"。④ 上述详细指示，对中共山东党政军负责人发展自己、正确处理与东北军及国民党军政机关的关系，起了重要的引领作用。由于中共对东北军的极力争取及其中秘密党员的劝解，鲁南国民党地方武装解除了自1939年3月开始的对中共抗日武装的进逼包围。在异常混乱复杂的局面中，鲁南地区中共抗日武装初步开辟了抱犊崮山区东部及东南部和峄西、峄南、邳北等活动基地，为建立鲁南抗日根

① 中共淄博市委党史资料征集研究委员会：《太河惨案始末》，《山东党史资料》1986年第2期，第8页。
② 崔醒农：《关于太河反击战》，《山东党史资料》1986年第2期，第136~137页。
③ 《苏鲁皖分局关于当前各项工作情况的报告》（1939年3月11日），《山东革命历史档案资料选编》第4辑，第54页。
④ 《中央关于山东工作方针的指示》（1939年5月19日），《山东革命历史档案资料选编》第4辑，第70~71页。

据地创造了有利条件。①

同时，中共山东分局及山东纵队领导在统战工作中采取了攻势防御态度，在之后应对频发的摩擦事件中趋向强硬。同年8月，秦启荣又相继制造反共的"雪野事件""淄河事件"，② 山东纵队驻鲁中部队进行了淄河反顽战役，予以回击，扩大了鲁中抗日根据地，与清河区打通联系。

针对胶东中共武装及政权受到国民党军排挤情况，10月15日，山东分局指示目前应确定打击蔡、赵和争取张、姜的方针，善于利用他们之间的矛盾，设法派人打入其内部，准备在新的条件下发展自己，③ 开始有策略地进行反摩擦斗争。在此前后，中共武装还对清河的何思源、张景月，滨海的许树声，鲁西的李树椿、冯寿鹏等国民党武装的反共挑衅进行了自卫反击，已占区域得以巩固，各抗日根据地之间联系加强。④

1939~1940年，是山东国共摩擦最频繁的时期。这时山东国民党反共军队内流传着三个口号："宁匪化、勿赤化"；"宁亡于日、不亡于共"；"日可以不抗、共不可不打！"同时还有三种形式，即"以组织对组织，以军事对军事，以特务对特务"。⑤ 黎玉也列举了一些令人痛心的现象："有些人经常扣留八路军的通讯员及马匹武器；有些人扣运输队及工厂机件，驱逐交通站人员；甚至扣留往返政治干部，擅拆公文信件。有些人居然变本加厉，干涉抗日言论出版集会结社及民运工作之自由，查禁《大众日报》，干涉小孩唱抗日歌曲，八路军干部与士兵家属与共产党员家属屡被威胁诈财。"⑥ 对中共山东抗日武装人员大小规模的进

---

① 郭致远、张相钧：《鲁南地区人民革命斗争史片断（一九三二年至一九四〇年）》，《费县党史资料》第1辑，第244~245页。
② 《又是一种扫荡——朱瑞同志在集总随校的演讲》（1940年2月），《山东革命历史档案资料选编》第4辑，第139页。
③ 《山东分局对胶东工作的意见》（1939年10月15日），《山东革命历史档案资料选编》第4辑，第96页。
④ 刘大可：《山东抗日根据地的建立》，《近代史研究》1985年第4期，第73~74页。
⑤ 《又是一种扫荡——朱瑞同志在集总随校的演讲》（1940年2月），《山东革命历史档案资料选编》第4辑，第137页。
⑥ 黎玉：《为争取山东抗战胜利的关键》（1939年3月11日），山东省档案馆藏，档案号：G001-01-0049-010。

攻、活埋、暗杀等事件，各地不断发生。时任八路军第一纵队司令员徐向前痛切指出："鲁南的磨擦，不仅严重，且日趋全面化。不是下降的，而是上升的。""我们的交通站、盘查站，被其破坏，并且造谣污蔑我们。"① 据不完全统计，仅 1939 年 6 月到 12 月的半年时间，国共摩擦就达 90 余次，中共方面被杀的党员和干部战士有 1350 余人，被扣 812 人，被缴枪械 2000 余支，所受损失甚至超过了日军"扫荡"。②

面对国共在敌后摩擦与冲突的加剧，国民党方面在"不宜全般破裂"的前提下，"赞成各地方之局部斗争"，不承认中共在敌后建立的抗日政权，对八路军游击行动只给予临时任务及攻击目标，不划给固定或永久区域，要求"各战区之国军于暗中划一地境线，不许十八集团部队自由越境，若不服制止即将其侵越部队剿灭之"。③ 如此限制中共在敌后的行动自由，对摩擦完全取鼓励、放任态度。

为应对不断增加的国共摩擦，改变在政权方面的"劣势"，1939 年 12 月，中共中央对山东及苏鲁工作提出了全面的应对方策和建议：在坚持游击战争、已得阵地，发展自己力量，争取政权和各方面优势，深入群众工作，坚决反对摩擦的总方针下，统战方面，应以政治优势压倒摩擦制造者并进行有理有利的武装斗争，利用国民党各派间的矛盾，坚决打击消灭秦启荣，孤立沈鸿烈，多方争取于学忠，但应严正拒绝其无理要求，不可让步助其力量发展；政权方面，用一切努力和方法，不放过一切机会争取县区乡政权；强调扩大军队与党的组织并密切二者联系，要求在"一切有敌人而尚无友军的地方，乃至一乡一村都应发展进去。除避免与国民党军队引起不应有的冲突外，应不顾一切猛烈发展，极力深入这一地区工作。一方面造成武装与民众的长城，用以隔断山东顽固分子与国民党大后方的联系，以孤立这些顽固分子；一方面与江北新四军真正联系起来，迅

---

① 《粉碎敌人的新"扫荡"与我们的紧急动员工作》（1939 年 12 月），《徐向前军事文选》，解放军出版社，1993，第 60 页。
② 《又是一种扫荡——朱瑞同志在集总随校的演讲》（1940 年 2 月），《山东革命历史档案资料选编》第 4 辑，第 151~152 页。
③ 《对某党应取态度之原则》（1940 年 2 月 1 日），台北中国国民党党史馆藏，档案号：特29/21.14。

速打成一片"。① 可见此时中共已不惧怕与国民党的摩擦，在不破裂统一战线的原则下，利用一切机会和可能谋求更积极的战略发展。

一个月后，中共北方局又对山东工作提出补充意见，强调坚持山东抗战的重要战略意义，在反摩擦方面给出了更具体的指导：在正确掌握统一战线方针，努力争取一切中间阶层与进步分子的同时，对反共摩擦给予坚决反击，"确实掌握泮山、鲁山、莲花山及沂蒙山，孤立沈鸿烈，麻痹张里元，② 消灭秦启荣"，"胶东应争取张、姜两部，麻痹赵保原，打击蔡晋康，发动莱、栖、蓬等民众的武装起义，配合各支队的武装力量，彻底消灭蔡部，掌握胶山区，开展胶东的局面"。③

大革命失败的教训与时局的发展使中共领导人进一步意识到，只有扩大和发展武装力量"以与全国工作相配合"，才能确立应对国共摩擦的优势地位，才能巩固统一战线、争取时局好转。1940 年 1 月底，中共中央要求山东分局与一一五师今后一年内至少应发展武装军队（包括游击队）到 15 万人枪，把发展武装力量作为一切工作的中心，并发展有组织有训练的至少须 10 倍于正规军与游击队的抗日自卫军，极力争取政权。强调"要使全党干部明白这个正确的发展路线，才能造成猛力向前的作风，才能实现这个计划。集中一切力量为发展武装建立根据地而斗争，乃是你们最主要最主要的任务，要使干部明白，没有伟大革命武装与伟大革命根据地，抗日胜利是不可能的"。④

上述指示不仅对山东的反摩擦斗争给予了非常具体的指示，而且涉及争取政权、发展武装与党的组织、动员民众等根据地建设的各个方面，使山东中共党人在敌后的斗争与发展有了明确的目标和方向。因此，山东抗日根据地在 1940 年迎来大发展的局面。

---

① 《中共中央关于山东及苏鲁战区工作方针的指示》（1939 年 12 月 6 日），《山东革命历史档案资料选编》第 4 辑，第 101~104 页。

② 1939 年夏，张里元受沈鸿烈、秦启荣反共摩擦影响，不再与中共联合抗日，但也没有发生正面冲突。参见狄井芗《抗战初期我党对国民党张里元部统战工作片断》，《山东史志资料》1983 年第 3 辑，第 54 页。

③ 《中共北方局对山东工作的意见》（1940 年 1 月 20 日），《山东革命历史档案资料选编》第 4 辑，第 123 页。

④ 《中央关于在山东、华中发展武装建立根据地的指示》（1940 年 1 月 28 日），《中共中央文件选集》第 12 册，第 252~254 页。

对于国共在敌后的摩擦冲突，重视情报工作的日军也有了解。1940
年3月日本华北方面军《战时月报》记载："在华北方面，国共对立气氛
日益激化。在山西北部、河北南部、山东西部等地，两者间的战斗正在进
行。"① 这当然为日军所乐见，并极尽挑拨以图利用。华北方面军同期制
定的《华北地区思想指导纲要附录书》中明确提出，"利用国共合作中的
矛盾，尽量采用宣传、谋略等各种手段，煽动两党间的摩擦，破坏两者的
合作，以导致'抗日救国'统一战线的崩溃。另外，采取适当的谋略工
作，促使国民党军主动去扑灭共军"，② 以得"渔人"之利。

面对日军的强势入侵，国共双方也深知放任摩擦加剧，必将导致全面
冲突直至关系破裂，于抗日有百害而无一利，因此也有意缓和冲突。1940
年1月7日，山东国共领导在蒙阴召开联席会议，筹划进行第二期反"扫
荡"冬季攻势，表面上握手言和，但实际冲突未绝。③ 7月中旬，国共就
摩擦问题在重庆进行谈判，但经多次交涉，并未解决任何根本问题。中共
方面坚持独立自主发展，以既成事实促使国民党承认。而国民党方面则指
责"中共不服从中央指挥，在指定地区以外进行活动，任意扩充军队，
破坏中央行政系统，不攻击日军反而企图吞并政府军"。并令中共军队全
部撤到黄河以北地区从事抗战。"中共对国民党方面的指责和命令当然不
能服从，各地的国共纠纷始终不断，尤以江苏、山东地区为甚，事态日趋
恶化。"④ 同年7~8月，沈鸿烈就"剿办中共军情形"多次致电蒋介石与
何应钦，其中报告仅6月即攻击中共军队37次，称"共毙伤该军二四零
零余名，俘二七四名，获枪二九八枝，子弹四三零零余粒"，国民党军也
有伤亡。⑤ 双方摩擦加剧之势并未得到控制。

自1939年以来国共在山东摩擦的加剧与国民党对中共发展的限制和

---

① 《华北治安战》（上），第218页。
② 《华北治安战》（上），第256页。
③ 山東陸軍特務機関『山東機月報』第1号(昭和15年2月1日)、粟屋憲太郎・茶谷誠
　一編集解説『日中戦争　対中国情報戦資料』第7巻、697~698页。
④ 《华北治安战》（上），第214~215页。
⑤ 《沈鸿烈报告袭击鲁省各地八路军密电》（1940年7~8月），中国第二历史档案馆编
　《中华民国史档案资料汇编》第5辑第2编《政治》(2)，凤凰出版社，1998，第245~
　248页。

敌视直接相关，但山东有的中共党员在统一战线问题上从一个极端走向另一个极端，即从一切服从转向报复也是因素之一。景晓村后来总结：对国民党，"过去我们则缺乏研究，主观行事。所以就出现了错误，把与国民党个别负责人或部分的组织疏通联系，取得合作的可能机会失掉了，反更使我们不利。如1939年冬在四边时，四大队捉住广饶的国民党书记长李绍南，把他枪毙了。……这些本来均可利用打通关系的，但由于不调查、不研究，抱着报复主义的态度解决了他们，但却堵塞了与各该地区国民党疏通联络的大门"，① 一些可以争取的对象也被推向了对立面。

四　与东北军统战关系的波折

如何因应国共间摩擦的升级，山东中共党人内部曾出现分歧，甚至有人对统战工作发生怀疑与动摇。为加以正确引导，1940年11月19日，八路军一一五师发出《关于坚持山东斗争的意见》，强调应"认真审慎的执行党的统一战线政策。要积极自主，不轻举妄动，要具体分别争取、孤立、打击的各个对象"，"以更广泛的争取中间分子、孤立与分化顽固势力，求得集中全力反对亲日投降派挑拨分裂与制造内战"。② 次日，郭洪涛在《山东统一战线形势及党的策略》报告中，进一步指出中共面临的是"长期抗战与长期磨擦"，只有坚持同国民党又联合又斗争，才能争取时局好转和抗战胜利。关于反摩擦的方式方法，他要求把握"斗争与统一""军事斗争与政治斗争""进攻斗争与防御斗争"的辩证关系及"群众力量与军事力量的适当配合"，明确斗争的前提、目的、条件、方法、对象、限度等；斗争是手段，统一是目的。指出争取中间力量的基本原则是"扶持其中的倾向进步的分子，力争其中的动摇分子，孤立和削弱其中的倾向反动的分子"。并提出发展自己给中间力量以政治、经

① 《景晓村日记》，1943年6月17日，第107页。
② 《一一五师关于坚持山东斗争的意见》（1940年11月19日），《山东革命历史档案资料选编》第6辑，第83页。

济上的利益，才能成功争取到中间力量。① 由此重申了坚持统一战线政策的必要性和有理、有利、有节的斗争原则，以更有策略的方法开展今后的反摩擦斗争，争取更多的中间力量。对原国民党东北军的统战工作就是很好的例证。

前已述及，鲁苏战区总司令于学忠及其东北军自来到山东后便成为中共极力争取的对象。中共山东分局在1939年至1940年实行了"拥护于学忠，联合东北军"的统战政策。② 于学忠曾参与西安事变，事变后代张学良主持东北军期间即与中共有过接触和联系，因而他在主持鲁苏战区时采取的策略是："既不红，也不蓝，三条道路走中间，取中间立场，团结友军，不打内战，坚决抗日救国。"③ 东北军的第五十一军、第五十七军内均有中共的地下组织活动。因而即使在国共摩擦频发时期，中共山东抗日武装与东北军也基本相安无事并能合作抗敌。八路军第一纵队司令员徐向前曾去鲁苏战区总部驻地拜访于学忠，商讨中共在鲁南地区建立抗日民主政权的问题，虽然双方未达成共识，但徐向前在谈话中注意分寸，留有余地，求同存异，此后于学忠对中共建立各级地方政权未加干预。④

在1939年夏鲁南地区反"扫荡"中，八路军山东纵队与日伪军作战70余次，毙伤俘日伪军3000余人，有力地配合了于学忠部的作战和转移。同年9月和12月，八路军山东纵队对津浦铁路、胶济铁路、陇海铁路和山东省内各主要公路进行了两次大规模的破袭战，⑤ 于学忠曾多次致电徐向前等予以嘉奖。⑥ 又如1940年1月下旬，东北军一一一师三三三旅万毅部在八路军山东纵队第二支队支援下，在莒县、日照边区合力将前

① 郭洪涛：《山东统一战线形势及党的策略》（1940年11月20日），《山东革命历史档案资料选编》第6辑，第85~97页。

② 《抗战的山东 统战的山东——一九四一年九月朱瑞在山东统战会议上的报告》，《山东革命历史档案资料选编》第7辑，第297~299页。

③ 牟中珩：《回忆于学忠将军》，中国人民政治协商会议天津市委员会文史资料研究委员会编印《天津文史资料选辑》第52辑，1990，第28~29页。

④ 《徐向前回忆录》，第481~482页。

⑤ 黎玉：《抗战两年的山东纵队》（1940年7月7日），《山东革命历史档案资料选编》第4辑，第230~233页。

⑥ 《八路军屡建奇功 于总司令特电嘉慰》，《大众日报》1939年11月7日，第1版；《八路军艰苦奋斗坚持山东抗日 于总司令特电嘉奖》，《大众日报》1940年4月16日，第1版；《于总司令电慰八路军》，《大众日报》1940年7月13日，第1版。

来"扫荡"的一部日军歼灭,成为"两军配合粉碎敌人扫荡的极好模范"。①

为争取东北军在国共摩擦中保持中立态度,中共对之采取"极力争取"态度,认为"东北军是中间势力,与我有西安事变前后之友好历史,我对之应取争取团结态度,决不能轻启衅端,即顽固分子从中挑拨,我们亦应加以忍让为要"。② 同时,注重"从外围打击东北军中的顽固势力与从内部策动坏转的政训人员,保持与东北军上层的联络,多做下层工作,有计划的、有组织的个别宣传,突破政训人员对东北军的封锁政策"。③ 因此1941年以前,中共经过积极争取与必要的忍让和斗争,基本上与东北军维持了正常的合作关系。与沈鸿烈不同,于学忠"始终没一电攻击和告发"中共,④ 对摩擦坚主息事宁人。于学忠入鲁之前,沈鸿烈已掌握了山东的部分军政权力。于入鲁后,沈处处限制于的发展,双方都想争夺山东的领导权,再加上在防区、经费分配、收编地方武装方面的矛盾,二人芥蒂很深。据朱瑞观察,"于、沈矛盾日烈,于图取沈而代之,以打开东北军之出路",而"沈希中央派兵以自重",致使国民党中央"对于、沈两下为难"。⑤ 于、沈二人在对中共政策、整编游击部队等问题上都有较大分歧。1941年夏秋之间,沈派人谋杀于学忠未成,⑥ 于、沈矛盾由此激化,沈鸿烈遂于8月下旬离开山东。⑦

进入1941年,皖南事变的发生标志着国共矛盾激化、国民党反共

①《五七军八路军配合作战粉碎鲁东南敌寇扫荡王家庄子一役歼敌二百余》,《大众日报》1940年2月10日,第1版。

②《毛泽东年谱(1893~1949)》(修订本)中卷,第230页。

③ 罗荣桓:《在鲁南吴家沟团以上干部政治工作会议上的总结报告》(1940年4月21日),《罗荣桓军事文选》,第61页。

④《毛泽东、王稼祥关于极力争取于学忠给徐向前等同志的指示》(1940年11月25日),山东省档案馆藏,档案号:G001-01-0052-002。

⑤ 朱瑞:《山东工作报告》(1940年11月),《山东革命历史档案资料选编》第6辑,第126~128页。

⑥ 牟中珩:《我所接触的沈鸿烈》,中国人民政治协商会议山东省委员会文史资料研究委员会编印《文史资料选辑》第7辑,1979,第110~111页;李希章:《跟随于学忠在沂水见闻》,沂水县政协文史研究委员会编印《沂水县文史资料》第5辑,1989,第45页。

⑦《蒋委员长宴沈鸿烈　垂询鲁政情　一零七县仅三县全陷　我方政令仍普遍推行》,《中央日报》1941年10月27日,第2版。

力度增强，山东国共摩擦、冲突也进一步加剧。6 月，在黄河左岸利津、沾化一带活动的国民党鲁北行辕主任何思源，再次调集其下属周胜芳、张景南、傅相坤、成建基、李青山、徐振中等土顽部 7000 余人，组成"剿共联军"，南北夹击中共武装，双方发生激战后，便以黄河为界，形成隔河对峙局面。① 国民党最高军政当局不断给于学忠施加压力，迫其加紧反共，中共在第五十一军和第五十七军内的影响力减弱，鲁南地区的国共冲突进一步升级，中共与东北军的统战关系出现波折。

2 月，驻沂水北部地区的第五十一军一一四师一部开始与中共部队发生武装冲突，中共伤亡 80 余人。② 此后摩擦不断，山东纵队报告："于学忠基本上仍为中间力量的立场，表面上仍维持关系。除师长常恩多外，其余均日益恶化。散布反共论调，用营连与顽固派小股与我地方部队武装磨擦日益增多，其部下顽固部分，张贴反共传单，用各种方法瓦解我军，与顽固派行为相同。"③ 国共摩擦的加剧，一定程度上也与其间中共有的地方领导人的反应过度有关。中共中央告诫："中日民族矛盾依然是基本矛盾，国内阶级矛盾仍处于服从地位，这个根本观点，在此次反共高潮中，被一部分同志忘记了。""不懂得'有备无患'，当中央要求注意同国民党破裂之准备时，便忘记了好的可能性，不懂得我们充分准备着对付国民党的破裂，是为使国民党不敢轻易破裂。"④

于学忠对中共态度趋向对立。10 月以后，于学忠部与中共的武装冲突进一步加剧，10 月 14 日至 11 月 12 日近一个月内，于学忠五次致电何应钦、徐永昌，报告所部与山东八路军军事冲突的情况。⑤ 第五十一军在

---

① 景晓村：《山东纵队第 3 支队、第 3 旅与清河抗日根据地的创建》，《景晓村纪念文集》，第 300 页。

② 《第一一四师在山东沂水地区袭击八路军陆明阁部战斗详报》（1941 年 2 月），《中华民国史档案资料汇编》第 5 辑第 2 编《政治》（2），第 582~584 页。

③ 《山东纵队关于第四期整训工作总结向军委、集总的报告》（1941 年 4 月），《八路军山东纵队》综合册，第 489 页。

④ 《中共中央关于我党在击退第二次反共高潮斗争中的主要教训》（1941 年 6 月 15 日），山东省档案馆藏，档案号：G001-01-0050-003。

⑤ 《于学忠关于袭击鲁省各地区八路军致徐永昌等电》（1941 年 2~12 月），《中华民国史档案资料汇编》第 5 辑第 2 编《政治》（2），第 585~591 页。

1941 年 12 月 15 日至 1942 年 3 月 18 日的机密作战日记中，几乎天天记有与八路军武装冲突的情况。① 中共方面的档案记载："自沈鸿烈离鲁，于学忠统一了山东军政权后，蒋介石正利用东北军与我磨擦，我与东北军的关系比前转坏。"②

由此，中共不再提"拥护于学忠"的口号，但仍维持统战关系。在第五十一军等部与八路军发生冲突后，中共方面仍多次呈请于学忠处理。直到 1941 年 9 月，于学忠还致电徐向前、朱瑞等，嘉奖山东八路军抗日的战绩。③ 1942 年 2 月，日伪军发动对于学忠部的大规模"扫荡"，山东八路军积极配合于部作战，于学忠率战区总部转移途中经过八路军防区，八路军也给予帮助和便利。④

然而，东北军将领常恩多、郭维城率部脱离鲁苏战区的李家彩事件引发的甲子山区争夺战，成为于学忠部入鲁以来与中共最大规模的军事冲突，这使于学忠深切感到中共力量发展的威胁。从白崇禧给蒋介石的电报，即可侧面印证："自常师变后，于总司令迭电告急，鲁省形势较前更为危急（鲁产壮丁，且甚富庶），如入奸党之手，则隐患更大。"⑤ 此后中共与于学忠部关系陷入低谷，但并未全面破裂。

统一战线是中共在敌后发展的重要凭借，自然不会任其走向破裂。1942 年 10 月，中共山东分局书记朱瑞表示，"我们从来就诚心诚意欢迎于学忠先生在统一指挥及消除磨擦的一切有效调整"，⑥ 主动示好。11 月2 日，8000 余名日伪军将中共山东军区机关和部分军队及第五十一军一部

---

① 中国第二历史档案馆编《抗日战争时期国民党军机密作战日记》（下），中国档案出版社，1995，第 1899～1915 页。

② 《中共中央关于山东工作问题给刘少奇同志的指示》（1942 年 3 月 3 日），山东省档案馆藏，档案号：G001-01-0063-003。

③ 《八路军打了胜仗　于总司令特电嘉奖》，《大众日报》1941 年 9 月 28 日，第 1 版。

④ 《八路军五一军相互配合并肩展开反"扫荡"》，《大众日报》1942 年 2 月 25 日，第 1版；《策应友军作战　全鲁八路军和地方武装纷纷对敌剧烈攻袭》，《大众日报》1942 年2 月 25 日，第 2 版；《直接援助友军作战　鲁中区八路军向敌展开全面反"扫荡"》，《大众日报》1942 年 3 月 1 日，第 1 版。

⑤ 《白崇禧电蒋中正建议增援鲁苏及接济河北》（1942 年 9 月 10 日），"蒋中正总统文物"，台北"国史馆"藏，档案号：002-020300-00050-046。

⑥ 朱瑞：《抗战四年山东我党工作总结与今后任务》（1942 年 10 月 1 日），《山东革命历史档案资料选编》第 9 辑，第 75 页。

合围在沂水县对崮峪，双方合作对敌，共毙伤日伪军 600 余人。① 《大众日报》评论："民族敌人是与我们势不两立的；内部小磨擦在大敌当前时，自然冰然消逝，而共御外侮。"② 道出了双方维持统战关系的可能与必然。

在应对包括东北军在内的国民党军队摩擦的同时，中共一方面减少军事行动避免军力消耗，另一方面"通过军政党一体化的"有效活动，在政治、经济、思想等领域积极展开民众动员工作，以"发展扩大党的力量"，因其"在地区上更加广泛，在质上愈益深入"，成为日军未能如愿控制华北之"根源"，因而日本华北方面军"把重点放在对共党施策上"，进一步加剧对华北敌后的"清剿"。③

之后的 1942 年至 1943 年初是山东国共摩擦较少的一年。中共认为，"主要原因是抗战形势有利我党我军疏通工作的推动，敌人压迫更甚，友军无以自保"，"过去反我最厉之地方友军逐渐改变态度"，④ 便于执行中央军委"对国民党以疏通团结为主，以防制其反共为辅"的新方针。⑤ 不难看出，日军"扫荡"加剧确是一个重要因素。同时，国民党鲁东、鲁北两行署撤销，影响政令推行，加之沈鸿烈 1941 年 8 月离鲁，军政"意见分歧，领导无力"，⑥ 更削弱其实力。中共本着"不念旧恶，委曲求全"的宽大精神去疏通团结，"平时向友军送情报，战时积极策应"。如1943 年春，日军"扫荡"第五十一军时，中共武装"即以一部在沂水大崮头策应牵制敌人，激战一日"，中共虽伤亡一连，却帮助第五十一军一部跳出了合击圈。不仅对东北军如此，对国民党地方部队，中共也不念其

---

① 武葆珍：《国民党五十一军某部参加对崮顶战斗的追述》，沂水县政协文史研究委员会
　编印《沂水县文史资料》第 3 辑，1987，第 62~68 页；《八路军五一军携手杀敌　对崮
　峪粉碎敌"合击"》，《大众日报》1942 年 11 月 13 日，第 1 版。
② 《发扬对崮峪的团结精神》，《大众日报》1942 年 11 月 13 日，第 1 版。
③ 北支那方面军司令部「北支那方面軍状況報告」（昭和 16 年 3 月 18 日）、栗屋憲太郎・
　茶谷誠一編集解説『日中戦争　対中国情報戦資料』第 8 巻、105-106 頁。
④ 朱瑞、陈光、罗荣桓：《关于山东情形的报告》（1943 年 1 月 28 日），《山东革命历史档
　案资料选编》第 9 辑，第 251 页。
⑤ 《中央、军委关于一九四二年中心任务的指示》（1941 年 12 月 28 日），《中共中央文件
　选集》第 13 册，第 272~273 页。
⑥ 《鲁省当前之危机》（1943 年 1 月），台北中国国民党党史馆藏，档案号：特 9/32.13。

反共旧恶，当日伪"扫荡"时予以策应。如"在清河长山区亦策应了友军翟旅长作战"，策应张景月、刘景良反"扫荡"；在胶东，曾解救安廷赓、姜黎川，并予以军服、粮食之接济；在鲁南，策应了申从周、李子英，并掩护其在根据地休整，"使友军能安然度过困难"。[①]

还有一点不可忽视，在日伪不断的"扫荡""蚕食"下，密集林立的据点、碉堡和封锁沟墙等把中共控制的游击根据地分割缩小，中共主力武装不得不化整为零，潜入民间，地方化、群众化，深入敌后之敌后。这样，既能避开日军的强力"清剿"，又可躲开国民党的视线，减少摩擦。

五　李仙洲入鲁失败与国共力量对比逆转

国共摩擦相对减少，对双方而言却不一定都是发展的机遇，随着此后情势的变化，国共力量对比显著逆转。

1942年春至秋天，日伪轮番"扫荡"，国民党军"自于学忠以下几无一幸免，损失极大，内部紊乱。敌更多方予以压迫、威胁、利诱，苏鲁战区及地方团队一时大有动摇、溃散、无以自保之情调"。[②] 山东国民党军原有17万人，6月减至14万人，8月减至11万人，到1943年1月仅9万余人，"一年之间锐减一半，故内部颇呈动摇涣散"。[③] 在日伪的压迫下，山东国民党军不仅人数锐减，而且士气低落，军心涣散。

由于山东的重要战略地位，早在1940年，何应钦就提议"速令李仙洲军开赴山东，协助于总司令沈主席取缔一切非法组织"，以压制中共的发展。[④] 程潜也在致蒋介石的电报中，称"中共谋鲁西更趋积极，企图控

---

① 罗荣桓、黎玉：《我们能坚持，我们也能胜利》（1943年7月23日），《山东革命历史档案资料选编》第9辑，第558~559页。

② 《中共山东分局关于李仙洲部来鲁后的统战工作指示》（1943年1月），《山东革命历史档案资料选编》第9辑，第258页。

③ 朱瑞、陈光、罗荣桓：《关于山东情形的报告》（1943年1月28日），《山东革命历史档案资料选编》第9辑，第249页。

④ 《何应钦呈蒋中正就如何处理共党不法行为申具意见》（1940年1月26日），"蒋中正总统文物"，台北"国史馆"藏，档案号：002-020300-00049-056。

制冀鲁豫苏四省交通，截断鲁苏战区后方联络"，"请将李仙洲军即开鲁西以增强该方国军力量"。① 因此，1941 年 1 月，李仙洲率第九十二军由湖北通城开赴安徽阜阳、蒙城一带，做入鲁准备。

山东敌后极端艰难的生存环境，极易摧垮国民党军的抗敌意志。1942 年 8 月 10 日，时任国民党山东省党部主任委员范予遂即在致蒋介石的电报中直陈："近来不良游击队多纷纷投敌，正规军如百十一师及海军陆战队亦发生异动，军心涣散，民心沮丧"，恳请"严令九二军迅向鲁西挺进"。② 9 月 21 日，蒋介石即"令李仙洲速入鲁"，③ 以解鲁省危机，控制山东，切断中共华北与华中抗日根据地的联系，阻止中共巩固华北、发展华中战略的实施。

1943 年初，以新编第四师吴化文投敌为代表，大批国民党部队在此前后纷纷降日，国民党高层对山东局面忧心忡忡，把李仙洲部入鲁当作救命稻草，力促李部快速开进。关于 1942 年至 1943 年初的山东国民党军队的情况，国民党方面报告："自孙良诚叛变投敌以后，鲁省伪化空气顿形高涨，而鲁东鲁北两行署撤销之后，各地游击部队尤失中心"，"一时秦毓堂、蔡晋康、曹振东、刘景良、周胜芳、莫正民等游击部队，纷纷先后投敌……影响所及，形势日坏，游击部队投敌日多，即以前反正之伪军，又复两度投敌，伪化风气弥漫全省，大部游击部队，立场动摇。……现闻于学忠、牟中珩，以处境痛苦，已思离鲁。各游击司令、各县长，对于牟亦不信仰，惟对九十二军军长李仙洲，其表拥护"，因此，认为解决危机的紧急措施之一即为"命九十二军迅速开进并充实其军备给养，或加开有力国军，以压倒之优势军力同时并进"，"以安定游击部队之动荡，则士气大振，可能转危为安"。④ 由此可见，国民党方面对在山东势力日衰的担忧及对李仙洲入鲁挽救危局的迫切期待。

1943 年 2 月，李仙洲被任命为第二十八集团军总司令兼苏鲁豫皖边

① 《程潜电蒋中正》（1940 年 4 月 2 日），"蒋中正总统文物"，台北"国史馆"藏，档案号：002-090300-00205-362。
② 《山东敌伪活动情形》，台北中国国民党党史馆藏，档案号：特 4/50.140。
③ 《蒋介石日记》，1942 年 9 月 21 日。
④ 《鲁省当前之危机》（1943 年 1 月），台北中国国民党党史馆藏，档案号：特 9/32.13。

区挺进军第一路总指挥，在蒋介石多次致电催促后，李仙洲加快入鲁步伐。因当时徐州南、东两面均被日军严密封锁，而山东的湖西和鲁西南地区则有国民党地方部队盘踞，所以李仙洲把这里作为由皖北赴鲁南的跳板。6月初，李仙洲入鲁部队已达1.5万余人。①

李仙洲率部入鲁后，为培植个人势力，开始与山东省内各地方实力派拉关系，加委官职，并向于学忠争夺对地方保安部队的指挥权。蒋介石更以调整山东敌后抗战态势为名，将于学忠所辖的新编第三十六师刘桂堂部、暂编第十二师赵保原部、山东省保安第二师张步云部划归李仙洲指挥。4月，于学忠令第五十一军讨伐投靠李仙洲并与日伪勾结的张步云部，于、李矛盾公开化。② 由于日伪军更大规模的频繁"扫荡"，鲁苏战区总部难以在鲁立足，5月"扫荡"过后，于学忠部的主力第五十一军损失惨重，一一三师伤亡过半，一一四师仅剩两个团的兵力，蒋介石遂改变原计划，令李仙洲部接替于学忠部防务，调于部出鲁整训。

对于李仙洲部入鲁，中共一开始强调以疏通团结为主，于、李之间的矛盾，也给中共"各方疏通团结工作以大大便利"，统战形势好转。中共山东分局指示："尽量利用国共合作情形好转及李部抗战的一面，尽量扩大关于团结抗战的宣传，扩大对友军每一抗战具体表现、每一友好事实的报导，以扩大中央军目标，鼓励与推动它与敌积极作战"，对其非友好行为，不到万不得已时"不要轻易使用武装反击"；在实际行动上做出团结抗战表示，尽量隐蔽积蓄力量，减少摩擦，避免自身陷入两面作战境地，踏踏实实深入群众动员、组织与教育，埋头苦干建设根据地。③ 因此，中共改变策略，在与李部冲突时不轻易武装反击。如刘春霖部在3月底至6月初与鲁南八路军发生冲突，占领了中共鲁南抗日根据地的部分地区，中共为避免摩擦事态扩大，令滕峄边区的八路军大部撤至费县、白彦公路以北地区。④

---

① 黄作军：《反击李仙洲部入鲁纪实》，《山东党史资料》1992年第1期，第83~84页。
② 范予遂：《我任国民党山东省党部主任委员的回忆》，《山东文史资料选辑》第7辑，第69页；李仙洲：《我的回忆》，《山东文史资料选辑》第7辑，第132~133页。
③ 《中共山东分局关于李仙洲部来鲁后的统战工作指示》，《山东革命历史档案资料选编》第9辑，第260~261页。
④ 《四开山反顽（九十二军）战役》，《费县党史资料》第1辑，第343页。

针对国民党方面要李部接替于部的安排，7 月 4 日，中共山东军政负责人调整方针，指出："对于部西开不加钳制，并在一定条件下给予便利。对李部东进北上尽量迟滞其时间，并在自卫原则下，乘其伸入我根据地立脚未稳之际，予以歼灭一部之打击，但不放松与之政治疏通及扩大敌顽矛盾。对于部防区附近于之地方部队，争取可能争取者，歼灭某些最坚决反共部分，力求控制鲁中山区及莒、日、诸间山区，并互相联络，以便继续向外围发展，相机与清河、胶东打通直接联系。"对各区具体工作，也做了详细的军事部署。① 1943 年，中共对国民党部队的疏通团结工作确实取得不少成绩，"过去系统对立形势，均有改变",② 赢得了进一步发展的空间。

李仙洲部自进入微山湖以西地区之后，便遭到日伪军的"扫荡"，6 月起又与八路军发生军事冲突，无法继续向鲁南地区开进，而于学忠已率部转移至莒县、日照边区的山区内，局促一隅，补给困难。为避免所部再受损失，于学忠决定不等李部接防就开始撤离，他派人与八路军事先约定好接防时间。于学忠部开始撤退后，在原防区的山上留下子弹两三万发给八路军，八路军送给于部五天所需粮食 1 万余斤，并派部队护送于部通过日军的封锁线。③ 国民党山东省政府也随于学忠部离鲁，中共借此打通鲁中、滨海两区，便利了与清河、胶东两区的联系，对山东根据地建设与发展意义重大。李仙洲部在鲁西南与鲁南遭到八路军打击，又因日伪军的合击、截击与自身情绪不稳、溃散逃亡者不在少数，部队减员过半，剩下不到 8000 人，被迫放弃入鲁计划，于 9 月初南撤安徽阜阳。④ 于学忠退出山东，李仙洲入鲁失败，鲁苏战区已名存实亡。国民党地方部队对李入鲁之热望成了失望。

---

① 《关于对待李仙洲、于学忠之军事部署》（1943 年 7 月 4 日），《山东革命历史档案资料选编》第 9 辑，第 536～537 页。

② 《五年工作总结及今后任务》（1943 年 8 月 19 日），《山东革命历史档案资料选编》第 10 辑，第 34 页。

③ 吴瑞林：《鏖战齐鲁——抗日战争回忆录》，金城出版社，1995，第 226～227 页。

④ 《中共山东分局关于最近顽我变化及今后我之部署》（1943 年 8 月 31 日），《山东革命历史档案资料选编》第 10 辑，第 141 页；《四开山反顽（九十二军）战役》，《费县党史资料》第 1 辑，第 344～345 页。

　　关于此时国民党军状况，中共山东分局观察："由于在我打击下，秦启荣（山东反共魁首）的被击毙，更造成了他们的惊慌。因此有张里元之南下临邳地区躲避战斗；而鲁南之刘桂棠［堂］、申从周、梁钟亭、王洪九等，当刘春岭［霖］师已完全表示无力、李之主力又不可能继续东援，均抱消极自保的态度；胶东之赵保原、王尚志，清河之张景月，安邱境内之张天佐，亦莫不陷于失败之孤立中。"这些地方部队已失去头领与依托，军心更为涣散。因此，山东分局要求各战略区"必须很准确的执行孤立打击积极反我者，中立不积极反我者，争取可能表示一定程度之对我友好者之方针，以扩大地方顽固势力内部更加失散与瓦解，发展我之优势"，并为"储蓄力量、保存力量、提高战斗质量"对今后任务做了具体部署和指导，以乘势扩展。①

　　9月，中共中央决定由罗荣桓任山东分局书记兼新建立的山东军区（一一五师和山东纵队合为山东军区）司令员、政委，党的一元化领导由此加强，山东抗日根据地在战略方针、军事建设等方面达到完全统一，各方面工作大有改进。② 此前4~8月召开的山东军政领导人会议使山东党组织更加统一团结，对与会干部特别是各战略区负责人的思想有很大的推动，给了与会干部以力量，使其对敌斗争信心与勇气增强，工作方针和办法进一步明确。③ 在对待与国民党的关系上，明确"应当贯彻力争与其合作的主张，同时防备其破坏"。就此，景晓村即意识到应做如下工作：（1）对国民党内部必须经常调查研究，并适时地决定与之合作及斗争的方法。（2）使国民党参加根据地内的社会活动，便于其了解根据地的政策，允许其发表不同意见。（3）利用一切可能，疏通联络国民党的地方领导人，打破过去僵持局面，严禁过去的报复政策。（4）要善于在各种场合下，运用政治斗争；善于对各种问题与国民党及一切党外人士据理力争，不采取武断的、限制的办法。同时，也不做不应当的（失掉立场的）让步。（5）善于在行动中争取与国民党合作，尤其在敌占区、游击区，

---

① 《中共山东分局关于最近顽我变化及今后我之部署》（1943年8月31日），《山东革命历史档案资料选编》第10辑，第141~144页。
② 《山东抗日根据地》，第13页。
③ 《景晓村日记》，1943年8月8日，第187页。

在对敌斗争的基础上建立合作的关系。① 这样，山东分局上述部署的落实就有了切实保障，国共关系进一步和缓，抗日根据地形势从此进一步好转。

1943 年秋季以后，国共在山东的力量对比发生显著逆转，此消彼长。国民党山东省政府在山东省内仅设 6 个省府办事处，其武装"力量大为削弱（大部退走，一部投敌、溃散），政治上也受了严重打击"，1944 年初，山东津浦路东国民党军减至 6 万人左右，② 在日军"进剿"中原，和重庆联系更加困难的情况下，已没有了统一反共的条件和信心。③ 而中共坚持敌后斗争，独立发展，改变了与国民党力量对比中的劣势地位，"根据地也部分扩大而且日趋巩固"。④ 如滨海区，1942 年底国民党控制区尚有土地面积 16525 平方里，人口 671179 人，到 1943 年底只剩下 9115 平方里的土地，缩减近 45%，人口 278425 人，减少 59%；中共抗日根据地在 1942 年底为 22361 平方里，人口 1037008 人，到 1943 年底增至 34154 平方里，扩大 53%，人口 1611111 人，增长 55%。⑤ 到 1943 年底，清河区和鲁南区基本上改变了被敌分割、封锁的局面；清河区与冀鲁边区也打通联系，并于 1944 年 1 月合并为渤海区。⑥

到 1944 年春，鲁南、鲁中、滨海三区，较之上年夏秋，面积扩大一倍以上。在国共力量对比中渐取优势的中共并没有对国民党武装进行普遍军事打击。中央电示罗荣桓等："争取国内和平，团结抗战，坚持敌后斗争是我党一贯方针"，"对顽斗争应坚持自卫原则，决不衅自我开。保持我党经常的政治主动地位"，维护统一战线大局。要求乘根据地扩大之机，"努力发动群众"，加紧发展，灵活应对国民党地方实力派，对张里

① 《景晓村日记》，1943 年 6 月 17 日，第 113～115 页。

② 《关于对敌斗争问题——肖华同志在全山东政治工作会议上的总结报告》，《山东革命历史档案资料选编》第 12 辑，第 46 页。

③ 中共山东分局：《开展地方实力派工作指示》（1944 年 6 月 23 日），山东省档案馆藏，档案号：G001-01-0089-017。

④ 《关于对敌斗争问题——肖华同志在全山东政治工作会议上的总结报告》，《山东革命历史档案资料选编》第 12 辑，第 48～49 页。

⑤ 《抗战各周年我游顽敌各占人口面积村庄地亩变化统计表》，山东省临沂市档案馆藏，档案号：0004-01-0003-006，转引自孙宗一《于学忠与鲁南敌后抗战》，第 47 页。

⑥ 《山东抗日根据地》，第 13～14 页。

元多加联络，利用王尚志与赵保原之间的矛盾，"打通滨海与胶东区联络"。① 据此，山东分局在详细调查了解国民党地方实力派基础上，依据对日伪及中共态度细致划分为张里元代表的中间派，王尚志、张天佐代表的反共顽固派，赵保原、张景月代表的投敌反共派等，指示应利用国际国内形势的好转，统战工作条件的更加有利，"在中央争取国共好转的任务下，以疏通团结为主，防止反共为辅。涣散敌伪顽匪联合对我的阵线，争取以我为中心，团结地方实力派共同抗日"。强调掌握利用并"制造扩大挑拨"地方实力派与敌伪及地方实力派之间的矛盾、"对顽革命两面派"又打又拉，军事上争取、政治上进攻、经济上斗争的原则，"必须更谨慎、积极主动的开展这一工作"，以便"不只在今天，而且在将来的整个斗争上，占有有利的条件"。② 在应对国民党地方实力派方面，中共显然已经游刃有余。日军方面观察：1944 年 8 月下旬，国共在湖（微山湖）东地区摩擦，以中共取得压倒性胜利告一段落，国民党遭受毁灭性打击，保安第三十六旅归顺淮海省，保安第二师主力与滕县县政府接近，微山湖以东地区完全被中共控制。③

由于中共抓住有利时机，积极进取，1944 年秋，"山东根据地有了超过四〇年之发展"，"已基本的摆脱了在极严重三角斗争中之劣势地位"。④ 1945 年初，罗荣桓明确指出："民主势力的上升与国民党对比，已从最近八个月中起了大的变化，多年的'国'强'共'弱达到现在的国共几乎平衡，正在走向'共'强'国'弱的地位。""我们山东同国民党之间，我已占取优势。"⑤

---

① 《关于对山东国民党各派军队斗争策略的指示》（1944 年 3 月 16 日），山东省档案馆藏，档案号：G001-01-0089-005。
② 中共山东分局：《开展地方实力派工作指示》（1944 年 6 月 23 日），山东省档案馆藏，档案号：G001-01-0089-017。
③ 『戦闘詳報（第 2 期作戦）昭和 20 年 1 月 31 日　甲第 1480 部隊関谷隊/本文（1）』、アジア歴史資料センター—：C13032086200。
④ 《山东根据地之发展情形与今后军事部署》（1944 年 10 月 12 日），《山东革命历史档案资料选编》第 13 辑，第 76~77 页。
⑤ 罗荣桓：《一九四四年的过去和一九四五年的到来》（1945 年 1 月 3 日），《罗荣桓军事文选》，第 319~321 页。

六　山东国共关系特点及力量消长原因

抗战时期国共在山东的相处，既与国共关系整体状况息息相关，又有明显的地域特点。合作贯穿始终，摩擦时轻时重。1938 年底之前双方关系总体融洽，合作区域遍及山东全境；1939～1941 年摩擦频发、冲突升级，但仍有合作对敌的区域和战例；之后摩擦相对缓和。中共对国民党态度，由初期的"统一战线高于一切"及摩擦时的委曲求全转而坚持统一战线中的独立自主原则，适度自卫反击，并在反摩擦中贯彻有理、有利、有节的斗争原则，维护了统一战线大局。山东国民党势力多为地方实力派，中共始终对之区别对待，根据其对中共或友好或中立或敌视态度的不同，分别采取团结、争取、孤立、打击的政策，尽量减少摩擦与冲突；并充分利用其间矛盾，"某种时期可中立此派，打击彼派"，"某时期则可中立彼派，打击此派"，"分化他们反共的联合，便于在政治上各个击破"，[1] 以此争取生存空间。如与鲁苏战区总司令于学忠的东北军，除 1941～1942 年秋以外的大部时间都能联合抗日，与张里元也没有发生过正面武装冲突。

另一方面，国民党也通过多种方法限制、破坏中共在敌后的发展。如：(1) 控制地方实力派，利用某些利害矛盾挑拨离间，造成与中共的军事摩擦。(2) 组织政治工作团（特务工作队），在边沿区抓捕共产党员干部，破坏基层组织。(3) 以金钱美色收买中共干部，并利用其进行特务活动，继续破坏组织，捕杀党员干部等。(4) 在中共党政军或民众团体内，安插内线，暗中破坏，或拖抢拉人，进行瓦解活动。(5) 勾结日本特务，借刀杀人，或利用敌之"扫荡""蚕食"，趁火打劫，实行政治上或军事上的夹击。(6) 埋伏于群众中，经常造谣中伤，破坏共产党之政治影响，扰乱人心。(7) 利用中共之民主设施，如竞选，掌握村政、群运或民兵等，以破坏计划。上述行动在一定时期确实给中共在敌后生存带来威胁。[2]

---

① 《景晓村日记》，1943 年 6 月 17 日，第 109～113 页。
② 《景晓村日记》，1943 年 6 月 17 日，第 113 页。

在日伪与国民党势力的夹缝中，中共尽一切可能争取有利时机发展自己。国共合作局面的维持无疑给中共的发展提供了便利。同时，滨海、胶东、冀鲁边、鲁南的经验也表明，中共依靠反摩擦的胜利，得到大批人力武器（尤其是武器）之补充，成为山东各战略区武装大发展之主要路径。① 1943 年夏于学忠出鲁、李仙洲入鲁失败后，山东国共力量对比显著逆转。中共在山东抗日武装从无到有、力量由弱到强的蓬勃发展与国民党势力由盛而衰的退变形成鲜明对比。其原因涉及多个方面，最直接的因素有：中共在统一战线旗帜下争取到生存发展的条件和空间；面对强敌入侵，国民党频频挑起摩擦失却民心，中共的反摩擦斗争便在政治上取得主动，中共的抗日宣传更容易深入人心，赢得舆论支持。更重要的是国共不同的抗战理念和抗战模式使然。

首先，在是否动员民众抗战，怎样动员民众抗战上，国共有本质的不同，因而与农村民众形成了截然不同的关系，这对能否在敌后立足至关重要。中共认为"群众是我们的母亲，是我们的依靠，故斗争的胜利，决定于群众"，② 这是抗战环境下中共的肺腑之言。中共不仅注重动员农民，而且军纪严明，极力保护农民的政治经济利益，给予其充分的尊重，努力解决其温饱问题，赢得农民支持。八路军山东纵队就是在与村民同甘共苦中发展壮大起来的。据日军方面观察：华北"敌区的居民，被动员起来，密切协助共军抗战，达到所谓军民一致的状态"，③ "中共掌握农民大众的方法极为巧妙"，"日本望尘莫及"。④

而国民党认为抗战是军队的事情，不关注农民利益，一味索取给养，致使与农民关系淡漠甚至紧张。抗战时考察过国共抗战情形的美国驻华使馆工作人员卡尔逊即指出："我和山东省主席（沈鸿烈——引者注）和八路军的孔团长双方都经常交谈，我可以看出，这位主席代表的国民党和八路军有些摩擦，这是由于对本省内发动抗战应采用什么方法

① 《景晓村日记》，1943 年 6 月 2 日，第 79 页。
② 《五年工作总结及今后任务》（1943 年 8 月 19 日），《山东革命历史档案资料选编》第 10 辑，第 14~15 页。
③ 《华北治安战》（上），第 445 页。
④ 《华北治安战》（上），第 97 页。

的问题，双方看法有根本分歧。省主席坚持反对组织人民的做法"，而
"八路军认为：只有通过争取人民合作，才能使人民的抗战能力得到充
分发展；而取得合作的办法，就是增加人民的福利，教导他们代议政府
的基本理论，并培养他们的自我牺牲精神"，"这两种观点看来是无法调
和的"。① 卡尔逊的回忆客观道出了国共在是否组织民众抗战及与农民关
系问题上的根本差异。

不仅如此，国民党军队纪律废弛、风气败坏，导致与农民关系不好，
已成痼疾。有些国民党地方游击部队军纪败坏，扰民害民之举甚至比日伪
还严重，如日照县赵家庄村，1942 年每月对日伪的负担占 41%，而对国
民党军的负担占 48%。② 因为缺少村民的支持和配合，国民党军难以在敌
后立足，不可能与日军长期周旋，在与日军和共产党军队的较量中，或退
出，或降日，或合流于中共武装，势在必然。③

中共的观察可谓切中要害："由于敌人对顽之压力加大，部队之减员叛
变，相互间之明争暗斗，激烈的矛盾，对我屡战屡败，形成了友顽之很多
困难。不仅如此，更有主要的困难，是友顽军对敌后根据地不会建设也无
从建设的困难。其军队纪律之败坏，奸淫掠夺有如土匪，党务人员之特务
化，官吏之腐败贪污化，致使民众处于水深火热，数十里无人烟，伪钞横
行，法币跌价，后方运输接济断绝。这真是一面花天酒地，一面啼饥号寒。
在敌之总力战下叫哭连天，束手无策。这是友顽军不可克服之弱点。"④ 国
民党方面坦言：中共"训练作战指挥统一，给养统筹等等均较我方游击
保安部队为优"。⑤

其次，在党、军、政体制配合上，国共差异显著。中共军政体制在党
的绝对领导之下密切结合，又有民众支持形成总体战体制，成为日本控制

① 李士钊：《美国朋友卡尔逊在鲁西北》，《范筑先与鲁西北抗战资料选》，第 516~517 页。
② 陈超：《从敌伪顽我区人民负担的调查中看到的几个问题》（1942 年 12 月 27 日），《山东革命历史档案资料选编》第 9 辑，第 182 页。
③ 杨奎松：《抗战期间国共两党的敌后游击战》，《抗日战争研究》2006 年第 2 期，第 32 页。
④ 《山东抗日民主政权工作三年来的总结与今后施政之中心方案——一九四三年八月二十日山东省战时工作推行委员会黎玉主任委员在省临参会一届二次大会上的施政报告》，《山东革命历史档案资料选编》第 10 辑，第 237~238 页。
⑤ 《鲁省当前之危机》（1943 年 1 月），台北中国国民党党史馆藏，档案号：特 9/32.13。

占领区的最大威胁。日本华北方面军参谋长笠原幸雄即说，只有打破中共这个立足于军、政、党、民有机结合的抗战组织，才是华北"治安肃正"的根本。① 这种党政军民一元化的体制，极大提高了军政效能。而国民党山东省政府主席沈鸿烈与鲁苏战区总司令于学忠各自为政，内部倾轧严重，极大削弱了抗战力量。

不只于、沈长期不和，鲁苏战区总部、山东省政府与鲁南各地方实力派之间也矛盾重重。日军"扫荡"时国民党地方游击部队为保存实力往往不战而逃，各地方游击部队之间为争地盘多有冲突，甚至互相火并。中共指出："友顽军彼此矛盾更加激烈化。于、李之明争暗斗，于、牟与张（步云）之公开冲突，赵（保原）王（尚志）之公开冲突，荣（子恒）对于、牟之不满，于、吴（化文）之冲突，是山东抗战以来空前未有的。……这种矛盾到目前（一九四三·五）更形白热化。"② 孙良诚对于学忠素无好感，矛盾"尤形尖锐"。③ 这些复杂的矛盾不仅削弱了国民党的力量，而且往往为日伪所利用，"敌派与孙有旧之西北军人，伪开封绥靖主任郁芬，邀孙至开封密谈"，孙良诚"乃正式叛变"，④ 吴化文在与汪精卫七次会面后，为增强个人势力，公开投敌。⑤ 国民党抗日阵营发生分化，大批部队投敌，危害抗战大局。不仅如此，国民党坦言，党务"守旧，毫无蓬勃气象与新的力量"，政治方面"内部人事摩擦，消沉无力，一般公务人员对省府已无希望，群心涣散，均思离去，但因经济困难，又自敌伪重重包围之中，欲出无路，欲走不能，呈现极端苦闷、失望、消极、萎靡状态，根本无心办事，亦无事可办"。军事方面，力量日渐削弱，"指挥又不统一，各自为战，乃至不战，无论开拓领域，即本身防地，亦难保守，已有倾溃不支之势"，"党政军全无联系，更谈不上配合"，"经济问题亦极严重"。总之，"我方军政互不相谋，软弱不竞，势

---

① 《华北治安战》（上），第 177 页。
② 《山东抗日民主政权工作三年来的总结与今后施政之中心方案——一九四三年八月二十日山东省战时工作推行委员会黎玉主任委员在省临参会一届二次大会上的施政报告》，《山东革命历史档案资料选编》第 10 辑，第 237 页。
③ 《鲁省当前之危机》（1943 年 1 月），台北中国国民党党史馆藏，档案号：特 9/32. 13。
④ 《鲁省当前之危机》（1943 年 1 月），台北中国国民党党史馆藏，档案号：特 9/32. 13。
⑤ 《吴逆化文内部情形》（1943 年 6 月），台北中国国民党党史馆藏，档案号：特 9/32. 1。

穷力促，应付乏策，整个政局，摇摇欲坠，其岌危之势，不言而喻"，① 直言"大势一去，收复匪易"。②

再次，在游击战战略战术的运用上，国共也有根本差异。中共高度重视游击战争，把它放到重要的战略地位来认识，制定了一整套游击战的战略战术原则。中共抗日武装虽然武器相对落后，枪支弹药缺乏，③ 但因根植于人民群众之中，正规军、地方兵团和民兵自卫团密切结合，可以展开灵活的游击战。铁道游击队、平原游击队、水上雁翎队、敌后武工队等形式多样，地道战、地雷战、麻雀战等灵活变换，机动歼敌，"组成普遍而有力的群众性质的游击战争"。④

而国民党始终认为游击战是正规战之一种，很少真正了解游击战的特殊性质和战法。蒋介石即明确指出："所谓游击战，实在是正规战之一种，一定要正式的部队才能够担任。"⑤ 因此，国民党军在敌后名义上执行的是游击战的任务，实际上依旧是在用正规战的战法。鲁苏战区的部队就几乎沿用了正面战场的战术，在对敌作战中还是以大部队为主进行阵地战，由于机关臃肿，目标大，行动不便，每次作战都有几百几千的伤亡。⑥ 国民党军战术上的呆板，导致部队伤亡惨重。李仙洲入鲁失败后，其下属即欲"找门路上万言书，请中央训练新军，轻装备，轻武器，能聚能散，能打能跑，以创造发明的精神求战求胜，打破一切陈套成规。只有这样的部队，这样的打法，才可以跟中共争长争短"。⑦

日本华北方面军对于国共的游击战，认为："国民党系统军队的政治工作和游击战，与中共方面相比较，则相形见绌，不够熟练和妥善。故在

---

① 《鲁省当前之危机》（1943 年 1 月），台北中国国民党党史馆藏，档案号：特 9/32.13。

② 《鲁局对策》（1943 年 2 月），台北中国国民党党史馆藏，档案号：特 9/32.12。

③ 《鲁省当前之危机》（1943 年 1 月），台北中国国民党党史馆藏，档案号：特 9/32.13。

④ 《人民武装工作——一九四三年九月二十五日肖华在山东人民武装第一次代表大会上的报告》，《山东革命历史档案资料选编》第 10 辑，第 369 页。

⑤ 张其昀编《蒋总统集》，台北，1993，第 996 页，转引自杨奎松《抗战期间国共两党的敌后游击战》，《抗日战争研究》2006 年第 2 期，第 17 页。

⑥ 《鲁苏战区成立目的及作战经过概要》（1943 年 11 月），中国第二历史档案馆藏，转引自戚厚杰《鲁苏战区的兴亡——国民党敌后战场再探》，《民国档案》1996 年第 3 期，第 124 页。

⑦ 王鼎钧：《怒目少年——回忆录四部曲之二》，生活·读书·新知三联书店，2013，第 38 页。

国共并存的地区内，共产势力掌握着主导权。"① 中共的游击战则具有独立自主的战略意义和价值，其战术思想和战法更适应敌后环境。这也在很大程度上决定了山东敌后国共力量的此消彼长。

在迎来抗战胜利时，中共在山东的抗日武装已发展至 27 万余人，军政力量由弱到强，山东抗日根据地已发展成为拥有 2800 万人口，控制着 12.5 万平方公里土地的山东解放区，② 获得了重要的战略基点。而国民党武装从近 20 万人降至几万人，山东境内几乎没有了国民党正规军，山东省政府机关退出山东。抗战时期国共力量在山东的这种消长变化，某种意义上正预示了之后国共两党的命运走向。

---

① 《华北治安战》（上），第 201 页。
② 《罗荣桓、黎玉关于山东全省人口和行政区划统计简况给中央军委的报告》（1945 年 9 月 24 日），《山东革命历史档案资料选编》第 15 辑，第 339 页；肖华：《一一五师挺进山东及山东抗日根据地的发展》，《八路军·回忆史料》（2），第 47 页。

第十二章　交通网络的构建与延展

交通工作被视为党的命脉，其影响抗战至深且巨。抗战时期，中共山东地方党组织深入敌后农村，发动民众组建武装游击抗日，电台电话十分有限，相互间的联络极为不便。进入相持阶段后，根据地又不断受到日伪的"扫荡"、"清剿"、"蚕食"、分割、封锁，中共抗日军政力量上下级间、不同区域间的联系更加困难。在交通、联络极为不便的山东农村，在险恶的环境下，中共为保持党政军机关及上下级之间的信息互通、人员往来及物资运送等，想方设法建立交通站线，为构建、维护与扩展有效的交通网络付出了艰辛的努力。

一　抗战初期的交通网络

抗战爆发后，日军专注于占领交通重镇并沿交通干线实施军事上的战略推进，后方兵力空虚。中共深入敌后农村游击抗日，获得发展空间的同时，因电台电话缺乏，面临联络不便的困难。据相关人员回忆，在地方党组织未健全及交通机构未组建之前，上下级间的联系，多是通过来往的人捎带，遇有紧急情况，临时找人去联系。这种联系没有固定的时间和地点，不是想联系就能联系上。① 抗战初期中共山东地方党组织分散在全省各地，专注于发展武装力量，尚未建立交通网络，以致上下级之间的联系十分不便，党和军队都深感有必要建立机要交通机构传送文件。②

1938 年 1 月 15 日，中共中央在给山东省委的指示信中指出："应当

---

① 燕鼎：《鲁南区交通工作的回忆》，山东省邮电管理局编《华东战时交通通信史料汇编·山东卷》，人民邮电出版社，1997，第 349 页。

② 任兆祥：《抗战时期山东的机要交通工作》，政协上海市委员会文史资料工作委员会编《文史资料选辑》1982 年第 1 辑（总第 38 辑），上海人民出版社，1982，第 40 页。

与各个区域建立经常的秘密交通关系。"① 中共山东地方党组织及陆续组建的抗日武装由此开始重视建立交通组织。刚刚经历十年国共斗争锻炼的中共，从应对国民党"围剿"的实践中积累了丰富的地下交通工作和农村生活经验。随着山东人民抗日游击队第四支队活动区域的扩大，在随四支队活动的山东省委领导下，1938 年冬泰山区第一个交通站在常庄成立，由四支队后防司令部参谋处领导。12 月，山东纵队组建后，山东纵队交通总站在沂水县王庄成立，并开辟通往各地的交通干线，沿线每 40 里设一交通站，中间每 10 里设一小站或碰头站，依次传递党报和文件。② 原有的常庄交通站成为第一个交通分站，之后又相继在桑梓峪、圣井、白座峪、雪野、东蔺家庄、杨家峪等处建立了分站。为保密起见，交通站都用代号，如常庄站称黄河站，桑梓峪站称渭河站，圣井站称淮河站，五龙站称汶河站，大王庄站称运河站，白座峪站称淄河站，上游站称米河站等。至1939 年初，形成以莱芜为中心的交通网，成为四支队及莱芜、泰安、历城、章丘、新泰、博山、淄川等县抗日武装以及党政机关和群众团体的联络通道。③

其他地区交通站也多在 1938 年陆续建立。如 1938 年下半年，清河区交通站建成，只是起初没有固定的交通人员，多由各村党支部指定可靠的党员去投送重要文件。直至 1939 年秋，清河区交通站才逐步地配备交通人员，交通员都经过县、区以上党委挑选和批准。④

另外，在抗战爆发前中共党组织坚持活动的地区，有少量的地下联络站坚持下来。如鲁西南曹县的穷苦村民赵来义自 1937 年春就开始作为当地党组织的地下联络员，抗战开始后他们家一直是鲁西南重要的交通站，

---

① 《中共中央给山东省委的指示信》（1938 年 1 月 15 日），《山东革命历史档案资料选编》第 4 辑，第 19 页。
② 山东省地方史志编纂委员会编《山东省志·邮电志》（上），山东人民出版社，2000，第 452 页。
③ 任兆祥：《抗日初期的地下交通》，莱芜市政协文史资料委员会编印《莱芜文史资料》第 4 辑，1988，第 21~22 页。
④ 李东：《战邮生涯的回顾》，山东省邮电管理局史志办公室编印《山东战邮回忆资料专辑》第 2 集，1990，第 319 页。

并保持多年。① 而抗战爆发后新建立的交通站并非都能保持如常。如中共东平县委在1937年底就把五区苇子河村作为活动基点，建立党小组。翌年2月，利用党员李斐卿在"元昌"杂货铺的雇工身份，在该店建立联络站，李斐卿等村里党员承担起了交通员的职责。5月正式建立地下交通站，以苇子河"元昌"杂货铺为基点，向东，在五区后亭村建站，直通泰西特委；向西北，在二区王古店建站，同鲁西区党委联系；向西南，在七区靳口村建站，加强同郓城中心县委的联系。10月李斐卿不幸牺牲，"元昌"杂货铺地下交通站即停止活动。②

抗日战争进入相持阶段后，日军回师华北巩固其对占领区的统治。中共面临的交通困境加深，交通站线时有调整。如1939年5月，日军以山东分局和山东纵队活动的鲁南为重点进行大"扫荡"，中共交通网被打乱。在动员民众开展反"扫荡"斗争的同时，为不使联络完全中断，6月6日，山东分局指示："各级党政民的领导机关均须留几个同志建立秘密机关接头地及印刷厂，掩护在民众基础好的地方，准备在任何环境之下，上下级随时可以取得联系。"③ 同时，指出需要开辟新的联络通路。8月，山东分局在工作计划中提出，要"更加密切党内上下联系与建立各种组织制度"。④ 为迅速恢复联络，山东分局直接派人到一些地区建立交通组织。

负责开辟交通站线工作人员的选拔，以政治上可靠为首要考量，并优先选用熟悉当地情况的本地人。如胡锦亭原本在莒北县大队二中队工作，因他家在朱马院（原属莒县北端，现属诸城西边），位于台潍公路北侧15里，离南、北根据地四五十里，在此处设立秘密联络站较适中。中共莒诸边县县长王东年决定调胡锦亭任这个站的站长，以建立滨北地

① 赵来义：《摧不垮的地下交通站》，山东省曹县革命回忆录领导小组编印《峥嵘岁月——曹县革命回忆录》，1979，第10~16页。

② 中共东平县党史资料征集研究委员会编印《中共东平县党史大事记（1934~1949）》，1989，第31~34页。

③ 《山东分局关于反"扫荡"工作指示》（1939年6月6日），《山东革命历史档案资料选编》第4辑，第79页。

④ 《山东分局对今后工作的决定》（1939年8月），《山东革命历史档案资料选编》第4辑，第90页。

区党政军领导机关与莒诸边县的联系，传递信件、情报并负责护送过路干部。①

从交通员的工作实际与安全着想，交通站点的选择须考虑地理位置因素，处于村头街口或偏僻之处的党员的家庭成为交通站点的首选，因为不容易被人注意，便于人员进出、交接。鲁西东阿县高集乡渐庄的地下交通员渐风英在回忆她的交通工作经历时谈及，1940年春夏之交的深夜，阿东办事处主任刘抗东来到她家这样动员她的父亲："你家住在村子的最东北角，来往方便，不为人们注意，这个地点做我们的交通站十分合适，对我们的抗日工作是很有用处的。"渐风英的父亲作为党员坚定应允："我考虑好了，就按组织定的办吧！交通站就安在我这里！全部工作我们全家包了。上边联系有我和大小子风训，外地联系由二小风程担当。附近送信让我闺女风英负责，其他人都是瞭望哨，请组织放心，豁上我们的身家性命，也要把交通站搞好。"② 渐风英一家就此承担起了为部队机关传送情报文件等的交通任务。交通站的间距，有二三十华里，便于当日往返。在筑有封锁沟、墙的地方，一般建点于两边的村庄，便于当地人活动，避免引起日伪注意。在敌占区建联络点和选交通员更为谨慎严格，往往由"两面村长"来担任，以利工作开展。③

此时中共在山东农村基层组织的迅速发展，④ 及民众动员等各项工作的深入开展，为交通工作的推进创造了有利条件。因为交通网的筹建，要依靠组织和行政力量，需要"一番复杂而细致的工作：首先经过党政领导介绍关系，了解情况，派干部打通联系，再经过三五趟'直通'的试验，才能沿途分段设站，由直达逐渐转变为分段传送，不断考验，不断巩固提高，最后正式实行各项工作制度，至于建立敌顽区的交通线，那更是

---

① 胡锦亭：《战斗在山东战时邮务战线上》，《山东战邮回忆资料专辑》第2集，第52页。
② 东阿县妇联根据渐风英口述整理《在跑交通的日子里》，中共东阿县委党史资料征集研究委员会编印《东阿党史资料》第2辑，1985，第275页。
③ 周济、曹唤民、张军：《抗日战争时期泰西地区交通邮政工作回顾》，《泰安党史资料》总第18期，第46页。
④ 李里峰的研究表明，抗战时期中共在山东农村支部发展十分迅速，在根据地乡村社会达到了很高的普及程度。参见李里峰《抗战时期中国共产党的农村支部研究——以山东抗日根据地为个案》，《中共党史研究》2010年第8期。

一场尖锐的斗争，必须在党的领导和具体帮助下利用各种关系，如商业、工厂、作坊、学校、团体、道会门旧邮以及伪军人员等，来开展工作，而这就必须具有高度的政治警惕与斗争艺术。因之交通网的建设是一个具有很高水平的技术与政治结合的工作"。① 对各种社会关系的利用几乎成了必要途径。没有关系户时，必须自己开拓，自己定点发展关系，再往前推进。如冀鲁边区在打通一分区至三分区的秘密交通线时采用的办法是：首先在根据地边沿村，托村干部找一可靠的村民，定下第一点（站）；然后让第一点托东南方向10华里左右的亲戚或可靠的朋友定第二点（站）；再以同样方法定第三点、第四点。就这样亲戚托亲戚或亲戚托熟人，共建立了十几个站。每建一站都交代任务、纪律、政策、方法，只发生竖线联系不发生横的联系，② 以确保万无一失。

如此，在开辟新的交通站线工作上，"依靠党政的组织力量和行政力量"，③ 加之细致地广泛动员民众，充分利用亲缘地缘关系的努力，促进了一些地区新的交通站线的顺利建成。如鲁中区于1939年10月以总站驻地柳行岔子（沂南境）为起点重新组建三条交通干线：南线，柳行岔子—垛庄—崮子村—徕庄铺—抱犊崮—大炉（三支站），由三支站设两条支线，东越台潍公路到苏鲁边区的马头（四支站），再南到中共华中局，西去湖西；东线，柳行岔子村—界湖—河阳—土山—滨海五支站（驻莒县桑园村），由五支站南去日照、莒南、赣榆各县，北去诸城、胶县通胶东；北线，柳行岔子村—中峪村—流水头—蒙阴坡里—常庄（一支站），西去鲁西，北通清河区。④ 建立起与周边区域及中共华中局的联络渠道。

敌后山东，山环河绕，地域辽阔，而中共驻地分散，加之日伪"扫荡"、国民党控制区等的阻碍，虽然开辟了新的联络通路，但中共党政军各机关及上下级间的联系仍然不畅，各种文件、书报、指示、决议等不能

① 《山东邮电史稿》上册，山东省邮电管理局史志办公室复制，1982，第104页。
② 殷瑞祥：《艰苦的冀鲁边区报纸发行工作》，山东省邮电管理局史志办公室编印《山东战邮回忆资料专辑》第1集，1988，第679~680页。
③ 《战邮的建设问题——黎政委在省战邮会议上的讲话（节录）》（1944年8月），《华东战时交通通信史料汇编·山东卷》，第124页。
④ 《山东省志·邮电志》（上），第452~454页。

经常按时传递，以致影响到整个根据地的工作。中共山东军政负责人意识到问题的严重性，1940年底，山东分局专门就党的交通发行工作发出指示，再次强调密切上下联系的重要性，要求"各级党委切实讨论"、"具体的布置与彻底的执行"以下交通工作计划。①

根据交通工作绝对秘密的原则，计划规定交通工作与发行工作应当分开，决定由分局起至地委止，一律设交通科、发行科，县委设交通股与发行股，分区委及支部应指定专人负责；除设各科科长（股长）外，得设干事和交通员（内分政治交通与技术交通）、发行员若干人，专门担任交通发行工作；各级交通科（股）由组织部领导，发行科（股）由秘书处收发科兼。同时，计划提出除设经常的交通站外，可设副站，以备发生事故时可由副站通过，不致使工作中断；注重培养技术交通与政治交通。与一般的技术交通不同，政治交通出入于最困难与最复杂的环境，口头传递上下级间的指示或报告等。因此需要文化水准较高、立场坚定、党的观念意识强、头脑清晰、忠实勇敢，要尽量群众化、职业化，最好是由熟悉当地情形的地方干部充任。计划还特别规定了一些具体的技术问题，如来往信件等应力求短小精悍、便于携带，以减少交通同志的困难为原则；机关名称和主要负责人一律采用代号，不得在信件上书用其原来的名称；交通接头地点及符号要经常改变，最好一次一换。偶一失去联络，要派专人报告和接头，必要时用电报接替关系。②

1941年夏，山东分局根据中央北方局关于交通工作指示及交通工作经验，印发《党内交通工作概要》，要求"各级党委必须依据确定之办法与各地之具体情况环境，切实的深入传达，详细讨论，具体布置党内的交通工作"。并"将此册为参考材料，调集干部，开办交通训练班，务于最短时间内，将交通系统完全建立起来"。③

全省各战略区迅速落实上述计划与指示，着手建立健全各级交通组

① 《中共山东分局关于交通发行工作的指示与决定》（1940年12月），《山东革命历史档案资料选编》第6辑，第226页。

② 《中共山东分局关于交通发行工作的指示与决定》（1940年12月），《山东革命历史档案资料选编》第6辑，第228~230页。

③ 《中共山东分局组织部关于印发〈党内交通工作概要〉的通知》（1941年7月），《山东革命历史档案资料选编》第7辑，第188~189页。

织，加强交通工作。如鲁南区一地委交通科很快建立起来，除科长外，另有3名交通员，负责地委与鲁南区党委及各县的交通联系，地委交通科下设交通总站，总站固定在村内，不随机关行动，以便接收各站送来的文件，上下分发。交通站都设1~2个秘密联系的备用接头点，均规定一些联系暗号，在敌情紧张时，接头人员不能直接到交通站联系。鲁南区一地委经过一年多的工作，逐步在所属的几个县设立了交通股并选配负责人，建起了联通区委的交通线。①

由于日伪的频繁"扫荡"和封锁沟墙的构筑，已有交通线不能发挥作用的情况时有发生。开辟新的交通线成为经常性工作。如1941年夏，日军对泰西抗日根据地"合围扫荡"，泰肥山区和平阿山区很快沦陷，在此区域曾设有联络点的村庄，日伪都安上了据点。因此中共调整这两个山区的两条交通干线，改成经由长清过黄河，再经峰山县过津浦路，由灵岩至历城县。到1942年，为适应斗争形势的变化，交通线又转到峰山县内的庞家口过黄河，经薛庄、宋家庄、黑峪、山王峪、青杨村，过津浦铁路，再往灵岩、历城县。同年夏初第三次改道，由长清县城北，经济南市西郊，峰山县的四、五区，孙庄、高垣墙，水泉峪，徐家大沟，黑峪、大王峪、青杨村，过津浦铁路，再往灵岩、历城县。②

在还没有党组织的地方就派干部去先物色合适人选发展党员再开展建站工作。如1941年冬，日伪严密封锁了原有胶东通往鲁中的交通线，导致胶东区与中共山东分局的联系相当困难，有时很长时间才能联系一次。胶东区党委决定在蓝村至高密间的铁路沿线开辟几条新的秘密交通线，于是派出许多优秀干部奔赴蓝村至高密铁路沿线地区，建立秘密交通工作站。曹仲伦就是派出干部之一，他来到胶县马店附近，以木匠身份作掩护，肩扛木锯，走村串户，购买成材木料，暗中进行秘密活动。他虽操一口栖霞话，但由于公开的职业得体，工作又谨慎，所以在马店一带秘密活动一年多，并未引起日伪注意，很快发

---

① 燕鼎：《鲁南区交通工作的回忆》，《华东战时交通通信史料汇编·山东卷》，第349~350页。

② 周济、曹唤民、张军：《抗日战争时期泰西地区交通邮政工作回顾》，《泰安党史资料》总第18期，第48页。

展了一些党员，先后建立了梁戈庄、后寨、河头等秘密交通工作站，打通了铁路沿线日伪控制区的地下交通线，胶东区党委与中共山东分局的联系恢复正常。①

为对抗日伪的交通封锁，中共在不断开辟交通线路的同时，还注重动员组织抗日民众武装，如民众抗日自卫团，包括半脱离生产的基干自卫团和不脱离生产的普通自卫团，协助交通工作。一方面经常寻机破坏敌人之交通运输，如破坏铁路公路、割电线、拆桥梁、拆围墙等，减少联系阻碍；一方面建立通信网，给抗日政府与部队传递情报和抗战书报等。②

战时情势瞬息万变，信息情报的传递一日不可缺。抗战初期中共山东党组织在敌后的交通联络，由起初临时指派人员完成到逐渐建立秘密交通站点，健全组织机构，初步形成交通网络，但联系通路常被打乱，建站辟线工作持续开展，交通站线亦随之时常变动。资料显示，这一时期山东抗日根据地在党政军报社等各有一套交通组织，不仅用人很多，消耗很大，且工作上各自为政，效率不高，本位主义与宗派主义相当严重。鲁中"只泰山区就有六百多交通人员，许多地方是党政军民各有一套交通组织，一线路同时有几个人走，各部都带着一、二封信，不但没有统一组织，工作效率也不高，经常积压完不成任务"。③ 越往上级，联系越差。下级的具体问题反映不上来，上级的指示传达不下去。各地报告上传到山东分局最快的也要迟滞4个月左右，联系不通畅、不及时的现象，给抗日游击战争的开展和根据地建设造成很大损失。中共山东负责人意识到如果不设法克服这一点，将会耽误许多工作。④ 因此，建设统一高效的战时邮局便被提上了议事日程。

---

① 杨景武口述，杨龙庆整理《战时邮政工作回忆》，政协山东省胶州市委员会文史资料委员会编印《胶州文史资料》第5辑，1990，第13页。

② 《抗日民众武装动员方案》（1940年12月3日），《山东革命历史档案资料选编》第6辑，第153~154页。

③ 《战邮的建设问题——黎政委在省战邮会议上的讲话（节录）》（1944年8月），《华东战时交通通信史料汇编·山东卷》，第120页。

④ 《战斗中的山东人民——一九四〇年八月五日李竹如在联合大会上的报告》，《山东革命历史档案资料选编》第5辑，第81页。

二　战时邮局与艰难时期统一交通的努力

为改变艰难环境下联络不畅与交通组织分散、低效的状况，节约人力物力，中共山东分局决定设立战时邮局。早在 1940 年山东抗日根据地迎来大发展时，泰山区即设立了战时邮局，这是山东抗日根据地成立最早的邮局，山东分局曾派赵志刚前去调研，拟在全省各区推广。[①]

1941 年 10 月，中共山东分局、省战工会、山东军区、大众日报社等联合成立了山东省战时邮务工作推进委员会，决定将各机关所属交通机构合并组成统一的战时邮政机构。[②] 基于建政理念，虽曾设想建设包括电话电报在内的统一的邮局，但囿于敌后实际环境，决定只组建一般的战邮组织，统一根据地内的交通机构，"战时邮局之性质系敌后战时环境下的临时组织，与我中华邮局是相互依辅的，并非对立的。战时邮局应尽量协助敌后之中华邮局脱离敌人之劫持，迅速恢复其各原有机构"。[③] 可见，成立新的战邮组织，并不排斥日伪控制下的旧邮机构，而是争取利用，以便利敌后抗日军民间的相互联系。

同年除夕，中共山东分局在沂南马牧池南边的大碾召开全省秘密交通会议，讨论成立战时邮局的具体问题。为纪念京汉铁路"二七"大罢工，决定正式成立时间为来年 2 月 7 日。[④] 1942 年初战工会第一次行政会议通过了《山东省战时邮局暂行组织条例》等，规定了各级邮局组织名称及业务简则等。全省设总局，称"山东省战时邮务总局"（简称"战邮总局"）；主任区设管理局，称"某某战时邮务管理局"；专员区设区邮局，称"某某区战时邮局"；县设县邮局，称"某某县战时邮局"；区或中心村镇设代办所。[⑤] 战邮总局如期成立后不到半年时间，各战略区的邮局相

① 任兆祥：《抗日初期的地下交通》，《莱芜文史资料》第 4 辑，第 23~24 页。
② 《山东省志·邮电志》（上），第 85 页。
③ 《山东省战时工作推行委员会关于建立战时邮局的决定》（1942 年 2 月 7 日），《山东革命历史档案资料选编》第 8 辑，第 152 页。
④ 田洪基：《访老战邮崔玉同志》，《山东战邮回忆资料专辑》第 1 集，第 249 页。
⑤ 《山东省战时邮局暂行组织条例》（1942 年 2 月公布施行），《山东革命历史档案资料选编》第 8 辑，第 185~194 页。

继成立。统一健全各级交通组织，建立各战略区的交通干线，成为新的战邮组织的首要工作任务。①

为配合交通工作的统一进行，一一五师政治部于 1942 年 5 月 8 日发出《山东军区关于交通工作的指示》，决定"将各地交通工作与战时邮局协同进行，由邮局统一领导。望即令所属各军分区及交通站，与邮局密切配合，经常给以具体帮助，密切相互关系"。② 军队在交通工作的统一上态度积极。

由于主客观条件的限制，山东敌后战邮组织的统一、交通干线的开辟困难重重。因为在 1941 年日伪大"扫荡"后，"敌人在山东也如在全华北及其他各占领地区一样，正采用一种军事、政治、经济、文化、特务的蚕食总力战"，多次推行"治安强化运动"，山东抗日根据地大大缩小，军事机动受到极大限制，交通联络受到很大阻碍，财政经济也受到严重的封锁。③ 主观上，"那时各部门的宗派、本位主义还很严重，这个新的工作又被一般人所不了解，干部的宗派思想，造成了普遍的不安心和互不团结"。④ 这就使建设统一的战邮组织的任务更加艰巨，尤其是在基层组织建立颇费时日。

以胶东区为例。1942 年 5 月 10 日胶东区战时邮务管理局在牙前县（现栖霞桃村东南迎驾山村）正式成立，统一管理党委、行署、报社和民运部门的交通组织，党委只保留一部分交通员。在邮务管理局的领导下，各专区和各县陆续设立战时邮局，直至 1943 年乡村邮政局、所才全部建成。建立了东、西两条邮运干线，沿线每 40 里左右设邮站一处，负责接收邮件。从西海区局往西到清河区，往南去南海区局，并由南海区局通达滨海区局，⑤ 打通了与相邻两区的联系。

---

① 《两年来山东战邮工作概况总结及今后任务——赵志刚在山东战邮工作干部会议上的报告》（1944 年 8 月），《山东革命历史档案资料选编》第 12 辑，第 377~378 页。
② 《山东军区关于交通工作的指示》（1942 年 5 月 8 日），《山东革命历史档案资料选编》第 8 辑，第 285 页。
③ 《抗战四年山东我党工作总结与今后任务》（1942 年 10 月），《山东革命历史档案资料选编》第 9 辑，第 70 页。
④ 《两年来山东战邮工作概况总结及今后任务——赵志刚在山东战邮工作干部会议上的报告》（1944 年 8 月），《山东革命历史档案资料选编》第 12 辑，第 379 页。
⑤ 戴开文：《胶东区战时邮务的产生和发展》，《山东战邮回忆资料专辑》第 1 集，第 786~787 页。

相较于战邮组织的设立，实际交通机构的统一更加困难，尤其是带有机密性质的党内交通统一于战时邮局非常不易。1942 年 10 月 15 日，中共山东分局组织部做出关于各级党委交通科（股）划归战时邮局统一管理的决定，明令："将各地党委之交通科（股）一律划归各级战时邮局统一管理，统一供给，原有各级党委之交通科工作人员，完全交归邮局，不得扣留调换，并应尽量充实之。""为保证党内交通任务之完成，战时邮局应保持并健全党内交通密线，为使组织机构发挥更大效力，可由组织部与邮局共同商酌彻底调整之。"保证"密线交通工作不受影响"，"各级党委接此通知后，即应召集邮局负责人（党员）办理合编问题，自十一月份起，一律归并邮局，统一供给；如无邮局建立地区，仍须建立或保留党的秘密交通"。① 显然，保证党的密线交通不受影响是战时交通机构统一的重要前提。

在《大众日报》的发行部及交通总站和党委系统的交通科（股）都合并到战时邮局之后，山东抗日根据地战时邮运交通机构完成统一。为保证各战略区间的联系，机构统一后最大的任务是主动打通邻区，并以之为"建设交通工作中最主要环节"。②

清河区交通邮政工作开展较早，响应也快。11 月 7 日至 11 日，清河区战时邮务管理局召开各县邮局发行干部及党政军报社代表联席会议，设立清河区战邮工作推进委员会，讨论邮局的发行及党内的交通归并问题，针对环境变化，提出不同地区建立交通干线保持联系的主要路径和方法。日占区或国民党控制区：以群众为基础，找好一定社会关系，在铁路、公路及河流两旁建站；利用伪关系（如伪乡、村长及伪军等）建立秘密交通线；利用武装护邮或随同过路部队通过；以某种工作如做买卖、雇工、赶集等掩护通过。整理转化区：利用未暴露目标的原有交通人员及地下工作者等关系建立新路线；穿过敌人不注意的空隙，找好社会关系，建立新路线；把邮站设在农家，利用妇女、儿童、老人传送文件；特殊环境下，

---

① 《中共山东分局组织部关于各级党委交通科（股）划归战时邮局统一管理的决定》（1942 年 10 月 15 日），《山东革命历史档案资料选编》第 9 辑，第 87~88 页。

② 《两年来山东战邮工作概况总结及今后任务——赵志刚在山东战邮工作干部会议上的报告》（1944 年 8 月），《山东革命历史档案资料选编》第 12 辑，第 379~381 页。

不适宜在家庭站交换文件时，可在村外或中途规定一适当地点，确定秘密记号和时间，互相交换文件。①

　　沿用上述途径和方法，清河区邮政组织陆续建立，交通状况有所改善，但实际的联络困难局面并没有完全改变。当时工作报告记载：自1942年12月到翌年1月，清西（长山、邹平、高苑）连经日军几次大"扫荡"，"小清河岸敌密筑碉堡，并在小清河与长山间连挖封锁沟五六条，平均每隔五里的村庄便有敌伪据点一处，我干线支线交通大受影响，支线邮站虽已建立到铁路附近，但武装护邮尚未建立，只借军队过河过路之便，随带运送邮件，故不能保持经常，邮件常有积压现象……干部递信员和代办员尚未完全配备健全，使工作尚不能充分发展"。清东的"寿光根据地情势恶化，转变为敌占区游击区。昌潍根据地与小清河北根据地间之干线交通随发生困难，现河口封冻海路不通，大批邮件之来往，只好趁部队来往过河之便，派人随带运送，每月平均不过三次，不能保持经常，邮件亦有积压现象。从昌潍到胶东的干线，已能保持经常通邮，因环境和工作的需要，清东现已成立专区邮局（兼寿潍县局工作）"，干部及工作人员大体配备就绪，清东工作经此整顿后，已见好转。"清中（博兴、浦台、三边、广北）及垦区（利津、沾化）一带，为我较好之根据地，在此区域内，干线支线交通，均能保持经常，唯因少数局站（如广北）尚有部分干线责任心差，尚有迟押邮件现象，最近即亦告停顿"。②

　　中共善于从实践中不断反思总结，在交通工作上也注重吸取经验教训。1942年12月20日，中共山东分局宣传部印发《接受鲁中区反"扫荡"的经验教训》的通知，就情报交通联络工作具体指示：每个作战区与分区都要设立一个中心情报站与重要情报站，必须有专职干部负责，配2~3名脱产通讯员，最好"灰色"与公开党员配合，平时用公开通讯员，最紧张时才用秘密通讯员；线一定要有主线和副线，点一定要有主要点与次要点，但也不要太多、太复杂（一般有两个就够了）；基点的联络站与

① 《清河区战时邮务管理局工作报告》（1943年1月），李希明编著《山东清河区战邮史话》，石油工业出版社，1998，第47~48页。

② 《清河区战时邮务管理局工作报告》（1943年1月），李希明编著《山东清河区战邮史话》，第52页。

情报站应秘密开展工作，它只能负责送一定地方一定关系的指示文件与情报；中心站要有一专门巡视员，经常巡视各站指导工作。通知还就基点情报联络中应注意的几个重要技术问题规定：定期联系；信不乱交、不乱收、不乱给人看，文件不乱拆；信一定要写地址（用代号），一定要回条，一定要有登记小本，一定要规定代号；一定要规定活点与死点，人的联系与物的联系配合。要求干部加强对情报交通工作重要性的认识，舍得本钱，舍得干部，"负责事前有计划的训练通讯员"。[1] 这些规定对严酷环境下交通站线的设立和维持，无疑有着切实的指导意义。

　　这些秘密交通站点都设置在村民家中或商铺内，民众的支持和掩护至关重要。中共意识到必须切实关注民生问题才能赢得民众的真心拥护。罗荣桓谈道："我们各个抗日根据地如鲁南、泰山区几乎已全部变为游击区；鲁中沂蒙区亦已被封锁割裂，在交通联系及工作指导上深感困难；冀鲁边、泰鲁西，情况更形紧张；同时因为工作基础一般还薄弱，群众在长期战争中忍受着过重的负担和损失，而我们对群众生活的改善又是今天才开始注意，才开始深入发掘出并且还要继续发掘出不少严重复杂的问题，这些，都需要我们非常细心审慎的去解决"。[2] 此时山东抗日根据地减租减息工作的真正开展，即是中共关注民生的具体举措，中共也由此获得了乡村民众的广泛支持，[3] 拓展了交通工作的空间。时任交通员的王希伦回忆："在那艰苦的环境中，三边的人民群众，给我交通人员热心的支持和经常的掩护，使我难以忘怀。如沾南区季姜堂村的吕大娘一家、滨北区的前三庄梁大娘一家，不论环境多么恶化，我们不便带的文件物品交给他们就放心了。敌伪扫荡来不及逃离，到他们家里住下就觉得安全些。平时不论白天夜间到他们家吃喝都随时关照，有了病到他们家无论从生活上还是服药治疗等都深深感到象受到慈母般的温暖和关怀。"[4]

① 《接受鲁中区反"扫荡"的经验教训》（1942 年 12 月 20 日），《山东革命历史档案资料选编》第 9 辑，第 171~173 页。
② 罗荣桓：《坚持我们的边缘游击区》（1943 年 1 月），《山东革命历史档案资料选编》第 9 辑，第 244 页。
③ 参见王士花《群众运动与山东抗日根据地的减租减息》，《河北广播电视大学学报》2011 年第 2 期。
④ 王希伦：《渤海区战邮工作的回顾》，《山东战邮回忆资料专辑》第 1 集，第 703~704 页。

交通员在执行任务时，要穿过敌人的层层封锁线和哨卡，应付各种意想不到的盘查和讯问，稍有不慎，随时都可能被捕甚至危及生命。因此，艰难环境下对交通员的选拔更加严格，对新任交通员注意培养训练。战时邮务总局成立的第五个月，即 1942 年 6 月，就举办了第一期战邮干部培训班，为各区培训交通骨干。各区也相继开办了战邮人员训练班，当时有明确分工，总局负责培训县局长及以上的干部，战略区局负责培训县局长以下的干部，专区局负责培训交通邮务人员。① 由此，战邮工作人员政治和业务技术素质均有提高，成为战时及战后中共邮政通信事业的骨干。

党政军民交通工作自统归战时邮局管理后，尽管能节省人力物力，工作效率较前提高，但在执行中出现了若干偏向和问题。中共总结："在执行合并这个问题上，只是作到了部分的形式上合并，而实际上并未完全合并起来。如党内交通只是供给上由邮局负责了，党报发行只是下合上未合，这是宗派主义思想。"由于宗派主义的严重存在，清河、鲁南、胶东等在合并工作上都存在偏差，形成多头领导（如组织部、报社、政府都是领导关系）且领导上都管都不管的现象；未很好地研究分局决定，以致在党内交通工作合并上，有的就取消了密交，或强调特殊而不进行合并。这都造成了工作上的损失。②

中共报告还批评了合并工作中干部表现出的地位观念及其带来的负面影响："对党内交通工作的合并问题，因为决定了局长兼党委组织部门的交通科长，因为干部思想存在着地位观念，所以长期的在这个名义上，引起了纠纷，影响了工作。有的地区决定了正局长不兼组织部交通科长职，这违反了领导一元化的精神，而也影响局长对这一工作的照顾。但在局长兼此职的地区，又引起了原有干部的消极，认为是降了级，所以工作不安心。如鲁南、滨海、胶东、沂蒙等地区，局长与交通科长，长期的不团结闹宗派，尤其胶东闹得更凶。另外在合并工作上，沂蒙党内交通直到今天才合并起来；清河、胶东、滨海、鲁南都先后取消了密交工作，使邮线交通与密线交通混合起来，也没有明确分工。各地长时期对密交工作关系闹

---

① 山东省邮电管理局史志办公室编印《山东战邮专题资料（交通部分）》，1989，第 13 页。
② 《两年来山东战邮工作概况总结及今后任务——赵志刚在山东战邮工作干部会议上的报告》（1944 年 8 月），《山东革命历史档案资料选编》第 12 辑，第 383～384 页。

不清楚，使工作受到影响。"所以，"各战略区间的联系，除滨海、鲁中作的较好外，一般的是被忽视了，尤其对两个地区边缘区注意更差"。"总局曾提出主动积极的打通四邻的交通工作，但并未引起各战略区严重的注意，总局在执行中也未再三的强调执行，未进行严格的督促检查和具体帮助，所以影响到胶东、清河与滨海地区的长期不通，给了党的工作以很大的损失。"①

为纠正交通合并工作中的上述偏差及继续发展的宗派主义，战邮总局和大众日报社于1943年1月召开庄庄会议，"在朱瑞同志亲临领导下，给宗派主义以迎头痛击，基本上阻止了它的向前发展（但未彻底根除）。在组织形式上，决定了三位一体的一元化领导，使交通发行邮务工作，更进一步的密切结合起来，使之结合成为一体，给山东交通、发行、邮务工作来一个划时期的转变"。②

面临环境持续恶化带来的困难，1943年4月1日，中共山东分局组织部做出关于交通工作的补充指示。再次强调："目前敌后环境又有了大的改变，如敌人对我们的封锁、分割、蚕食、伪化以及连续不断的残酷奔袭、'清剿'、'扫荡'等，使我们的战略区割成若干小块，在相互联络上大感困难，部队也不能象过去那样自由来往；因环境动荡太甚，故电台联络上亦大为减少，今后环境的艰苦当更严重，因此我们应迅速转变过去对交通工作的忽视观点，而应以新的眼光来认识这一问题。各级党委应特别注意党的交通工作即是党的命脉。"要求各级党委加强对交通工作的领导和干部配备，同时提出："为了交通工作更加隐蔽起见，各级党委应协同邮局迅速建设几个'基点村'，即是在各交通干线上挑选几个工作很好的村，用隐蔽的方式把交通站设在那里，并动员全村党员保守秘密，要求在恶劣环境下也能保证交通工作的坚持。"③

为应对日伪"蚕食"、分割、封锁，畅通抗日力量及各战略区间的交

---

① 《两年来山东战邮工作概况总结及今后任务——赵志刚在山东战邮工作干部会议上的报告》（1944年8月），《山东革命历史档案资料选编》第12辑，第386~387页。

② 《两年来山东战邮工作概况总结及今后任务——赵志刚在山东战邮工作干部会议上的报告》（1944年8月），《山东革命历史档案资料选编》第12辑，第385页。

③ 《中共山东分局组织部关于交通工作的补充指示》（1943年4月1日），《山东革命历史档案资料选编》第9辑，第402~404页。

通联系，中共在山东敌后一方面建设秘密联络站点，另一方面又选择日伪控制的薄弱点主动组织军事抵抗，为交通站线的开辟创造条件："为求我根据地某种程度的改善，尤其保持互相交通的顺畅联系，准备在青纱帐起后，各地有计划的组织反蚕食的战役，相机拔除某些薄弱据点，打通与巩固各战略区，恢复可能夺回的经济地区，并打开一些新的游击根据地"，因此拟定了各战略区的具体作战方向，以利打通与邻区的联系。①

经过多方努力，以交通发行为核心的战时邮政工作进展显著。截至1943 年 8 月，山东战时邮务总局已辖管理局 3 个，专署邮政局 10 个，县邮政局 62 个，邮站 86 个，代办所 74 个。以山东分局驻地滨海为起点，形成四大干线：通清河、胶东、冀鲁边大干线——该线共分五段，到冀鲁边一个月左右，到鲁中仅 2 天，沂蒙到泰山 3 天，泰山到清河半个月，清河到胶东十几天，滨海直达胶东之线仅半个月即可到达；通华中大干线——每月来往一次，紧急信 4 天可到；通鲁南湖西大干线——半个月或一个月可达；通冀鲁豫大干线——每月平均一次。② 交通线网初具规模，成为山东军区内外保持联络畅达及物资运送、人员往来的重要通道。

三　抗战形势好转后的交通发展

1943 年秋季开始，山东抗日根据地形势明显好转。根据地逐渐恢复，中共活动区域扩大，以交通发行为核心的邮政工作得到大量发展机会。但由于干部缺乏，邮政工作的发展跟不上客观形势变化，只有鲁中、滨海对新地区工作的开展较好，"与军事行动取得了密切配合"。在中央整风号召下，除胶东、清河外的各区战邮工作干部"都进行了普遍的历史反省，大部分干部改正了不安心工作的偏向"，"对交、发、邮三位一体的认识，在思想上比较更明确了，了解到三个工作基本上是一个工作，都是党的交

---

① 罗荣桓、黎玉：《对保卫夏收与反蚕食战役的命令》（1943 年 4 月 24 日），《山东革命历史档案资料选编》第 9 辑，第 451 页。

② 《山东抗日民主政权工作三年来的总结与今后施政之中心方案——一九四三年八月二十日山东省战时工作推行委员会黎玉主任委员在省临参会一届二次大会上的施政报告》，《山东革命历史档案资料选编》第 10 辑，第 290~291 页。

通发行工作，三个工作应服从一个政治任务，并非鼎立，要真正做到三位一体才行"。①

为在实际工作中促成邮交发的真正一体化，1944年1月5日，中共山东分局做出关于加强战邮交通发行工作统一领导的决定，针对战时交通工作实际中缺乏一元化精神，以致形成没有中心的多头领导，妨碍工作顺利开展的问题，再次强调了战邮、交通、发行工作的重要性，重新就领导关系做了明确界定：各级战邮组织应由各级党委负责总的领导，在政治上及工作原则方针上均由各级党委负责；在行政建制上仍属各级政府（与过去关系同），但在政府领导上须与政府其他各局同受政委会的领导，须照顾到战邮工作的统一规定和领导上的垂直关系。这样就由多头领导改为党政双重领导。②

决定的发出，促使各战略区负责人用心于交通工作。如清河区党委书记景晓村在与下属商谈工作时，专门就交通联络工作提出："①加强铁路两侧的工作，群众工作与敌伪工作，从政治上巩固此交通线。②多选择几条路线分散敌人之注意力，并多设几个交通联络点。③任何结合地带工作之配合在淄长边区组织工作委员会，清河在此活动之部队参加此工作委员会。④巩固长山上之基点，保持这块交通的踏脚石。⑤建议上级准许清河与泰山区通电报。⑥交换文件书报工作经验，领导干部经常通信，加强彼此联络。"③ 战略区负责人的具体部署无疑会促使交通工作的扎实推进。

由于之前经验教训的积累，这一时期建立交通站点的方式更加多样。一般是利用各种关系选点设站，如由党委敌工城市部门介绍一定的敌伪关系；建立封建团体的关系，利用会门、教门、三番子、亲朋加入进去开展工作；利用商业、工厂、学校、作坊等社会关系；运用群众力量争取对敌"合法"斗争，反对敌人封锁；利用旧邮局的关系；与武工队、武交队配合开展工作；利用伪政权和伪军人员的关系；等等。④ 再以清河区为例。

---

① 《两年来山东战邮工作概况总结及今后任务——赵志刚在山东战邮工作干部会议上的报告》（1944年8月），《山东革命历史档案资料选编》第12辑，第387~388页。

② 《中共山东分局关于加强战邮交通发行工作统一领导的决定》（1944年1月5日），《山东革命历史档案资料选编》第11辑，第237~239页。

③ 《景晓村日记》，1943年8月21~25日，第204~205页。

④ 《山东战邮专题资料（交通部分）》，第58页。

1943 年秋，清河区蒲台县委决定成立蒲（台）、利（津）、滨（县）三边办事处。县委通往蒲、利、滨三边办事处各邮站的邮路特别复杂，不但有日伪据点，而且还有国民党县政府机关、县大队的游击活动，伪县长盖兆坡的活动区域主要是黄河河套区。这条邮线的开辟和蒲、利、滨三边邮站的建立，即利用了各种关系。据被派去建站的邢润山回忆，去建站时，"县委指定三区民运干事张道传协助，张道传同志的父亲是基督教道首，女婿住在黄河大堤上，对黄河两岸地理人情很熟"。在他们的协助下，邢润山等才得以安全通过河套区到达滨县大王庄，通过大王庄"铁板会"道首王某某，基督徒王学孔，终于和杨董庄石学孟邮站取得联系。经此又和滨、利、沾三边县工委邮站取得联系，这条邮线才建立起来。①

从 1944 年起，大批日伪据点、碉堡和封锁沟被拔除，交通工作的困难减轻。许多地方的交通站由秘密转向公开，从山区转向半山区及平原地带，交通路线除通过封锁线及敌据点的区域仍在夜间行动外，大部分交通线路避开敌点均能白天通行。为总结各战略区党内交通与战邮合并三年多来的工作，筹划新形势下的进一步发展，战邮总局于 6 月 1 日召开工作会议，中共山东党政军负责人罗荣桓、黎玉等均到会做报告。会议批评了环境好转后主张取消密线交通的太平麻痹观点，强调没有秘密交通工作，政治任务就会失去保证；要求改进交通工作下行快、上行慢，以致下边情况不能及时向上反映的问题；深入研究通过敌占城市及敌顽占区的机要交通技术，使交通工作与城市工作密切结合起来。② 会议精神的落实促进了交通工作的日益完善，也预示着交通工作随形势发展向城市的延伸。

截至同年 8 月，山东抗日根据地战邮组织较 1942 年增加了 1 倍多，已有 2400 多人在为战邮工作服务。③ 其中从事交通工作的人员已发展到 1800 多人，占战邮员工总数的 75% 以上。他们的艰苦努力，使交通联络工作取得了显著成绩，开辟了 17235 华里长的主要邮线，其中主要干线

---

① 邢润山：《战邮工作的回顾》，《山东战邮回忆资料专辑》第 2 集，第 335~336 页。

② 任兆祥：《抗战时期山东的机要交通工作》，《文史资料选辑》1982 年第 1 辑（总第 38 辑），第 49~51 页。

③ 《两年来山东战邮工作概况总结及今后任务——赵志刚在山东战邮工作干部会议上的报告》（1944 年 8 月），《山东革命历史档案资料选编》第 12 辑，第 389~392 页。

12 条，计长 9257 华里。但各战略区交通工作的发展并不平衡。据山东战邮总局工作总结，在"争取时间，掌握干线，打通邻区，主动联系"方面，滨海和鲁中、鲁南做得较好，而胶东和清河在打通与邻区联系上就很差。①

就渤海区而言，其内部联系也不顺畅。1944 年该区"交通工作上，一、二、三分区的工作还是最弱的一环"。② 当年初夏时节，"渤海区党委同处于敌占区的一、二、三地委，已有四个月取不上联系，给革命工作的开展带来很大的困难，区党委十分焦急"。于是派交通员利用各种方式，避开日伪的视线，抄近路，来回一共用了 18 天的时间，在野外住了 9 晚，才与三地委取得联系。③

针对战邮工作存在的不足，根据"党活动到哪里，我们就畅通到哪里"的方针，1945 年的交通工作主要是密切交通联系，以主要干线为重点，彻底整理与建设，保证经常畅通；改造区村交通，使上传下达速度一致，保证邮件安全畅通，不丢失，不积压；整理与建设敌顽区的交通，建立密站，整理扩大武装交通，保证在任何情况下不失掉联系。随着抗战形势的顺利发展，各战略区的交通路线迅速伸展，并随各专区领导中心的转移，重新调整交通路线，减少走弯路情况。交通组织不断健全，工作人员配备充实，添设、改进交通工具。如渤海区，1945 年前清河到冀鲁边，只有陆上一条密线能联系，联络困难。1945 年上半年，集中力量建立了清河通冀鲁边的三条干线，即沾阳线、青边线、海上密线和一、二、三分区的交通线。侦通连、交通站合并到战时邮局后，一、二、三分区的交通工作统一了组织领导，迅速发展。执行了日夜不停的邮递制度，提高了邮递速度，较同年春提高 2～10 倍。④ 交通工作的迅速发展，又暴露出新的问题。如：新路线过长，新人员增加，各项制度执行均不严格，遇到恶劣天气或土匪阻碍，邮件积压严重；因环境影响联系中断时，通邮得不到保

---

①　《两年来山东战邮工作概况总结及今后任务——赵志刚在山东战邮工作干部会议上的报告》（1944 年 8 月），《山东革命历史档案资料选编》第 12 辑，第 394～397 页。

②　《山东战邮专题资料（交通部分）》，第 132 页。

③　刘福来口述《执行地下交通任务的一段经历》，中共无棣县委党史资料征集研究委员会办公室编印《中共无棣县党史资料·综合部分（1933～1981 年）》，1983，第 172～173 页。

④　《山东战邮专题资料（交通部分）》，第 134～137 页。

证，文件跟在部队后面，也有些收发员不主动联系就自动退回；交通员不爱护交通工具，不爱护邮件，扣留文件；对交通员的配备不注意成分，平素缺乏教育等。① 这些问题恐非渤海区独有。

到抗战结束时，山东抗日根据地共建立滨海通北方局（2500里）、华中（700里）、湖西（670里）、胶东（1000里）、渤海（957里）5条主要邮运交通干线，计长5827里。"建立了日夜不停的出发制度，在速度上已提高到一倍到八倍。如通北局干线上的滨海到鲁中段，一百三十余里，二条公路二道大河，最初是七天，以后改进为四天，现在普通班一天半，快信班只用半天即可到达。"② 因为抗战大反攻，打破了日伪封锁，路程缩短，交通联络较前顺畅快捷，各战略区间联系密切。

四　交通工作的特点与贡献

中共在山东敌后抗日斗争，不可或缺的交通工作历经曲折，初期交通组织分散而低效，后期才形成统一的战时邮局，各方联络情况逐步改善。交通工作的开展，旨在冲破日伪的重重封锁，通过多种路径与方法开辟交通站线，形成无形的交通网络；交通任务的完成，多凭借交通员的巧妙化装、机智应对、坚忍不拔甚至武装护送；交通工作基本都是秘密的，其开展以党的组织发展工作为基础，更离不开民主民生工作所获得的民众的拥护，以及统一战线旗帜下各种社会关系的配合及对伪军政机构的利用。

交通站是地下交通线的关键节点。交通站点及交通员的选择需考量多种因素。为保证交通任务的完成及交通员的安全，政治上可靠、地理位置适宜、正当职业掩护是必要条件。因此，建站的村庄一般会选择有党组织、群众基础好，且地处偏僻的小村庄。交通员、联络员要住在村头、街口，以利隐蔽，也便于应对突发情况。③ 交通站有的设在村民家中，有的

① 《山东战邮专题资料（交通部分）》，第137～139页。

② 《山东省战时邮政建设概况》（1945年8月），《山东革命历史档案资料选编》第15辑，第306页。

③ 周济、曹唤民、张军：《抗日战争时期泰西地区交通邮政工作回顾》，《泰安党史资料》总第18期，第48页。

以经商开店作掩护。如冀鲁边通清河区的咽喉要道、地处黄河北岸的沿河镇，有家"德兴昌"酒铺，就是中共的一个地下交通站，其多次成功转运军火等重要物资。① 平原县有个地下联络站，以茶庄作掩护，对外名称是"益成茶庄"，除传递文件情报外，也负责为抗日部队转运武器和药品。② 这样以商号为掩护的交通站不胜枚举。商铺内人员进出、物资卸运都是常事，不易引人注目，因此中共的许多秘密交通站或联络点就设在店铺内。

妇女、儿童、老人也会被选作交通员，有时会运送不宜公开运送的物资。如邹东根据地田黄区有位年过半百的女交通员郑芍桂，她为了应对日伪盘查，常常乔装打扮，巧妙周旋。有时胳膊上挎着一个小篮子，里面放些针线之类，扮作一个走乡串村卖针线的老太婆；有时挎着一只破篮子，里面放一个破碗及一些地瓜干、糠煎饼、菜窝头之类，手中攥一根打狗棍，穿一身补丁摞补丁的粗布衣，扮作一个讨饭的乞丐；有时手拎一个小包袱，里面包上半刀火纸，扮成回娘家上坟烧纸的。她有时把情报缝在衣服的破补丁里，有时放到鞋子里，有时藏在头发里，有时放在菜窝头里。她就这样执行交通任务达四五年之久，从没出过一次差错。③ 胶东区有位女交通员刘振卿，1941年秋成功把四袋钱运达目的地。④

在日伪据点林立、封锁沟墙成网的严酷环境下，交通员为完成任务需要与群众打成一片，沉着、灵活、果断、机智地应对各种复杂处境。他们根据地域、时节、民情进行巧妙伪装，方法多样。⑤ 交通员李长义回忆，他有时化装成卖菜的，有时担着柴草扮作卖柴的。有时把文件缝在衣服里，有时装在钱褡子里层，还有时放在鞋子里，总之要经常变化，以防被敌人搜查出来。1943年春天，他接上级指示护送过一名女同志，因她是短发（当时女同志剪短发一般被敌人认为是八路军），"怕路上发生危险，

① 韩克顺：《地下交通站》，惠民地革委政治部编《烽火燎原——渤海地区抗日战争故事集》，山东人民出版社，1975，第29~42页。
② 纪明昆：《我军的一个地下联络站——益成茶庄》，政协山东省平原县委员会编印《平原文史资料》第7辑，1992，第118~120页。
③ 张正瑞、张中才：《记女交通员郑芍桂》，政协山东省邹县委员会编印《邹县文史资料》第7辑，1989，第112~114页。
④ 吕向华：《地下交通员——记刘振卿同志地下斗争事迹》，烟台市妇女联合会编《胶东巾帼》，山东省出版总社烟台分社，1986，第136页。
⑤ 《山东邮电史稿》上册，第107页。

就向老乡借了假发，挽上髻，插上花，又让她换上花衣服，找一个老乡用小木车推着她，装成走娘家的样子，顺利地通过了敌据点，完成了护送任务"。① 又据东平县后屯联络点交通员回忆，信件的传送，根据不同情况而定，凡是紧急信件，多是几个字的小条，可以放在木匠的凿库里，外面用木柄堵上；把赶羊的鞭杆凿个小洞，将信塞在里边，再用皮鞭一缠，赶着一群羊，谁也查不出；秋天把信放在白菜叶里，外面用芋藤一捆，挑上几棵白菜，也很安全；夏天塞在锄柄里，冬天塞在棉鞋里，办法多得很。② 再如鲁西北禹城韩寨的交通员为把上级发给的四支短枪带回，特意用独轮车装了两筐鲜桃，把枪藏在底下，以贩运的鲜桃为掩护，把枪顺利带到了韩寨。③ 总之，交通员除政治上可靠外，还要胆大心细，机智灵活；藏文件的方式多种多样，以不引起注意、确保安全为原则，乡民的智慧在交通工作中得到充分施展。

交通员不仅要应对环境的艰险，而且要克服交通工具缺乏等物质方面的困难。在抗战形势好转前中共在山东的交通工作多是凭着交通员的两条腿，他们不走固定的道路，不宿固定的地点，踏着漫长的羊肠小道，爬过高山峻岭，越过深沟大河，履冰涉水，披星戴月，在日伪的空隙中穿行，在山头上分发和处理邮件。在充满艰险的交通线上，交通员不畏艰险，吃苦耐劳，忘我工作，机智勇敢地同敌人周旋，体现了不怕牺牲、万难不屈、勇往直前的精神。特别是在日伪顽对根据地分割、封锁、"蚕食"，四面包围、三方夹击的严峻形势下，常常是敌人驻在山头上，交通员在沟底走；敌人驻扎山前，交通员在山后行；敌人白天来，交通员夜间走；敌人前面走，交通员后面行。有时还要冲过敌人的枪弹火力网，翻过封锁墙，越过封锁沟。④ 其中的艰辛和危险非今人所能想象，有些交通员甚至

① 李长义口述，扈德玉整理《我在战邮的一段生活》，《山东战邮回忆资料专辑》第1集，第224页。
② 李伯林口述，郑毓汉整理《抗日战争时期后屯的地下通讯联络工作》，中共山东省东平县委党史资料征集研究委员会编印《东平党史资料》第2辑，1984，第41页。
③ 韩云亭：《韩寨地下交通站》，政协禹城市委员会文史资料委员会编印《禹城文史资料》第9辑，1997，第96~99页。
④ 马生山：《鲁南战邮建立前后的片段回忆》，《山东战邮回忆资料专辑》第2集，第214~215页。

付出了生命的代价。据 1944 年 8 月不完全统计，"两年来战邮人员就牺牲了将近七十个同志"。①

中共注重保护乡民政治经济权益，由此获得民众的支持与拥护，是交通工作推进的重要保障。交通员必须遵守的秘密工作规则之一即是"遵守群众纪律不得违反群众一点利益"，而且明确要求"过路干部之粮票费用，均归自备，局站概不负责"，"过路干部之居住饮食三人以下者，由所经局站负责但必须付带粮票"，② 以尽量免除或减轻民众经济负担。曾由地下交通员护送去太行汇报工作的萧华对民众的掩护体会颇深："我们能够从敌人的眼皮底下安然通过，真切地感受到了人民怀抱的温暖，看到了广大群众的力量是伟大的、坚不可摧的。"③

统一战线也是中共在山东开展交通工作的重要凭借，不仅建站时利用各种社会关系，实际传送文件和报纸时还利用过国民党的邮政机构。如1942 年山东战邮总局成立后即注意利用为国民党军事通信服务的中华邮政军邮局并与之建立联系。当时驻在沭水县板泉镇的一个中华邮政军邮站，中共战时邮局就曾与之建立过友好合作关系。因"中华邮政"在沦陷区仍能"合法"存在，以此掩护从国民党大后方一直延伸到驻山东的国民党东北军于学忠部队的一条军邮局联络线，外表上穿着绿号衣的中华邮政员工，实际上传递的是国民党的军邮信件。在日伪封锁严重时，中共通过他们把一小部分《大众日报》发往胶东。④

抗战环境恶化时交通工作还利用伪政权作掩护。胶东战邮即在敌占区利用各村的保长、甲长建传递站完成一般文件书报的传递任务。⑤ 一些"白皮红心"的两面政权人员，表面上为日伪工作，暗地里却是中共的可

---

① 《战邮的建设问题——黎政委在省战邮会议上的讲话（节录）》（1944 年 8 月），《华东战时交通通信史料汇编·山东卷》，第 120 页。

② 《战邮工作条例》（1944 年 9 月第一次省战邮会议通过），《华东战时交通通信史料汇编·山东卷》，第 161~162 页。

③ 肖华：《从山东到太行》，温民法、刘国贤、柴廷岭编《在特殊战场上——冀鲁豫军区沙区办事处的斗争》，中共内黄县委党史资料征编委员会办公室，1985，第 240 页。

④ 何子朋：《我战邮同中华邮政的一段联系》，《山东战邮回忆资料专辑》第 1 集，第252~253 页。

⑤ 宫振刚：《胶东战邮的部分情况》，《山东战邮回忆资料专辑》第 2 集，第 416~419 页。

靠交通员，甚至是交通站站长，对战时中共的交通联络贡献不小。①

对伪政权管辖的山东旧邮局，中共积极争取其回到抗战救国的立场上来，允许它在根据地存在。起初偶尔还利用它把报纸和宣传品寄往敌占区或国民党控制区。② 对"服务于旧邮局之人员"，"努力从各方面争取和他们建立各种秘密关系使有助于我"。③ 中共还直接派人潜入日伪邮政机构，暗中担负与根据地联络的重任。如鲁西北高唐县的徐立生，即是在1940年打入禹城日伪邮电局工作的地下党员。他利用邮递员的"合法"身份，秘密传送党的信件和军事情报，使高唐党组织与根据地一度中断的联系得以恢复；还秘密启封敌人来往信件，获取敌人的机密情报。后来，他又将从事邮递工作的弟弟徐立才发展为地下交通员。从1940年冬至1943年底，他们兄弟二人，为保持上下级的联系，做出了贡献，被党组织赞誉为"特殊身份"的交通员。④

交通工作的秘密性要求利用一切可能的条件。平原地带高秆农作物长到一定高度，成为中共开展游击抗日活动的天然屏障，也为交通工作的开展提供了极大便利。抗战时期负责交通工作的任兆祥回忆，"交通工作最有利的季节是青纱帐时期，这时敌人龟缩在碉堡据点里不敢出来骚扰，我们不论传送文件、护送干部，或是物色地下交通人员，建立联络点，布置交通线，迎接秋冬季敌人对我根据地的扫荡，争取反扫荡的胜利，都比较方便"。⑤ 秘密交通员的联络方法是单线联系，"传送信件固定好时间、地点，如一、四、七或二、五、八，一般是在黄昏时分活动，地点在野外独树下、坟地或水井旁。规定好暗语或手势，接头前双方都远离接头点，到时间慢慢靠近，迅速传送信件后，规定好下次接头地点很

---

① 周济、曹唤民、张军：《抗日战争时期泰西地区交通邮政工作回顾》，《泰安党史资料》总第18期，第45页。

② 《山东邮电史稿》上册，第221页。

③ 《山东省战时邮局建设方案》（1942年2月），《华东战时交通通信史料汇编·山东卷》，第107页。

④ 张金洪整理《战斗在地下交通线上——地下交通员对敌斗争故事》，中共高唐县委党史资料征集研究委员会编印《烽火春秋——高唐民主革命时期党史资料专集》，1989，第219~220页。

⑤ 任兆祥：《抗战时期山东的机要交通工作》，《文史资料选辑》1982年第1辑（总第38辑），第51页。

快离开"。①

　　交通员不仅负责传送情报、文件、重要物资等，而且战时各地区间人员往来、干部调动、巡视检查工作、学员到校及分配等大都由交通员护送带路，并照顾其食宿。因战邮交通员熟悉道路、与群众关系好又基本掌握敌情，途中很少发生意外。禹城韩寨交通站仅1941~1943年就向外输送参军参政的青年兵员20多人、学员10余人。② 交通员还经常为中共抗日武装过封锁线当向导。如1943年秋，滨海区十三团的两个主力连要过台潍公路封锁线，往北开辟莒诸边区，就是由设在公路北侧15里处朱马院的秘密联络站站长胡锦亭及该站交通员负责带路顺利通过的。③

　　因为交通员还承担着书报发行工作，所以许多交通员不仅担负着联络传输任务，有时还有宣传作用，他们千方百计地找关系、想办法，将报纸、宣传品送入敌据点、碉堡。对此交通员体会最深：党报的作用确实很大，只要在敌占区及时投送，而且又是近几天的报纸，便可说明八路军未走，武工队还在，反动势力就不敢抬头。倘若十天半月不见武工队，也不见报纸，那情况就不同了，谣言四起，工作难做。所以抗战时期武装斗争、地下活动、政治宣传、信息的传递是一日也不可缺少的。交通工作成为抗日战线上不可缺少的组成部分。④

　　由于战时交通工作既传递党的机密文件、情报，护送干部，又负责一般信件传递，因此，交通线共分两种，即邮线交通与密线交通。在传递文件时，有的采用根据地内在邮线站上附设政治交通员，每天与邮线交通共同出发，文件分别携带，互相照应，如遇有情况，密线交通即单独活动；有的采用快信班制，地委级以上机关的密件随来随走或定时出发的直达办法；有的采用邮线与密线分开进行，互不发生关系。这三种办法，以第一种效果较好，不但迅速，人员也精简。⑤ 密线不论利用社会关系还是敌伪

①　姜长瑞：《回忆抗日战争中的两件事》，政协宁津县委员会文史组编印《宁津文史资料》第7辑，1987，第7~8页。

②　韩云亭：《韩寨地下交通站》，《禹城文史资料》第9辑，第98页。

③　胡锦亭：《战斗在山东战时邮务战线上》，《山东战邮回忆资料专辑》第2集，第50~58页。

④　于一：《我的战邮生涯》，《山东战邮回忆资料专辑》第3集，第52页。

⑤　《山东战邮专题资料（交通部分）》，第23~24页。

关系，都只能传送一般性的秘密文件，重要机密文件必须经政治交通员直接送达。①

根据战争形势和所处环境变化，交通站线需要不断进行调整，交通网络经常处于变动之中。战时交通线——邮路不仅分布在根据地里，而且也要伸展到游击区、顽占区和敌占区。②

在处境极为艰难的时期，单纯依靠秘密的、隐蔽的交通方式不能满足需要，武装护邮成为必需，武装交通队在保证各战略区交通联络的畅通方面发挥了突出作用。中共山东分局于1942年3月4日电令各军区建立"武装交通"，专门负责护邮工作，其建制仍归军队，但工作上受战时邮局领导。年底各战略区的武装交通组织相继建立起来。到1944年上半年，全省成立的小型武交队有11个，队员达224人。③ 微山湖大队就是专门为保护微山湖交通线的畅通而于1942年组建的武装交通队，到抗战胜利时已从10人发展至100余人，安全护送过刘少奇、陈毅、陈光、萧华、朱瑞等千余名干部，传递文件、转运物资等更是不计其数。④ 武交队定期来往于游击区和敌占区，利用各种社会关系并以武装斗争的方式，冲破敌人的封锁完成交通任务，在维持山东被分割的各战略区间，及山东与延安、华北、华中的交通联络上，起了重要作用。

战后萧华曾回忆："抗日战争时期，我们的许多根据地孤悬敌后，处在敌伪势力的分割包围之中，相互间的往来极其困难。广大地下党员和游击区的干部，凭着党的群众路线和统战政策，在这些根据地之间迎送各级领导，为赢得战争的胜利，发挥了重要作用。在抗日战争最艰难的时期，我曾从山东去太行山八路军总部汇报工作，横跨晋、冀、鲁、豫四省交界处的敌占区。沿途那充满传奇色彩的日日夜夜，至今还深深留在我的记忆里。"⑤

① 任兆祥：《抗战时期山东的机要交通工作》，《文史资料选辑》1982年第1辑（总第38辑），第52页。
② 《山东邮电史稿》上册，第103~104页。
③ 《山东邮电史稿》上册，第111页。
④ 张新华：《微山湖上的交通线》，《济宁文史资料》第2辑，第58~59页。
⑤ 肖华：《从山东到太行》，温民法、刘国贤、柴廷岭编《在特殊战场上——冀鲁豫军区沙区办事处的斗争》，第235页。

抗战时期，深入山东敌后农村抗日的中共，虽与现代交通工具无缘，通信设备紧缺，但凭借细致扎实的基层组织发展及统战对敌等工作，运用组织和行政力量，充分发挥民众的力量和智慧，利用各种社会关系以及伪军政机构，借社会、人文、地理、自然之便，适时运用武装力量，冲破日伪的严密封锁，建立并维护着秘密、无形、流动的交通网络。交通员不畏艰险、英勇机智、吃苦耐劳，甚至不惜付出生命的代价，使根据地文件、情报、书信的传递以及重要物资和干部的输送得以实现。交通工作"不仅起了根据地的输血管和桥梁作用，而且也担负了文化上的传播作用"。[①]它便利了各战略区党政军机关的内外联络，保障了军事、政治、经济等各项工作的顺利开展，极大地促进了山东抗日根据地的建设与发展。在极端困难的环境下，山东抗日根据地的战邮工作，由简单的交通组织发展成交通、发行、邮务三位一体的一元化组织，这在敌后交通工作历史上是不多见的组织形式，[②] 为战后山东解放区的交通工作及新中国成立后山东的邮政建设打下了坚实基础。

---

① 《两年来山东战邮工作概况总结及今后任务——赵志刚在山东战邮工作干部会议上的报告》（1944 年 8 月），《山东革命历史档案资料选编》第 12 辑，第 400 页。

② 《两年来山东战邮工作概况总结及今后任务——赵志刚在山东战邮工作干部会议上的报告》（1944 年 8 月），《山东革命历史档案资料选编》第 12 辑，第 415 页。

第十三章　根据地的国民教育

中共深入山东敌后农村创建游击根据地后，在有条件的地方，恢复因日军入侵而停顿的中小学校等教育，普遍设学，推行国民教育；同时因陋就简，利用农村冬春两闲季节，开办民校、识字班、冬学、庄户学等，面向普通的农村大众，宣传抗日，提高他们的文化政治水平，发展根据地的文化教育，[①] 以便顺利开展民运工作，促进抗日根据地的各项建设，保障其巩固与扩大。受战时环境影响，山东根据地的国民教育随抗战形势变化，经历了一个逐渐恢复、调整和改革的过程，教育正规化进程不畅，带有显著的政治军事色彩。

一　根据地教育体系的初步建立

教育是国家建设与民族文化发展的重要方面，对国家民族命运影响深远，向为各派政治力量所重视，战时亦然。抗战爆发后，国民党山东省政府主席韩复榘迅速退却，行政组织瘫痪，在战乱和恐慌中教育机构废弛，除几所高校和部分中学南迁外，山东学校大部停办。日伪在占领区陆续恢复教育设施推行奴化教育。中共在山东深入敌后农村组建武装游击抗战、建立抗日政权后，开始注意教育的恢复工作。如 1938 年，中共山东地方党组织最早建立的蓬、黄、掖抗日民主政权，很快即着手开展教育工作，组织国防教育委员会、工学团等，创办胶东公学、蓬黄联中、招掖联中、掖县县立师范、鲁迅小学、理琪小学等，8 月颁布了17 种教育章则以推行乡村国防教育。[②] "国防教育"即是毛泽东在七七

---

① 抗战时期的文化教育内容广泛，干部教育是其中重要的组成部分，但毕竟不同于一般的国民教育，故本章对干部教育的相关内容基本不做展开讨论。

② 《北海区一九三八年至一九四○年政权工作总结》（1940 年 5 月），山东老解放区教育史编写组编印《山东老解放区教育资料汇编》第 3 辑，1985，第 1~3 页。

事变后所提，"在坚决抗战的方针之下"，"根本改革过去的教育方针和教育制度"，"一切使合于国防的利益"的教育，[①] 这是山东根据地发展教育的基本方向。

1939 年 6 月至 1940 年 6、7 月，由于中共山东地方党组织领导的抗日武装力量的迅速成长与八路军主力入鲁，山东抗日根据地迎来大发展的局面，这"是山东抗战全般工作的大发展和扩大、巩固、统一、深入的时期"，[②] 因而根据地的教育工作也正式提上中共山东负责人的日程。

1940 年 6 月，中共主持召开山东文化界人士战地国民教育座谈会，讨论战时国民教育的内容、学制和实施方法等问题。李竹如在总结发言中首先强调教育是为政治服务的，关于抗战时期根据地教育的基本方针与内容等，他谈道："抗战时期要有抗战的教育，也就是要有新民主主义的教育"，"它的内容：（1）灌输并统一抗日建国的思想与精神；（2）训练足够的抗日与建国的干部"，"只有在反敌伪反顽固的斗争中，只有在驳斥一切'奴化教育'、'分裂教育'、'反共教育'、'亡国教育'中，才能树立起新民主主义教育的旗帜"。[③] 这就规定了抗战时期教育不同于往常的特征，即鲜明的政治性和战斗性。关于国民教育的领导机构，主张在政府委员会或参议会之下设教育委员会以确定教育的具体原则与方针，由各级政府的教育科来具体组织教育工作的实施。李竹如还提出了设学、学制、教材、经费等教育基本问题的政策意向。[④] 这表明抗日民主政权已对学制、课程、教材、师资、经费等教育的基本问题进行过研究讨论。

在抗战三周年纪念日，陈明进一步指出开展根据地国民教育的重要

---

① 《反对日本进攻的方针、办法和前途》（1937 年 7 月 23 日），《毛泽东选集》第 2 卷，第 346~348 页。

② 《从国际到山东——一九四〇年七月二十八日朱瑞在联合大会上的政治报告》，《山东革命历史档案资料选编》第 5 辑，第 18 页。

③ 《论战地国民教育——李竹如在战地国民教育座谈会上的总结》（1940 年 6 月），《山东革命历史档案资料汇编》第 4 辑，第 331~333 页。

④ 《论战地国民教育——李竹如在战地国民教育座谈会上的总结》（1940 年 6 月），《山东革命历史档案资料汇编》第 4 辑，第 335~337 页。

性和迫切性，要求"动员一切知识分子、小学教员开办师资训练班、中学校等，去解决教育的干部问题。把所有的学田、庙产、公产充作教育经费，不够时再由政府给以补助，做到学生免费受教育与教员生活的改善。同时要各县设立民众教育馆，领导与组织各村的俱乐部、识字班、夜校、戏剧、墙报、巡回图书馆、流动剧团、读报、歌咏、说书等工作"。① 把教育工作当作抗日政权中心工作任务之一，足见此时中共已有余力全面开展根据地教育，利用统一战线政策解决师资培养问题，力求通过学校和社会教育机构在乡民中普及文化知识，体现了根据地教育的大众化追求。为保障根据地教育工作的切实开展，同年 8 月 1 日成立的战工会专设教育组（1941 年 3 月改为教育处），杨希文任组长、李竹如任副组长，这是山东抗日根据地第一个省级教育行政机构。②

8 月 7 日，战工会颁布《山东省战时施政纲领》，关于教育明确规定："普遍实施新民主主义教育，发展文化事业，培养专门人才，发扬民众抗战精神，粉碎敌人奴化教育。广设各种训练班及军政干部学校，改革学制，改编教材，普遍设立抗日小学及成年民众学校，使得儿童、青年、妇女及工农大众，都受一定时间免费强迫教育；改良私塾，加强私立学校之领导，一律采用抗日教材；改善小学教员待遇，大量培养师资；整理并筹划地方教育经费；普遍设立民众教育馆、教育巡视团、农村俱乐部；普遍举办地方报纸，推办社会教育；厉行扫除文盲，促进社会文化教育及提倡正当娱乐。"③ 这样，就把前述中共在抗战时期推行教育工作的方针、内容、方法、目的等，以纲领性文件确定下来。

关于具体的设学范围、学制、教材、教员待遇等，战工会秘书长陈明在报告中提出：（1）"普遍设立小学，五十户以上之村，每村一初级小学，每乡与区设一完全小学，实行免费强迫教育。各小学一律附设民众夜校，使所有失学男女青年、成年受一定时期之免费义务教育"。

① 陈明：《山东抗日民主政权工作与当前任务》（1940 年 7 月 7 日），《山东革命历史档案资料选编》第 4 辑，第 378 页。

② 《山东教育通史·近现代卷》，第 376 页。

③ 《山东省战时施政纲领》（1940 年 8 月 7 日），《山东革命历史档案资料选编》第 5 辑，第 134~135 页。

（2）"广设中学与公学，各专署设一能容三百至五百人之健全中学，行政区设一能容五百至一千人之抗日公学或民族公学，分设普通、师范、职业、农林等科"。（3）"广设农村俱乐部及民众教育馆。五十户以上之村应设一俱乐部，区乡设中心俱乐部，县设民众教育馆，领导社会文化娱乐工作，进行社会教育工作"。（4）改革学制：小学基本学制为四二制的六年制；敌后抗战时期的临时办法为二、二、二制，以便逐步完成基本教育；每年分三个学期，农忙时放假。（5）改革教学方法。（6）编制新教材。（7）开展冬学运动。（8）提高教员待遇。[①] 根据地教育的基本体制于此可见雏形。

截至 1940 年底，中共在山东抗日民主政权建设方面有较大进展，这为根据地国民教育的推行提供了政治保障和可行空间。12 月 22 日，战工会制定《山东省战时国民教育实施方案》，在明确新民主主义教育方针的基础上，结合敌后根据地的具体环境与实际需要，为国民教育工作制定了具体的实施原则和方法等。提出："以工农大众为主要对象，实施免费的普及教育"；"改善教育内容，加强政治教育，实施教育与实际生活统一的教育"；"注重基础教育，成人与儿童并重"；"实施集体主义的自我教育，学校教育与社会教育并重"；"改订学制，提高入学年龄，缩短学习年限，加强教育效能"；"学校组织与设备，在不妨碍教育进行的原则下，务求简单化、军事化"；"实现知识大众化、社会教育化、文化组织化的原则，定期消灭文盲"。[②] 显然，该方案旨在使以往因贫困等不能入学的普通乡民，不论年龄大小，都能获得受基础教育的机会，以切实提高村民的文化知识和政治认识水平。

为加强对具体教育工作的指导与监督，该方案规定，行政主任公署及专员公署设文教处（科），下设学校教育、社会教育两科（股），及视导、编审两室；县设文教科，下设学校教育、社会教育两股及视导室；区设文教助理员；乡村设教育委员并采学区制，以中心小学兼管乡村教育行政，

---

① 《山东抗日民主政权工作——战工会秘书长陈明在山东省行政会议上的报告提纲》（1940 年 9 月），《山东革命历史档案资料选编》第 5 辑，第 377 页。

② 《山东省战时国民教育实施方案》（1940 年 12 月），《山东革命历史档案资料选编》第 6 辑，第 197~198 页。

乡政委员会教育委员可兼中心小学校长。各级政府可以根据需要，从同级参议会、政府、动委会、抗日党派、抗日驻军代表及学生会、群众团体、教育工作者、文协等机构与团体中召集代表组成战时国民教育委员会，为教育的顺利开展研究设计对策。① 如此，与整个行政体制相配合，在制度设计上山东抗日根据地有了较完备的教育行政系统，以领导与实施根据地教育工作。

在学校教育之外，中共还注重利用农民冬春两闲季节开办全日制或半日制的冬学，对成人进行社会教育。② 1940 年 10 月 1 日，山东各界救国联合总会发出《关于积极开展冬学运动的通知》，希望各地各界救国联合会"立即协同当地各抗日团体政府军队及士绅名流迅速组织冬学运动促进委员会，把这运动造成一个热烈的、普遍的群众运动"；要求"详加阅读与研究"，《大众日报》陆续发表关于冬学运动的各种具体办法、注意事项，以使"各救会员在入学后能成为学习的模范，在冬学期间内一定完成至少要识三百至五百字与减少十分之三文盲的标准"。《通知》指出，积极开展冬学运动，"是一个艰巨的工作，是含有伟大政治意义的工作，也是各项抗日工作开展的必要条件"。③ 可见，冬学运动的开展，并非只为广泛扫除文盲，提高群众的文化政治水平，更重要的是为了进一步顺利开展民运工作，促进抗日根据地的各项建设，保障其巩固与扩大。

10 月 26 日，在全省冬学运动座谈会上，战工会教育组副组长李竹如提议"在短期内，由各地文教工作同志，各位专员、县长共同负责成立""全省冬学运动促进委员会"，希望各位专员、县长回去后，以全省冬学运动促进会委员名义，领导和推动当地的冬学运动。④ 冬学运动作为国民

---

① 《山东省战时国民教育实施方案》（1940 年 12 月），《山东革命历史档案资料选编》第 6 辑，第 211~212 页。
② 《论战地国民教育——李竹如在战地国民教育座谈会上的总结》（1940 年 6 月），《山东革命历史档案资料选编》第 4 辑，第 336 页。
③ 《山东各界救国联合总会关于积极开展冬学运动的通知》（1940 年 10 月 1 日），《山东革命历史档案资料选编》第 6 辑，第 3 页。
④ 《论开展冬学运动——1940 年 10 月 26 日李竹如在冬学运动座谈会上的总结》，《山东革命历史档案资料选编》第 6 辑，第 21 页。

教育的组成部分，受到了高度重视。

国民教育的实际恢复与推进当然深受战时环境影响。在应对日伪"扫荡"与国民党摩擦的同时，中共根据地的教育工作在艰难中向前推进。据不完全统计，1940年底，小学方面，"鲁南、鲁中、清河、胶东、鲁西五个地区已有学校九千四百十一处，学生四十二万八千六百七十六人"；中等教育方面，"上述五个地区已经开办了八处，大半都在初创，有些还没有正式开学，现已有学生将近一千人（内有学院一处、公学两处，均系中学性质）"；社会教育方面，经过上年一次冬学运动推动，"民校已达七千八百〇四处，学生十六万六千五百二十三人（鲁南区鲁西区尚未计入），识字班二千四百八十六处，学生三万八千八百〇七人，总计学生为二十一万左右"；"太（泰——引者注）山、胶东、滨海、清河四区，已举办了十四个县民教馆，泰山、清河、胶东三区并建立了十二个巡回教育团，泰山、滨海、沂蒙、胶东四区有中心俱乐部三百三十八个。泰山、滨海、沂蒙、鲁南、胶东、清河、鲁西七个地区有农村俱乐部四千〇五十五个。在社教机关推动下，已建立地方剧团和农村剧团一百一十九个（鲁西不在内）"。① 以上数据显示根据地教育在设施建设和入学率方面已有了一定规模的恢复和发展，但就内容而言不尽如人意。

战工会秘书长陈明直言："国民教育恢复了很大一部分，但实际内容很差，师资与教材问题还不能适当解决，巡视检查制度未建立，教员随便调动，缺乏行政的保障。"② 教育行政系统虽已建立，但各种教育机关还没能切实发挥效能，有的教育机关的任务还没被确切认识。新的小学学制还没有被各地一致采用，鲁西实行三一制，胶东、清河还有的实行四二制。学生入学率还没有达到应有的标准，12岁以上学生及贫困学生、女生比例太少，忽视成人基础教育，缺乏全盘计划。③ 中共深入敌后游击抗

---

① 杨希文：《展开中的山东新教育运动》（1941年6月），山东老解放区教育史编写组编印《山东老解放区教育资料汇编》第2辑，1985，第8~9页。

② 《山东抗日民主政权工作——战工会秘书长陈明在山东省行政会议上的报告提纲》（1940年9月），《山东革命历史档案资料选编》第5辑，第356页。

③ 《展开中的山东新教育运动——战工会教育处杨希文处长在全省文教大会上的报告提纲》（1941年6月），《山东老解放区教育资料汇编》第2辑，第12~13页。

日，受日伪"扫荡"影响，巩固的根据地少之又少，以上教育状况与社会动荡直接相关。

1941年初，战工会在文教宣传工作方面，提出"在全省范围内，一般的方针应该是大量的普遍发展，在发展中求得充实、健全与深入、统一，逐渐走上正规化。落后的地区要猛烈的大量发展，已有基础的地区要普遍平衡的发展，先进地区亦要求深入、统一，要求正规化"。① 普遍平衡发展正规教育的决心清晰可见。为总结以往工作中的经验教训，战工会于4月28日至6月18日组织召开"全省文教财经大会"（又称第一次全省教育会议）。关于文化教育工作，杨希文、李竹如分别做了题为《展开中的山东新教育运动》与《战斗中的山东新文化运动》的总结报告。② 杨的报告进一步强调新教育与根据地政权、经济、民运等工作的密切关系，明确新教育的性质是大众的、民主的、科学的、民族的，一切教育施策均应以此为基础，并结合敌后游击战争所处复杂的政治与落后的社会文化环境等，施予科学的教育方法，使儿童、青年、成人、女子都有机会接受新教育。③ 显然中共山东地方领导人对新民主主义教育的认识趋向现实。报告在总结以往教育工作经验教训的基础上，决定充实干部、健全组织、完善制度等，加强领导。④ 战工会制定并公布主署以下《各级教育行政机关组织大纲》，对各级教育行政机关的设置、人员编制规模、各部门及人员职责、隶属等内容做了详细规定，⑤ 以强化对教育工作的组织、行政领导。

不言而喻，战时国民教育的推行，需要党政军民各方面的重视与配合。6月24日，战工会颁布《山东省各级文化教育宣传委员会组织条

① 《山东省战时工作推行委员会关于一九四一年文教宣传工作计划大纲》，《山东革命历史档案资料选编》第6辑，第238页。
② 《山东省战工会召开全省文教财经大会总结过去工作确定今后方针》（1941年4月28日至6月18日），山东老解放区教育史编写组编印《山东老解放区教育资料汇编》第1辑，1985，第70~71页。
③ 《展开中的山东新教育运动——战工会教育处杨希文处长在全省文教大会上的报告提纲》（1941年6月），《山东老解放区教育资料汇编》第2辑，第1~5页。
④ 《展开中的山东新教育运动——战工会教育处杨希文处长在全省文教大会上的报告提纲》（1941年6月），《山东老解放区教育资料汇编》第2辑，第17~18页。
⑤ 《各级教育行政机关组织大纲》（1941年6月），《山东革命历史档案资料选编》第7辑，第114~123页。

例》，明确规定从省到行政区、专员区、县、区、乡、村，由党政军群代表组成各级文教委员会，以负责教育工作的计划与开展等。① 7月4日，中共山东分局把发展以学校教育为主的国民教育定为"抗战第五年的山东十项建设运动"任务之一，明确要求"开展以学校教育为主的国民教育工作，普遍成立初小高小，并在县、专区分别成立一个以上中学和各种专门干部学校与职业教育"；配合学校教育，"广泛建立与健全社会教育工作，使识字班、夜校、俱乐部普遍建立并充实内容，有组织有计划的用各种各样形式去进行社会教育"。② 由于上述一系列充实与健全教育机构及制度等措施的实施，1940～1941年"山东的小学教育"，确实有了"飞跃的发展，在数量上不仅超过了战前的水准，而且也超过了某些先进抗日地区"。③

如冀鲁边区"每个村里都成立了乡农小学，儿童入学一律免费，十分贫苦的，还有公家每天发给二斤粮食和七分菜钱；小学教育不但在根据地内普遍的发展，并且以灵活的方式，推行到敌占区敌伪据点里；每县都有了官费的'游击'高小；各专员区的初中，和全边区的高中都已有了具体的教育计划，正在着手筹办"。社会教育方面，"边区军民的学习热情是很高的，每村成立了识字牌，和各种夜校；新战士参加部队三个月后即能看简明的书籍，半年后即能写简短的文章，军队政权各种群众团体的干部学习，都非常认真，每天两小时的学习一般都能保持，假如在战斗时挤不出时间，第二天还要补足"。④

再如清河区"1231处民校，1060处初小及18处高小的学校教育，大大提高了人民的文化水平，在邹博较好地区，已达到75%的学龄儿童入学。在去冬冬学运动中，就博兴一县即扫除文盲（以每人识300字计）2126人。并且，数倍的提高了人民的政治水平。在反对敌投（按：即敌

---

① 《山东省各级文化教育宣传委员会组织条例》（1941年6月24日），《山东革命历史档案资料选编》第7辑，第81～85页。
② 中共山东分局：《抗战第五年的山东十项建设运动》（1941年7月4日），《山东革命历史档案资料选编》第7辑，第161页。
③ 《山东省战时工作推行委员会教育处关于整理与改进小学教育的指示》（1942年2月28日），《山东革命历史档案资料选编》第8辑，第176页。
④ 《冀鲁边的经济文化建设》，《大众日报》1941年6月10日，第4版。

伪和投降派）奴化教育中建立了抗战及建国教育的基础"。①

冀鲁边和清河区在山东都是文化落后地区，其教育发展情形表明，抗战初期中共在山东敌后农村教育设施的恢复和教育体系的建立方面有不少建树，学校教育（主要是小学）与社会教育有了一定规模的恢复与发展。

然而，整体上山东抗日根据地的教育"由于只在发展上追求数目字的增多，而忽视了质量的提高，加之师资程度太低，教材不能及时发给，经费不能很好解决，行政领导薄弱，管理没有经验，以致使今天的小学教育形成有名无实，不能完成其应有的使命"。② 清河区总结："国民教育工作中的缺点，在学校教育方面是师资质量低，教材不统一，经费不正规。在社会教育方面是政府主观上放松了社会教育，致社会教育处于散乱不整的状态。在教育工作中最大的缺点，则是未能认真的开展敌投占区的教育。"③ 显然，1941 年日伪"治安强化运动"的实施，对中共抗日根据地愈加频繁的"扫荡"、"清剿"和"蚕食"等，使得中共立足和生存面临巨大困难，根据地的教育工作实难按计划顺利推进。

二　根据地教育的艰难推进

1942 年，由于日伪"治安强化运动"在华北的持续，山东抗日根据地大大收缩，教育工作的推进更是举步维艰。2 月 28 日，山东省战工会教育处发出《关于整理与改进小学教育的指示》，提出总的方针是以巩固为主，提高质量，充实内容，年内走向正规化，并做出十项具体指示。④ 3 月下旬，战工会发出《关于执行〈省教育处、省青联工作协定〉

① 《清河一九四一年政权工作总结》（1942 年初），《山东老解放区教育资料汇编》第 3 辑，第 45 页。
② 《山东省战时工作推行委员会教育处关于整理与改进小学教育的指示》（1942 年 2 月 28 日），《山东革命历史档案资料选编》第 8 辑，第 176 页。
③ 《清河一九四一年政权工作总结》（1942 年初），《山东老解放区教育资料汇编》第 3 辑，第 45 页。
④ 《山东省战时工作推行委员会教育处关于整理与改进小学教育的指示》（1942 年 2 月 28 日），《山东革命历史档案资料选编》第 8 辑，第 176~182 页。

的通知》，战工会教育处发出《关于培养训练与教育小学教员的指示》，组织落实教育整改方针。① 但因敌后环境愈加艰险，各地具体执行起来难度相当大，提出年内走向正规化的目标也不切实际。从以下清河区的教育工作实况可以窥见环境险恶时期山东抗日根据地国民教育工作的艰难坚持。

至 1942 年底，清河区教育工作只是略有推进，"在文教工作中解决了几个大的问题"：编印小学教材解决教材不足问题，统一筹支教育经费；检定小学教师，个别地区小学注意教学方法，部分废止体罚等。② 但教育规模缩减严重，学校教育方面，初小由 1941 年 12 月的 1061 所减为 592 所，学生由 35115 人减为 17920 人；高小由 18 所减为 14 所，学生由 850 人减为 619 人。社会教育方面，民校或冬学数量由 1231 处降至 457 处，学员数从 32783 人减为 15700 人。③ 一年时间，从学校教育到社会教育，无论是学校数量还是学生人数，都有缩减，民校数量减少幅度超过六成。学龄儿童入学率也显著下降，从 1941 年的 60% 降至 40%。各地小学动员学生留生成了严重问题，而且这种情势有增无减。④

不仅学校数量大减，清河区的小学教育质量也存在不少问题，有的甚至相当严重。比如教学管理粗枝大叶，教师缺少复式教学经验，教学水平有限，难以顾及复式班级中的所有学生，有的存在体罚学生现象；教师对儿童心理的了解、研究及照顾儿童身心发育方面仍有欠缺；师资水平有待提高，高小毕业教师占 41%，中学师范以上资格的仅占 15%，初小及塾师占 33%。仅有的几次教师短期训练班多偏重于

① 《山东省战时工作推行委员会关于执行〈省教育处、省青联工作协定〉的通知》（1942年 3 月 20 日），《山东革命历史档案资料选编》第 8 辑，第 211～212 页；《山东省战时工作推行委员会教育处关于培养训练与教育小学教员的指示》（1942 年 3 月 27 日），《山东革命历史档案资料选编》第 8 辑，第 213~216 页。
② 《清河区各县文教科长联席会议总结》（1943 年 3 月），《山东老解放区教育资料汇编》第 3 辑，第 49~50 页。
③ 《清河区各县文教科长联席会议总结》（1943 年 3 月），《山东老解放区教育资料汇编》第 3 辑，第 46~47 页。
④ 《清河区各县文教科长联席会议总结》（1943 年 3 月），《山东老解放区教育资料汇编》第 3 辑，第 47 页。

政治学习，加之教联会组织松懈，某些教员不负责任，敷衍塞责，缺乏对教育事业的热忱。在组织学生方面，高级的学生会、初级的儿童团，只有少数几所学校起作用，大部分是推给青救会，教职员不管，有的甚至放任大龄学生操纵营私横生弊端，如博兴某某小学儿童团团长叫学生偷粮食给他积蓄到数斗之多。① 这与教师指导缺失直接相关。

清河区各县文教科长举行联席会议总结上述状况的原因，认为除客观环境影响外，还有某些不当的文化统战政策造成了"社会基础薄弱"。具体表现为："教材中生硬的政治内容不适于儿童心理"；教育行政上执行法令中的处罚较为严重，特别是在社教中，有的妇女不上识字班，即处罚15元，罚她丈夫挖沟站岗；令学生游行呼口号，"不上学就是汉奸"；未注意"开展敌区教育领导敌区教育，准备转化区的教育"；不重视"开展文化统战"工作；教育行政干部在领导文教工作上学习研究推动不够等。②

社会教育方面，冬学推进艰难。尽管自1942年8月县长联席会议上即开始布置冬学，9、10月间又有一次各县宣教联席会进行具体布置，随后报纸公布了战工会1942年冬学运动方案，清河行政主署又发布了一个关于冬学的补充指示，可谓布置周详、准备及时，但除动员推动方式有所改进，禁止强迫、命令、处罚、威吓，截至翌年2月初，上课时间最多的有70天，最少的只有三五天，能上到30~40节课的很少，15~20节课的最多，还有连课本都没有，随教员临时在黑板抄写学习的。③ 可想而知，冬学教育效果有限。

另一方面，为顺应形势变化坚持教育工作的开展，中共在靠近日伪占领区的边沿地带即游击区，办起了抗日两面小学。"这类学校的特点，从表面看来，似是日伪小学，墙上挂有孔夫子像，并贴有'大东亚共荣'之标语，桌上放有日伪课本"，而实际为抗日政府所办，教育以抗日为主

---

① 《清河区各县文教科长联席会议总结》（1943年3月），《山东老解放区教育资料汇编》第3辑，第50~51页。
② 《清河区各县文教科长联席会议总结》（1943年3月），《山东老解放区教育资料汇编》第3辑，第47~49页。
③ 《清河区各县文教科长联席会议总结》（1943年3月），《山东老解放区教育资料汇编》第3辑，第52页。

题，"小学上课时，随时放哨一旦发现敌情，教室内即迅速改装，藏起抗日教材，换上日伪书籍，以此应付，哄骗日寇"。① 冀鲁边的德县就有较多这样的学校。② 在严酷的环境下，抗日教育只能以灰色形式灵活应对，隐蔽发展。

三　根据地教育的发展

1942 年底，日伪"治安强化运动"结束，同时中共对敌占区工作等初见成效，根据地处境逐渐好转，中共不失时机地推进教育工作。1943 年春，战工会在滨海区召集小学教育会议，杨希文在会议总结中提出"开展群众性的文化运动"是同年山东抗战工作的中心任务之一，而"改造小学教育，是文化运动的中心环节"，要求"国民教育必须和群众的生活斗争进一步联系起来"。具体而言，教材要纠正过于政治化、过于公式化等不适合儿童身心特点和接受能力的内容；教学法上要注意教和学、知和行联系的问题，研究学习复式教学以及学生互助、集体学习的方法，教师要备课并运用启发式教学方法；学期要根据各地农忙时节机动安排，一年中上学天数以不少于 240 天为限，一般的小学以全日制为主，也可试用二部制，以照顾农家子弟帮助家庭劳作需要，尽量让所有孩子上课学习。此外，还提到改善教师的生活和政治待遇，建立各种制度推动教师进修学习以提高教学水平，战争环境中需注意教育工作的隐蔽性、战斗性及与其他工作的密切配合、依靠群众、社会化及统战等问题。③ 在尊重教育规律和农村实际的同时，旨在把文教工作发展成为广泛的群众运动。

作为战工会教育处处长，杨希文的总结无疑体现了中共山东党政领导的教育政策指向。1943 年 3 月，中共山东分局发出《关于改进党

---

① 高宗才：《渤海区教育概况》（1944～1950），渤海老解放区教育史编写组编印《渤海老解放区教育资料汇编》第 3 辑，1987，第 13～14 页。

② 华应民：《抗战时期的德县教育工作概况》，《渤海老解放区教育资料汇编》第 3 辑，第 45 页。

③ 《当前国民教育的改进问题——山东省战工会教育处长杨希文在滨海区小学教育会议上的讨论总结》（1943 年 3 月），《山东革命历史档案资料选编》第 9 辑，第 285～298 页。

内党外教育工作的指示》，要求各地党组织从战略高度认识教育工作的重要性，并"大加改进"。① 与此同时，战工会主任委员黎玉及常务委员艾楚南、杨希文等联名发出《关于加强国民教育工作的指示》，强调"必须迅速纠正"以往对教育工作的忽视及干部配备不力等问题，以便加强国民教育，开展文化运动，适应根据地发展需要。并相应做出加强行政领导、干部配备及提高师资水平、生活待遇等十项具体指示，令各主署或直属专署深入讨论，具体拟定计划，切实布置工作。② 作为战时中共在山东的最高行政组织，战工会专门就国民教育工作发出指示，表明山东党政领导已有余力统筹规划根据地的全面建设，对教育工作重视起来，此后根据地小学数量明显增多。如清河区的博兴县，"仅据陈户一带逐村调查，在 55 个村庄中，1943 年除了王集、阎庄、周庄炮楼村是两面学校外，共办抗日小学 50 处（有两个小村，学生到外村上学），在校学生达 1190 人"。③ 几乎村村设学，小学教育的普及成绩显著。

截至 1943 年夏，山东抗日根据地各战略区初步实施了新民主主义教育，小学普遍设立，超过了战前数量；改革了学制，改编了教材；改善了小学教员的待遇，吸收与培养了一些师资；整理筹划了教育经费，部分实行了免费教育；社会教育初步开展。④ 根据地最为薄弱的国民教育工作有了不小的推进。

同时不得不指出，因为处于敌后农村游击战争环境，在此之前山东抗日根据地发展教育的重点在小学教育的普及，中等教育非常薄弱。只有在经济文化较为发达的胶东，中等教育有所建设和发展。早在1938 年就在蓬莱县设立抗日中学，后又设胶东公学。据统计，截至1942 年，胶东共有中学 13 所，教员 114 人，学生 2485 人，而其他战

---

① 《中共山东分局关于改进党内党外教育工作的指示》（1943 年 3 月），《山东革命历史档案资料选编》第 9 辑，第 323~325 页。

② 《山东省战时工作推行委员会关于加强国民教育工作的指示》（1943 年 3 月），《山东革命历史档案资料选编》第 9 辑，第 325~328 页。

③ 黄悦新：《抗日战争时期的博兴教育》，《渤海老解放区教育资料汇编》第 3 辑，第61 页。

④ 《山东抗日民主政权工作三年来的总结与今后施政之中心方案——一九四三年八月二十日山东省战时工作推行委员会黎玉主任委员在省临参会一届二次大会上的施政报告》，《山东革命历史档案资料选编》第 10 辑，第 303 页。

略区一共才有 3 所中学，即清河、鲁中、滨海各 1 所，教员与学生数也与胶东相差甚远（见表 13-1）。①

表 13-1 1942 年山东省各战略区现有中学情况

单位：人

	中学数	教员人数	学员人数	总计人数
胶东	13	114	2485	2599
清河	1	10	160	170
鲁中	1	8	142	150
鲁南				
滨海	1	10	170	180
合计	16	142	2957	3099

资料来源：《山东抗日民主政权工作三年来的总结与今后施政之中心方案——一九四三年八月二十日山东省战时工作推行委员会黎玉主任委员在省临参会一届二次大会上的施政报告》，《山东革命历史档案资料选编》第 10 辑，第 261 页。

根据精兵简政需要，1943 年 3 月，中共山东分局又提出"停止继续开办中学，原有中学应即彻底实行精简，不能超过六十人，改变其训练性质为训练师资"。② 因此，鲁中的山东公学和滨海的滨海中学，暂时停办中学班，③ 所办中学以师范教育为主。

不仅中等教育发展滞后，根据地教育行政、师资水平、儿童入学率、课程设置、教育经费等方面都存在不少问题。黎玉在山东抗日民主政权三年工作总结中列举如下：（1）教育行政机构还未十分健全，有的缺乏干部，有的调动频繁，流动性太大，有的质量不高，因此不能很好地研究经验，甚至犯强迫命令、脱离群众的官僚主义。领导上不照顾全面，好的小学老愿意去，坏的则不愿意去。有的是文牍主义，只发指示，不实际督

① 《山东抗日民主政权工作三年来的总结与今后施政之中心方案——一九四三年八月二十日山东省战时工作推行委员会黎玉主任委员在省临参会一届二次大会上的施政报告》，《山东革命历史档案资料选编》第 10 辑，第 259~261 页。

② 《中共山东分局关于改进党内党外教育工作的指示》（1943 年 3 月），《山东革命历史档案资料选编》第 9 辑，第 323 页。

③ 《山东省战时行政委员会关于半年教育工作的指示》（1943 年 9 月 30 日），《山东革命历史档案资料选编》第 10 辑，第 394 页。

导。胶东曾有一些小学，领了公粮经费，并未好好上课，政府也未及时发觉。社会教育没和群众利益密切结合起来，和群众生活脱节，甚至有对不到课者乱罚或用绳绑的现象。（2）学生还不够普及，特别是滨海、鲁中、清河、鲁南，对贫苦学生求学的问题，还没设计出更好的办法。（3）小学教师文化水平一般较低，未及时抓紧训练师资。这从下面材料中就可看出来：莒南对237名教员进行测验，二五减租会算者只有36人；什么是同盟国，什么是轴心国，有一半是乱答的；为什么小学教员要参加社会活动，有127人不了解；敌后有哪些根据地，也有一半的人不知道。（4）教材课本不够多也不够好，如一些抽象的政治名词，儿童甚至教员都难以理解，缺乏实际斗争故事与模范人物之介绍；通俗读物也还未充分供给。（5）在教育中理论与实践的联系，即教学用合一特差，教育中的教条主义相当严重。（6）教育款产还未很好整理。①

总体上，文化教育的民族化、科学化、大众化还不够，师资力量未达到应有的水平，社会教育未广泛普及。②

1943年国际反法西斯战争进入决战阶段，中国抗战形势进一步好转，同时敌后斗争愈加艰苦。中共山东分局为坚持抗战，准备反攻，迎接胜利，在1940年通过的《山东省战时施政纲领》基础上，结合形势变化及工作经验，于8月1日通过新的《山东省战时施政纲领》，关于"发展新民主主义的文化教育事业"，提出"适应敌后环境、根据地需要与可能，设立中等学校及各种专门学校"。③ 这显示一个重要的变化，即着眼于根据地建设和发展需要，开始重视中等教育，以培养和储备干部人才。

9月30日，政委会发出《关于半年教育工作的指示》，把"扩充并健全中学，多量培植青年人才，为根据地储备干部"，作为今后教育工作的

---

① 《山东抗日民主政权工作三年来的总结与今后施政之中心方案——一九四三年八月二十日山东省战时工作推行委员会黎玉主任委员在省临参会一届二次大会上的施政报告》，《山东革命历史档案资料选编》第10辑，第295~296页。

② 《山东抗日民主政权工作三年来的总结与今后施政之中心方案——一九四三年八月二十日山东省战时工作推行委员会黎玉主任委员在省临参会一届二次大会上的施政报告》，《山东革命历史档案资料选编》第10辑，第308页。

③ 《山东省战时施政纲领》（1943年8月1日），《山东革命历史档案资料选编》第10辑，第172页。

四个中心任务之一。并要求一律恢复停办的中学班，重新配备干部、教员，招收新生，严格入学条件，学生贵精不贵多；除胶东少数私立中学外，其余各中等学校所需经费，全由省款项下支付，校名前冠以"山东省立"四字；中学政治课所占比例不得高于 20%；纠正以往中学组织领导、学生管理、教学方法的偏军事化作风。① 因中学多设在县城，对中学教育的重视，反映了反攻阶段到来后中共对占领县城等较大城镇的预期和对战后建设所需人才的培养规划。

《关于半年教育工作的指示》中所提"今后教育"的四个工作中心，除扩建中学外，另三项是：普遍深入开展冬学运动，以提高群众的政治文化水平，使其为根据地的坚持与建设而努力；普遍加强训练小学教师，提高质量，以便推进小学教育的发展与建设；编审教材读物，修正课本，并发展印刷事业，以保证教材所需。② 可见，这一时期社会教育与小学教育仍是山东抗日根据地教育工作的重点。

围绕以上四个工作中心，政委会特别制定了半年教育工作计划，进一步督促落实半年前战工会所做改进国民教育的十项指示。如在教育行政方面，要求县级以上教育科、处一律添设督学或视导员，区级恢复文教助理员，以加强各级教育行政领导；胶东、鲁中、滨海、清河、鲁南各战略区须召开全区教育行政会议一次，讨论冬学工作、教育训练、教材编印、加强教育行政领导等问题，会后再由各县召开全县教育会议；须由行政公署或专署对各战略区教育、各县府对各县教育普遍视导一次，及时推动各地召开必要的会议，并加以指导和帮助；省教育处建立教材读物审定委员会；要对学龄儿童入学及失学情况、教育行政干部及小学教师等情况做一般的调查统计；各级教育处、科及文教科，会同同级财政处、科，切实整理各地教育款产，以扩充教育经费。③ 为抵制日伪教育文化蔓延，该指示要求在各公署或专署添设对敌文化教育斗争委员会，加强对敌文化教育斗

---

① 《山东省战时行政委员会关于半年教育工作的指示》（1943 年 9 月 30 日），《山东革命历史档案资料选编》第 10 辑，第 394~395 页。

② 《山东省战时行政委员会关于半年教育工作的指示》（1943 年 9 月 30 日），《山东革命历史档案资料选编》第 10 辑，第 393 页。

③ 《山东省战时行政委员会关于半年教育工作的指示》（1943 年 9 月 30 日），《山东革命历史档案资料选编》第 10 辑，第 393~394 页。

争力量，打入敌伪势力范围。① 这也是适应中共整个抗战战略调整以向敌区开拓、在教育方面的配合之策。

中共山东分局进一步强调，对国民教育，"必须认清这是党对农村群众思想改造的运动，是从思想上团结群众、巩固根据地、建设新民主主义的基础，争取战后优势的重要条件，应从国民党如何重视国民教育来引起我们注意"。具体要求为："百倍加强观念，从与党的战略方针息息相关去认识"；教育的中心是民主，"具体内容，应是反封建、反法西斯专政、反内战、新民主主义的思想建设"，"重心，对一般农民主要是政治教育，提高其对我党认识，诱导他们参加斗争；对青年、儿童，则主要是提高文化"；改造轮训教员，建立学校支部（主要是中学），大力发展党员，以团结学生，改造思想，并通过他们去宣传动员群众。② 这就使得抗日根据地国民教育的政治色彩更为浓厚。同时也可以想见，半年前战工会所做教育指示并没有完全落到实处，山东党政领导只得再加强调和督促。因此，要求"加强文协、文教处的领导"，"必须认清""文教处是国民教育的领导和执行机关"，其主要任务是编审教材、训练教员以及向群众普及新民主主义教育思想，文协是开展群众性文化教育的组织。二者是党对群众文化教育的两大机构，在建立上着重下层，上层只有一二主要干部掌握方针，及时指示即可。③ 显而易见，此前文教处与文协的领导作用与执行力较为有限。

树立典型，推广经验，是常使用的方法。为广设冬学，1943 年 12 月 11 日的《大众日报》专门刊文介绍推广沂蒙区冬学运动经验。充分动员当地工作人员当冬学教员；村干经常参加冬学以带动群众；个别动员，如青救会会员挨家宣传上冬学的好处：对商人说明上冬学可以学习记账打算盘，对一般农民则说省得认错了票子或文契；组织形式灵活，如根据群众需要，先成立战事报导所，后再慢慢编组读报，借此对群众加强备战、生

---

① 《山东省战时行政委员会关于半年教育工作的指示》（1943 年 9 月 30 日），《山东革命历史档案资料选编》第 10 辑，第 393~394 页。

② 《中共山东分局为改进今后宣传教育工作的指示》（1943 年 10 月 22 日），《山东革命历史档案资料选编》第 11 辑，第 49~50 页。

③ 《中共山东分局为改进今后宣传教育工作的指示》（1943 年 10 月 22 日），《山东革命历史档案资料选编》第 11 辑，第 50 页。

产、民主教育。①

1944 年 2 月 3 日，为配合根据地同年开展的大生产运动，纠正过去各中小学生产运动的自发、自流等弊端，② 政委会"特决定各地中、小学校，自本年起认真的开展生产运动与切实的加强劳动教育"。并指示：由各校校长、教员与学生代表组成 3~5 人的生产指导委员会，负责领导生产工作，并可邀请校外生产经验丰富的热心人士担任生产指导或顾问，以吸取各方经验与生产方法；教职员与学生要按劳力划分小组，并在生产时注意分工与互助，较难的生产劳动可与附近农民变工；劳动教学要灵活运用当时当地的活教材，教员要身体力行；必须缜密制订生产计划，经常检查，以保证完成生产任务与学习计划；生产作业要结合各地具体情况和群众实际生活需要划分种类，农具尽量动员学生自备。

为保障学校生产运动的切实开展，政委会提出同年学生生产最低要求为："中学生平均生产十元或十五元，小学生平均生产三元或五元；至于小学之寄宿生及抗属生，其生产要求可比上列数字增多二分之一或一倍。"此外，对收益的分配比例也做了规定。要求生产劳动一般应在劳动课及课外活动时间进行，必要时可延长时间。考虑到农家子弟帮助家里劳作的习惯，为避免学校生产与家庭劳动的对立或偏废，特指示照顾学校生产的同时，使学生与家庭劳动结合。政委会强调，除冀鲁边及边沿地区因环境关系得酌量减少劳动时间外，生产运动与劳动教育是其他各区目前的一个重要任务，也是改进教育的一个重要标志，是各校业绩考查的重要方面。③ 由此，生产劳动成为国民教育的重要内容，更成了根据地学校的一大特色。

强调教育与生产劳动相结合，其实也是照顾到根据地所处的农村环境。根据地教育对象是农民及其子女，这种结合既可以解决农民学习和劳作需求，也可以解决发展教育与财政困难的矛盾。如冀鲁边的德县为解决

① 《沂蒙冬运部份开展许多经验值得学习》，《大众日报》1943 年 12 月 11 日，第 4 版。

② 《山东省战时行政委员会关于开展中、小学生产运动及加强劳动教育以配合今年大生产运动的指示》（1944 年 2 月 3 日），《山东革命历史档案资料选编》第 11 辑，第 257 页。

③ 《山东省战时行政委员会关于发展中、小学生产运动及加强劳动教育以配合今年大生产运动的指示》（1944 年 2 月 3 日），《山东革命历史档案资料选编》第 11 辑，第 257~259 页。

农民"学习要求与生产需要"的矛盾，在教学内容、组织、方法、时间、制度等方面根据乡民的实际生产生活需要，灵活变更。"有很多地方的群众教育，在组织上和教学内容上把抗战教育、生产劳动、文化学习有机的结合在一起，创造出许多经验。如男的变工组，女的纺织组，它本身就是识字组，利用生产的空间读书识字，学习服从生产而不妨碍生产。所读的书，识的字，有些又是抗日教育内容。"根据农民劳作规律，组织他们上夜校、午学、冬学、雨天学校等。"在文化学习上，群众需要啥就学啥。群众需要记账写便条、认钱票、打算盘、丈量土地……就先编这样的教材。村干部要和工作需要结合，就学'全村花名册'、县、区、乡、村名称及减租减息、雇工增资、拥军拥政、反奸除霸等政治词语。青年男女爱唱歌就先从歌曲教起，冬季有些农民做小生意就结合行业学识字。"这样，农民学习积极性提高，学习效果也好。学习方法实行"能者为师"，会的教不会的，父教子，子教父，夫教妻，兄弟姐妹互教互学；也通过学校教育开展"小先生活动"，让少年儿童带字回家，送字上门，到"炕头识字组"任教。"有许多村庄，村村有黑板报，家家有识字牌。有些人家灶前放一块瓦片，写上字，妇女边烧火，边认字，创造了各种各样的学习环境。"学校教育也是因时、因地、因人制宜。根据不同季节、不同对象变更教学时间和方式。为解决"发展教育与财政困难"的矛盾，根据地的许多学校开辟了"学校生产"这条道路，"以生产养学校"，成绩显著。①

　　尽管强调了与群众生产生活需要的结合，但学校生产中还是存在严重偏向，如与群众生产脱节，形成学校关门生产，不能推动全村和家庭的生产，甚至发生与民争利、争农具的现象。有的只图一时热闹，一两个月后就消沉下去。还有些识字班开荒，表面上很积极，实际上生产效果差，不去照管。有的变工组运盐队带着黑板写字，但不去学，存在形式主义的现象。②

　　同时，由于根据地教育鲜明的政治与斗争特性，出现了忽视文化教育

① 华应民：《抗战时期德县教育工作概况》，《渤海老解放区教育资料汇编》第 3 辑，第 48~50 页。

② 《山东省战时行政委员会关于群众教育与大生产运动结合的指示》（1945 年 3 月 10 日），《山东革命历史档案资料选编》第 14 辑，第 234 页。

的偏向。具体表现在：师资训练班 80% 以上的课程是政治课，虽提高了教师的政治认识，但对教育理论与业务知识的提高和扩展有限；小学或民众课本中有的课本"除了打鬼子似乎别无话说"，取材脱离社会生活，多是抽象、教条式的文件材料；有的将学生变成了普通社会工作队，影响了课业，引起家长不满，发生退学现象。① 为使新民主主义教育更好地发展与普及，中共山东党政领导意识到必须纠正这些偏向，增加文化与科学教育，丰富教育内容，注重教育理论研究和教育业务学习，以教育的立场去参加社会活动，如此，才能真正达到教育为抗战服务的目的。但因随后整个抗日根据地教育改革的实施，这种纠偏意向也就失去了付诸行动的可能。

四　抗战后期的教育改革

随着抗日总反攻阶段的到来，为满足根据地扩建对干部的大量需求，中共更加重视干部教育与成人教育，山东抗日根据地国民教育的推进相应受到一定影响。

1944 年 4 月 7 日、5 月 27 日，《解放日报》相继发表社论《根据地普通教育的改革问题》与《论普通教育中的学制与课程》，阐明了改革根据地教育的必要性和一般的原则与方针。指出，正规化教育不适合中共根据地所处的战时农村需要，必须进行改革，依根据地实际，"干部教育应该重于群众教育"；"在干部教育中，现任干部的提高又应重于未来干部的培养"；"在群众教育中，成人教育也应该重于儿童教育"；"无论干部教育和群众教育，战争与生产所直接需要的知识与技能的教育应该重于其他的所谓一般文化教育"。② 重要的是使教育服务于现实需要，控制根据地普通教育正规化趋势，由此，干部教育和成人教育成了根据地教育的重心。

山东根据地党政领导在 1944 年 8 月开始召开的第二次全省行政会议

---

① 田佩之：《检讨几个影响教育事业发展的重大问题》（1944 年 3 月），《山东老解放区教育资料汇编》第 2 辑，第 70~71 页。

② 《山东老解放区教育资料汇编》第 1 辑，第 25~31 页。

上，讨论了教育改革问题，会议提出山东根据地教育改革的总体方案是：中等以上学校，担负起在职干部轮训及未来干部培养的任务；高小改变形式，培养提高乡村不脱离生产干部；政府协助各业务机关附设各种专门干部训练班；群众教育，则以成人教育为主，实行民办公助。① 加强和扩充干部教育，以满足根据地扩建对干部的大量需求。

同年 11 月教育组所做总结报告提出了具体的改革方案。关于干部教育的举措，一是增设干部学校；二是每专署区设一处或两处中学（包括师范学校），成为以训练干部为主的学校，吸收县区的初级干部及教师入学，也可吸收优秀青年入学，但不能超过 40%。原有各校在校生的处理原则是：高小学生，一部可转入农村充任村学教员，一部则转入民办高级民校，还有一部可参加生产劳动；中学生，缩短学习时间，动员参战及参加根据地建设，参加村中生产劳动；不愿参加各种工作的，延长三四个月学习改造后结课。对于中学较多的胶东等地，方案提议可酌情在能掌握新教育方针的条件下办普通中学，学生自费，毕业后自由就业。师范在校生，学习已满一年者，抽调参加工作，替出现任教员受训整风，提高质量。② 可见，为快速培养大量能胜任根据地工作的干部，要在原有的专门培养抗日军政干部的学校之外，使普通的高小或中学等承担起培养或训练干部的责任，则普通中小学教学计划等相应会受影响。

关于群众教育，改变以往成人教育与儿童教育并重的方针，实施成人教育重于儿童教育的新方针，采取民办公助原则，实行群众路线，把教育与群众运动、群众工作密切结合。设立村学开展群众教育，村学是村中一切学习组织的统称。在组织形式上，有男女成人班、男女青年班、儿童班、俱乐部、农村剧团等，按时间又分为午校、夜校、半日班等。还有滨海区莲子坡的张健华创建的在田间地头边劳动边授课的庄户学，庄户学因不耽误家庭劳动，又能结合农民生产与生活实际，深受当地群众欢迎。③

---

① 《山东省临时参议会驻会委员会关于二次大会决议案执行情形的通报》（1945 年 4 月 5 日），《山东革命历史档案资料选编》第 14 辑，第 267 页。

② 《山东省第二次行政会议教育组总结报告（草案）》（1944 年 11 月），《山东革命历史档案资料选编》第 13 辑，第 242~244 页。

③ 《莲子坡的庄户学——教育英雄张健华在全省行政会议上的报告》（1944 年 11 月），《山东老解放区教育资料汇编》第 4 辑，第 145~148 页。

因此，庄户学被作为村学的发展方向加以推广。规定每行政村或自然村设立村学一处，由村文教委员会直接管理。村学的对象虽包含全村所有儿童、青年、妇女和成人，但因师资力量有限，在实际工作中采取重点主义，先成人后儿童，在成人中又先教育积极分子和干部，在儿童中先大儿童后小儿童。课程与编制也要求密切结合群众生产生活需要，灵活多样。以现有的小学教师等为群众教育的核心教员。① 渤海区有60%的小学实行了小先生制，以配合冬学工作。②

各战略区依据上述方案，开始推进本地的教育改革，干部教育工作成了山东根据地教育工作的首要任务。或新建干部学校，或转变原有普通中学性质，"将原有的普通中学班次，经过短期政治教育，动员参加实际工作，仅胶东一地就有四千多青年参加了根据地建设的军事、政权、民运、经济等各项工作，还有一部分当了教员"。③

在群众教育方面，由于教员有限，侧重成人教育，儿童教育因此被放到次要的位置，又因反对"旧型正规化"，多数小学缩短了学生在校时间，改成午学晚学，成立了大量的儿童识字班，把学校搬到山坡、河崖、田野、树林里去，把教育与生产劳动相结合，组织儿童变工组，推行小先生制，让他们自己教自己，小学教员则将较多时间放在成人教育上。成人教育因强调与群众生产生活和战争实际结合，激发起村民的学习意愿，涌现出大批学习积极分子。在组织形式上，发展了黑板报、读报组、通讯组、集市宣传等多种方式。村学里还建立了干部学习组，部分区还建立了区学，加强了村级干部与群众骨干的教育，创造了不少群众教育的新形式。④ 由此，许多失去受教育机会的成年农民获得了学习知识、提高文化水平和政治觉悟的机会，更积极地参与根据地建设。

然而在转变中学性质过程中有的地方出现了极端化的现象。如胶东行署将过去6所普通中学和14所县师一律取消，成立了三个干部性质

① 《山东省第二次行政会议教育组总结报告（草案）》（1944年11月），《山东革命历史档案资料选编》第13辑，第245~247页。
② 《渤海四地委一年来教育工作概况》（1945年），渤海老解放区教育史编写组编印《渤海老解放区教育资料汇编》第1辑，1988，第43页。
③ 陶林：《一年来转变中的山东教育》，《大众日报》1946年1月1日，第3版。
④ 陶林：《一年来转变中的山东教育》，《大众日报》1946年1月1日，第3版。

的海区中学，即西南海中学、东海中学、北海中学，学生共 700 多人。① 这种完全取消普通中等教育的方法，显然是机械而片面地执行了教育改革方针。因为在职干部的提高重于未来干部的培养，并非取消未来干部的培养。事实上也不符合实际情况与客观需要，因为当时干部缺乏，需要不断培养，而中学停办后，失去部分干部来源，对在职干部也不能抽调轮训，当时海区中学的学员完全是吸收在乡之高小生及小学教员，事实上也非在职干部的提高，对他们又按在职干部照样供给，在经费上也相当浪费。② 好在胶东行署为争取烟台、威海敌占区学生及莱西一带国民党军赵保原部垮台后散在乡间的十一联中学生 2000 余人，以及安置中学停办后年龄过小不能参加工作的学生 350 人，又成立了莱阳、威海两所中学，每校学生 400 余人，这是教育改革后胶东仅有的两所普通中学。③

教育改革中出现偏差还表现在方法上的简单化、一般化。把反对"旧型正规化"的原则，变成反对"一切正规化"，如"有的县就下一道命令：'小学一律改为庄户学！'从上到下还不明白庄户学的实质，认为庄户学就是：不要课本，不要桌子板凳，一天只上两小时等。总之，过去一套不要了，就叫庄户学；凡是比较正规长远打算的就都取消掉；小学教员碰到什么字上什么，今天不知明天讲啥，把文化与政治结合，只限于字句口号的结合"，"没有系统和要求；教学方法如复习、填字、应用等也不用了，以致识几百字也不会应用"，群众反映："这样下去，人人识字，人人也不识字了！"一切游击化，形成相当普遍的形式主义，有的地方小学取消了，庄户学未办起来，即使办起来也很少起作用。忽视儿童教育、文化教育。对待小学教员，也形成"排斥和洗刷；留在岗位上的，也加深了对他们的轻视和冷漠的待遇，有的单纯使用和雇佣观点，以致使他们相当普遍的苦闷，不安心工作，甚至不工作混日子"。上述现象均为执行

---

① 《胶东区的教育工作——胶东行署教育处 1945 年至 1949 年工作报告》（1949 年 4 月），《山东老解放区教育资料汇编》第 3 辑，第 34 页。
② 《胶东区的教育工作——胶东行署教育处 1945 年至 1949 年工作报告》（1949 年 4 月），《山东老解放区教育资料汇编》第 3 辑，第 35 页。
③ 《胶东区的教育工作——胶东行署教育处 1945 年至 1949 年工作报告》（1949 年 4 月），《山东老解放区教育资料汇编》第 3 辑，第 34~35 页。

文化统一战线方针的偏差。①

　　渤海区教育工作就存在简单、草率、生硬等现象。为训练在职干部及青年知识分子，1945 年初，渤海区广饶、博兴、垦利等地提出取消高小，变为庄户学。博兴两所高小被"迅速坚决"地取消，两所转变性质，"以致当时有些高小学生无处安插，群众埋怨。转变性质的学校，教职员也感到不知如何是好，教育行政干部也觉得无大信心"。坚决办理庄户学后，组织儿童拾草、割芦苇、拾粪，"这样搞了几天，许多小孩子裂嘴，许多小孩子发懒，家长们也都担心，不同意，群众们也乱讲，于是小孩子们逐渐减少了，学校感到很大的困难"。机械执行教育改革方针的弊端可见一斑。② 滨海区也"未从具体情况出发"，"对工作要求过急，一般化"。莒南县先下命令，一律转变；"临沭提出在年前转变三分之二，沭水、海陵普遍把小学取消"；"莒北认为小学是个累赘，一律取消，连模小也取消了"，抗属学生无处可去；强行取消小学，成立庄户学，群众说："什么庄户学，今天不要识字的了，还上学做什么！"③ 由于当时的高小是带有半干部性质的学校，为农村培养会计、文书、小先生，群众极为重视。时间一长，群众对这种庄户学并不满意，所以很快庄户学即停止推广。④

　　为满足抗日民主根据地政治、经济、文化建设全面发展需要，纠正以上教育改革过程中的偏差，1945 年 7 月，中共山东党政负责人决定"重新研究新方针，订出具体方案，介绍典型和模范，从教育实际情况和群众的需要和自觉出发，掌握'贯彻方针，照顾实际，决定步骤'的原则"，一方面普遍推广庄户学和妇女识字班，另一方面在有条件的地方成立中心小学，儿童教育不论正规的小学和不正规的识字班，学习时间都可延长一些，订立学制和课程，编印课本。各地根据实际需要可以设立高小，以培

---

①　《在民主运动中继续贯彻教育大改革的方针　克服教育大改革中的偏向》，《大众日报》1945 年 7 月 13 日，第 1 版。
②　《渤海区的教育工作》（1946 年 7 月），《山东老解放区教育资料汇编》第 3 辑，第 75 页。
③　滨海行署教育处：《滨海区一九四○年至一九四五年群众教育工作总结》（1945 年 7 月），《山东老解放区教育资料汇编》第 3 辑，第 139 页。
④　高宗才：《渤海区教育概况》（1944~1950），《渤海老解放区教育资料汇编》第 3 辑，第 4 页。

养区村所需的会计、文书、小先生及干部技术人才，成为半干部性质学校，同时与短期训练班有所区别。既顾及教育百年大计要求，又考量根据地建设的现实需要。① 这在一定程度上肯定了教育正规化的积极意义，表现出使教育逐渐复归其应有轨道的努力，促成了抗战胜利后正规学校的逐渐恢复与扩建。

与中小学因教育改革受到的消极影响不同，由于教育改革对成人教育的重视，冬学在抗战后期有了更积极的发展。冬学作为一种群众文化教育形式，中共山东党组织逐渐认识到需要党政军民全体干部有组织地宣传鼓动并具体推行督促。如渤海区鉴于以往对冬学重视不够、缺少具体负责督促工作的专门机构，致使"冬学未作出成绩"，② 行署四地委及专署、各救分会于1944年11月17日召开各县宣教干部联席会，决定建立与健全各级冬委会，吸收党政军民干部参加，加强统一领导；干部重视的同时要在群众中普遍宣传冬学的好处和意义；通过群众路线，创造模范，推动全盘。会议确定冬学教育以政治为主、文化为辅，以报纸政论文章或时事新闻为教材或行署教员自编，小学教员兼任教师，也可由群众选任。会议还提出各县冬学规模："垦利办一百处，保证五千人受教育，每人至少识四百至五百字；沾化办七十处，保证四千人受到教育；利津办五十处，保证二千人受教育；阳棣办二十处，保证一千人受教育。"并提出在冬学中结合拥军、拥政、参军、生产、民主等工作动员，布置春节文娱活动。③

在根据地县、区、村冬委会相继设立后，冬学工作进展显著。如渤海四地委1945年共开办冬学131处，学员6404人；识字班74个，学员3884人；读报组82个。虽然没有完成计划，但对村民的文化政治教育取得明显成效。老区冬学有基础的村，积极学习的学员，有识500~600字的（乔家庄的干部大都是在冬学上学会记账算账的），新区村民普遍识到

---

① 《在民主运动中继续贯彻教育大改革的方针　克服教育大改革中的偏向》，《大众日报》1945年7月13日，第1版。

② 《清河区各县文教科长联席会议总结》（1943年3月），《山东老解放区教育资料汇编》第3辑，第56页。

③ 《四地委召开冬学会议确定教育内容定出具体要求》（1944年11月），渤海老解放区教育史编写组编印《渤海老解放区教育资料汇编》第2辑，1988，第34~35页。

六七十个字。群众对时局的认识部分稳定，对查减、增资、生产、征收、优抗等中心任务及一般工作都能积极配合。① 鲁中区冬学发展迅速，"有五倍于一九四三年的发展，有 458187 人入冬学"，另有数量众多的读报组和黑板报等。② 但在冬学开办及推动的方法上，与实际要求都有距离。没有完全走群众路线，没有培养典型，创造基点。另外，教员授课方式有的很呆板，内容教条，不合群众口味，不能激发群众的兴趣。③ 需要改进的地方仍有许多。

冬学、民校不仅学文化，还学政治、军事、生活卫生知识等，办起秧歌队、高跷队、业余剧团，开展文娱活动，在宣传、动员群众参军参战及反"扫荡"、反"蚕食"、反奸除霸方面，在破除迷信、移风易俗等方面，都发挥过重要作用。抗战时期任清河区博兴县文教科科长的马健回忆："通过办冬学，办民校，烧香拜佛的几乎没有了；懒汉二流子敛迹了；民事纠纷大大减少了；婆婆虐待儿媳，丈夫打骂妻子的很少见了；缠了足的大姑娘、小媳妇放了脚，十几岁的女孩子不再缠足了，男婚女嫁不坐轿，改为骑马，秧歌队、高跷队迎送，剧团演上一台戏，又省钱又热闹；冬学学员中报名参军的很多，妻子送丈夫，爹妈送儿子，孩子送父亲参军参战的动人情景，村村皆有。"④ 新风尚兴起，沉寂多年的乡村开始活跃起来。显然，乡民通过这些冬学组织的学习，不仅能及时了解世情变化，增强政治意识，更好地响应中共号召，支援抗战，而且开阔眼界，摒除旧习，根据地社会有了新气象。

五　根据地教育的特点

山东抗日根据地的国民教育是在克服环境动荡、教育设施简陋、教育

---

① 《渤海四地委一年来教育工作概况》（1945 年），《渤海老解放区教育资料汇编》第 1 辑，第 37~39 页。

② 《鲁中行署代理主任马馥塘在鲁中区第一届参议会上的施政报告（节录有关文化教育部分）》（1945 年 7 月），《山东老解放区教育资料汇编》第 3 辑，第 159~160 页。

③ 《渤海四地委一年来教育工作概况》（1945 年），《渤海老解放区教育资料汇编》第 1 辑，第 39 页。

④ 黄悦新：《抗日战争时期的博兴教育》，《渤海老解放区教育资料汇编》第 3 辑，第 63 页。

经费及教材缺乏、师资水平有限等种种困难的情况下向前推进的，过程曲折。处于抗日游击战争的环境中，国防教育是其基本方向，因此承载了宣传动员民众抗日的任务，具有鲜明的政治性和战斗性。如小学语文课本中就有这样的内容："日本要亡我们的国，日本要亡我们的家，他要做主人，让我们当牛马，不当牛，不当马，誓死保卫我国家。"学生及其家长因此"共同树立了抗日意识"，令日军深以为困。①

同时，由于所处游击战争环境影响，山东抗日根据地的国民教育又有着独特的游击色彩，学校常处于流动之中，学习内容不固定，学习时间也无法保障。抗战后期教育改革反对旧型正规化更加深了根据地教育的游击化问题。

与中共其他抗日根据地的教育相同，民族的、科学的、大众的新民主主义教育是山东抗日根据地国民教育的基本方针。为使穷苦农家子弟都能享有受教育权，以普及平衡发展为目标，强调教育要与生产劳动相结合，与农民群众的生产生活和战斗实际相结合，尽管其间有一些不符合教育规律的偏向，但确实动员了较多的农村儿童走进课堂接受教育，小学教育一度基本普及，中学教育也有初步发展，乡村受教育群体显著扩大。

山东抗日根据地成人教育的开展规模和重视程度是前所未有的。在识字班的基础上，创立了冬学、村学与庄户学等全新的社会教育形式，灵活多样的教学方式使许多目不识丁的农民不仅体验到了读书识字的乐趣，而且政治觉悟提高，积极支援抗战，在拥军优属、扩军支前、生产宣传等各个方面都发挥了巨大作用。尤其是妇女通过上识字班等，走出家庭，开阔眼界，成为党组织、农会、妇救会的得力助手，促使农村社会发生重大变革。如沂水三区曹宅村（今属沂源县）识字班队长沈芳等带领全村妇女放脚、剪头发，争取婚姻自由，不要彩礼，并发动妇女纺线、织布、碾米、做军鞋、支前、帮助抗属生产、动员青年参军等。②

---

① 石井俊之・仓田勇二「治安肃正工作ニ伴フ现地调查报告（山东省）——政治及经济一般」（昭和 14 年 4 月）、粟屋宪太郎・茶谷诚一编集解说『日中战争　对中国情报战资料』第 3 卷、408 页。

② 崔维志：《"识字班"——沂蒙老区姑娘们的代名词》，沂源县政协文史委编印《沂源县文史资料》第 6 辑，1997，第 24 页。

　　总体而言，山东抗日根据地的国民教育工作有过正规化努力，但做了符合现实需要的调整，带有明显的政治性、战斗性和游击化特点。农村受教育群体的显著扩大和成人教育前所未有的发展，对抗战与农村社会变革的促进作用也是确定无疑的：使许多穷苦的乡民得到了读书学习的机会，山东根据地农村一向落后的文化教育状况有了明显改观；为顺利开展民运工作，支援抗战，促进抗日根据地的各项建设和社会进步，做了广泛宣传，有重要推动作用。中共在山东抗日根据地教育工作上的积极作为，也为抗战胜利后山东解放区教育的恢复与调整打下了良好基础，并对新中国成立后的教育事业产生了深远影响。

第十四章　　根据地的强盛及对战后格局的影响

中国的抗日战争是世界反法西斯战争的一部分，因此，战争形势的发展与国际战局变化息息相关。1943 年，随着国际反法西斯战争的节节胜利，中国的抗战也迎来重大转机。中共山东军政负责人调整对敌斗争方针，展开了强大的政治攻势，并加紧根据地各项建设，使山东抗日根据地不断恢复与发展，走向强盛，为战后与国民党的角逐建立了战略基点。

一　根据地形势的好转

山东抗日根据地形势的好转，是以抗日军民在日伪加剧封锁、分割、"扫荡"、"清剿"、逐地逐村"蚕食"的残酷环境下胜利坚持为基本前提的。

1941 年至 1942 年，日军在山东也如在全华北及其他占领区一样，多次实施"治安强化运动"，采用军事、政治、经济、文化、特务的"蚕食"总力战，实行保甲、"清乡"、"肃正"伪军、扩大伪化区域，以各种手段不断"蚕食"、紧缩、包围、分割、"扫荡"抗日根据地及游击区、边沿区。日军驻新乡特务机关长河野又四郎是在华工作过 15 年的"中国通"，他就抗战中后期日本在豫北的占领状况，曾做如下描述："日军占据的地方不过是点和线的'骨头架'，特务机关指导中国军、官、民扩大治安地区，要给骨头贴上肉。"[1] 这一描述同样适用于山东。日伪的"治安强化运动"就是欲给其"骨架"贴"肉"，使其占领区由点线扩大到面。这使中共在山东敌后的抗日斗争处于空前残酷与严峻的环境之下。平

---

[1] 《华北治安战》（下），第 234 页。

原根据地已经发生了质的变化，平原运动战的机会已不存在，山区根据地的游击性也大大增强，敌占区扩大，根据地缩小。中共山东军区政治部主任萧华曾就此谈道："稠密的据点岗楼，重重的封锁沟封锁墙，使根据地更加形成犬牙，点滴斑蹄，分割成井字、田字、王字形、三角形的格子网。同时由于点线的增加，敌人对伪军控制的加强，使敌人的机动兵力也随之增加。'扫荡'的连续性突然性也就加大。再加以敌人的严重经济封锁与彻底毁灭我军民生存条件的三光政策，及长期战争中的负担，不能不使根据地民生凋敝，财政经济更加困难，军用资材弹药的补给日益缺乏。"①

为克服日伪总力战压迫带来的极大困难，根据中央指示，中共山东分局决定加强对敌政治攻势，要求"各级党、各级军政机关及群众团体必须随时随地展开对敌的精细调查研究，透彻地了解敌人军事、政治、经济、文化、特务等各方面的进攻、蚕食及伪化政策的阴谋手段"，"随时随地主动积极地组织对敌的反蚕食、反'扫荡'斗争"。决定派干部到敌占区及敌伪据点中去，"专门组织对敌的调查研究、宣传、侦察，进行对敌伪军、伪组织长期忍耐的争取与瓦解工作，进行党的秘密点线工作及居民的宣传争取和团结。在重要的作战区及作战线上（如铁路、河流、公路），应派遣特定的游击队或武装宣传队，设立秘密宣传站，以进行情报、侦察及武装反敌伪间谍及宣抚班等的活动"，以积极展开对敌伪区及游击区的工作，粉碎日伪的"蚕食"阴谋、伪化政策及特务侵扰。②

另一方面，为完成艰巨复杂的对敌斗争任务，决定调整游击区、边沿区党政军民的组织形式、工作方式方法，隐蔽埋伏，尽量发挥分散性、地方性游击战的特点。根据地及游击区，彻底实行精兵简政。③ 注意运用正确的对敌斗争策略方法，"随时争取主动、掌握主动，即随时掌握时机，

---

①　《小部队的建设问题——肖华在分局召开的区党委书记联席会议上的报告提纲》（1943年5月），《山东革命历史档案资料选编》第9辑，第562~563页。

②　中共山东分局委员会：《抗战四年山东我党工作总结及今后任务》（1942年10月1日），《山东革命历史档案资料选编》第9辑，第71~72页。

③　中共山东分局委员会：《抗战四年山东我党工作总结及今后任务》（1942年10月1日），《山东革命历史档案资料选编》第9辑，第72~73页。

'敌进我进',用软的硬的、明的暗的、合法的非法的、直接的间接的、集中的分散的……各种各样方法,从前线、从敌人内部、从敌人后方、从敌人最大的要害与弱点,进行攻击,才能有效打击敌人"。因此,"对敌斗争,必须从敌军、伪军、伪组织、敌占区、敌占城市进行工作,并从扩大敌人内部的阶级矛盾及政治的危机下手向敌攻击,才能从多方面打击敌人"。①

由此,中共在具体的反"扫荡"、反"蚕食"、反"清剿"斗争实践中,形成了一整套对敌斗争经验和方法,并与日军战略指导方针的变化针锋相对,调整了敌后战略指导方针,实行分散游击战,主力部队化整为零,分散潜入敌后之敌后,隐身于群众之中,联系地方,依靠群众,伺机灵活机动作战。中共主力分散为小部队,不是消极的躲避,而是战略性的隐蔽以积蓄力量,战术上积极改变斗争方式开展对敌游击斗争,既帮助了地方武装的发展,拥有了更多的机动和后备武装力量,又与敌后群众建立了更加密切的关系,由此奠定了坚实的社会基础,为抗击日伪的"清剿"及反攻阶段的到来准备了有利条件。

为节约民力,中共抗日武装自备给养,自做自食,并以人力代畜力,帮助群众春耕、推粪、割麦。"代耕中最高纪录,为某旅一个连一天代耕七十八亩,后方勤务部十八个劳动英雄代耕七十亩。"为减轻民众负担,普遍进行生产节约,主要是开荒、种地、种菜、开办合作社、经营政府允许的商业、节省被服办公用品,有的废物利用,自己制造军用品。1943 年春,为救济难民,山东中共"全军每日均节约粮食二两,使进入我根据地之五万难民得以活命"。军政机关进行了好几次精兵简政,裁减了一些老弱和不能战斗的人,据不完全统计,裁减人员达五千之多。同时,严格群众纪律,进行拥政爱民思想教育和检查,并制订公约,以养成自动的拥政爱民行为,保持中共军队与群众密切联系的优良传统和作风。②

---

① 中共山东分局委员会:《五年工作总结及今后任务》(1943 年 8 月 19 日),《山东革命历史档案资料选编》第 10 辑,第 11 页。
② 罗荣桓、黎玉:《我们能坚持,我们也能胜利》(1943 年 7 月 23 日),《山东革命历史档案资料选编》第 9 辑,第 559~560 页。

在贯彻实施中共中央的战略方针和各项政策过程中，在远远超出想象的险恶环境下，中共干部不避艰险、不畏困苦、英勇斗争。黎玉在报告中特别指出："某些地区在敌伪蚕食、环境恶化之下，许多干部不避艰险，吃苦耐劳。终日与敌伪搏斗，坚持民主政治。如冀鲁边据点林立，他们有时背张狗皮在野外宿营，仍坚持工作。泰山区某些地方因给养困难，政权干部终日工作不得一饱，甚至亲自到几十里外负米自炊，毫无怨言。还有许多区级干部终日下乡执行具体任务，物质生活亦甚恶劣，但一般都能艰苦奋斗。如清河区邮局交通员王青山，在严寒的冬天赤身下水，过小清河运送文件，每月经过三五次。……泰山区几年来环境日趋严重，但全区县长无一脱离岗位者，都在与群众密切联系下坚持了工作。益都县长冯毅之同志，全家在马鞍山殉难，他仍毫不动摇的坚持下去。莱芜雪野区区长，全区沦为敌占区后仍坚持工作。……敌百般威胁其家属，他仍毫不动摇，想做到'有据点，无敌区'。"此外，中共还"培养了一些模范区长、县长，提拔起一些青年庄长"。① 这些艰苦战斗在敌后的中共干部，对山东根据地的开辟与坚持，贡献卓著。

以上种种努力，使山东党政军民在日伪的严酷"扫荡""清剿""蚕食"下顽强坚持下来。

1943 年夏，国际反法西斯战局明显好转，苏联红军以排山倒海之势反攻前进，英美在东西战场节节胜利，法西斯轴心国之一的意大利已无条件投降，德国及日本的灭亡日益临近。中国是世界反法西斯同盟的一员，国际环境十分有利于中国抗战，山东的抗战形势也与全国一样迎来转机。

但同时中共清醒地认识到，日伪、国民党军情况千变万化，斗争将变得更为复杂，正所谓"抗战愈接近胜利，困难将愈益严重"。在复杂多变的客观形势下，中共尽可能发现并利用其中的有利条件，开展对敌斗争。黎玉谈道："这就要求我们以最大的坚定性灵活性，小心翼翼的研究各方面的情况，掌握各方面变化的规律，决定正确的方针，并审查自己的领

① 《山东抗日民主政权工作三年来的总结与今后施政之中心方案——一九四三年八月二十日山东省战时工作推行委员会黎玉主任委员在省临参会一届二次大会上的施政报告》，《山东革命历史档案资料选编》第 10 辑，第 307～308 页。

导，不断吸收新的经验教训，提高自己，改造自己，争取胜利。"① 中共山东党组织负责人抓紧时机，适时进行各项部署，使山东根据地向着恢复与巩固的方向发展。

此时，中共已克服日伪全面"扫荡""蚕食""清剿"带来的巨大困难，山东根据地建设进展明显：共有主任公署 4 个，相当于主任公署的专署 2 个，专署 11 个，县政府 90 个（不包括新地区），区政府 663 个，根据地村庄 10128 个，游击村庄 12443 个。各级参议会也逐步建立，据不完全统计，有县参议会 42 个，专署参议会 7 个，主任公署参议会 2 个。② 逐渐推进民主选举，由人民代表大会选举，到参议会选举、各级行政委员选举，一般的村干部，由村民大会选举。改造村政，启发民主。根据地村政权的 80% 以上都经过了村政改造。"有了村政委员会和简单的分工之后，较之以前村长个人突出、孤军奋斗的情形是好的多了。"而且，"由于村政的改造，村级干部质量与行政效率提高了，坚持工作的精神增强了。如鲁中沂蒙区沂南县，在三十年大'扫荡'中，四七九个村子，能坚持工作者仅有百分之九，与敌妥协的就有一九七村，其他一部分村政权大都动摇逃跑，最坏的竟有把抗日工作人员和抗日的资财无耻的献给敌寇的痛心现象。但到了改选村政以后的三十一年'扫荡'中，不能坚持工作的村庄只有百分之五了，在××据点附近的三十八个村庄，只有六个村不能坚持工作，而叛变投敌的现象，则完全绝迹了。又如滨海区海陵县未改造的罗庄村长，在敌伪按设据点后，即盗卖公粮，勾结敌伪，危害地方，强迫群众修碉堡、挖壕沟，破坏抗日工作；而经过改造的××村和×××庄庄长，则不管在任何恶劣情况下都能坚持工作，×××新选村长虽患咯血，工作未尝稍懈"。③ 可见，中共对村政改造，直接影响

① 《山东抗日民主政权工作三年来的总结与今后施政之中心方案——一九四三年八月二十日山东省战时工作推行委员会黎玉主任委员在省临参会一届二次大会上的施政报告》，《山东革命历史档案资料选编》第 10 辑，第 238 页。

② 《山东抗日民主政权工作三年来的总结与今后施政之中心方案——一九四三年八月二十日山东省战时工作推行委员会黎玉主任委员在省临参会一届二次大会上的施政报告》，《山东革命历史档案资料选编》第 10 辑，第 240 页。

③ 《山东抗日民主政权工作三年来的总结与今后施政之中心方案——一九四三年八月二十日山东省战时工作推行委员会黎玉主任委员在省临参会一届二次大会上的施政报告》，《山东革命历史档案资料选编》第 10 辑，第 240~243 页。

该村抗日工作的坚持及根据地的巩固。

随着山东抗日形势的好转，山东省临时参议会一届二次议员大会于1943年8月12日在莒南县三界首隆重召开。大会讨论并通过了黎玉代表战工会所做的施政报告，和山东分局在新形势下提出的施政纲领，确定以战争、民主、生产、教育为今后施政方针；大会决定将战时工作推行委员会改组为战时行政委员会，选举黎玉、罗荣桓、刘居英、梁竹航、艾楚南、张伯秋、田佩之、耿光波、郭维城、杨希文等11人为行政委员。9月3日，政委会召开首次会议，选举黎玉为主任委员，并决定了各部门的主要负责人。9月10日，山东省战时行政委员会发布通令，正式宣告成立。① 以山东省战时工作推行委员会改组为山东省战时行政委员会为标志，山东抗日根据地斗争最艰苦的阶段基本结束，开始了再度发展的新时期。

二　根据地的发展与强盛

1943年下半年开始，由于美国对中国政府抗战援助力度进一步增强，特别是"麦特洪计划"的制订与实施，日本本土开始受到能够直接从中国陆地起飞的美机的严重威胁。而美日之间在海上的大规模作战，也使日本方面对海上交通线有所顾忌，试图打通中国大陆南北交通线以便利其物资的运输。日军主力陆续集结准备"大陆交通战"，这自然极大减轻了日军对中共敌后根据地的围攻与压迫，山东八路军与抗日武装重新获得了行动便利。

中共山东分局领导人从斗争实践中充分认识到，根据地是革命的阵地。这一阵地的建立、建设与巩固，又是与不断发展自己、不间断地对敌斗争不可分离的。没有根据地，便无阵地，便失去主动斗争之可能性，便不能胜利。因此，从历史经验教训出发，根据地应积极主动、敏锐地掌握时机，掌握阵地，并尽一切可能扩大这些阵地，才能逐渐改善境况。同时

---

① 《山东省战时行政委员会成立通令》（1943年9月10日），《山东革命历史档案资料选编》第10辑，第337~338页。

深知，"根据地不是静止的山区与平原，根据地的存在，必须依赖有群众的动员，党及军事、政治、经济、文化……各方面的建设，而且得充分的建设和发展，才能是巩固的，有战斗力的。充分发展和建设的程度，决定根据地巩固坚持的程度。事实证明，哪一个地区忽视了这些绝对必须的建设，便没有名符其实的根据地，便会在遇到严重斗争时受到打击或失败；一切忽视根据地建设的，均将放弃了敌后抗战之最基本任务，便等于不要阵地或放弃阵地，便不能胜利"。① 概而言之，在对敌斗争中发展自己，并进行根据地各方面的建设，对于根据地的巩固与发展都是至关重要的。

因此，在1943年9月政委会正式成立后，中共在山东的各级行政机关断然实行改组，竭尽全力进行精兵简政及反攻准备等工作；把战争、生产、民主、教育作为今后施政的中心环节，以确保抗战胜利为最终目的，强调"加强战争的机构、战争的动员，切实执行拥军、优抗、抚恤阵亡将士及荣誉军人的法令，切实帮助主力，增强主力，加强县区武装，普遍发展民兵，开展分散性群众性的游击战争，积极打击敌人，粉碎敌人'扫荡'、蚕食、分割、封锁、三光政策、总力战，是今后的第一等任务"。② 整个山东地区积极进行救济难民、增产运动、构筑交通壕、武装群众等各项工作。③

1943年10月1日，中共中央发出关于十大政策的指示。据此，10月10日，山东分局做出决定，要求各级党委在备战动员的同时，抓紧贯彻减租减息和大生产两项政策。④ 10月，山东分局召开群众工作会议，确定了六项任务，首要的就是减租减息。为发展农业生产，山东分局和政委会采取了许多有力措施。诸如组织劳动互助、发放农业贷款、开展劳动竞赛、表彰劳动模范、奖励开荒和兴修水利、保护生产力，各级党政干部采取一般号召与具体指导相结合的方法，加强对生产运动的领导。为密切党

---

① 中共山东分局委员会：《五年工作总结及今后任务》（1943年8月19日），《山东革命历史档案资料选编》第10辑，第18~19页。
② 《山东省临时参议会一届二次全体议员大会宣言》（1943年9月），《山东革命历史档案资料选编》第10辑，第356页。
③ 《华北治安战》（下），第338页。
④ 《中共山东分局为贯彻中央十月一日指示的决定》（1943年10月10日），《山东革命历史档案资料选编》第11辑，第38~39页。

政军民关系，广泛开展军队拥政爱民，地方拥军优抗运动，以使军队获得群众的拥护，平时有利于隐蔽，作战时能得到群众配合，兵员补充与后勤供应也能得到充分保障。

中共这些措施的实行也可以从日军的观察中得到佐证。日军情报记载：1943 年夏季以后，中共仍以党、政、军、民四位一体组成的抗日民族统一战线为基础，团结各种战斗力量，扩大党的势力，采取各种积极顽强的措施，开展政治攻势和游击战争，极力加强和培养抗战力量，倾注全力确立抗战体制。"对新政权（伪政权——引者注）则继续揭露其不正行为，袭击、绑架其人员，并继续进行民众工作，同时，加紧破坏我方重要战争资源设施地区及交通、通讯线路等。对其动向，不可等闲视之。"① 日军更强烈意识到了中共发展的威胁。

因此，1943 年秋收以后，日伪军又对根据地游击区轮番"扫荡"，中共山东抗日武装组织民众积极抵抗："在鲁南，八路军主动出击，聚歼了刘黑七全部，将二十余年为害地方、屠杀人民的匪首刘黑七击毙了，为地方、为人民除一大害。在滨海，八路军先发制敌，一举攻下了赣榆城，把全城伪军都击溃俘获了，活捉了那个叛国投敌的伪旅长李亚藩。在鲁中，八路军粉碎了万余敌人的'扫荡'，曾以一连的兵力坚持大崮阵地十余日，毙杀敌人数百名，创造出抗战史上光辉的一页，并且接着调动主力，浴血苦战，五昼夜间，击溃了敌人，收复了原有阵地。在清河，八路军今夏连拔近百个据地〔点〕，敌人此次以两万多人进行报复'扫荡'，经该区八路军内外夹击，终于打退了敌人，还击落两架飞机。胶东也由于八路军主动出击，攻拔了十余据点，并坚持边沿区，屡次打击敌人的进攻，才使根据地人民今冬免受敌人'扫荡'烧杀之祸，并扩大了根据地。"②

在 1943 年一年中，津浦铁路以东地区的山东军区所属部队共进行主要战斗 1947 次，攻克敌伪据点 342 处、碉堡岗楼 200 多个，毙伤俘敌伪 36915 人。对敌人的"蚕食"予以沉重打击。③

---

① 《华北治安战》（下），第 337 页。
② 《山东省临时参议会驻会委员会为祝贺新年开展拥军运动告山东各级参议员及各界同胞书》（1944 年 1 月 1 日），《山东革命历史档案资料选编》第 11 辑，第 233～234 页。
③ 孙祚民主编《山东通史》（下），第 836 页。

　　1944 年初，山东军区决定，趁日军抽兵增援太平洋战场，在敌后收缩兵力之际，向敌人发动攻势。① 与此同时，在民兵联防保卫下，根据地各项建设迅速推进，尤其是大生产运动初见成效。据不完全统计，1944 年各战略区共扩大耕地面积 346860 亩，打井 13031 眼，疏河 1199 里，开渠 20 个、长 63 里，筑堤 17 处，植树 6358679 株，成立互助组 64200 个，参加互助组的人数达 383397 人，31846 户订立了生产计划。胶东、滨海、鲁南种棉 154032 亩，鲁中、滨海、胶东培养劳动模范 1012 人，滨海、鲁中改造懒汉 1401 人。机关开荒 77661 亩，种熟地 883 亩，在赣榆、日照开盐田 161 亩。②

　　再如纺织运动的开展与纺织手工业的发展，使根据地军民穿衣问题基本上有了保证。自 1943 年提倡至 1944 年底的两年时间内，除鲁南新开辟地区正在发展外，其他地区已经初步达到军民所需布匹自给自足，且胶东、渤海还有剩余布匹可以输出。即使如贫瘠的鲁中山区，1943 年上半年，已组织纺织合作社 200 余处，资金 100 余万元，有组织的纺车 28000 余辆，织机 7700 余张，为 4500 名难民和抗属提供了就业机会，纺工、织工劳动收入 534 万元，合作社得利 100 万元，产出布匹总值 1000 万元以上，估计 1944 年下半年较此增加 1 倍。③

　　拥军优抗、拥政爱民运动的广泛开展，进一步密切了军政民关系，保障了物资和兵员补充。在争取形势好转的斗争中发挥了重大作用。1943 年 10 月，山东分局群众工作会议把拥军优抗定为今后群众工作的中心任务之一。11 月 26 日，山东分局和山东军区对 1943 年的拥政爱民工作进行了认真总结，要求各部队在检查总结前段工作的基础上，掀起更大规模的拥政爱民运动。12 月 8 日，山东分局和军区政治部发出《关于 1944 年拥军与拥政爱民工作指示》，公布八路军驻山东部队拥政爱民十条公约，确定从元旦至正月集中开展双拥活动，并且决定正月十五为双拥节。接

---

①　胡奇才：《忆沂水城攻坚战》，中国人民解放军历史资料丛书编审委员会编《八路军·回忆史料》（3），解放军出版社，1991，第 367 页。

②　《山东省第二次行政会议生产组总结报告（草案）》（1944 年 12 月），《山东革命历史档案资料选编》第 13 辑，第 372~373 页。

③　《民主思想　民主政策　民主作风——黎玉主任委员在山东省第二次行政会议上的总结报告》（1945 年 1 月 7 日、8 日），《山东革命历史档案资料选编》第 14 辑，第 76 页。

着，政委会和省临时参议会相继发出训令和号召，有力地推动了双拥运动的发展。

1944年4月19日，山东军区副政委黎玉在军区政治工作会议上总结："一年来各地拥爱活动，在与群众关系上我们做了不少尊重群众、爱护群众、保卫群众以及帮助群众利益的工作，使我们与群众关系上有了初步改善"；"不仅对群众方面如此，且坚决执行党的一元化领导，密切与党政关系，进行了拥政，在尊重政府与执行政府法令上，一般违犯政令现象大大减少，改变了对政策蛮横不讲理现象"；因为双拥运动的开展，拥政爱民的进步，"我军的士气"更旺，"比之四一、四二年已有根本不同"，"部队不仅日益巩固，而且在兵源的补充上得到了良好的解决"，"政府对部队的关照以及部队与政府的关系上，已日益改善"。①

党政军民全面配合下的全面努力，特别是政治攻势的加强，为根据地的扩展创造了有利条件。自1944年初至抗战胜利前夕，中共在山东全面性的对敌政治攻势共有三次，即新旧年关攻势、夏季攻势与冬季攻势，着重于对敌伪的争取瓦解、反抢粮、反抓丁与反重点主义斗争。而在宣传攻势中，扩大盟军胜利及太平洋对日反攻成功的影响，动员伪军伪组织与敌占区人民回到祖国怀抱，准备配合盟国反攻，贯穿每一次政治攻势。与之相配合，全山东范围内还举行了地方性政治攻势83次，"每次攻势都有其新的收获与成果"。其中对伪军的政治攻势任务尤为艰巨，收效也大："伪军缴枪投诚被俘者约四万五千余人"，"零星瓦解伪军逃跑者达一万二千九百余人，仅鲁中区在一年中即瓦解六千九百一十八人之多"，"反正者计千人以上的四股，共八千五百人枪，千人以下者将近一百五十余股，计七千余人枪，共达一万五千余人枪"。争取、瓦解工作，再"配合军事上的击毙与击溃，使伪军大大削弱与减少在五分之二以上"。②

这种军政攻势的结合，使山东抗日根据地迅速扩大。进入1944年，

---

① 《一年来拥政爱民总结——黎玉一九四四年四月十九日在山东军区政工会议上的总结报告》，《山东革命历史档案资料选编》第11辑，第374~375页。

② 肖华：《一年来山东的对敌政治攻势——为纪念抗战八周年而作》（1945年7月11日），《山东革命历史档案资料选编》第15辑，第119~122页。

在九个多月的时间里，山东中共军队"攻克与破退敌伪据点约计一千个以上，敌人兵力大大收缩，伪军亦由二十万减少至十五万（津浦路以东）"，根据地面积在1944年秋季，已"有了超过四〇年之发展"，"各个根据地之互相间联系有了更多的改善，鲁中对沂水之攻克，滨海对诸胶高日之开辟，控制铁瞵山，鲁南对津浦路两侧之打通，发展邹滕东部，渤海对黄河两岸之扩大联系，冀鲁边大的恢复，胶东对文登、荣成之占领，打开沿海与肃清烟青路北段之封锁"。这些重要胜利的取得，使中共在山东"已基本摆脱了在极严重三角斗争中之劣势地位，扩大了自己的自主性与机动性，使敌人蚕食与分散配制，遭到大的失败"。[1] 进而，至同年底，根据地"有二万个村庄，而人口增加一千万，等于一九四三年分局五年工作总结时之两倍"，中共正规武装"已超过十五万，民兵三十五万"，最重要的是，打通了胶济线南北两侧的联系，往西越过津浦线扩展，东则延长了海岸线，往南已逐渐巩固了对陇海路之接近，形成进逼敌人大中小城市、重要交通线及平原之态势。[2]

但是，敌强我弱的基本格局并没有改变。山东军区司令员兼政委罗荣桓在1945年1月3日山东分局、军区直属队干部会上，总结了上一年的工作后指出，"我们在山东经过去年一年的胜利与发展，要随时防止自满与麻痹的生长"，关于1945年的任务，特别强调"要继续争取扩大解放区，把扩大同建设根据地并重起来"，重视并加强边沿区工作，尤其是"沿海线、接近大中小城市及交通要道等敌人配制重点主义"的地方。"打击敌人重点主义，必须武工队争取在敌人重点圈内能够存在，软化其中点，分割其大小点间之联系"，配合军事斗争，摧毁其小点。[3] 显然，推进政治攻势与军事打击相结合的边沿区工作，消灭分割在中共根据地之间的日伪占领的点线，仍是反攻到来之前中共扩大根据地的工作重点。

---

① 《关于山东抗日根据地有超过四〇年之发展》（1944年10月12日），山东省档案馆藏，档案号：G001-01-0089-011。

② 《一九四四年的过去和一九四五年的到来——一九四五年一月三日罗荣桓在山东分局、军区直属队干部会上的报告》，《山东革命历史档案资料选编》第14辑，第6~7页。

③ 《一九四四年的过去和一九四五年的到来——一九四五年一月三日罗荣桓在山东分局、军区直属队干部会上的报告》，《山东革命历史档案资料选编》第14辑，第9~10页。

进而，中共山东军政负责人认识到："自去年八月以来，我接敌区、边沿区区中队、独立营团、县大队、民兵不断遭受损失。并由于敌人三角部队匪化特务活动，对我武工队、敌工站以危害。"认为主要是因为没有清楚认识到敌人新的重点主义施策（一分军事九分政治）的实质在于军政会一元化结合，训练出特殊宪兵、警察及三角部队，节约出机动兵力以单独出击各个重点；被敌人收缩、分散、配制所麻痹，自满轻敌；区中队没有得到加强，武工队在根据地扩大后缺乏调整或接换工作，工作方式及情绪上倾向公开。为应对2、3月间敌人可能增多之攻击与"扫荡"，要求以重点打击敌人的重点，加强武工队的骨干作用。同时提出，"调整地方武装的配制"，"要有县大队、独立团营或主力分散的坚持接敌区边沿，把民兵联防统一组织于对敌斗争指导之下"；"对敌伸入我地区间之重点，则予以围困，封锁出入线，争取配合在有利条件下采取军事的拔除"，"对敌边沿交通线之重点，则我以荫蔽的方式，争取合法斗争为主，软化其重点圈，确保我之出入联系线"；"加强打入敌人重点内部之秘密工作"。① 可谓有软有硬，隐蔽为主，灵活应对。

为在思想上更加充分地准备与巩固自己，加强边沿游击区，开展敌占区工作，贯彻全面的对敌斗争，粉碎敌人的重点主义政策，中共山东分局、山东军区政治部做出了具体指示。首先，为坚持边沿，在军事上打击敌人重点主义的军事配备，必须坚持分散性、群众性的游击战争方针。在具体行动上，要求"在政治上与活动方式上，更加灵活的发挥敌进我进，组织强有力的小部队、武工队插入敌人的大点中点小点之间活动，争取与团结群众"，"使其大小据点彼此孤立"；"破坏其联防线，打击敌人特务活动，积极困扰敌人据点，并在有利的政治攻势结合下，继续拔出某些薄弱中小据点"；"在这些重点圈内活动的部队，必须采取较隐蔽的活动形式，在活动的规律上不应该墨守成规，而应采取灵活的穿插进出、昼伏夜动、声东击西、此起彼落的形式麻痹敌人"；"在边沿区应有重点的配备主力去支援地武、民兵的对敌斗争，并以主力为核心、以地武为骨干、以

① 《中共山东分局、山东军区关于对敌重点主义的对策》（1945年2月8日），《山东革命历史档案资料选编》第14辑，第169~170页。

民兵为基础的形成边沿的对敌联防线，有力的打击敌人向我边沿活动的小股部队"；"对于敌人的突击队，更应采取内线瓦解与军事上伏击清剿的方式予以歼灭"。① 以重点对重点，灵活有效地拔除据点，扩大活动区域。

其次，"为了对付敌人的政治攻势"，加强边沿区反特务、反伪化的活动，强调对策不能一般化，必须"坚持慎重、实事求是的方针，调查研究，分清是非轻重"，"基本上是采取宽大政策与镇压政策的结合"，具体地，对于敌人一般的公开的武装特务，应抓紧一切有利时机予以歼灭；镇压为恶最大的首要分子；争取、分化被特务利用的群众悔过自新，个别的可加以利用；对于特务的地下线，应以谨慎的秘密调查研究工作与群众的反特务斗争相结合予以揭发，并经秘密训练后加以利用；对有些被敌特利用的地主则予以劝告，填保证书。在边沿区的一切下层组织、地武、民兵，是特务活动的主要对象与漏洞，应加强政治控制，清除流氓异己分子，用实例教育大家并欢迎被欺骗的分子反省坦白，予以宽大处理。对于为敌特伪化所组织的会门，强调必须密切注意，具体调查采取相应对策，"原则上应分化瓦解"，能争取的尽力争取，需要军事镇压时"必须异常慎重"。因为，中共在边沿区一切政策的出发点是依靠基本群众，团结各个抗日阶层，以"服从对敌斗争与长期坚持的利益为原则"。②

展开政治攻势是中共的强项，但中共着眼的是如何真正赢得群众的支持。中共特别指出边沿游击区政策"不能存在任何殖民地的观点，严禁乱罚、乱没收、乱抽枪、乱捉人的严重现象"。要求照顾到群众的利益，尽力团结中小地主"共同进行抗日与民主事业"。为保证边沿区对敌斗争的顺利开展，指示党政机关要把武工队的作用"由过去的战斗地位提高到战略的作用上去"，"各地区应根据敌我斗争的情况与开展城市交通工作、打击敌人重点主义的方针上，重新的予以配备、充实与加强，必须使武工队真正能（成）为团结敌占区广大人民对敌斗争的一面旗帜"。同时，为使政治攻势能以县为单位经常进行，指示"必须加强边沿区的组

① 《中共山东分局、山东军区政治部关于坚持边沿区对敌斗争对策的指示》（1945 年 2 月20 日），《山东革命历史档案资料选编》第 14 辑，第 183～184 页。

② 《中共山东分局、山东军区政治部关于坚持边沿区对敌斗争对策的指示》（1945 年 2 月20 日），《山东革命历史档案资料选编》第 14 辑，第 184～186 页。

织领导，有重点的配备核心干部，将过去对敌斗争有经验的干部加强到边沿区去"，以党委为中心，结合党政军民的力量，在一元化方针下开展对敌斗争。要求各地传达讨论上述指示，上报具体布置情形。① 这一指示无疑有力地推动了各边沿游击区对敌斗争的顺利开展。

在重视边沿区斗争的同时，沿海地区的斗争也相应加强。因为山东是日军死守华北、支撑沿海平原的重点，是其争取决战华中南北大陆连接之枢纽，也是其巩固东北基地与防卫本土之内海三角突出部。所以，为控制山东这一战略要地，日军频繁进行"扫荡"，摧毁中共各个根据地，首先是沿海地区，以破坏中共准备反攻与配合盟军作战的行动。对此，中共山东军政负责人把坚持沿海斗争作为重要任务，提出以武工队为骨干，采取分散隐蔽的斗争形式，争取保存与开辟自己的出入口，深入沿海盐民、渔民中工作，展开对敌伪政治攻势，以巩固沿海、沿铁路线之山区。②

山东各解放区依靠八路军主力、地方武装与人民自卫武装的普遍结合，以及武工队的派出与加强，"既具有坚强分散坚持的能力，而又提高了灵活机动的能力"，同时"具备了广泛开展攻势作战，而能获得伟大成果之有利条件"，"粉碎了敌人的分割封锁，把敌人打回到城市中去了，到主要交通线去了，使敌占城市及主要交通线亦日益处在我们包围打击之下了"。因此，从 1944 年到 1945 年，山东各解放区已完全进入新的巩固发展阶段。③ 胶东区行政公署在工作总结中写道："自一九四四年八月秋季战役攻势起，至一九四五年七月底为止，是抗日民主政权大发展的一年"，"在这一年中，政权区域扩展二分之一"，即到 1945 年 7 月，村政权的数量由 1944 年 8 月时的 6846 个增至 10272 个，增长了约 50%。④

---

① 《中共山东分局、山东军区政治部关于坚持边沿区对敌斗争对策的指示》（1945 年 2 月 20 日），《山东革命历史档案资料选编》第 14 辑，第 187~188 页。

② 《罗荣桓、黎玉、肖华关于目前山东情况的报告》（1945 年 6 月 27 日），《山东革命历史档案资料选编》第 15 辑，第 44~45 页。

③ 罗荣桓：《处在总反攻前夜的山东解放区——为纪念抗战第八周年而作》（1945 年 7 月 7 日），《山东革命历史档案资料选编》第 15 辑，第 111 页。

④ 胶东区行政公署：《胶东区八年来抗日民主政权工作报告》（1945 年 7 月 21 日），山东省档案馆藏，档案号：G031-01-0228-001。

据 1945 年 7 月 7 日山东军区司令部公布的抗战第八周年战绩统计，"全年共进行大小战斗四五四九次，攻克与迫退利津、乐陵、临邑、南皮、陵县、蒲台、滨县、文登、荣城、栖霞、沂水、莒县、蒙阴、泗水、邳县等县城以下敌伪据点一〇四三处，并攻入桓台、沧县、邹平、临城、济宁、滕县、烟台及安陵、芽庄、周村、白塔埠等车站，解放国土一四〇七九三平方华里，村庄一八二六〇个，人口八四九八〇七〇人"。[1] "津浦路以东直至沿海七百里绵长的海岸线，与陇海路以北跨过胶济路直至河北平原"的"山东五个大的解放区"，"互相打通而联系起来"。也就是说，山东抗日根据地的胶东、渤海、鲁中、鲁南、滨海五大战略区已经连接起来，"这里包括有一千七百万人口，二十万八路军的正规军、游击队，五十万民兵与几百万普通的人民自卫武装，已统一组成为一支坚持抗战与建设新民主主义的雄厚势力"，[2] 为抗战大反攻做了充分准备。

1945 年 8 月 8 日，为乘美军登陆时日军集中对付美军之机，扩大控制区域，在与国民党的争夺中获得先机，中共中央指示山东党政军负责人要加强以下几项工作：训练部队；训练干部；加强武工队；加强群众工作（彻底减租减息，防止过左）；尽可能消灭顽伪；加强城市工作（可能被我夺取之城市及交通要道），以便形成控制全山东的力量。[3]

从 1945 年 8 月起，八路军山东部队 27 万人遵照毛泽东和中央军委的命令，分为 5 个前线部队向敌人展开大反攻。鲁中、滨海、胶东、渤海、鲁南 5 个军区的前线部队相互配合作战，取得重大胜利。从大反攻开始，到抗日战争结束，山东中共军队解放县城 46 座和烟台、威海两市，收复港口 6 处、火车站 35 处，歼灭日伪军 6 万余人，津浦路以东，陇海路以

---

① 《山东军区司令部公布抗战第八周年战绩》（1945 年 7 月 7 日），《山东革命历史档案资料选编》第 15 辑，第 107 页。

② 罗荣桓：《处在总反攻前夜的山东解放区——为纪念抗战第八周年而作》（1945 年 7 月 7 日），《山东革命历史档案资料选编》第 15 辑，第 109 页。

③ 《中共中央准备发展控制全山东》（1945 年 8 月 8 日），山东省档案馆藏，档案号：G001-01-0104-001。

北地区，除济南、青岛、兖州、潍县及铁路沿线以外，已全部获得解放。[①] 与此同时，8月13日，山东省战时行政委员会改为山东省政府，[②] 下辖胶东、渤海、鲁中、滨海、鲁南5个行政主任公署，22个专员公署，127个县。计：渤海有专署6个，县府42个；胶东有专署5个，县府27个；滨海有专署3个，县府17个；鲁中有专署5个，县府24个；鲁南有专署3个，县府17个。经过艰苦抗战，山东抗日根据地已发展成为拥有2800万人口，控制12.5万平方公里土地的山东解放区。[③] 山东抗日根据地由此进入强盛时期。

三　对战后格局的影响

由于山东独特的地理位置所决定的重要战略地位，山东抗日根据地的强盛，无疑对战后格局有着重大影响。

山东地处太行山以东，黄河下游，东临渤海、黄海，是连接东北、华北与华中的枢纽，自古以来即为兵家角逐争雄的战略要地。抗战时期，山东地处华北根据地的东端，越陇海路与华中根据地相连，华北和华中两大根据地通过山东实现对接，连成了一个战略整体。

如果说1938年9～11月中共六届六中全会做出派一一五师主力挺进山东的战略决策，是为贯彻"巩固华北，发展华中"的战略方针，抗战时期山东的战略地位主要体现在"山东是华北持久抗战的重要战略基点之一，是开展华中、与新四军打成一片的枢纽，是八路军兵力、枪支、经济补充与开展的重要地区"，[④] 那么随着抗战形势的变化，在预测抗战后的前途时，中共对山东的战略地位就有了更长远的考量。早在1942年7

---

① 肖华：《一一五师挺进山东及山东抗日根据地的发展》，《八路军·回忆史料》（2），第47页。

② 《山东省政府关于改"山东省战时行政委员会"为"山东省政府"的布告》（1945年8月13日），《山东革命历史档案资料选编》第15辑，第200页。

③ 《罗荣桓、黎玉关于山东全省人口和行政区划统计简况给中央军委的报告》（1945年9月24日），《山东革命历史档案资料选编》第15辑，第339页；肖华：《一一五师挺进山东及山东抗日根据地的发展》，《八路军·回忆史料》（2），第47页。

④ 《中共北方局对山东工作的意见》（1940年1月20日），《山东革命历史档案资料选编》第4辑，第123页。

月 9 日，毛泽东在给当时返回延安途经山东指导工作的刘少奇的指示中，即指出抗战胜利后山东将成为中共武装实行新的战略转移的枢纽。毛泽东坦言："须估计日本战败从中国撤退时，新四军及黄河以南部队须集中到华北去，甚或整个八路新四须集中到东三省去，方能取得国共继续合作的条件（此点目前不须对任何人说），如此则山东实为转移的枢纽。同时又须估计那时国民党有乘机解决新四的可能，如蒋以重兵出山东切断新四北上道路，则新四甚危险，故掌握山东及山东的一切部队（一一五师、山纵、杨苏纵队）造成新四向北转移的安全条件，实有预先计及之必要。"①毛泽东的远见卓识于此清晰可见。

在中共领导人的心目中，山东的战略地位绝不仅是兵力转移的枢纽。随着抗战胜利局势的日见明朗，中共中央加紧了对战后战略布局的谋划，控制东北三省对于战后中共的立足至关重要，山东抗日根据地就被赋予了先期实施此项战略决策的重任。1944 年 9 月 4 日，中共中央专门就关系东北三省未来走向的"满洲工作问题"，指示山东分局与胶东区党委："满洲工作之开展，不但关系中国未来局面至巨，而且已成刻不容缓之紧急任务。因此，特责成山东分局与胶东区党委，各组织一满洲工作委员会，专门负责动员和领导一切可能之力量，来开展满洲工作。"② 此后，中共山东分局与胶东工作委员会即着手开展在东北三省的工作，为战后中共力量大规模进入东北创造了有利条件。一年后，"据胶东区党委派人在大连侦察报告，我党我军目前在东北极好发展"。③ 这种发展应与此前成立的"满洲工作委员会"的先期努力密切相关。

及至抗战胜利，中共加速了此战略设想的实施步伐。1945 年 8 月 17日，山东分局发出《关于抽调大批干部去东北的指示》，明确指出："根据中央指示方针及我们所负担的任务，分局决再抽调大批干部派往东北开辟工作。胶东除指定的部队外，应调足两百个地方干部。鲁中、滨海各调

---

① 《山东根据地实为战略转移的枢纽》（1942 年 7 月 9 日），《毛泽东军事文集》第 2 卷，第 681～682 页。

② 《中共中央关于开展满洲工作问题给山东分局的指示》（1944 年 9 月 4 日），山东省档案馆藏，档案号：G001-01-0089-003。

③ 《中央关于调四个师去东北开辟工作给山东分局的指示》（1945 年 9 月 11 日），《中共中央文件选集》第 15 册，第 274 页。

地方县、区干部五十个（县级应占五分之一，县区两级均应在总数内适当配备党政、财经、地武、民运各种干部）。渤海、鲁南和军直则按分局指定名单抽调。"《指示》中特别注明"东北籍干部不在以上指定数内，应早到"；"渤海干部于十月初直接到达"，其他各区的先到分局集中。①8 月底，胶东军区即奉命组成以司令员许世友任总指挥的海运指挥部，统一指挥海运及后勤工作。9 月上旬，胶东区党委所属北海地委奉命派出武装小分队乘木船抵旅顺，了解情况开展工作，后由胶东区党委书记林浩将情况及建议上报中央。②

　　9 月中旬，中共中央又决定让山东分局派兵去东北，强调"为利用目前国民党及其军队尚未到达东北（估计短时间内不能到达）以前的时机，迅速发展我之力量，争取我在东北之巩固地位，中央决定从山东抽调四个师十二个团共二万五千至三万人，分散经海道进入东北活动，并派肖华前去统一指挥"。③

　　在抗战胜利后全国内战与和平希望并存的复杂形势下，地处华北、华中枢纽，与东北三省隔海相望且军政力量强大的山东根据地，就成为决定今后国共力量对比、时局转换的关键地区之一。9 月 17 日，中共中央在致中共赴重庆代表团的电报中即指出："东北为我势所必争，热、察两省必须完全控制"，"为了实现这一计划，我们全国战略必须确定向北推进，向南防御的方针"，因此，"我们的意见，新四军江南主力部队立即转移到江北，并调华东新四军主力十万人到冀东，或调新四军主力到山东，再从山东、冀鲁豫抽调十万人至十五万人到冀东热河一带"。④ 山东在全国战略布局中的枢纽地位更加确定无疑。

　　9 月 19 日，中共中央正式确定"向北发展，向南防御"的战略方针，

---

① 《中共山东分局关于抽调大批干部去东北的指示》（1945 年 8 月 17 日），《山东革命历史档案资料选编》第 15 辑，第 230 页。

② 刘金江、臧济红：《论山东抗日根据地的战略地位和作用》，《东岳论丛》1995 年第 4 期，第 21 页。

③ 《中央关于调四个师去东北开辟工作给山东分局的指示》（1945 年 9 月 11 日），《中共中央文件选集》第 15 册，第 274 页。

④ 《中央关于确定向北推进向南防御的战略方针致中共赴渝谈判代表团电》（1945 年 9 月 17 日），《中共中央文件选集》第 15 册，第 278~279 页。

明确要求："山东主力及大部分干部迅速向冀东及东北出动。第一步，由山东调三万兵力到冀东，协助冀热辽军区肃清伪军，开辟热河工作，完全控制冀东、锦州、热河。另由山东调三万兵力，进入东北发展，并加装备"，"华东新四军（除五师外），调八万兵力到山东和冀东，保障与发展山东根据地及冀热辽地区"，"罗荣桓到东北工作"，"将山东局改为华东局，陈毅、饶漱石到山东工作"。① 山东军区司令员罗荣桓与政治部主任萧华都被调往东北，表明中共中央决定收缩南部防线，巩固华北及华中解放区，集中全力解放东北地区，使之成为全国战略总后方。由上可见，抗战胜利后，中共中央赋予山东根据地两大战略任务：一是向北，以山东为主要兵源地和出发基地，抽调山东主力和干部解放东北；二是向南，迎接华中局和新四军主力北移山东，把国民党沿津浦铁路北上的部队阻滞于山东地区。

9 月至 12 月，山东主力部队分 9 批先后从海路、陆路日夜兼程挺进东北，共计 6 万余人，约占赴东北部队总数 11 万人的 60%。同时，另有 3 万人的基干部队也赶赴东北。这样，山东进军东北的部队总数达 9 万余人，约占当时山东八路军的 1/3。与此同时，山东先后抽调包括山东分局书记、山东军区司令员罗荣桓及萧华等大批党政军高级领导干部在内的 6000 余名干部赴东北开展工作，占赴东北干部总数 2 万人的 30% 以上。为了保证这项任务的顺利完成，山东各级党政机关积极动员组织群众，全力支持子弟兵出征，并为部队积极筹备船只以及棉衣、粮食等各类物资，挺进东北的山东主力和大批干部，成为东北人民军队及各级党和人民政权的骨干力量，为配合苏军消灭日军，建立巩固的东北根据地做出了重大贡献。②

与此同时，遵照中共中央的战略方针和部署，9 月，新四军江南部队主动撤到苏皖边区，军部率部分主力北上山东，由新四军军部兼领山东军区，陈毅任司令员。9 月 15 日，津浦前线指挥部成立，由陈毅、黎玉等赴鲁南统一指挥，迎击徐州方向北进山东的国民党主力及伪军吴化文部。

---

① 《目前任务和战略部署》（1945 年 9 月 19 日），《刘少奇选集》上卷，人民出版社，1981，第 371~372 页。

② 刘金江、臧济红：《论山东抗日根据地的战略地位和作用》，《东岳论丛》1995 年第 4 期，第 21~22 页。

陈毅、饶漱石到山东工作，华中局北转山东后，与山东分局合并组成华东局，下辖山东五大战略区党委和济南市委。10 月，华东局正式成立，饶漱石任书记，陈毅、黎玉任副书记。这样，山东解放区就成为华东地区中共军政指挥中心和战略总后方。津浦路战役从 10 月 18 日开始到年底结束。山东军区主力在新四军一部的配合下，共歼进犯军队 3 万余人，攻克滕县、邹县、韩庄、大汶口等铁路沿线的重要城镇要道和大批日伪据点，歼灭了大批日伪军，控制铁路 200 余公里。津浦路战役不仅挫败了国民党打通津浦路的企图，有力地配合了中共解放东北战略任务的完成，而且更重要的是在山东开辟和巩固了迎击国民党军进攻的战略后方。1946 年 1 月，中央军委命令撤销津浦前线指挥部，山东军区与新四军调入山东的部队组成山东野战军，下辖 8 个师，共 7 万余人。另外，山东军区所属部队又发展到 22 万余人。以此为基础，山东解放区成为中共粉碎国民党全面进攻和重点进攻的战略前沿阵地和主要战场。①

辽沈、淮海、平津三大战役决定了解放战争的最后胜利。早在抗战进行之时，中共领导人就开始了相关的战略谋划，而山东根据地在其中的地位和作用举足轻重。凭借抗击日本侵略建立、巩固与发展起来的山东解放区，根据中共中央部署，不仅先期开始了对解放东北的准备工作，而且在抗战胜利后，在实现中共"向北发展，向南防御"的战略方针中，又成为中共武装实施新的战略转移的枢纽。山东作为八路军挺进东北的出发点，作为新四军北上的落脚点，在中共战后战略布局中有着举足轻重的地位，是重要的战略基点。

同时，山东根据地创立发展过程中锻炼培养出的军政干部和抗日武装，成为东北和华东两大战略区的主要领导和武装主力。据中共山东地方党组织早期负责人之一、后曾任胶东区委书记的林浩回忆："解放战争时期，山东主力分到各个战场，东北野战军里山东的占一多半，华东野（战）军里山东占一半"。② 充足的军力和根据地的保障，对中共控制东

---

① 刘金江、臧济红：《论山东抗日根据地的战略地位和作用》，《东岳论丛》1995 年第 4 期，第 22 页。

② 《在京山东老干部党史座谈会纪实》（1982 年 6 月 7 日至 10 日），《山东党史资料》增刊《在京山东老干部党史座谈会专辑》，第 131 页。

北、巩固华东，起到了至关重要的作用，为在抗战胜利后国共战略决战中取胜奠定了根基。

不仅如此，解放战争时期，山东解放区是华东解放区的主体，也是国民党军队重点进攻的战场之一。华东野战军在山东解放区人民的全力支援下，取得莱芜战役、孟良崮战役和济南战役的重大胜利，并于 1949 年 8 月解放山东全境。随后，华东野战军和兄弟部队一起，取得淮海战役、渡江战役的胜利，解放了除台湾以外的华东地区。长期在山东从事革命工作的赵健民回忆："淮海战役主要依靠山东支前"，"你不用说济南、兖州、潍县这些地方的解放，就说淮海战役，那时山东人民用小车推着粮食支前，一直到长江"。抗战时期曾任渤海军区政委的景晓村也说："淮海战役是山东的老百姓用小车推出来的。"不仅如此，抗战胜利后，大批山东干部南下，"山东的干部散布在全国各地"，① 山东根据地为革命事业的发展、为全国解放战争的胜利做出的贡献是多方面的。

因此可以说，如果没有强盛的山东抗日根据地，没有山东军民的浴血奋战、全力配合与支援，中共要在解放战争时期发起辽沈、淮海战役并在与国民党的角逐中取得最后胜利，将是不可想象的。

---

① 《在京山东老干部党史座谈会纪实》（1982 年 6 月 7 日至 10 日），《山东党史资料》增刊《在京山东老干部党史座谈会专辑》，第 131 页。

结　语

　　抗战爆发后，中共山东地方党组织成功把握历史机遇，在抗日民族统一战线旗帜下，团结各阶层抗日力量，广泛动员群众，在全省各地发动武装起义，统一组成土生土长的抗日武装——山东纵队，并在一一五师等中共主力武装进入后，不断壮大力量，发展抗日根据地。在极其艰难复杂的斗争环境中扎根于群众之中，坚持下来，并借国际反法西斯战争形势的好转，逐渐恢复、巩固与扩展控制区域，取得了抗日战争的伟大胜利。山东抗日根据地充分发挥了战略枢纽作用，其战略意义远在山东战场之外。从山东抗日根据地创立与发展的历程可以发现，与华北其他抗日根据地相比，中共在山东的立足、扎根与发展有几个突出的特点。

　　其一，中共山东地方党组织在八路军主力进入之前从无到有组建了抗日队伍，成为山东抗日根据地创立与发展的根基。这与晋察冀、晋绥、晋冀鲁豫等根据地主要依靠八路军主力进入、打开局面，进一步动员民众创立根据地有着显著的不同。山东特有的政治与社会生态是中共山东地方党组织能在基本独立运行状况下，白手起家创建抗日武装的重要因素。山东地方党组织积极执行中共中央深入敌后开展游击战争政策，凭借统一战线和耐心细致、扎实有效的群众工作，动员民众积极参与、吸收国民党散兵游勇和民间武装创建起自己的抗日队伍。并在坚决的抗敌斗争中注重部队建设，适应环境变化灵活调整部队组织形式和斗争方式，通过艰苦卓绝的努力发展壮大起来。

　　其二，中共在山东发展军政力量的经费给养、武器弹药等基本是独立解决。因为国共合作抗日，在1941年之前，华北其他根据地的中共主力武装，或多或少得到过国民党政府的军饷供应，而中共在山东组建抗日武装的初期，只是得到过合作良好的个别国民党地方势力的极有限的武器支援。山东民间散落枪支较多，毛泽东认为这是山东游击战争可以大有作为的一个重要条件，抗战初期中共组建抗日队伍的主要武器来源即是收集散落在乡间的枪支，主力武装来到山东后扩军及战斗所需的武器弹药仍是独立解决，大部源自兵工生产和夺自敌手。① 中共在山东发展党的组织，创建抗日武装，所需钱粮也都是自行筹集。中共虽然为贯彻公平负担政策不断调整征粮办法，也注重对乡民的宣传解释，尽力启发其自主纳粮意愿，但募集与摊派一直未绝，党政军所需柴米油盐都来自乡民供应。中共在山东自设的北海银行虽历经曲折，但逐渐成功"排法""拒伪"，所发行的北海币终于取得法定货币地位，建立起独立自主的经济体系。山东根据地不仅在经济上自给自足，自行解决财政来源，还给延安一定的财力支持。② "在抗日战争中，山东党不仅坚持了山东抗战，而且向兄弟部队和其他战场输送了大批兵员和物资。"③

其三，华北其他抗日根据地的主力武装都是八路军进入后扩大发展而来，与之不同的是，在山东抗日根据地，山东纵队与一一五师是两支有着相对独立指挥系统的正规抗日武装，在一个较长的时期内彼此独立作战，这当然与敌后游击战争的环境直接相关。这种军事上的相对独立也影响着整个山东根据地的政治领导。1942年春刘少奇到山东指导工作的一个重要目的就是解决山东领导人的问题。1943年3月新的山东军区成立，两支抗日武装实现统一整编，真正确立党政军一元化领导，山东抗日根据地的主力武装有了统一的指挥系统。

其四，中共在山东开展抗日游击战争的环境极为复杂。与华北其他抗日根据地相比，国民党在山东敌后的游击武装和正规军数量较多，而且分布在全省各地。即使在八路军主力进入以后，中共与国民党相比，军事武装上也一直处于劣势，这种情况直至1943年年中才开始发生变化。1943年夏于学忠出鲁、李仙洲入鲁失败后，山东国共力量对比显著逆转，但国民党游杂武装仍盘踞在一些地方。而且，日军一直有重兵防守山东这一战略要地，山东有全华北最多的伪军。因此，中共在山东敌后的生存，既要抵抗强势日伪军的"扫荡"、"清剿"与"蚕食"，也要不时应对国民党军政势力的掣肘甚至是军事对抗。在抗战时期，在传统观念浓厚的孔孟之

---

① 参见刘世超《中共山东抗日武装武器来源探析》，《抗日战争研究》2018年第4期。

② 参见孟英《山东抗日根据地向延安输送黄金的回忆》，《百年潮》2013年第5期。

③ 《黎玉回忆录》，第163页。

乡，中共扎根乡村的努力，在有形的日伪威胁之外，还面临无形的来自国民党方面的争夺。中共通过抗战战略的调整和策略的灵活运用成功向日伪占领区渗透；对国民党各派势力始终分而待之，在坚决抗战的原则立场上，既联合又独立，既团结又斗争，争取到更多的同盟者，维护了国共合作抗日大局。

其五，山东出色的交通工作的开展，在很大程度上保证了山东抗日根据地战略枢纽地位的实现。中共在山东敌后农村，地处偏僻，通信设备缺乏，凭借扎实的基层组织发展和群众工作及统战政策，通过多种路径和方法，充分发挥民众的力量和智慧，利用各种社会关系以及伪军政机构，借社会、人文、地理、自然之便，适时运用武装力量，冲破日伪的严密封锁，建立起秘密、无形、流动的交通网络。不仅保障了山东各战略区党政军机关及上下级间的信息互通、干部人员往来和物资运送等，而且打通了与相邻根据地的联系，成功护送高层干部来往于各个根据地，使山东抗日根据地发挥了作为华中与华北、延安等地联络通道的作用。

其六，山东独特的地理和经济人文生态，是山东抗日根据地基本能在一个省域之内形成和发展的重要基础。山东既有广阔的平原，又有起伏的丘陵，还有泰、鲁、沂、蒙等险峻的山地，山地与平原交错，地形复杂多变，有与敌周旋的空间，可以进行多种形式的游击战，部分消解日军的强力攻势；山东半岛有绵长的海岸线，物产丰富，人口众多且民风强悍，是理想的军需后方和扩军源地。这些都是中共能在山东独立发展军政力量，自行解决钱粮给养，坚持抗战发展自己的必不可少的条件。

虽同为山东省域，因为地理位置和地形、经济发展水平，以及民风等人文生态的差异，山东又分为近海的胶东，地处内陆的鲁西北、鲁西、鲁西南和多山的鲁中、鲁南等不同的区域。抗战时期，冀鲁边、清河、胶东、鲁中、鲁南、滨海等几大战略区的形成，固然与日占胶济、津浦铁路及重要公路的阻隔有关，也是中共因地制宜分区发展的体现。本书的论述基本把山东抗日根据地作为一个整体，各个战略区的形成路径、发展军政力量的方式方法、规模以及坚持游击战争的形态等，存在怎样的差异，又有哪些影响因素，书中所涉有限。即便是与山东抗日根据地整体相关的问题，仍有许多值得挖掘和深入研究的领域，如群团组织工作、会道门工作、对敌军工作等。进一步呈现中共在山东坚持抗战、发展壮大的丰富样态和多重促因等，还有待学界的不懈努力。

参考文献

一 档案

山东省档案馆、中国第二历史档案馆、烟台市档案馆、台北"国史馆"、中国国民党党史馆所藏相关未刊档案

日本国立公文书馆亚洲历史资料中心网站数据库相关资料

二 报刊

《大众日报》《国讯》《教育通讯》《解放》《解放日报》《山东教育》《太行》《中央日报》

三 资料集、文集、年谱、回忆录、日记等

八路军山东纵队史编审委员会编《八路军山东纵队》综合册,山东人民出版社,1993。

八路军山东纵队史编审委员会编《八路军山东纵队·回忆史料》(上),山东人民出版社,1981。

《八年抗战——曾思玉回忆录》,黄河出版社,1992。

渤海老解放区教育史编写组编印《渤海老解放区教育大事记(1937年7月7日~1949年10月1日)》,1987。

渤海老解放区教育史编写组编印《渤海老解放区教育资料汇编》第1~4辑,1987。

程子华:《对敌占领区的工作》,1938年7月13日。

《程子华回忆录》,解放军出版社,1987。

德州地区出版办公室编《鲁北烽火》,山东文艺出版社,1985。

德州市档案馆编《德州市档案馆藏抗战档案选编》,中华书局,2019。

冯毅之:《抗战日记》,中共淄博市委党史资料征集研究委员会编

印，1984。

《郭洪涛回忆录》，中共党史出版社，2004。

韩信夫、姜克夫主编《中华民国大事记》第4册，中国文史出版社，1997。

菏泽市档案馆编《菏泽市档案馆藏抗战档案选编》，中华书局，2019。

黄瑶主编《罗荣桓年谱》，人民出版社，2002。

《回忆罗荣桓》，人民出版社，1986。

惠民地革委政治部编《烽火燎原——渤海地区抗日战争故事集》，山东人民出版社，1975。

《蒋介石日记》（手稿本），斯坦福大学藏。

《景晓村纪念文集》，中共党史出版社，1997。

《景晓村文集》，中共党史出版社，1995。

莱芜市政协文史资料委员会编印《莱芜文史资料》第4辑，1988。

莱芜市政协文史资料委员会编印《莱芜文史资料》第5辑，1989。

莱州市政协文教和文史委办公室编印《莱州文史资料》第16辑《张加洛文稿》，2004。

《黎玉回忆录》，中共党史出版社，1992。

李克进、李维民编校《景晓村日记》，北京八路军山东抗日根据地研究会渤海分会编印，2012。

李希明编著《山东清河区战邮史话》，石油工业出版社，1998。

理红、理京整理《高鲁日记》，内蒙古大学出版社，2004。

聊城地区行政公署出版办公室编《光岳春秋》，山东人民出版社，1981。

《刘少奇选集》上卷，人民出版社，1981。

《罗荣桓军事文选》，解放军出版社，1997。

《吕正操回忆录》，解放军出版社，2007。

《毛泽东军事文集》第2卷，军事科学出版社、中央文献出版社，1993。

《毛泽东书信选集》，中央文献出版社，2003。

《毛泽东文集》第2卷，人民出版社，1993。

《毛泽东选集》第2卷，人民出版社，1991。

《聂荣臻军事文选》，解放军出版社，1992。

《彭德怀军事文选》，中央文献出版社，1988。

彭明主编《中国现代史资料选辑》第5册（1937~1945）（上、下），中国人民大学出版社，1989。

彭雪枫：《游击队政治工作概论》（修正版），生活出版社，1938。

《彭真文选》，人民出版社，1991。

日本防卫厅战史室编《华北治安战》（上、下），天津市政协编译组译，天津人民出版社，1982。

山东财政研究所、山东省档案馆合编《山东革命根据地财政史料选编》第1~6辑，山东人民出版社，1985。

山东解放区滨海军区政治部编印《滨海八年》，1946。

山东老解放区教育史编写组编印《山东老解放区教育资料汇编》第1~5辑，1985。

山东省曹县革命回忆录领导小组编印《峥嵘岁月——曹县革命回忆录》，1979。

山东省档案馆、山东社会科学院历史研究所合编《山东革命历史档案资料选编》第1~15辑，山东人民出版社，1981~1984。

山东省档案馆、中共山东省委党史研究室编《山东的减租减息》，中共党史出版社，1994。

山东省档案馆编《渤海抗日根据地档案汇编》（1~4），中华书局，2019。

山东省档案馆编《胶东抗日根据地档案汇编》（1~5），中华书局，2020。

山东省地方史志编纂委员会编《山东省志·邮电志》（上、下），山东人民出版社，2000。

山东省地方史志编纂委员会编《山东史志资料》1982年第2辑。

山东省地方史志编纂委员会编《山东史志资料》1983年第1辑。

山东省地方史志编纂委员会编《山东史志资料》1983年第3辑。

山东省金融学会编印《北海银行五十周年纪念文集》，1988。

山东省粮食局粮食志编纂办公室编印《山东革命根据地粮食史料选编》第1～3辑，1985。

山东省邮电管理局编《华东战时交通通信史料汇编·山东卷》，人民邮电出版社，1997。

山东省邮电管理局史志办公室编印《山东战邮回忆资料专辑》第1集，1988。

山东省邮电管理局史志办公室编印《山东战邮回忆资料专辑》第2集，1990。

山东省邮电管理局史志办公室编印《山东战邮专题资料（交通部分）》，1989。

山东省政协文史资料研究委员会编《山东文史资料选辑》第7辑，山东人民出版社，1979。

《山东邮电史稿》上册，山东省邮电管理局史志办公室复制，1982。

山西大学晋冀鲁豫边区史研究组编印《晋冀鲁豫边区史料选编》第1～2辑，1980。

泰安地区出版局编《徂徕烽火》，山东人民出版社，1981。

泰安市档案馆编《泰安市档案馆藏抗战档案选编》，中华书局，2019。

天津市政协文史资料研究委员会编《天津文史资料选辑》第52辑，天津人民出版社，1990。

王鼎钧：《怒目少年——回忆录四部曲之二》，生活·读书·新知三联书店，2013。

王焰主编《彭德怀年谱》，人民出版社，1998。

徐新民、张裔杰、宋守松主编《渤海烽火——滨州纪念抗日战争胜利六十周年专辑》，中国文史出版社，2005。

《徐向前回忆录》，解放军出版社，2007。

《徐向前军事文选》，解放军出版社，1993。

徐友春等编《国民政府公报》第61册，河海大学出版社，1989。

薛暮桥：《抗日战争时期和解放战争时期山东解放区的经济工作》，人民出版社，1979；山东人民出版社，1984。

《薛暮桥回忆录》，天津人民出版社，1996。

烟台地区行政公署出版办公室编《胶东风云录》，山东人民出版社，1981。

烟台市妇女联合会编《胶东巾帼》，山东省出版总社烟台分社，1986。

沂水县政协文史资料委员会编印《沂水县文史资料》第5辑，1989。

政协德州市德城区委员会文史资料委员会编印《德州文史》第12辑，1995。

政协济南市历城区委员会文史资料研究委员会编印《历城文史资料》第7辑，1995。

政协宁津县委员会文史科编印《宁津文史资料》第9辑，1988。

政协宁津县委员会文史组编印《宁津文史资料》第6辑，1986。

政协山东省德州市委员会文史资料研究委员会编印《德州文史》第2辑，1984。

政协山东省德州市委员会文史资料研究委员会编印《德州文史》第3辑，1985。

政协山东省济宁市委员会文史资料研究委员会编印《济宁文史资料》第2辑，1985。

政协山东省聊城市文史资料委员会编印《聊城文史资料》第5辑，1988。

政协山东省泰安市委员会文史资料研究委员会编印《泰安文史资料》第3辑，1988。

政协商河县文史资料委员会编印《商河文史》第5辑，2001。

政协泰安市郊区委员会文史资料研究委员会编印《（泰安市郊区）文史资料选辑》第6辑，1989。

政协枣庄市委员会文史资料委员会编印《枣庄文史资料》第10辑，1991。

中共德州地委组织部、中共德州地委党史资料征集研究委员会、德州地区档案局编印《中国共产党山东省德州地区组织史资料（1924~1987）》，1988。

中共费县县委党史资料征集委员会编印《费县党史资料》第1

辑，1986。

中共高唐县委党史资料征集研究委员会编印《烽火春秋——高唐民主革命时期党史资料专集》，1989。

中共惠民县委党史资料征集研究委员会编印《惠民党史资料》（1），1988。

中共冀鲁豫边区党史工作组办公室、中共河南省委党史工作委员会编《中共冀鲁豫边区党史资料选编》第2辑《文献部分》（上、中、下），河南人民出版社，1988。

中共冀鲁豫边区党史工作组办公室编《中共冀鲁豫边区党史资料选编》第2辑，山东大学出版社，1990。

中共莱芜市委党史资料征集研究委员会编印《莱芜党史资料》第7辑，1985。

中共聊城地委党史资料征集研究委员会编《范筑先与鲁西北抗战资料选》，山东人民出版社，1988。

中共聊城市委党史资料征集研究办公室编印《聊城市党史资料》1985年第3期。

中共临沂地委党史委、中共临沭县委党史委编《刘少奇在山东》，山东人民出版社，1994。

中共临邑县委党史资料征集委员会编印《临邑党史资料》第4～10集，1984～1986。

中共临邑县委组织部、中共临邑县委党史资料征集研究委员会、临邑县档案馆编印《中国共产党山东省临邑县组织史资料（1928～1987）》，1988。

中共濮阳市委党史研究室编《身负大任的段君毅》，中共党史出版社，2003。

中共山东省委党史研究室、山东省中共党史学会编《山东党史资料文库》第1～20卷，山东人民出版社，2015。

中共山东省委党史资料征集研究委员会编印《山东党史资料》，1983～1992。

中共山东省委党史资料征集研究委员会编《山东抗日根据地》，中共党史资料出版社，1989。

中共山东省委党史资料征集研究委员会编《深切怀念黎玉同志》，山东人民出版社，1989。

中共山东省委党史资料征集研究委员会编印《山东党史资料》增刊《在京山东老干部党史座谈会专辑》，1982。

中共泰安市委党史征集研究办公室编《泰西起义》，黄河出版社，1998。

中共泰安市委党史资料征集研究委员会编《一一五师在泰西》，山东人民出版社，1991。

中共泰安市委党史资料征集研究委员会编印《徂徕山起义》，1985。

中共泰安市委党史资料征集研究委员会编印《泰安党史资料》总第16期，1989。

中共泰安市委党史资料征集研究委员会编印《泰安党史资料》总第17期，1990。

中共泰安市委党史资料征集研究委员会编印《泰安党史资料》总第18期，1991。

中共泰安市委党史资料征集研究委员会编印《泰安党史资料》总第19期，1992。

中共滕县县委党史资料征集研究领导小组办公室编印《滕县党史资料——庆祝抗日战争胜利四十周年》（专辑），1985。

中共烟台市委组织部、中共烟台市委宣传部、烟台市档案局编《红色记忆》，黄海数字出版社，2013。

《中共中央北方局·抗日战争时期卷》上册，中共党史出版社，1999。

《中共中央北方局·综合卷》，中共党史出版社，2002。

中共中央文献研究室编《毛泽东年谱（1893~1949）》（修订本）中卷，中央文献出版社，2013。

中共中央文献研究室编《朱德年谱》新编本（中），中央文献出版社，2006。

中国第二历史档案馆编《抗日战争时期国民党军机密作战日记》，中国档案出版社，1995。

中国第二历史档案馆编《中华民国史档案资料汇编》第 5 辑第 2 编《政治》(2)，凤凰出版社，1998。

中国人民解放军历史资料丛书编审委员会编《八路军·大事记》，解放军出版社，1994。

中国人民解放军历史资料丛书编审委员会编《八路军·回忆史料》(1)，解放军出版社，1988。

中国人民解放军历史资料丛书编审委员会编《八路军·回忆史料》(2)，解放军出版社，1989。

中国人民解放军历史资料丛书编审委员会编《八路军·回忆史料》(3)，解放军出版社，1991。

中国人民解放军历史资料丛书编审委员会编《八路军·文献》，解放军出版社，1994。

中国人民银行金融研究所、中国人民银行山东省分行金融研究所编《中国革命根据地北海银行史料》第 1~4 册，山东人民出版社，1986~1988。

中央档案馆、山东省档案馆编印《山东革命历史文件汇集》甲种本第 7 集，1995。

中央档案馆编《中共中央文件选集》第 11~15 册，中共中央党校出版社，1991~1992。

中央档案馆等编《日本帝国主义侵华档案资料选编·华北治安强化运动》，中华书局，1997。

中央统战部编《中共中央抗日民族统一战线文件选编》，档案出版社，1985。

周贯五回忆，杜文和整理《艰苦奋战的冀鲁边》，浙江人民出版社，1984。

《朱德军事文选》，解放军出版社，1996。

《朱德选集》，人民出版社，1983。

祝宏等编《抗日烽火》(大众日报文集之一)，齐鲁书社，1993。

淄博市出版局编《淄流滔滔》，山东人民出版社，1984。

淄博市临淄区政协文史委员会编印《临淄文史资料》第 7 辑，1992。

淄博市临淄区政协文史委员会编印《临淄文史资料》第9辑，1995。

防衛庁防衛研修所戦史室編『北支の治安戦』(2)、朝雲新聞社、1971。

臼井勝美・稲葉正夫編『現代史資料9　日中戦争2』みすず書房、1973。

臼井勝美編『現代史資料13　日中戦争5』みすず書房、1996。

臼井勝美・稲葉正夫編『現代史資料38　太平洋戦争4』みすず書房、1982。

富永謙吾編『現代史資料39　太平洋戦争5』みすず書房、1982。

三好章解説『十五年戦争極秘資料集　補巻35　情報』第1冊、不二出版、2010。

実松譲編『現代史資料36　太平洋戦争3』みすず書房、1979。

粟屋憲太郎・茶谷誠一編集解説『日中戦争 対中国情報戦資料』第1~10巻、現代史料出版、2000。

四　研究论著

1. 著作

八路军山东纵队史编审委员会编《八路军山东纵队史》（上、下），山东人民出版社，2007。

陈国庆：《胶东抗日根据地减租减息研究》，合肥工业大学出版社，2013。

陈廷煊：《抗日根据地经济史》，社会科学文献出版社，2007。

杜赞奇：《文化、权力与国家——1900~1942年的华北乡村》，王福明译，江苏人民出版社，1995。

弗里曼、毕克伟、赛尔登：《中国乡村，社会主义国家》，陶鹤山译，社会科学文献出版社，2002。

何应钦：《日军侵华八年抗战史》，台北，黎明文化事业股份有限公司，1982。

江沛：《日伪"治安强化运动"研究》，南开大学出版社，2006。

蒋纬国主编《国民革命战史》第3部《抗日御侮》第6卷，台北，黎明文化事业股份有限公司，1978。

李金铮：《传统与变迁：近代华北乡村的经济与社会》，人民出版社，2014。

李里峰：《革命政党与乡村社会——抗战时期中国共产党的组织形态研究》，江苏人民出版社，2011。

李隆基、王玉祥主编《坚持抗战　苦撑待变（1938～1941）》，上海人民出版社，1995。

马克·赛尔登：《革命中的中国：延安道路》，魏晓明、冯崇义译，社会科学文献出版社，2002。

南开大学历史系编《中国抗日根据地史国际学术讨论会论文集》，档案出版社，1985。

南开大学历史系中国近现代史教研室编《中外学者论抗日根据地——南开大学第二届中国抗日根据地史国际学术讨论会论文集》，档案出版社，1993。

齐春风：《没有硝烟的战争——抗战时期的中日经济战》，湖南师范大学出版社，2015。

齐武：《晋冀鲁豫边区史》，当代中国出版社，1995。

山东解放区教育史编写组编《山东解放区教育史》，明天出版社，1989。

《山东省纪念抗日战争胜利四十周年论文集》，山东人民出版社，1985。

申春生：《山东抗日根据地史》，山东大学出版社，1993。

孙祚民主编《山东通史》（上、下），山东人民出版社，1992。

唐致卿：《近代山东农村社会经济研究》，人民出版社，2004。

王士花：《日伪统治时期的华北农村》，社会科学文献出版社，2008。

王先明、郭卫民主编《乡村社会文化与权力结构的变迁》，人民出版社，2002。

徐畅：《战争·灾荒·瘟疫——抗战时期鲁西冀南地区历史管窥》，齐鲁书社，2020。

杨焕鹏：《微观视野中的胶东抗日根据地研究》，学习出版社，2017。

曾业英、黄道炫、金以林等：《中华民国史》第7卷（1928～1932），

中华书局，2011。

张德良、周毅主编《东北军史》，辽宁大学出版社，1987。

张立华、董宝训：《八路军史》，青岛出版社，2006。

张鸣：《乡村社会权力和文化结构的变迁（1903～1953）》，陕西人民出版社，2013。

张瑞德、齐春风、刘维开等：《中华民国专题史》第11卷《抗日战争与战时体制》，南京大学出版社，2015。

赵承福主编《山东教育通史·近现代卷》，山东人民出版社，2001。

郑大华：《民国乡村建设运动》，社会科学文献出版社，2000。

中共聊城地委党史资料征集研究委员会：《鲁西北革命史》，山东大学出版社，1991。

朱玉湘主编《山东革命根据地财政史稿》，山东人民出版社，1989。

庄维民、刘大可：《日本工商资本与近代山东》，中国社会科学出版社，2016。

庄维民：《近代山东市场经济的变迁》，中华书局，2000。

奥村哲・笹川裕史『銃後の中国社会——日中戦争下の総動員と農村』岩波書店、2007。

馬場毅『日中戦争と中国の抗戦——山東抗日根拠地を中心に』集広舎、2021。

浅田乔二編『日本帝国主義下の中国』楽游書房、1981。

丸田孝志『革命の儀礼——中国共産党根拠地の政治動員と民俗』汲古書院、2013。

Sherman Xiaogang Lai, *A Springboard to Victory: Shandong Province and Chinese Communist Military and Financial Strength*, *1937-1945*, Leiden: Brill, 2011.

2. 论文

崔景璋：《北海银行清河分行印刷所创建始末》，《春秋》2000年第4期。

戴维·保尔森：《中日战争中的国民党游击队：山东的"顽固

派"》，王静、刘桂军译，中国社会科学院近代史研究所《国外中国近代史研究》编辑部编《国外中国近代史研究》第 21 辑，中国社会科学出版社，1992。

范连生：《论抗战时期山东革命根据地的战邮工作》，《抗战史料研究》2014 年第 2 期。

郭宁：《从中原到苏北：中共发展华中战略及其对山东的影响》，《中共党史研究》2020 年第 4 期。

郭宁：《学习、审干、民主检查：抗战时期中共在山东的整风运动》，《抗日战争研究》2019 年第 1 期。

黄道炫：《抗战初期中共武装在华北的进入和发展——兼谈抗战初期的中共财政》，《近代史研究》2014 年第 3 期。

黄道炫：《中共抗战持久的"三驾马车"：游击战、根据地、正规军》，《抗日战争研究》2015 年第 2 期。

黄道炫：《抗战时期中共的权力下探与社会形塑》，《抗日战争研究》2018 年第 4 期。

纪程：《"阶级话语"对乡村社会的嵌入——来自山东临沭县的历史回声》，《当代中国研究》2006 年第 4 期。

金冲及：《抗战期间国共合作中的联合与斗争》（一）（二）（三），《中共党史研究》2015 年第 7、8、9 期。

金冲及：《山东抗日根据地的独特历程》，《抗日战争研究》2017 年第 1 期。

金以林：《流产的毛蒋会晤：1942~1943 年国共关系再考察》，《抗日战争研究》2015 年第 2 期。

李柏林：《减租减息与淮北抗日根据地乡村社会的变迁》，《抗日战争研究》2006 年第 2 期。

李冬春：《抗战初期鲁西北抗日民族统一战线的特点》，《齐鲁学刊》1988 年第 6 期。

李雷波：《中共"发展华中"战略中的八路军、新四军及其角色转换》，《中共党史研究》2020 年第 6 期。

李佐长：《北海银行的初创与发挥党外人士的作用》，《党政论坛》

1987 年第 1 期。

刘大可：《山东敌后抗日根据地的建立》，《近代史研究》1985 年第 4 期。

刘凤翰：《论抗战期间国军游击队与敌后战场》，《近代中国》（台北）总第 90 期，1992 年 8 月。

刘金江、臧济红：《论山东抗日根据地的战略地位和作用》，《东岳论丛》1995 年第 4 期。

刘如峰、王其彦：《范筑先与鲁西北抗战》，《文史哲》1985 年第 6 期。

刘如峰、谢玉琳：《抗日战争初期的鲁西北统一战线与我党的独立自主原则》，《聊城师范学院学报》（哲学社会科学版）1990 年第 1 期。

刘世超：《中共山东抗日武装武器来源探析》，《抗日战争研究》2018 年第 4 期。

柳茂坤：《抗日战争时期的敌后武工队》，《抗日战争研究》1993 年第 2 期。

吕伟俊：《刘少奇同志对山东抗日根据地建设的贡献》，《文史哲》1980 年第 4 期。

孟英：《山东抗日根据地向延安输送黄金的回忆》，《百年潮》2013 年第 5 期。

戚厚杰：《鲁苏战区的兴亡——国民党敌后战场再探》，《民国档案》1996 年第 3 期。

祁建民：《抗日战争中的敌后武装工作队》，《历史教学》1990 年第 11 期。

申春生：《1942 年刘少奇的山东之行》，《抗日战争研究》1998 年第 4 期。

申春生：《山东抗日根据地保持币值和物价稳定的措施》，《山东社会科学》1995 年第 3 期。

申春生：《山东抗日根据地的两次货币斗争》，《中国经济史研究》1995 年第 3 期。

申春生：《山东抗日根据地的整风运动》，《东岳论丛》1985 年第

4 期。

申春生：《试论山东抗日根据地的战略枢纽作用》，《济南大学学报》1995 年第 4 期。

石希峤：《创造"灰色地带"：中共与战时鲁南地区的"爱护村"（1938~1945）》，《中共党史研究》2017 年第 10 期。

孙允明：《山东抗日根据地的北海银行》，《山东档案》2004 年第 1 期。

孙宗一：《于学忠与鲁南敌后抗战》，硕士学位论文，南京师范大学，2011。

唐致卿：《山东抗日根据地合理负担政策述论》，《齐鲁学刊》2000 年第 5 期。

王继春：《抗日战争时期中共山东省委的变迁》，《山东师院学报》（哲学社会科学版）1981 年第 4 期。

王其彦：《鲁西北抗日民族统一战线的形成、巩固和发展》，《聊城师范学院学报》（哲学社会科学版）1995 年第 3 期。

王奇生：《阎锡山：在国、共、日之间博弈（1935~1945）》，《南京大学学报》2018 年第 1 期。

王友明：《抗战时期中共的减租减息政策与地权变动——对山东根据地莒南县的个案分析》，《近代史研究》2005 年第 6 期。

魏本权：《1980 年代以来山东抗日根据地研究综述》，《临沂大学学报》2016 年第 2 期。

吴敏超：《新四军向苏北发展中的国共较量》，《中共党史研究》2020 年第 1 期。

肖一平、郭德宏：《抗日战争时期的减租减息》，《近代史研究》1981 年第 4 期。

杨奎松：《晋西事变与毛泽东的应对策略》，《史学月刊》2016 年第 1 期。

杨奎松：《抗战期间国共两党的敌后游击战》，《抗日战争研究》2006 年第 2 期。

杨奎松：《阎锡山与共产党在山西农村的较力——侧重于抗战爆发前

后双方在晋东南关系变动的考察》，《抗日战争研究》2015 年第 1 期。

臧运祜：《中日关于济案的交涉及其"解决"》，《历史研究》2004
年第 1 期。

张梅玲：《刘少奇对山东抗日根据地减租减息运动的重大贡献》，《东
岳论丛》1994 年第 6 期。

张学强：《山东省莒南县的拔地斗争——抗日战争时期减租减息运动
中的一个特例分析》，《临沂师范学院学报》2004 年第 5 期。

张衍霞：《山东战时邮政的党报党刊发行》，《理论学刊》2008 年第
7 期。

张玉玲、迟丕贤：《山东抗日根据地和解放区妇女的教育及启示》
《妇女研究论丛》2005 年第 4 期。

周绍华：《罗荣桓与山东抗日根据地的整风运动》，《泰山学院学报》
2011 年第 4 期。

朱德新：《论冀东抗日游击根据地的两面政权》，《抗日战争研究》
1993 年第 2 期。

朱玉湘：《山东抗日根据地的"合理负担"政策》，《文史哲》1985
年第 5 期。

朱玉湘：《山东抗日根据地的减租减息》，《文史哲》1981 年第
3 期。

荒武達朗「1940 年代山東省南部抗日根拠地の土地改革と農村経済」
『アジア経済』第 39 編第 11 号、1998 年。

荒武達朗「抗日戦争期中国共産党による地域支配の浸透——山東
省南部莒南県」『名古屋大学東洋史研究報告』第 25 号、2001 年。

荒武達朗「一八五〇——一九四〇年山東省南部地域社会の地主と農
民」『名古屋大学東洋史研究報告』第 30 号、2006 年。

荒武達朗「一九四四—四五年山東省南部抗日根拠地における中国
共産党と地主」『徳島大学総合科学部人間社会文化研究』第 13 巻、
2006 年。

丸田孝志「抗日戦争期・内戦期における冀魯豫区の中国共産党組

織」『史学研究』第 259 号、2008 年。

David Mark Paulson, War and Revolution in North China: The Shandong Base Area, 1937-1945, Ph. D. diss. , Stanford University, 1982.